図説
訪問リハビリテーション
生活再建とQOL向上

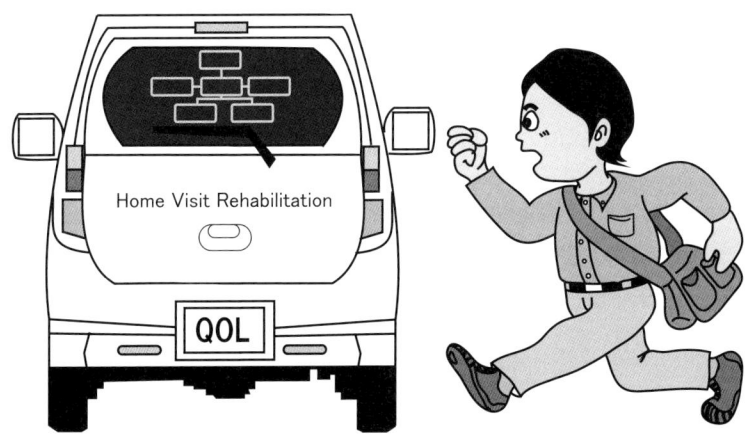

訪問リハビリテーションセンター清雅苑編
Home Visit Rehabilitation Center
SEIGAEN

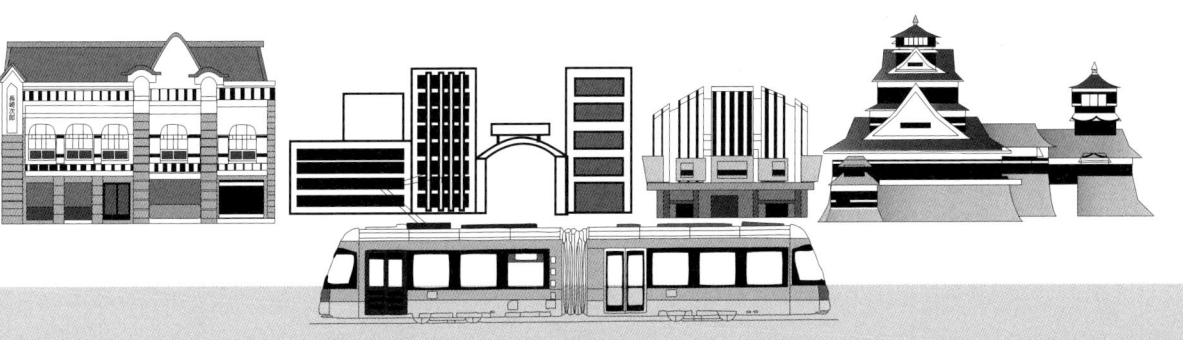

三輪書店

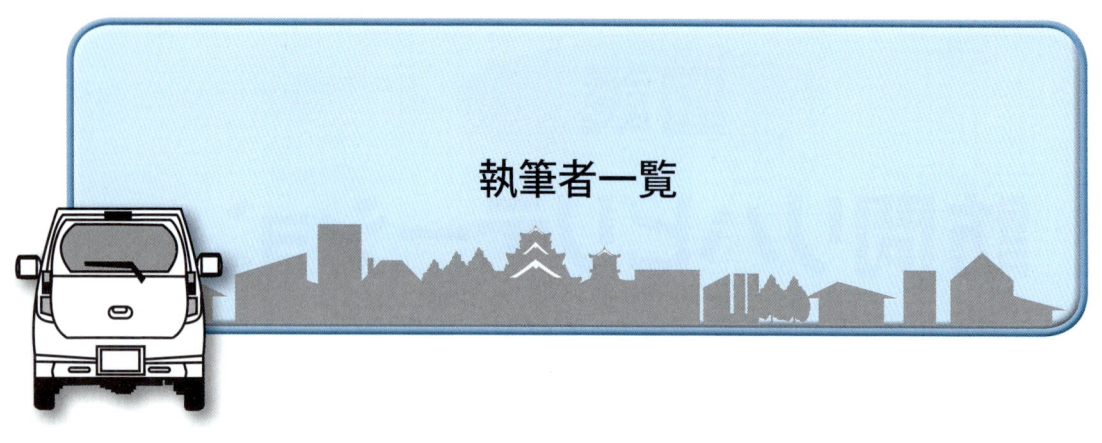

執筆者一覧

山永　裕明　介護老人保健施設 清雅苑 施設長（リハ専門医、神経内科専門医）

野尻　晋一　訪問リハビリテーションセンター 清雅苑※ センター長

大久保智明　訪問リハビリテーションセンター 清雅苑（理学療法士）

百留あかね　訪問リハビリテーションセンター 清雅苑（作業療法士）

江口　　宏　訪問リハビリテーションセンター 清雅苑（理学療法士）

福田恵美子　訪問リハビリテーションセンター 清雅苑（作業療法士）

谷口　善昭　訪問リハビリテーションセンター 清雅苑（理学療法士）

江原　加一　訪問リハビリテーションセンター 清雅苑（作業療法士）

堀　　健作　訪問リハビリテーションセンター 清雅苑（理学療法士）

村尾　彰悟　訪問リハビリテーションセンター 清雅苑（理学療法士）

松尾恵利香　訪問リハビリテーションセンター 清雅苑（理学療法士）

緒方　義尚　訪問リハビリテーションセンター 清雅苑（理学療法士）

竹内　睦雄　熊本機能病院総合リハビリテーション部（理学療法士）

※訪問看護ステーション清雅苑のリハビリ部門の総称

誌面デザイン・イラスト：野尻晋一

推薦のことば

　昭和52年に、私は恩師服部一郎先生のもとでリハビリ研鑽中、先生より様々な話を聴かせていただきました。その中で最も印象に残ったのが、先生が昭和31年にフランス留学された当時、フランスではセラピストが開業し訪問リハビリが行われていた話でした。時を経て、昭和61年に熊本機能病院に地域リハビリを実践するため赴任しました。そこで、出会ったのが志を同じくする野尻晋一君でした。以来、訪問リハビリを細々ながら開始、平成5年老人訪問看護ステーション制度が始まると同時に、生活の再建を掲げて本格的に訪問リハビリをスタートさせました。当時のリハビリ雑誌に載せたのが以下のコラムです。

在宅リハ黎明期
―コメディカルスタッフのふんばり記―

　在宅リハの黎明期を迎え、この世界に入ったリハスタッフは毎日が未知との遭遇の心境である。

　「こんにちは」と玄関からセラピストが脳卒中後遺症（以後クライエント）の訪問リハサービスに伺うと、返事がない。「失礼します」と入っていくと、ただならぬ臭気が漂っている。誰もいないのか？と名前を呼ぶとトイレから、かすかに返事が聞こえる。クライエントは、あいにくトイレの中。トイレの近くで待つこと30分、やっとトイレが終わりセラピストも介助しながら後始末をする。刻々と時間は過ぎている。次の訪問先へ電話をして、遅れることを伝える。また、近くの狭い路地に止めた訪問車のことが心配で落ち着かない。このあと生活訓練が終わったときは、予定を1時間オーバーしていた。次のところに今から伺いますとまた電話を入れ、大急ぎで次の目的地に向かうも渋滞に巻き込まれる。かなり予定より遅れた。家族は夕食の支度の時間にかなり食い込んでいるにもかかわらず待っていてくれた。訓練前に血圧を測ると、待ちくたびれてか、かなり高い。かかりつけ医に電話して指示を仰いだら中止と言うことになり、本日の訪問リハは終了。結局1件行ったのみであった。訓練室の計算された流れの業務と異なり、在宅リハは以上述べたように突発的なことがしょっちゅう起こる。

　しかし、黎明期ではあたりまえのことかもしれない。いろいろな問題を克服しながら在宅リハのノウハウを蓄積していくことがパイオニアの役割である。クライエントの生活の現場をみて、何が必要なのか実感としてわかるには在宅リハしかない。在宅リハのスタッフは、悪戦苦闘しながら、毎日クライエントのQOLの向上のために頑張っている。

（山永裕明：外来診療のあり方．浅山滉，他編：脳卒中リハビリテーション外来診療．臨床リハ別冊，p182，1997）

　このコラムを書いて16年の月日が流れ、野尻君を中心とした訪問リハビリスタッフが万感の思いを込めて完成させたのが本書です。単なるマニュアル本ではなく、訪問リハビリの真髄を学ぶことができます。訪問リハビリに関係する人々だけでなく、地域リハビリに関わるすべての人に愛読されることを願っています。

熊本機能病院総合リハビリテーションセンター　センター長
介護老人保健施設　清雅苑　施設長

山永　裕明

序

　筆者らが訪問リハビリテーションを始めてから20年が過ぎました。それ以前にも、退院前の訪問は実施していました。退院後に連携して支援をお願いできるところがない地域では、半日かけて遠くまで訪問し、夜中に帰社したこともあります。しかしながら、訪問の内容は在宅の環境整備とセルフケアの指導を中心とした単発の訪問でした。当時を思い返せば、訪問するセラピストは来客として扱われ、きれいに片づけられた自宅の段差や廊下幅を計測し、構造上のバリアを評価して帰ってくるのが精一杯であったように思います。

　継続的に訪問するようになってからは、単発の訪問ではみえなかったものが様々みえてきました。当初は衝撃の連続でした。元気に退院したはずの人が、閉じ込もって寝たきりになっておられる。指導したホームエクササイズが実施されていない。介護指導がほとんど生きていない。工夫して提供した福祉用具がまったく使用されていないなどなど、われわれの介入不足や自己満足の指導により引き起こされた新たな生活障害を目の当たりにすることも度々でした。その当時は介護保険制度もなくケアマネジャーもいません。「マネジメントはやれる人がやる」が暗黙のルールで、訪問リハ単独ケースにあっては、まさに「なんでも屋」の感がありました。医療機関で実施する「リハの出前」では解決しえない課題に何度もぶつかり試行錯誤の連続でした。結果として、解決の糸口や具体的方法を教えてくれたのは、訪問リハの利用者自身や看護師、ヘルパー、建築士などの同じサービスチームのメンバーだったように思います。

　その後、介護保険制度も創設され、すでに干支が一回りしています。訪問リハに関わる制度もいろいろと変化し、連携できるサービスも増え、現場の動きも様変わりしました。この間、訪問リハはニーズが高いにもかかわらず、非常に提供量の少ないサービスとしてずっと語られてきました。しかしながら、昨今の社会保障と税の一体改革と地域包括ケアシステム確立への動きの中で、今後、急激に提供量が増える様相をみせています。また特区ではありますが、訪問リハステーションも始まっています。これからますます、訪問リハへのニーズは高まり、多様なサービスと提供体制が求められてくると思います。変化に翻弄される支援者も多いと思います。

　本書に記載されている内容は、これまで当事業所のスタッフが在宅の現場でぶつかってきた課題と体験してきた介入方法に、学会や研究会で発表した調査研究の結果を加えて体系的に整理したものです。制度や時代が変わっても必要な支援について、図説にてできるだけわかりやすく解説しています。

　本書がこれから訪問リハを始める方、始めようと思っている方、現在関わっておられて壁にぶつかっている方をはじめ、リハ専門職だけでなく、在宅支援の現場に関わる多くの方、学生さんにも読んでいただき、「疾病と障害を併せ持った生活者」の生活再建とQOL向上のヒントになれば幸いです。

2013年5月

訪問リハビリテーションセンター 清雅苑スタッフ一同を代表して
野尻晋一、大久保智明、百留あかね、山永裕明

謝辞

　本書の出版にあたり、まず、これまで当事業所の訪問リハビリテーションをご利用になり、様々なことを教えていただいたすべてのご利用者様に深く感謝いたします。また当事業所の運営を常に温かくご支援いただいている医療法人社団寿量会会長の米満弘之先生ならびに理事長の米満弘一郎先生に深謝いたします。

　本書は執筆者である現在の訪問リハビリテーションスタッフだけでなく、立ち上げから現在まで関わっていただいたすべての訪問リハビリテーションスタッフのほか、指示書をいただく医師、一緒に働く訪問看護師、訪問介護職員、介護支援専門員、介護老人保健施設清雅苑、地域ケア支援センター、熊本機能病院のスタッフをはじめ、関連の寿量グループすべての方の協力によってできたものです。全員のお名前をご紹介できずに心苦しいですが、以下に主だった方の名前をご紹介させていただき、執筆者一同の謝辞に代えさせていただきたいと思います。

【熊本機能病院】
　医師：米満弘之会長、米満弘一郎理事長、中根惟武院長、中島英親副院長、高橋修一郎副院長、中西亮二副院長、重本弘文副院長、渡邉進副院長、水野雄二副院長をはじめ、指示書をいただくすべての医師の皆様
　看護師：緒方ふさみ主任、他スタッフ一同様
　リハビリ：中島雪彦課長、三宮克彦課長、井上理恵子課長補佐、他スタッフ一同様
　ソーシャルワーカー：加来克幸課長、浦野秀雄主任、他スタッフの皆様

【地域包括支援センター】　下出さゆり主任、他スタッフの皆様

【訪問看護ステーション清雅苑】　木村浩美主任、他スタッフの皆様

【ヘルパーステーション清雅苑】　前田美智子さん、他スタッフの皆様

【介護老人保健施設清雅苑】　金森直美師長、他スタッフの皆様

【通所リハビリテーションセンター清雅苑】　吉見功介主任、原田淳子主任、村上みさき師長（現病棟師長）、他スタッフの皆様

【清雅苑事務】　草野暁子部長、杉田直美さん

【居宅介護支援事業所】　小宮ゆかりさん、他スタッフの皆様

【訪問リハビリテーション創設時のメンバー】（以下、敬称略）
　中間信一、古閑孝生、森本（渡邉）真弓、平岡俊彦、河野将光

【創設時に熊本機能病院から応援いただいたスタッフ】
　中島雪彦、三宮克彦、ほか

【一緒に発展させてきたメンバー】三石（園田）京子、松下裕之、坂田理江、南（牛島）由香里、大橋妙子、桑田稔丈、吉原直貴、三宮（緒方）裕子、當利賢一、松永隆宏、石川（入江）真実、真栄城一郎、角（大原）洋子、坂本佳、佐伯（榊）美貴、安部（栗原）文、松永（鳥羽）優美子、松本健史、鈴木（阿南）圭衣子、大麻（廣田）美香、濱崎寛臣、牛島（山室）美幸、小薗真知子、野尻明子、中山ひろみ

目次

H.Yamanaga

S.Nojiri

T.Ohkubo

A.Hyakudome

H.Eguchi

E.Fukuda

第1章 訪問リハビリテーションを理解するための基本的事項 … 1
- 訪問リハビリテーションの歴史 … 2
- 訪問リハビリテーションの位置づけ・役割・ゴール … 8
- 生活期における訪問リハビリテーション─対象者の特性を捉える視点 … 12

第2章 訪問リハビリテーションの評価とアプローチ … 23
- 訪問リハビリテーションに必要なメディカルチェック … 24
- 事例から考える … 28
- 運動機能 … 34
- 認知機能 … 36
- 睡眠 … 38
- 食事 … 46
- 排泄（1）：トイレでの排泄 … 56
- 排泄（2）：トイレ以外での排泄 … 63
- 整容 … 66
- 更衣 … 70
- 入浴 … 76
- IADL … 82
- 外出 … 94
- 就労 … 100
- 3次活動 … 102

Y.Taniguchi　K.Ehara　K.Hori　S.Murao　E.Matsuo　Y.Ogata　M.Takeuchi

第3章　生活期における訪問リハビリテーションの連携 …… 111
第4章　訪問リハビリテーションの効果 …… 117
第5章　訪問リハビリテーションの制度 …… 133
第6章　訪問リハビリテーションの流れ―直接業務と間接業務 …… 141
第7章　訪問リハビリテーションの管理業務 …… 151
　コスト管理 …… 152
　リスク管理 …… 156
　書類・記録管理 …… 166
　スケジュール管理 …… 168
　スタッフ管理 …… 170
　営業 …… 173

第8章　訪問リハビリテーションの事例 …… 175
　脳卒中例（1）：コミュニケーションへの支援 …… 176
　脳卒中例（2）：職場までの移動手段の支援 …… 186
　脊髄性小児麻痺：廃用症候群への支援 …… 190
　パーキンソン病：Wearing ON-OFF が著明な利用者への生活支援 …… 194
　脊髄性小児麻痺：生活圏の拡大支援 …… 200
　多発性骨端部異形成症：独居生活への支援 …… 204
　進行性胃がん：ターミナル期の支援 …… 211

　索引 …… 219

第1章
訪問リハビリテーションを理解するための基本的事項

訪問リハビリテーションの歴史 ………………………………… 2
訪問リハビリテーションの位置づけ・役割・ゴール ………… 8
生活期における訪問リハビリテーション
　―対象者の特性を捉える視点 ……………………………… 12

第1章 訪問リハビリテーションを理解するための基本的事項

訪問リハビリテーションの歴史

わが国における訪問リハビリテーションの歴史

　訪問リハビリテーションの歴史を述べるためには、訪問リハビリテーションの定義が重要になってきます。全人間的復権というリハビリテーション（以下、リハ）の理念を達成するために、「訪問」という形態、すなわち対象者のいるところへ出かけていくことにより提供される支援の総称と捉えれば、かなり広範囲となり、歴史もリハの起源近くまでさかのぼります。

　また理学療法士や作業療法士、言語聴覚士の専門職による居宅への訪問と捉えればここ30～40年の歴史です。

　全国訪問リハビリテーション研究会（現在は一般社団法人日本訪問リハビリテーション協会）では、訪問リハビリテーションを「病気やケガや老化により、心身になんらかの障害を持った人のうち、外出困難な人や居宅生活上なんらかの問題がある人に対して、作業療法士や理学療法士・言語聴覚士などが居宅に訪問し、障害の評価・機能訓練・ADL訓練・環境整備・専門的助言指導・精神的サポートなどを実施することで、日常生活に自立や主体性のある生活のその人らしい再建および質の向上を促す活動の総称である。その活動は地域におけるリハの一翼を担うもので、常にその対象者の生活支援に関わる家族や専門スタッフ（保健・医療・福祉）と積極的に連携を取りつつ行われるべきものである」と定義しています。諸説はあると思いますが、ここでは上述の全国訪問リハビリテーション研究会の定義「居宅への訪問」「障害等の評価と介入」「連携」を訪問リハの基軸と考え、訪問リハの歴史を4期に分類して解説します。訪問リハとしての最初の制度的裏づけ、すなわち、1983年の『老人保健法』に伴う訪問指導事業が開始される以前を萌芽期、1983～2000年の介護保険制度創設までを形成期、介護保険施行から2011年までを確立期、そして2011年から現在に至るまでを発展期と便宜上位置づけることにします。

当時、保健師から依頼がくるケースは、けっこうシビアなケースが多く、医療機関に入院している患者さんしかみたことがないセラピストには、ショッキングな光景でした。

萌芽期

理学療法士、作業療法士が1965年の『理学療法士及び作業療法士法』で国家資格になったことを考えますと、それ以前の訪問によるリハ的支援の萌芽は、身体障害者更生相談所（1950年の『身体障害者福祉法』による）に関わる医師の在宅訪問や保健婦（士）の訪問活動の中にあったと考えられます。1960年から澤村誠志氏（現兵庫県立リハビリテーション中央病院名誉院長）は身体障害者更生相談所の巡回相談、在宅指導訪問を開始しています。1970年代になるとPT・OTの指導を受けた保健婦（士）の訪問やPT・OTと保健婦（士）の同行訪問が先駆的な地域で開始されています（表1参照、6頁）。

形成期

『老人保健法』が1982年に制定され翌1983年に施行されました。医療等以外の老人保健事業として①健康手帳の交付、②健康教育、③健康相談、④健康診査、⑤機能訓練、⑥訪問指導の6事業が開始されました。⑥訪問指導事業により保健婦（士）や行政に雇用されたPT、OTによる訪問指導（1回/月）が開始されました。同時にリハ機能を持つ医療機関の中には保健婦（士）の依頼で訪問指導に協力するところが少しずつ出てきました。しかしその数は非常に少なく、訪問はボランティアでした。またその当時、専門職が関わる領域としては認識されておらず、訪問に関わるPT、OT、STはアウトローと呼ばれ、異端児扱いでした。

訪問リハが診療報酬上で位置づけられたのは、1988（昭和63）年の「寝たきり老人訪問理学療法指導管理料（100点）」です。この年は介護老人保健施設（以下、老健）もモデル7施設に続いて正式に誕生した年でもあります。医療機関のPT、OTも人員不足で、老健でも100：1の療法士の確保すら困難な時代でした。そんな状況で、在宅に出向く療法士は皆無に等しかったのです。

その後、1991年に老人訪問看護ステーションが創設され、PT、OTは訪問看護の一環としてリハサービスの提供が可能となりました。この頃から在宅医療を熱心に進めていた一部の医療機関で訪問リハが開始されましたが、依然として医療機関、老健ともに慢性的な療法士不足の状況で訪問に関わるPT、OT、STは一握りでした。

公的介護保険制度創設の話が出始めた頃、研修企画会社による訪問リハに特化した研修会も開催されるようになり、訪問リハ単独事業所の創設が話題にもなりました。しかしながら、1999年当時は訪問リハに従事していたPT、OT、STは日本全国でわずか300人強、とても介護保険サービスの一端を担えるマンパワーではなかったのです。

コラム

長尾病院の故服部一郎先生は1956（昭和31）年にフランスに留学された際のお話として、次のようなことをおっしゃっていました。
「フランスのPT、OTはすでに開業権があり、医師と密接な関係でリハが展開されていて、対象者の自宅においても実施されている。」
リハの内容の詳細はわかりませんが、フランスではこの時代にすでに訪問リハが実施されていたんですね、すごい！

第1章　訪問リハビリテーションを理解するための基本的事項

確立期

　介護保険制度が施行された2000年から2012年までを確立期としました。訪問リハサービス提供総数は、他の介護保険サービスに比較するとまだまだ少ないのが現状ですが、それでもこの間に訪問件数は飛躍的に伸びました。2001年度の「訪問リハビリテーション」とPT・OTによる「訪問看護7」の総件数は443,400件/年でしたが、2010年度は2,089,400件/年と約4.7倍になっています（図1）。また利用者数を訪問看護7と比較してみますと、2001年度が訪問リハ約3万人に対し訪問看護7が34万5千人（PT、OTの訪問含む）と約11倍の開きがありましたが、2011年度には訪問リハ約12万5千人に対し訪問看護が約48万4千人と約3.8倍となっています（図2）。訪問看護7の中の1/4〜1/5がPT・OT・STの利用者を含んでいると考えると、実質1.5倍くらいにまで12年間で差が縮小されています。

　また、この期は訪問リハに関わる団体の創設や訪問リハ単独事業所（訪問リハステーション）創設に向けた活動が開始された時期です。介護保険スタートの年に「とうきょう訪問リハビリテーション研究会」が立ち上がり、2002年になって全国訪問リハビリテーション研究会が発足しました。任意の団体ですが、訪問リハの名前がついた初めての全国組織の誕生です。その後、全国訪問リハビリテーション研究会では各地域で地域研修会と全国大会を開催し、地域の実行委員による地域ごとの訪問リハビリテーション研究会創設を目的に活動を続けました。実践テキストや事例集の作成、地域研修後のステップアップ研修も開催しています。

　また訪問リハ単独事業所創設にあたっては、リハの知識と技術だけでなく、事業所の管理運営や事業主としての知識と経験が重要になりますが、そのための研修会としてその頃すでに訪問看護ステーションや通所介護事業所、福祉用具の貸与事業所などを経営していたPT、OT、STらによる管理運営に関する研修会や経営セミナーも開かれるようになりました。そして2012年7月には起業家を中心としたNPO全国在宅リハビリテーションを考える会が法人格として誕生しています。

　一方、（社）日本理学療法士協会、（社）日本作業療法士協会、（社）日本言語聴覚士協会の各職能団体は3協会合同で、2002年に訪問リハビリテーション専門機関の設置要望書を厚生労働省に提出しています。また（社）日本理学療法士協会では介護保険関連研修会にて訪問リハの領域を設け、（社）日本作業療法士協会も訪問作業療法に関する研修会を開催、その後、（社）日本理学療法士協会、（社）日本作業療法士協会、

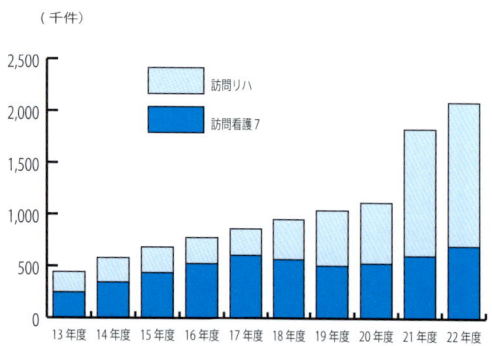

図1　訪問リハビリテーションと訪問看護7の利用者数の推移

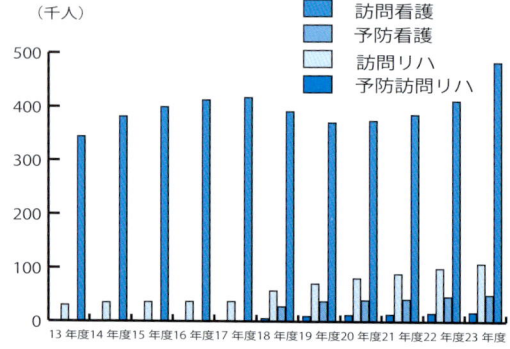

図2　訪問リハビリテーションと訪問看護7からのPT・OT・STの訪問件数の推移

訪問リハビリテーションの歴史

（社）日本言語聴覚士協会の3協会と、全国訪問リハビリテーション研究会（現一般社団法人日本訪問リハビリテーション協会）、NPO法人全国在宅リハビリテーションを考える会の2団体が共同で全国訪問リハビリテーション振興会を設立し、管理者研修会をレベル別にSTEP1〜STEP3まで開催しています。2011年には各都道府県のPT、OT、STの団体の共同開催による最低10時間以上を義務づけた実務者研修会が全国でスタートを切り、訪問リハのシステマティックな研修が動き出したといえます。ちなみに筆者らの事業所がある熊本県では、2010年度より振興会に先駆けて30時間の訪問リハ実務者研修会を開始していました．

発展期

2012年の診療報酬、介護報酬の同時改定では、悲願の訪問リハビリテーションの単独事業所、いわゆる「訪問リハステーション」の創設とはなりませんでした。しかしながら、東日本大震災により制定された復興特区法に基づく「保健・医療・福祉特区」に限っては、訪問リハビリテーション単独事業所の開設が認められました。さっそく、2012年6月12日より陸前高田市の訪問リハビリテーション事業所「あらや訪問リハビリステーション」が特区1号の事業所として本格的に営業を始めています。その後も特区での訪問リハステーション開設が次々と計画されています。これを足がかりに、今後本書の改訂の際には、訪問リハステーション創設の1行を加えられることを切望します。

また2012年より全国訪問リハビリテーション研究会は法人化して一般社団法人日本訪問リハビリテーション協会へ、全国訪問リハビリテーション振興会は平成23年度内で解散し、現在は訪問リハビリテーション振興委員会となって活動しています。

実務者研修会の様子
（熊本訪問リハビリテーション研修協議会開催）

熊本県理学療法士協会による
訪問リハマニュアル
（128頁、1996年発行）

熊本県の訪問リハ
実務者研修会のテキスト
（30時間分）

> **コラム**
>
> 　現在でも訪問によるリハの一端を訪問看護が担っていることを考えると、訪問看護の歴史についても考えてみる必要があります。
> 　わが国の訪問看護の原点は、派出看護にあると言われています。1887年の慈恵病院（現：慈恵医科大学附属病院）や1891年に鈴木雅らが創設した「慈善看護婦会」による派出看護がそれにあたります。前者は上流階級に限定されたもので、後者は生活困窮者には無償の訪問でした。しかしながら、世界的にみた場合、リハ医学の理念形成が1900年代初頭にあったと考えると、その当時の派出看護に訪問リハの源があるとは考えにくいかもしれません。

第1章　訪問リハビリテーションを理解するための基本的事項

表1　訪問リハビリテーションに関わる歴史

時期	年	内容
萌芽期	1960年	澤村誠志氏が身体障害者更生相談所の巡回相談、在宅指導訪問を開始
	1971年	山形県が保健婦（士）にリハ技術指導開始
	1973年	茨城県守谷町で保健婦とPT、OTによる訪問指導事業開始
	1974年	広島県みつぎ総合病院にて訪問看護開始
	1982年	老人保健法に基づく保健事業として訪問指導開始 ── 1
	1983年	退院患者継続看護・指導料が新設される
形成期	1988年	寝たきり老人訪問理学療法指導管理料が新設
	1989年	**高齢者保健福祉推進10か年戦略（ゴールドプラン）**
	1992年	老人保健法改正：老人訪問看護制度の創設 老人訪問看護ステーションの創設
	1994年	健康保険法改正：指定訪問看護制度の創設 **新高齢者保健福祉推進5か年戦略（新ゴールドプラン）** ── 2
	1999年	ゴールドプラン21(高齢者保健福祉5か年計画)
	2000年	**介護保険制度施行**
	2002年	全国訪問リハビリテーション研究会発足 PT・OT・ST協会合同で訪問リハビリテーション専門機関設置要望書を厚生労働省に提出
確立期	2003年	介護老人保健施設からの訪問リハ新設 **高齢者リハビリテーション研究会設置** ── 3
	2004年	言語聴覚士の訪問（医療保険に限定）が認められる
	2005年	言語聴覚士の介護保険での訪問が認められる
	2006年	短期集中訪問リハビリテーション、リハビリテーションマネジメントが導入される （リハビリテーションマネジメント加算新設） 訪問看護ステーションからの療法士の訪問に50％規制（看護師の訪問回数を上回らない範囲）
	2007年	医療保険の訪問リハが単位制に変更
	2008年	医療保険の訪問リハ（2）新設、対象者によって介護老人福祉施設への訪問も可能となる
	2009年	介護保険による訪問リハも単位制へ、事業所加算新設、リハマネ加算廃止と基本サービス費への包括化 訪問看護7の50％規制撤廃、訪問看護ステーション一部管理者要件緩和 全国訪問リハビリテーション振興会発足（〜2012年）
	2010年	**地域包括ケア研究会報告書** ── 4
	2011年	東日本大震災発生（3.11）リハビリテーション支援関連10団体として 全国訪問リハビリテーション研究会も被災地の支援に参画
	2012年	診療報酬・介護報酬同時改定 復興特区で訪問リハステーション事業所開設 日本訪問リハビリテーション協会設立（前全国訪問リハビリテーション研究会）
発展期	2025年	地域包括ケアシステムの確立

6

訪問リハビリテーションの歴史

『老人保健法』

『老人保健法』（昭和57年公布、58年施行）は、高齢者の健康保持や医療の確保を図るために制定されました。この法律による事業は、大きく医療等と医療等以外の保健事業に分かれ、前者として①医療、②入院時食事療養費の支給、③入院時生活療養費の支給、④保険外併用療養費の支給、⑤老人訪問看護療養費の支給、⑥移送費の支給、⑦高額医療費の支給が行われ、医療等以外の保健事業として①健康手帳の交付、②健康教育、③健康相談、④健康診査、⑤機能訓練、⑥訪問指導が始まりました。この中の機能訓練事業は現在の通所リハの制度のルーツとなりました。また訪問指導事業の開始に伴って保健所などの行政機関にPT、OTが採用されるようになりました。2006（平成18）年の医療制度改革の中で全面的な改正が行われ、2008（平成20）年改正法の施行により法律名も『老人保健法』から『高齢者の医療の確保に関する法律』に改称されています。

ゴールドプラン 新ゴールドプラン ゴールドプラン21

「高齢者保健福祉推進10か年戦略」いわゆるゴールドプランは、急速な高齢化に対する施策として、施設整備、サービスの提供量、ホームヘルパーの養成などの具体的な数値目標を挙げて（図1）、10年間の期限を設けて推進されました。5年後の1994（平成6）年には、予想を超える急速な高齢化にゴールドプランでは対応できないとして全面的な見直しがなされ、新ゴールドプラン（高齢者保健福祉10ヵ年計画）が策定されています。このプランも1999（平成11）年には終了し、介護保険後の新たな高齢者保健福祉5ヵ年計画として「ゴールドプラン21」が策定されています。いかに活力ある社会をつくっていくかを目標に、介護サービスの基盤整備と生活支援対策などが位置づけられました。

高齢者リハビリテーション研究会報告書

2003（平成15）年7月に今後の高齢者の介護予防、リハのあり方について調査・研究するために、老健局内に、医療、リハの専門家などから成る高齢者リハビリテーション研究会が設置されました。研究会では介護予防リハ、高齢者リハの提供体制、また、福祉用具や住宅改修、地域リハの提供体制などについて検討されています。同研究会の報告書で訪問リハについては次のように報告されています。

（1）訪問リハビリテーションの目的は、在宅という現実の生活の場で日常生活活動の自立と社会参加の向上を図ることであり、高齢者本人と自宅環境との適合を調整する役割を持ち、自宅での自立支援の効果的なサービスである。

（2）このように考えると、訪問リハビリテーションは、在宅復帰と自立支援を理念とする高齢者介護において有効なサービスであるが、現状では最も利用が進んでいないサービスとなっており、今後、拡充していく必要がある。また、脳卒中による失語症の患者が在宅に多いにもかかわらず、言語聴覚士がサービス提供者として位置づけられていないといった問題も指摘されている。

（3）現行の訪問リハビリテーションは、退院（所）直後や生活機能が低下した時に、計画的に、集中して実施するサービスとしても位置づけ、拡充していく必要がある。また、その内容は、日常生活活動と社会参加の向上に働きかけることを重視する必要がある。

4 地域包括ケア研究会報告書

この研究会では、2025年を目標とした地域包括ケアの方向性とそれを実現するための課題が検討されています。2010年に報告書がまとめられ、2012年の介護報酬、診療報酬の同時改定の方向性に大きな影響を与えました。

1989年に策定したゴールドプランの中の施策の一つとして「寝たきり老人ゼロ作戦」を打ち出し「寝たきりゼロへの10ヵ条」を作成しています。

第1条 脳卒中と骨折予防 寝たきりゼロへの第一歩
第2条 寝たきりは 寝かせきりから 作られる 過度の安静 逆効果
第3条 リハビリは 早期開始が 効果的 始めよう ベッドの上から訓練を
第4条 くらしの中での リハビリは 食事と排泄 着替えから
第5条 朝起きて まずは着替えて 身だしなみ 寝・食分けて 生活にメリとハリ
第6条 「手は出しすぎず 目は離さず」が介護の基本 自立の気持ちを大切に
第7条 ベッドから 移ろう移そう 車椅子 行動広げる 機器の活用
第8条 手すりつけ 段差をなくし 住みやすく アイデア生かした 住まいの改善
第9条 家庭でも 社会でも よろこび見つけ みんなで防ごう 閉じこもり
第10条 進んで利用 機能訓練 デイサービス 寝たきりなくす 人の和 地域の和

図1 寝たきりゼロへの10ヵ条

第1章　訪問リハビリテーションを理解するための基本的事項

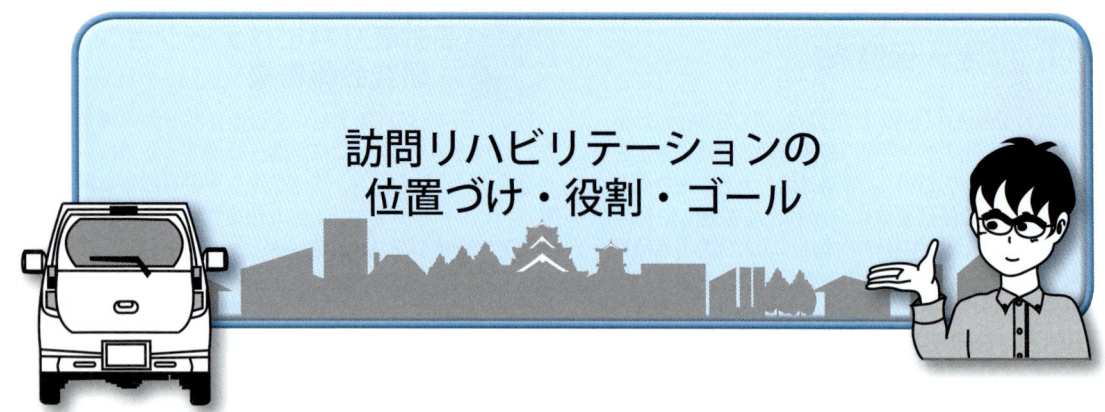

訪問リハビリテーションの位置づけ・役割・ゴール

　訪問リハの位置づけ、役割、ゴールは前項目の歴史の頁でも述べたように、その定義をどうするかによります。リハは理念から技術的なものまで、様々な次元、領域で議論されます。したがって、その一部である訪問リハについても、位置づけや役割、そしてそのゴールを議論するときは整理して考える必要があります。

リハ理念における訪問リハビリテーション

　訪問リハを、リハの理念である「全人間的復権」を対象者の在宅において目指すものと理解すれば、リハ専門職だけでなく医療職以外のあらゆる人々の活動を含みます。日本リハビリテーション病院・施設協会の地域リハの定義に沿えば、「訪問リハとは、障害のある人々や高齢者およびその家族が、住み慣れたところで、そこに住む人々とともに、一生安全にいきいきとした生活が送れるよう、医療や保健、福祉及び生活にかかわるあらゆる人々や機関・組織がリハビリテーションの立場から協力し合って行う活動のなかで、生活の場を訪問するという手法で行う活動のすべてをいう」になると思います。そう考えると役割は非常に多岐にわたり、支援期間はその人らしく亡くなるまでとなるでしょう。

リハ医療における訪問リハビリテーション

　狭めてリハ医療の流れの中で訪問リハを捉えた場合はどうでしょう？　現在、リハ医療の流れは、急性期、回復期、生活期（維持期）、終末期（グランドデザインには含まれていない）に分けられます。制度では医療保険、介護保険のどちらにも位置づけられています（図1，表1）。

　現状では訪問リハの大半がいわゆる「脳卒中モデル」あるいは「廃用症候群モデル」に属する、特に高齢者の生活期の支援を担っています。地域によっては虚弱高齢者の手術前のコンディショニングなどで急性期に関わったり、急性期病院退院後に回復期の役割を担っている訪問リハもあります。神経難病や小児領域、精神科領域の場合はさらに様々なステージにまたがって訪問リハを実施しますし、関わる期間も長期になります。リハ実施者も専門職が乏しい地域では、訪問看護師や介護士が、本来専門職が実施するリハ内容を担っている地域もあります。したがって、現状では地域の事情や対象疾患によっても役割や位置づけが異なります。

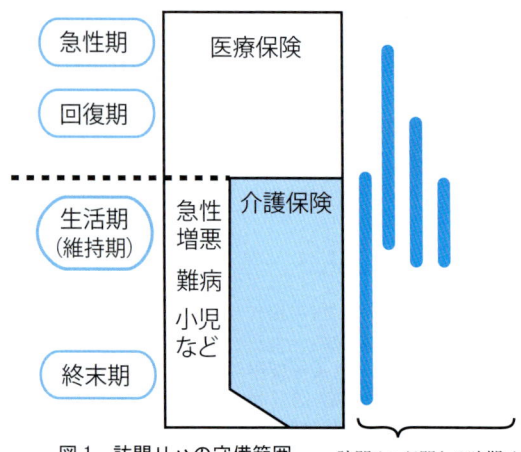

図1　訪問リハの守備範囲

訪問リハが関わる時期は地域や事業所の特性によって様々

表1　訪問リハビリテーションの制度上の位置づけ

介護保険上での位置づけ

訪問リハビリテーション

第八条…
5　この法律において「訪問リハビリテーション」とは、居宅要介護者（主治の医師がその治療の必要の程度につき厚生労働省令で定める基準に適合していると認めたものに限る。）について、その者の居宅において、その心身の機能の維持回復を図り、日常生活の自立を助けるために行われる理学療法、作業療法その他必要なリハビリテーションをいう。

介護予防訪問リハビリテーション

この法律において「介護予防訪問リハビリテーション」とは、居宅要支援者（主治の医師がその治療の必要の程度につき厚生労働省令で定める基準に適合していると認めたものに限る。）について、その者の居宅において、その介護予防を目的として、厚生労働省令で定める期間にわたり行われる理学療法、作業療法その他必要なリハビリテーションをいう。

医療保険上での位置づけ

1　1については、在宅で療養を行っている患者（当該患者と同一の建物に居住する他の患者に対して当該保険医療機関が同一日に訪問リハビリテーション指導管理を行う場合の当該患者（以下この区分番号において「同一建物居住者」という。）を除く。）であって通院が困難なものに対して、2については、在宅で療養を行っている患者（同一建物居住者に限る。）であって通院が困難なものに対して、診療に基づき計画的な医学管理を継続して行い、かつ、当該診療を行った保険医療機関の理学療法士、作業療法士又は言語聴覚士を訪問させて基本的動作能力若しくは応用的動作能力又は社会的適応能力の回復を図るための訓練等について必要な指導を行わせた場合に、患者1人につき、1と2を合わせて週6単位（退院の日から起算して3月以内の患者にあっては、週12単位）に限り算定する。

2　保険医療機関が、診療に基づき、患者の急性増悪等により一時的に頻回の訪問リハビリテーション指導管理を行う必要性を認め、計画的な医学管理の下に、在宅で療養を行っている患者であって通院が困難なものに対して訪問リハビリテーション指導管理を行った場合は、注1の規定にかかわらず、1と2を合わせて、6月に1回に限り、当該診療の日から14日以内に行った訪問リハビリテーション指導管理については、14日を限度として1日4単位に限り、算定する。

注）在宅患者訪問リハビリテーション指導管理料
　1　同一建物居住者以外の場合
　2　同一建物居住者の場合

リハ医療の流れの中の生活期の役割と訪問リハ

　生活期を担う視点から訪問リハを考えるとどうでしょう。1997（平成9）年頃から2010（平成22）年に地域包括ケア研究会の報告書が提出されるまで、現在の「生活期」は「維持期」と呼ばれていました。維持期という言葉の響きからは、変化のない安定した時期、心身機能を維持する時期と捉えられがちでした。しかし、リハの理念を具現化するにあたってこの時期は、生活全体に最も大きなチームで関わるダイナミックな時期です。筆者らは早くから生活再建期や生活期と呼んでいました。

第1章　訪問リハビリテーションを理解するための基本的事項

また地域完結型医療体制の中において、急性期は『疾病』、回復期は『障害』、生活期は『生活』という異なった課題を持つため、チーム連携は非常に難しいと言われています。このような縦の連携において生活期の役割と位置づけを考える際はICFの考え方が応用できます。

急性期、回復期、生活期（維持期）のチームは、心身機能、身体構造から活動、参加へと足場を徐々に移して、ICFでいう6つの構成要素（健康状態、心身機能・身体構造、活動、参加、環境因子、個人因子）の壊れた箇所を修復していく作業を、急性期から生活期の時間経過と生活空間の広がりの中で、役割分担をして支援していくと考えればよいのです。イメージしやすいように図2のような6つの要素から構成される健康というビルディングが壊れて傾いている様子を思い浮かべてください。このビルディングに足場をかけて損傷を受けた部分を修復していきます。このとき足場の立ち位置の違いが、急性期・回復期・生活期では異なるのです。生活期では生活機能の中でも特に活動と参加、またそれに大きく影響する環境因子や個人因子を軸に健康生活の再建を図るのが役割です。

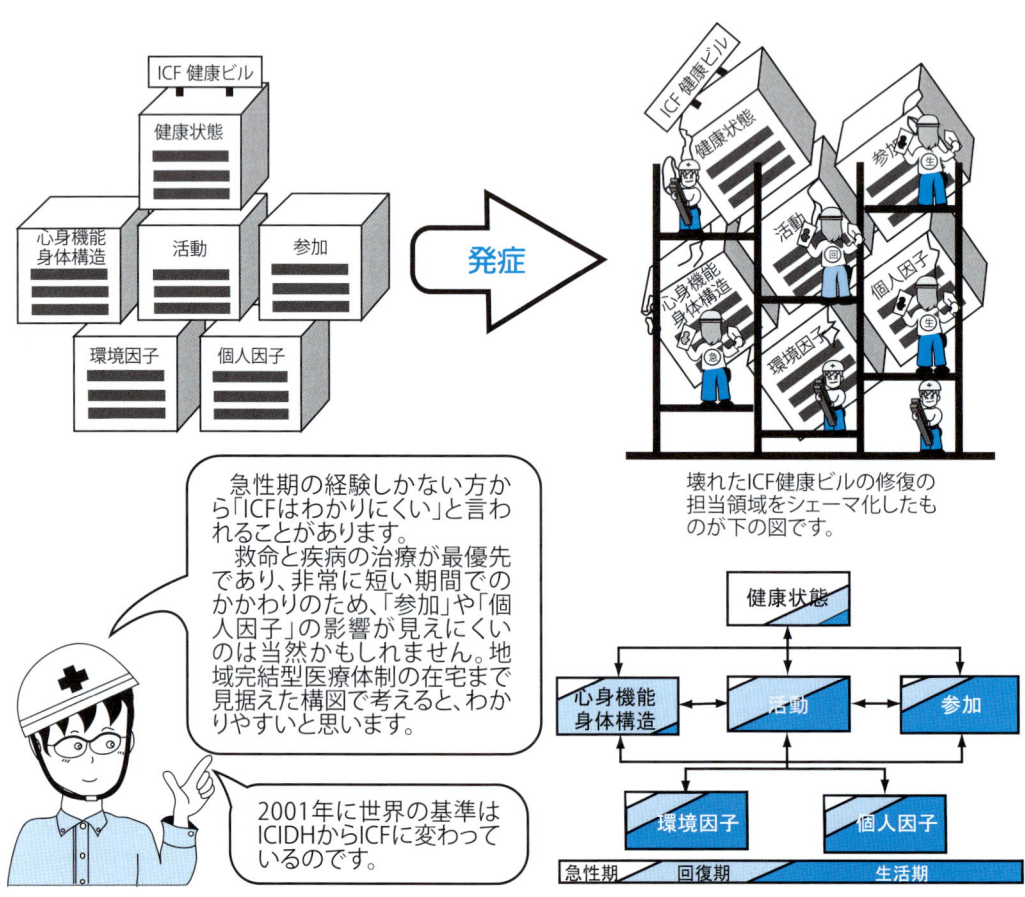

図2　急性期・回復期・生活期におけるICF構成要素上の課題解決イメージ

訪問リハのゴール

　訪問リハのゴールはどう考えたらよいのでしょう。介護保険上であれば、ケアプランに位置づけられた訪問リハの目的を達成できればゴールでしょうし、支援の過程で新たな課題が見つかり、新たな目標設定がされれば、そこでゴールは変更されることになります。あるいはケアマネジャーのケアプランにリハの視点が欠けていて、こちらから修正をお願いしてゴールが変更になることもあります。

　生活期の目標は可能なかぎりの自立した在宅生活の継続と、できるだけ活動性が向上し、QOLが高い生活を送っていただくことです。そのどの部分の役割をどこまで訪問リハで担うかは、時として国や都道府県の財政や制度改正、利用者の住む地域、そのとき組んでいるチームなどで影響を受けます。しかし本来目指すべきものは、制度や地域が変わっても普遍的であるべきです。支援者自身が、利用者が望む生活あるいは利用者に送っていただきたい理想的な生活をイメージできなければ、仮に制度の変化で今までできていたかかわりができなくなったとき、自らの役割をどのように次のチームあるいは職種につないでよいのかもわかりません。制度の切れ目がゴールとなってしまいます。

　また訪問リハの利用者は様々なパターンのチームを組んでいます。訪問が終了するときに残されたリハの課題やリハの視点からの今後の介入依頼をどう伝えるのか、通所リハあるいはリハ専門職が配置された通所介護のサービスが必ず導入されているとは限りません。訪問リハ終了後のつなぎ方の工夫も非常に重要になってきます。

訪問リハスタッフが様々なチームから抜けるとき

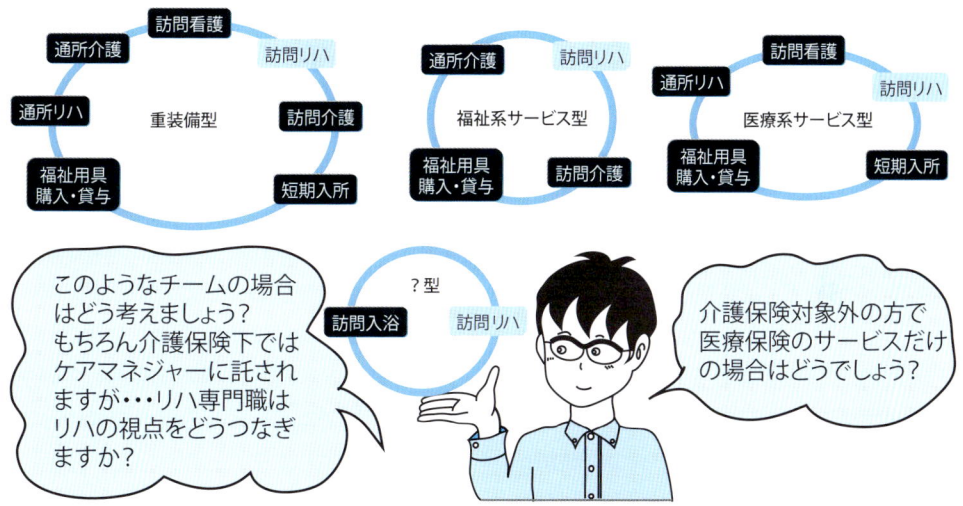

　さらに職能団体の立場からは訪問理学療法、訪問作業療法、訪問言語聴覚療法といった表現で語られる場合もあります。この場合、訪問の職種によってゴールが異なるのでしょうか？介護老人保健施設や在宅では、複数のリハ専門職種が一人の利用者に関わっているのは稀です。回復期でも取得する単位数に職種の区別はなくなっています。今後、訪問リハの設定が職種ごとに取れるようなことは考えにくいと思います。

　このように考えてくるとゴールの議論は複雑になってきます。訪問リハに支払われている料金は決して安くありません。それだけ期待されているとも言えます。したがって、目標設定もなく、効果のない支援を漫然と繰り返すことは、昨今のわが国の財政から考えても問題です。できるだけ効果的で効率よく提供でき、短期間で終了できるに越したことはありません。しかし安易に早く終了し、短期集中の算定期間が終了すればゴールだとか、手すりをつけてセルフケアの確認をし、通所リハにつないだらゴール、ともいえないと思います。

　個々の利用者の健康状態、生活機能、環境因子や個人因子を捉え、生活の再建とQOL向上の支援を追及する中で真のゴールがみえてくると思います。

第1章　訪問リハビリテーションを理解するための基本的事項

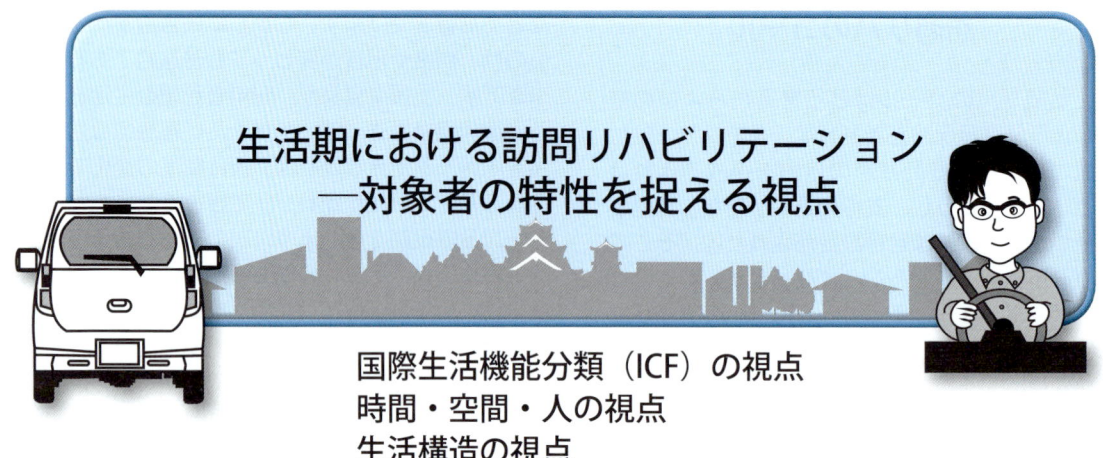

生活期における訪問リハビリテーション
―対象者の特性を捉える視点

国際生活機能分類（ICF）の視点
時間・空間・人の視点
生活構造の視点

　生活期にある対象者を理解し、訪問リハの介入戦略を立案するには、以下の3つの視点（国際生活機能分類の視点、時間・空間・人の視点，生活構造の視点）を押さえておくことが重要です。

1. 国際生活機能分類（ICF）の視点

　ICFでは人の健康と健康関連要素（よく生きるなど）に関わる「生活機能と障害」を分類しています。ICFが定義する生活機能とは心身機能・身体構造、活動、参加の3つです。そして「生活機能と障害」は、健康状態〈病気（疾病）、変調、傷害、ケガなど〉と背景因子（環境因子、個人因子）とのダイナミックな双方向性の相互作用と考えています。すなわち①健康状態、②心身機能・身体構造、③活動、④参加、⑤環境因子、⑥個人因子の6要素のどこか一つに問題が生じると、生活機能の構造に様々な影響を与えることになります（図1）。

　例えば、訪問リハの利用者には脳卒中や大腿骨頸部骨折など、急性発症した疾病や外傷により機能障害を起こし、その結果として活動制限や参加制約を引き起こしている方もいれば、退院後にうつ状態となり、家に閉じ込もることで活動性が低下し、廃用から新たな疾病を発症している方もいます。また豪雪地帯や急な坂が多い地域に暮らしている方は、移動能力や地域の活動への参加意欲があっても、あまりに苛酷な環境が生活圏を狭め、活動性の低下を避けられず、廃用から健康に新たな問題を起こしている方もいます。疾病や外傷の結果としての生活機能障害だけでなく、6つの構成要素のどこからでも問題が生じます。したがって、生活期における対象者の介入戦略を立てる際は、どの構成要素が全体のバランスを壊し、対象者の生活機能障害を引き起こしているのかを捉え、リハ計画を立案することが重要です。この視点が欠けると、本来は受診と治療を優先すべき疾病を放置して活動の練習を反復したり、閉じ込もっている方に歩行練習や着衣動作の練習だけを実施するなど、介入効果が得にくいアプローチとなってしまいます。

　またそれぞれの構成要素の評価は、一つの専門職種の偏った視点とならないように、多職種協働が重要となります。

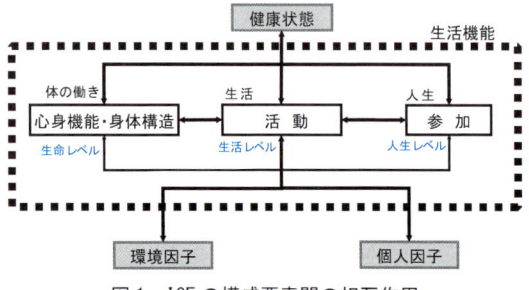

図1　ICFの構成要素間の相互作用

国際生活機能分類（ICF）

国際障害分類(1980年)
International Classification of Impairments Disabilities Handicaps（ICIDH）
国際生活機能分類（2001年）
International Classification of Functioning, Disability and Health（ICF）
生きることのプラス面を包括する用語　障害の包括用語

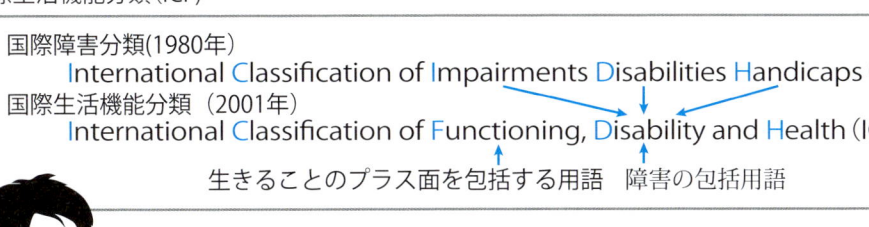

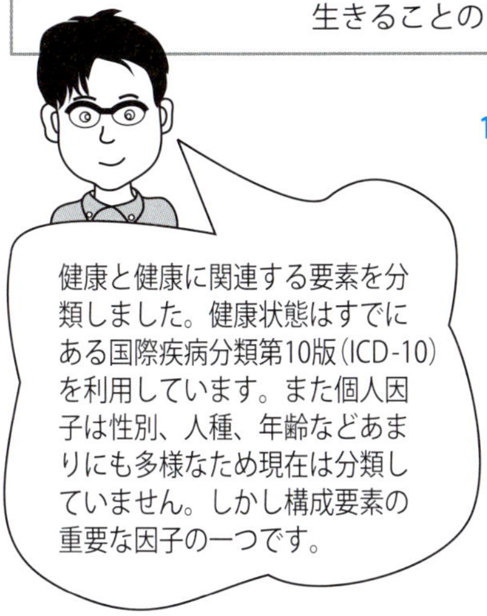

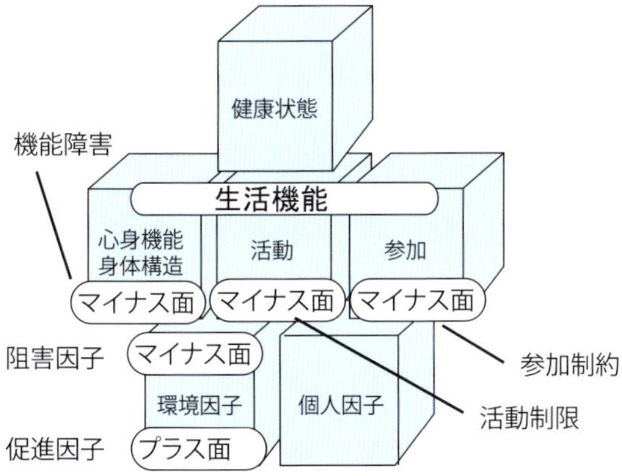

健康と健康に関連する要素を分類しました。健康状態はすでにある国際疾病分類第10版（ICD-10）を利用しています。また個人因子は性別、人種、年齢などあまりにも多様なため現在は分類していません。しかし構成要素の重要な因子の一つです。

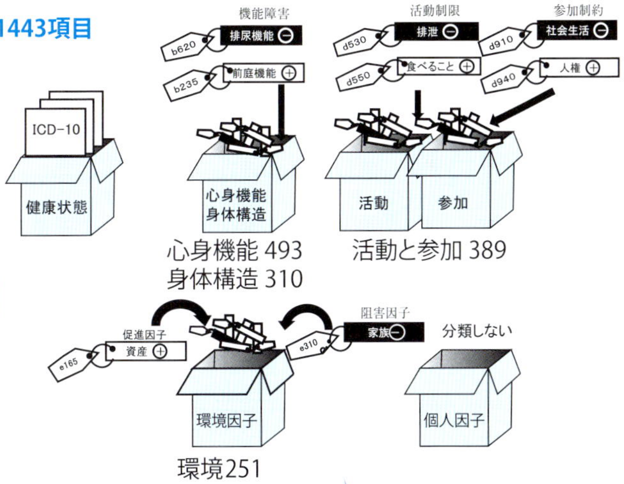

1443項目
ICD−10
健康状態
機能障害
b620
排尿機能
b235
前庭機能
心身機能
身体構造
心身機能 493
身体構造 310
活動制限
d530
排泄
d550
食べること
参加制約
d910
社会生活
d940
人権
活動
参加
活動と参加 389
促進因子
e165
資産
阻害因子
e310
家族
環境因子
環境251
分類しない
個人因子

健康状態
機能障害
生活機能
心身機能
身体構造
活動
参加
マイナス面
マイナス面
マイナス面
阻害因子
マイナス面
参加制約
環境因子
個人因子
活動制限
促進因子
プラス面
健康はそれぞれの相互作用で成り立っている

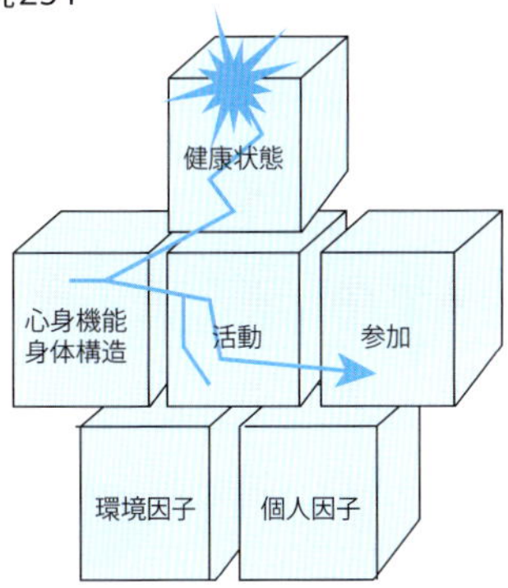

健康状態
心身機能
身体構造
活動
参加
環境因子
個人因子
疾病により引き起こされた障害により活動制限をきたし、その結果、参加制約を引き起こし健康が壊れるケース

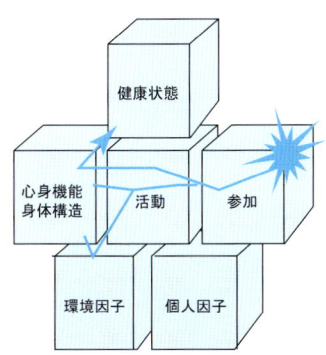

健康状態
心身機能
身体構造
活動
参加
環境因子
個人因子
閉じ込もりなどの参加制約が活動性の低下を招き、活動制限をきたし、心身機能が低下して新たに疾病を引き起こすケース

健康状態
心身機能
身体構造
活動
参加
環境因子
個人因子
急な坂、豪雪地域などの過酷な環境が活動性の低下を招き、心身機能が低下して新たに疾病を引き起こすケース

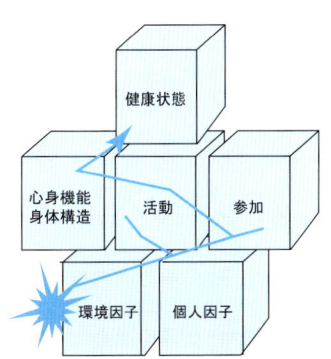

第1章 訪問リハビリテーションを理解するための基本的事項

ICFの視点は対象者の健康状態、生活機能、背景因子の相互関係からなる全体像を把握することに有用であるとともに、カンファレンスで挙がる小さな課題に対して、その課題の整理と介入戦略の優先順位を考える際にも役立ちます。

個別課題に対するICF概念モデルの活用

（高橋泰ICFイラストライブラリー日本語版のイラストを一部引用）
(http://www.icfillustration.com/icfil_jpn/top.html)

コラム

ICFの活用方法は大きく3つに分かれます。ICFの概念の活用、分類の活用、評価点を含めたコードの活用です。前項で述べた生活期リハの役割はICFの概念を活用したものです。リハ実施計画書などでは概念と評価項目の分類に活用されています。コードの活用は少ないですが、全国老人保健施設協会が開発したR4システム（右図）というケアプランの手法の中で、概念、分類、コードまでの活用がなされています。R4はニーズアセスメント、適性アセスメント、ICFアセスメント、専門職アセスメントの4つで構成されます。この中のICFアセスメントでは項目応答理論（Raschモデル）の活用により高齢者サービスに適した選択項目でICFのコード利用が容易となっています。

基本動作のスケール

※「状態判定」は基本的に上から下に難易度レベル（高→低）を設定している。

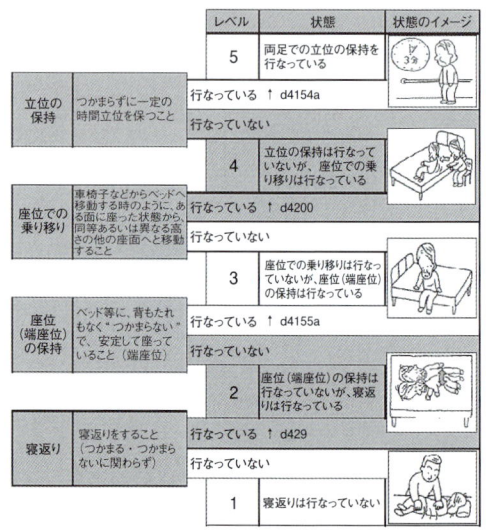

（新全老健ケアマネジメント方式R4システムより引用）

2. 時間・空間・人の視点―時間

　私たちが利用者と向き合う時間は、1日のうちの限られた時間です。1日の流れ、1週間の流れ、他の季節、少なくともこれから2〜3年後など、関わる時間帯、期間を超えて利用者の状態の変化を予測してみることが、介入効果を向上させると同時にリスク回避にもつながります。また過去の時間、すなわち生活史を知ることも非常に重要です。

　例えば、入浴動作をチェックしている今の時間帯はどんな季節で何時頃でしょうか？ 利用者はその時間帯に入浴されるのでしょうか？ 時間帯や季節が変わったとき、浴室、脱衣所の明るさや気温、衣服の量や重さなどの変化は現在の心身機能や介護力で対応できるでしょうか？

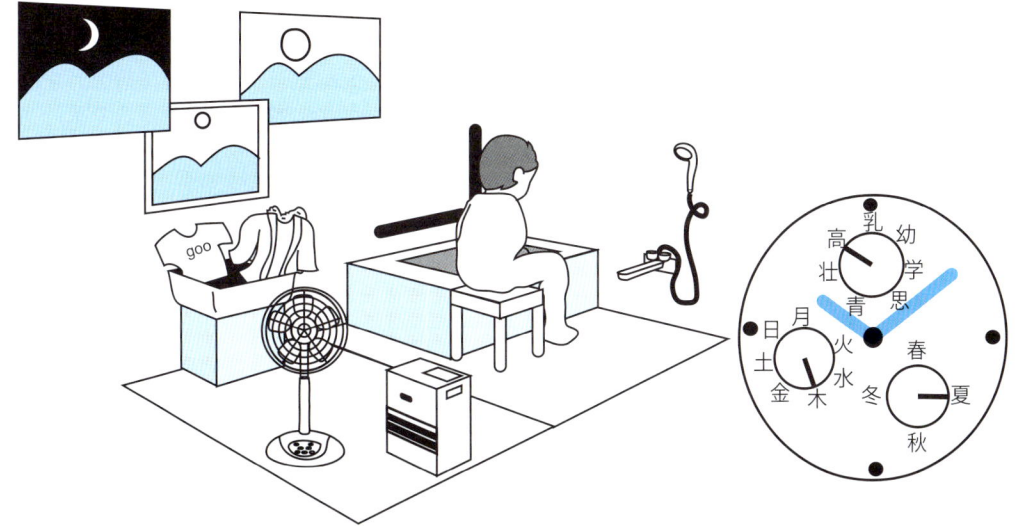

　大腿骨頸部骨折を起こした85歳の男性の例を紹介します。自宅内で転倒し、A病院に救急搬送され、人工骨頭置換術を受けました。その後、リハによって屋内歩行は自立、階段も2〜3段程度であれば、手すりがあれば可能なレベルまで改善しました。奥様と2人暮らしです。奥様は83歳で要支援1の認定を受けておられます。近所に息子さん夫婦が住んでおられます。

　退院前に病院スタッフが訪問し、退院前カンファレンスに訪問リハスタッフが呼ばれました。最も大きな課題として「玄関までの段差昇降をどのように解決するか？」が挙げられていました。山林を切り開いた住宅地にお住まいのため、駐車場から自宅玄関まで20段の階段があります。他にルートはありません。

　階段昇降機を取り付けては、駐車場から段差解消機を設置しては、訪問介護を2人にして抱えてはなど、様々な意見が出されます。さて、あなたならどうしますか？

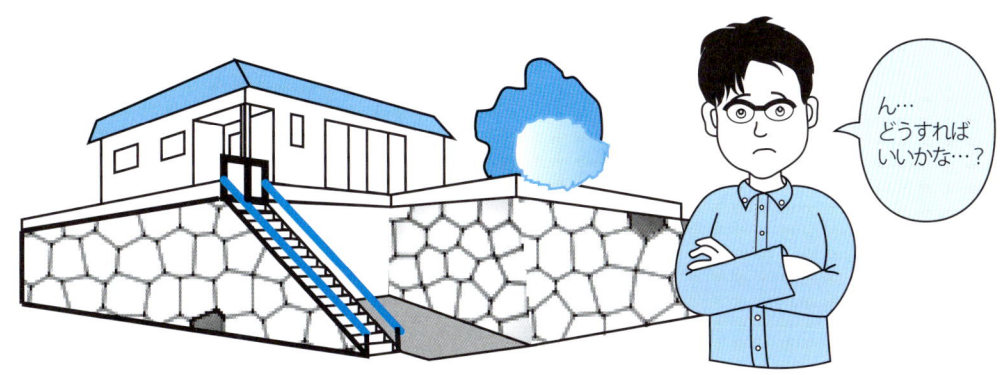

訪問時の自宅内の写真をみると図のようになっていました。お気づきかと思いますが、引っ越してこられて間もない家です。

事情を確認してみると、高齢で2人暮らしの両親をできるだけ近くで面倒をみようと、息子さんが家を借りて、両親を地元から呼び寄せたばかりでした。まだ引っ越しの片づけも途中に転倒し、骨折して入院となったのです。例えば、このお2人が50年この家に住み、様々な人生の思い出やこだわりが詰まった家であれば、なんとか同じ場所で暮らすための支援も必要です。しかし今回の場合は、この家では、暮らした期間はほとんどありません。大がかりな福祉用具の導入や住宅改修のプランだけでなく、家を借りなおす、つまり「住み替え」といった案もあってもいいと思います。

このように人生という長い時間的経過の中で、現在の住まいが利用者にとってどのような意味があるのかを把握せずに支援すると、課題解決のスキルの検討に終始し、選択肢が狭まることが多々あります。

生活期に関わるスタッフはこれまでの治療やリハの経過の情報収集はもちろん、『時間・空間・人の視点』すなわち発病前の生活史やこれからの時間経過に伴う本人・家族の変化、生活空間、関わる人の変化の多様性に想像力をめぐらせ、介入戦略を立てることが重要です。

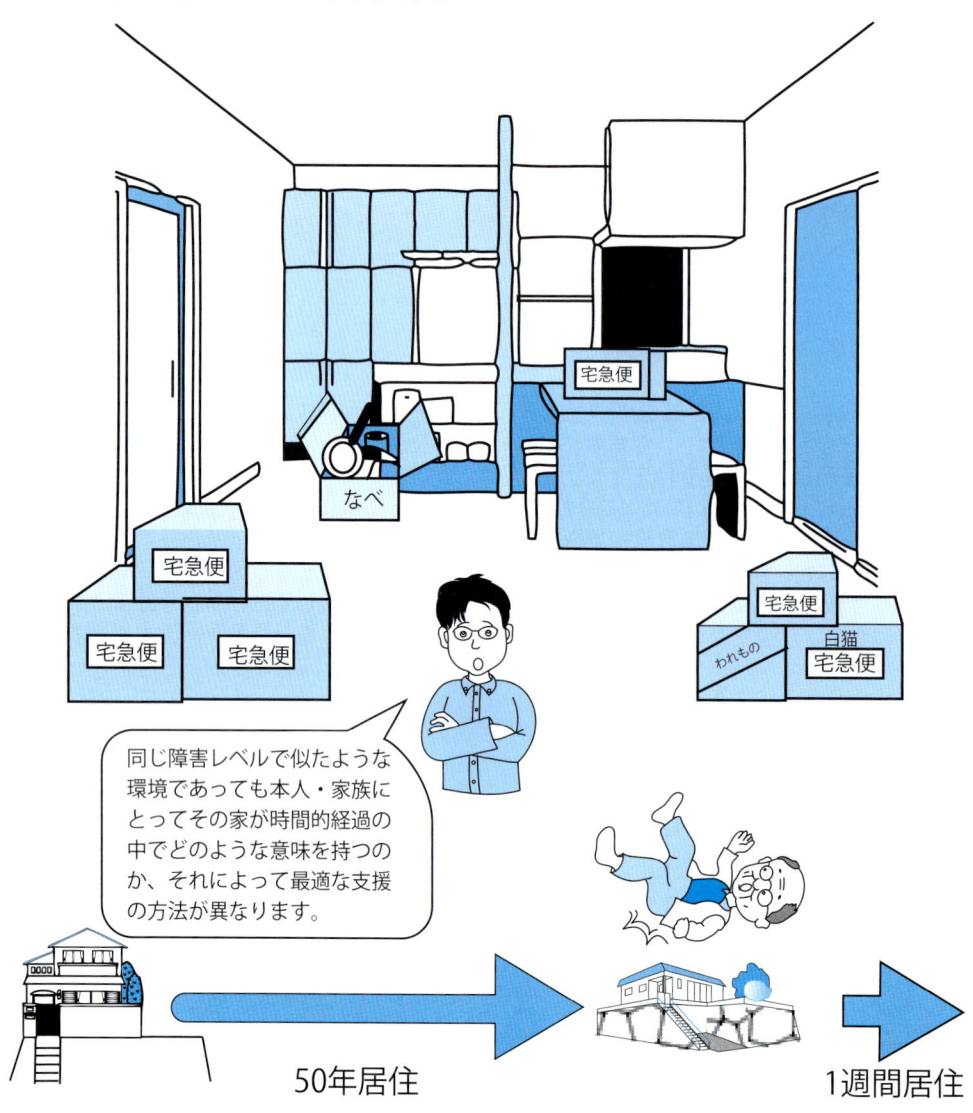

3. 人間・空間・人の視点―空間

　病院や施設と在宅の環境の違いはもちろんですが、雪国と南国、山間部と沿岸部でも生活行為に関わる内容が異なります。また同じ地域に住んでいても、日常の行為をどの空間で実施するのかは活動性に大きく影響します。食事をベッド上で摂るのか、ベッド脇で摂るのか、家族が集まるリビングか、外食かでは、そのために必要な行為への介入部分にずいぶん差が出てきます。

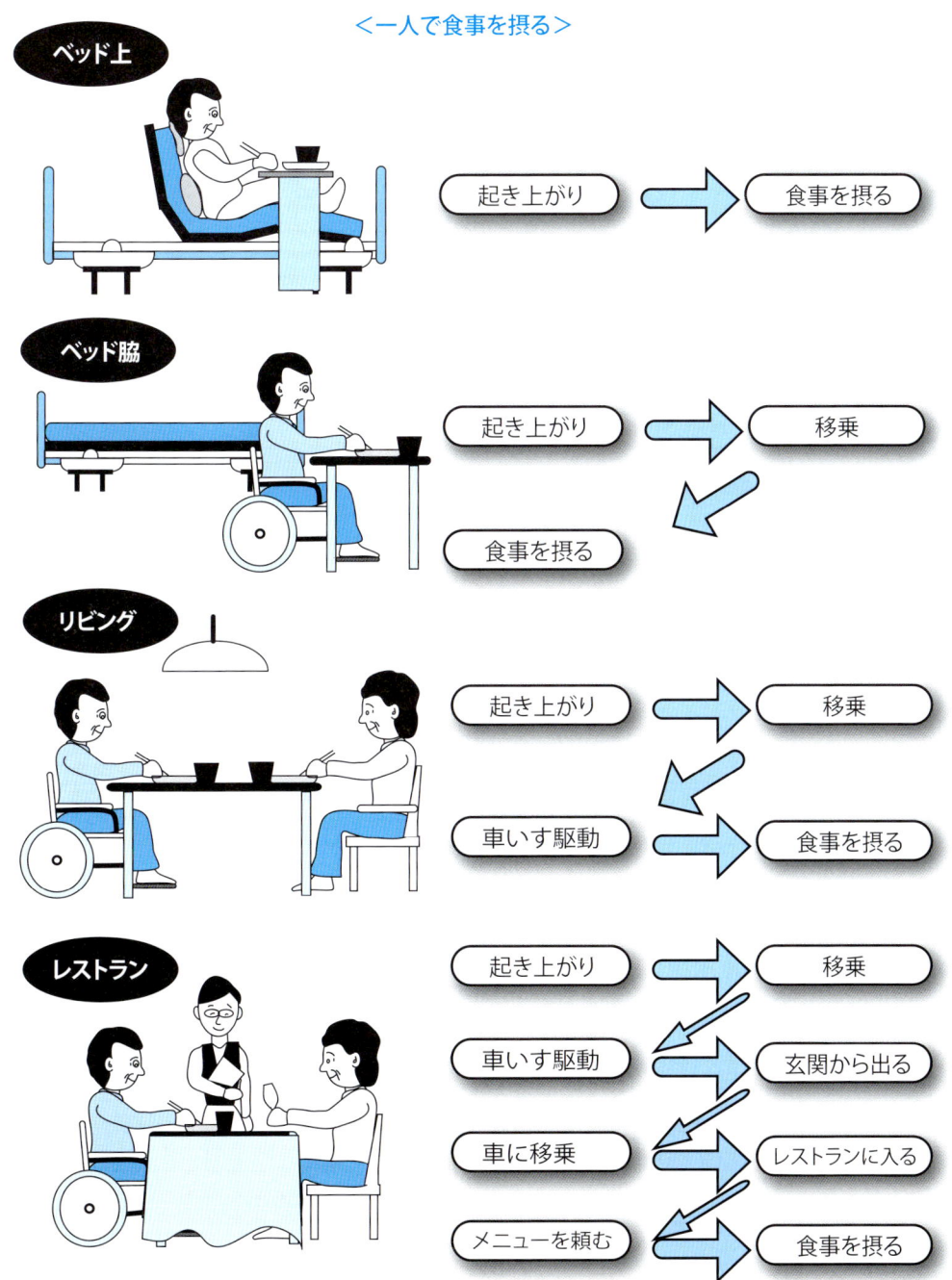

第1章　訪問リハビリテーションを理解するための基本的事項

4. 時間・空間・人の視点―人

　本人・家族と地域や親族との関係も要素として大きいですが、本人と介護者の関係は様々な介護場面で影響してきます。介護に関わる知識や技術指導の理解力、年齢や体力といった問題に関係なく、その人との関係によって介助量が異なってくる場合があります。

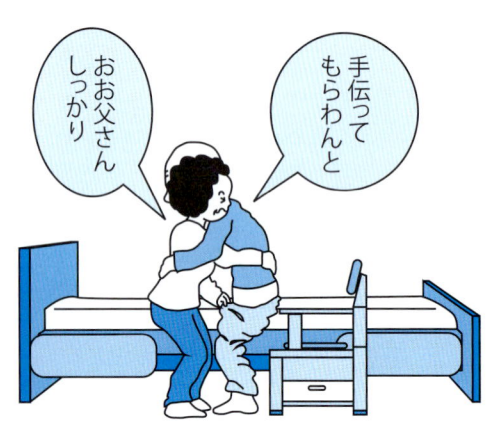
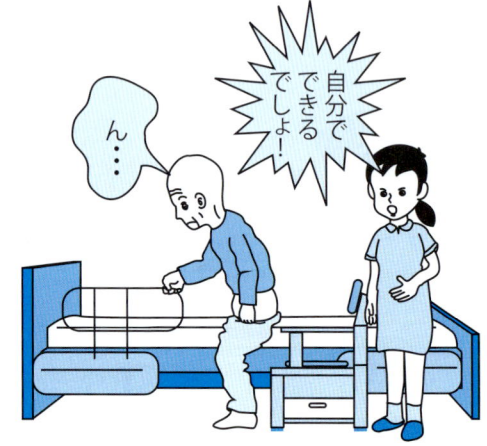

時間・空間・人の3つの要素の例

　図2の事例は病院退院後のプランとして訪問系サービスは訪問介護と訪問看護、訪問リハを利用し、通所系サービスは通所リハと通所介護の2事業所を利用して在宅生活を送る予定です。排泄だけに着目してみても実に多彩な時間帯、場所、人の関与で実施されます。排泄は1日8回行われ、うち1回は深夜です。

　また場所は自宅トイレ、夜間のポータブルトイレ、A通所リハ事業所のトイレ、B通所介護事業所のトイレ、外出時のデパートのトイレと5カ所あります。介助者は訪問介護スタッフ、看護師、事業所A、Bの介護スタッフ、家族A、B、Cです。さらにこの状態が四季や、サービス内容の変更により変化します。例えば、退院時にリハスタッフの指導により移乗方法を統一するといった計画が出されることがあります。主介護者への1～2回の指導ではうまくいかないことが容易に想像できます。このような状況は、生活期ではさまざま存在します。

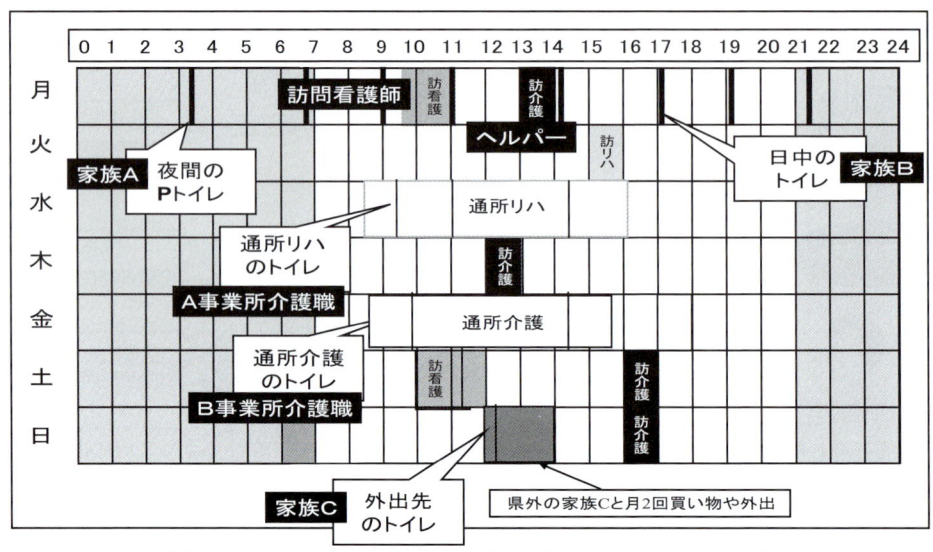

図2　在宅事例の週間スケジュールと排泄の時間・空間（場所）・人（介助者）の違い

5. 生活構造の視点

3つ目の視点は生活構造の視点です。ここでいう生活構造とは、対象者の生活を構成する活動の内容とそれに費やす時間の割合です。これを知ることは、生活期におけるリハの介入戦略の一助になります。

急性期は、画像や血液検査など様々な所見に基づいて治療プログラムが実施されます。正常画像や正常値があるから異常がわかり、よって疾病の程度や改善の度合いがわかります。また障害の回復に関わるリハにおいても、正常歩行や正常なアライメントなど正常機能に関わる明確な指標があるので、リハプログラムの立案や回復程度の理解がしやすいでしょう。では生活期は「生活の再建」に関わる際に、何をもって再建の指標とするのかです。人の生活は千差万別です。急性期、回復期のように目指すべき正常値、正常機能のモデルがあるのでしょうか。たしかに回復期のセラピストは病棟生活の場面にも積極的に参加しますが、セルフケアと移動、移乗を中心に生活行為を評価します。そして動作分析と病棟生活の状況を把握し、プログラムを立案します。これは病棟生活の流れに沿った「生活のパーツ」の評価とアプローチです。

生活期では急性期、回復期で獲得された機能を実生活に組み込んでいく作業、つまり「生活のパーツ」を組み立てる支援が必要になってきます。そのためには、個々の生活行為がどのように組み合わされ、生活がどう成り立っている

のか、その構造を評価する必要があります。

総務省統計局統計調査部の社会生活基本調査（以下、基本調査）では、全国の10～80歳代までの国民をランダムに抽出し、どのような生活行為にどれくらいの時間をかけているのかを、約7万世帯20万人以上を対象に調査しています。その結果をもとに、実施している活動を1次活動（睡眠とセルフケア）、2次活動（仕事・家事など）、3次活動（余暇時間の自由な活動）に大きく分類しています（表1）。

平成18年度の基本調査の結果から、1次活動（睡眠時間を除いたもの）、2次活動、3次活動にかける時間を算出図3し100%領域グラフで示したものが図4です。睡眠時間を除いた1次活動すなわちセルフケアに費やす時間は一生を通じてほぼ一定で20%前後であることがわかります。その上部にある2次活動、3次活動は就労や定年といったライフイベントに応じて割合が変化しています。この部分がいわゆる『その人らしさ』に相当する部分です（図4）。

表1　総務省統計局社会生活基本調査における行動の種類

1次活動	2次活動	3次活動
睡眠・食事など生理的に必要な活動	仕事・家事など社会生活を営むうえで義務的な性格の強い活動	1次活動、2次活動以外で各人が自由に使える時間における活動
睡眠 身の回りの用事 食事	通勤・通学 仕事 学業 家事 介護・看護 育児 買い物	移動 テレビ・ラジオ・ 　新聞・雑誌 休養・くつろぎ 学習・自己啓発・研究 趣味・娯楽 スポーツ ボランティア活動・ 　社会参加活動 交際・付き合い 受診・療養 その他

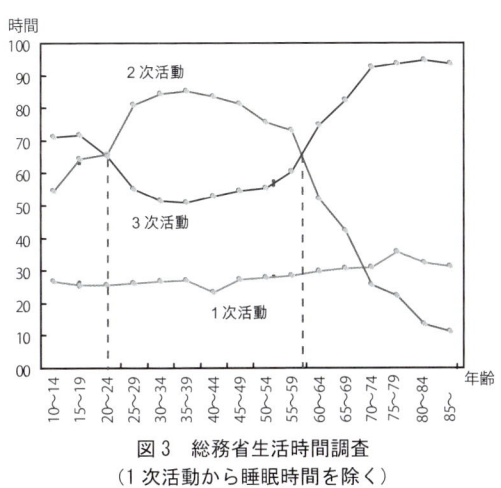

図3　総務省生活時間調査
（1次活動から睡眠時間を除く）

第1章　訪問リハビリテーションを理解するための基本的事項

生活障害をきたしている人の生活構造

在宅の脳卒中患者の1次活動、2次活動、3次活動の割合を、基本調査と同様の方法で表示したものが図5です。役割活動である2次活動が消失し、3次活動の割合が増加しています。増えた3次活動の内容はテレビや休息といった、受動的で活動性の低いものが多い傾向にあります。パーキンソン病患者の調査でも同様の結果が得られています。このように生活期にある対象者の生活は、セルフケアが中心で、役割は消失し、余暇時間はテレビ観賞や休息など活動性が低いもので構成されやすい状況にあります。また専門職が中心的に介入するセルフケアは、日常生活において非常に重要な行為でありますが、量的側面からみると起きている時間の20％程度と少ないのです。

したがって、特に生活期にある対象者の活動性を向上させるための介入は、セルフケアに限定したかかわりでは不十分です。リハ理念の視点に立った生活全般への関与が重要となります。

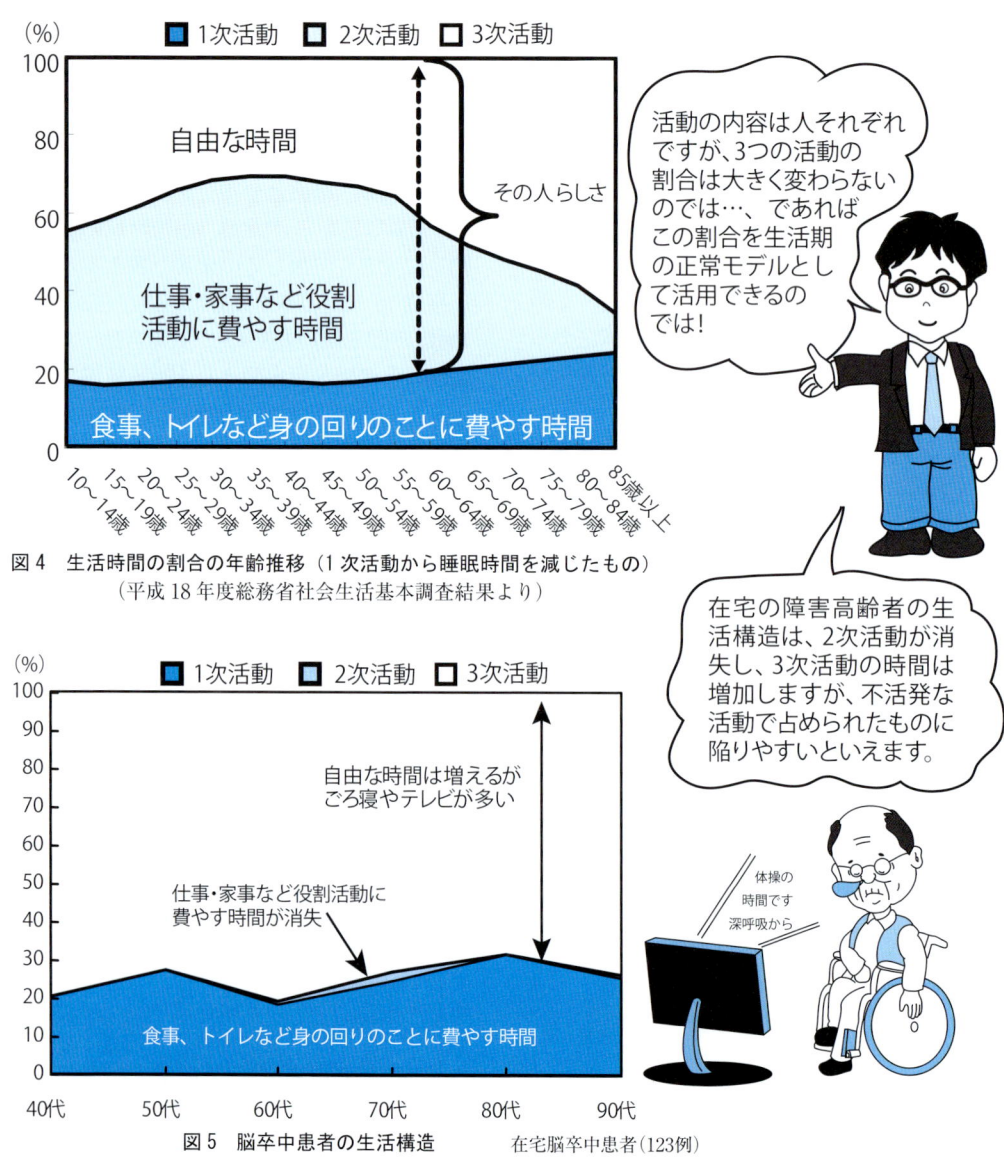

図4　生活時間の割合の年齢推移（1次活動から睡眠時間を減じたもの）
（平成18年度総務省社会生活基本調査結果より）

図5　脳卒中患者の生活構造　　在宅脳卒中患者（123例）

生活期における訪問リハビリテーション―対象者の特性を捉える視点

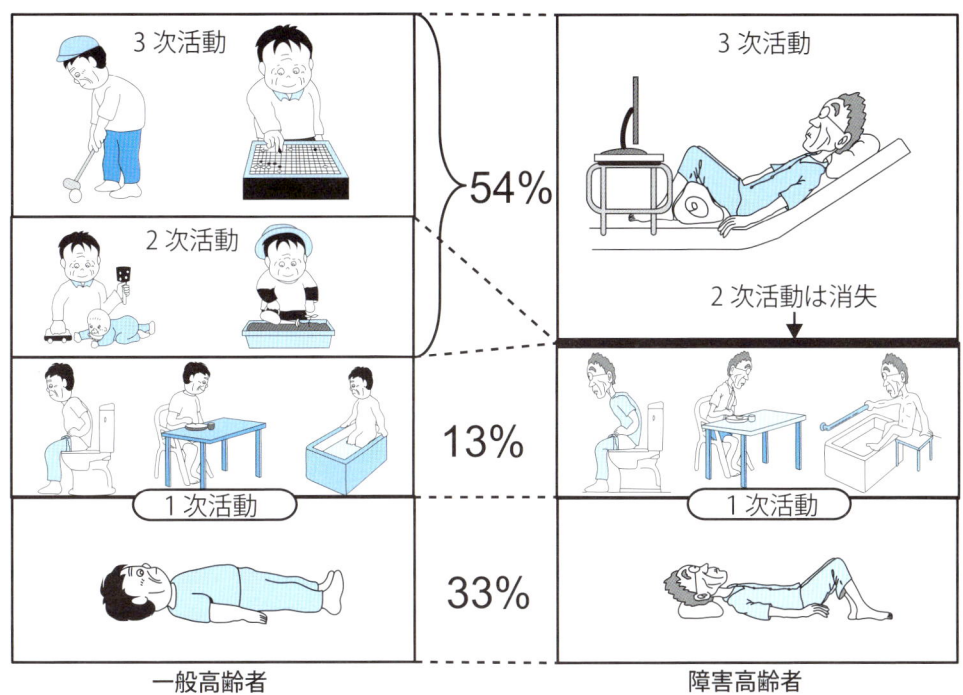

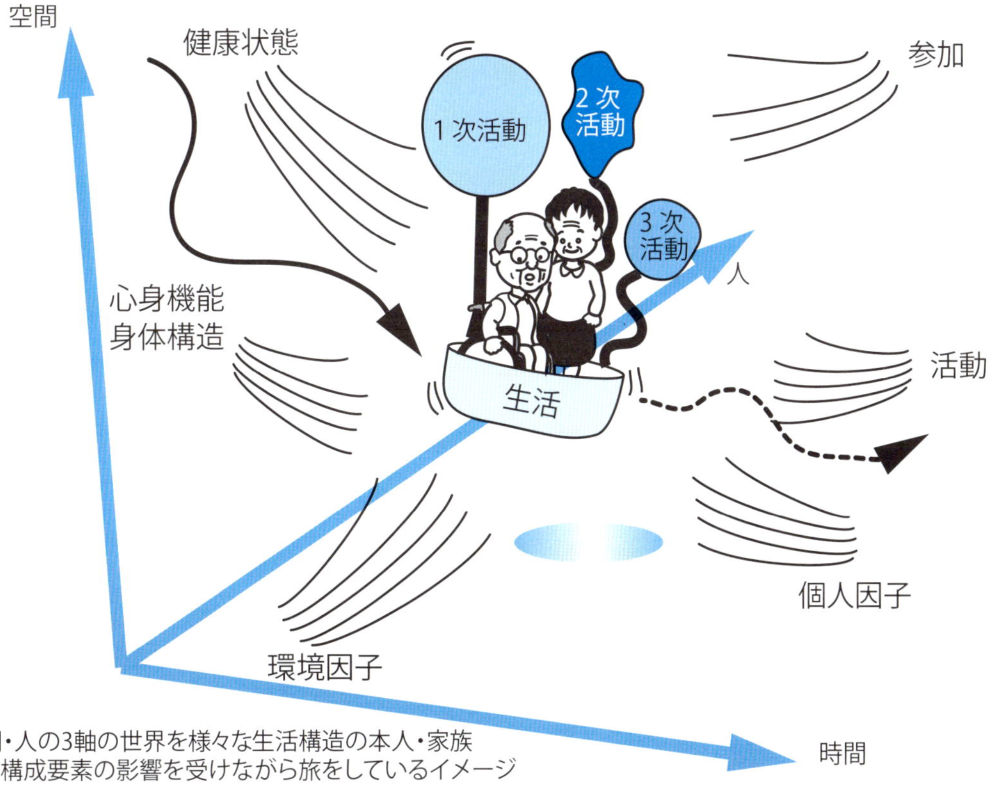

21

第2章
訪問リハビリテーションの評価とアプローチ

訪問リハビリテーションに必要なメディカルチェック … 24
事例から考える………………………………………… 28
運動機能………………………………………………… 34
認知機能………………………………………………… 36
睡眠……………………………………………………… 38
食事……………………………………………………… 46
排泄（1）トイレでの排泄…………………………… 56
排泄（2）トイレ以外での排泄……………………… 63
整容……………………………………………………… 66
更衣……………………………………………………… 70
入浴……………………………………………………… 76
IADL …………………………………………………… 82
外出……………………………………………………… 94
就労……………………………………………………… 100
3次活動………………………………………………… 102

第2章　訪問リハビリテーションの評価とアプローチ

訪問リハビリテーションに必要な メディカルチェック

①必ず医療情報を把握しておく
②不安な点があれば、自分で勝手に判断せずに必ず主治医に連絡する
③変化に敏感になろう（特に高齢者ではいつもと様子が違うときは要注意）
④医師の指示を遵守し、けっしてリハに際して無理をしない
⑤感染対策はしっかり行おう

　訪問リハでは利用者に関する医療情報は訪問前に必ず把握しておきましょう。疑問点は主治医に納得するまで聞くことが大切です。特に、訓練中に突然死も考えられる疾患（腹部大動脈瘤、閉塞性肥大型心筋症など）を合併している例では、主治医に訓練中の禁忌や注意点を十分確認しておきましょう。

　薬の内容は把握しておきましょう。睡眠薬や抗うつ薬、抗ヒスタミン薬などは眠気、ふらつき、活気がない原因となっていることが多々あります。感染情報（結核、MRSA、ESBL産生菌、C型肝炎、B型肝炎、緑膿菌、感染性胃腸炎、インフルエンザ、疥癬など）は必ず把握し、対策を十分にしておきましょう。

　訪問先で利用者に医療的問題が発生し、迅速に判断を行わねばならないことに遭遇することもあります。不安な点があれば、自分で勝手に判断せずに必ず主治医に連絡することが重要です。また前回訪問時と異なる様子であるとき、特に下記のような点は見逃さないように注意しましょう。

　①最も多いのは循環器系の問題ですが、リハ中止の基準を次頁に示します。

　②心不全の兆候として呼吸困難、息切れ、浮腫、頸静脈怒張、起座呼吸、体重増加を見逃さないようにしましょう。

　③高齢者では、体重減少、発熱、皮膚弾力性（turgor）の低下、口内乾燥、心拍数増加、発汗過多、乏尿、下痢、嘔吐あれば脱水状態になりやすいので常に注意しておきましょう。

　④高齢者では元気がない、ぐったりしている、ぼおーとしているなどいつもと様子が違うときは、咳・痰・熱がなくても肺炎などのことがあります。特に呼吸数が多いときは注意（呼吸数は12～18回/分が正常範囲）が必要です。

　医師の指示を守り、利用者や家族の要望に安易に答えて本人の能力以上のことを行い、転倒などの事故を起こさないようにしましょう。

一つでも当てはまれば脱水かも？

- ☐ 食欲が低下した
- ☐ 頭痛や筋肉痛など体のどこかが痛い
- ☐ 元気がない、居眠りしがちである
- ☐ 多弁あるいは無口になった
- ☐ 尿、よだれ、痰の量が減った
- ☐ 便秘になった
- ☐ 微熱が続く

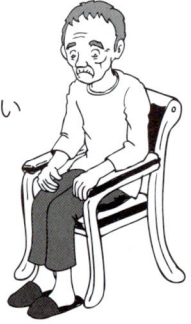

- ☐ 口の中が乾いている
- ☐ 舌の表面に光感がない
- ☐ 脇の下が乾いている
- ☐ 暑いのに汗をかかない
- ☐ 最近、体重が減少した
- ☐ 指先が冷たい、青白い

リハビリテーションの中止基準[1]

1. 積極的なリハビリテーションを実施しない場合

① 安静時脈拍 40/分以下または 120/分以上
② 安静時収縮期血圧 70 mmHg 以下または 200 mmHg 以上
③ 安静時拡張期血圧 120 mmHg 以上
④ 労作性狭心症の方
⑤ 心房細動のある方で著しい徐脈または頻脈がある場合
⑥ 心筋梗塞発症直後で循環動態が不良な場合
⑦ 著しい不整脈がある場合
⑧ 安静時胸痛がある場合
⑨ リハビリテーション実施前にすでに動悸・息切れ・胸痛のある場合
⑩ 座位でめまい、冷や汗、嘔気などがある場合
⑪ 安静時体温 38 度以上
⑫ 安静時酸素飽和度（SpO_2）90％以下

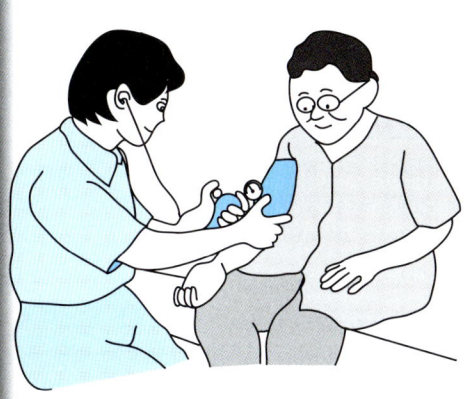

2. 途中でリハビリテーションを中止する場合

① 中等度以上の呼吸困難、めまい、嘔気、狭心痛、頭痛、強い疲労感などが出現した場合
② 脈拍が 140/分を超えた場合
③ 運動時収縮期血圧が 40 mmHg 以上、または拡張期血圧が 20 mmHg 以上上昇した場合
④ 頻呼吸（30 回/分以上）、息切れが出現した場合
⑤ 運動により不整脈が増加した場合
⑥ 徐脈が出現した場合
⑦ 意識状態の悪化

3. いったんリハビリテーションを中止し、回復を待って再開

① 脈拍数が運動前の 30％を超えた場合。ただし、2 分間の安静で 10％以下に戻らないときは以後のリハビリテーションを中止するか、またはきわめて軽労作のものに切り替える
② 脈拍が 120/分を超えた場合
③ 1 分間 10 回以上の期外収縮が出現した場合
④ 軽い動悸、息切れが出現した場合

4. その他の注意が必要な場合

① 血尿の出現
② 喀痰量が増加している場合
③ 体重が増加している場合
④ 倦怠感がある場合
⑤ 食欲不振時・空腹時
⑥ 下肢の浮腫が増加している場合

1) 日本リハビリテーション医学会診療ガイドライン委員会（編）：リハビリテーション医療における安全管理・推進のためのガイドライン。医歯薬出版、2006

第2章 訪問リハビリテーションの評価とアプローチ

> まず、利用者にうつさない、訪問リハスタッフがもらわないことが大切です。ここでは医療現場における隔離予防策のためのCDCガイドライン[2]に基づき、訪問リハに必要な感染対策について述べます。

2) 矢野邦夫、向野賢治（編）：医療現場における隔離予防策のためのCPCガイドライン 改訂第2版．メディカ出版、2007

感染対策

感染性微生物の伝播防止のため2段階（標準予防策と感染経路別予防策）の予防策があります。標準予防策（スタンダード・プリコーション）とは、すべての人の血液、体液、汗を除く分泌物、排泄物、粘膜、損傷のある皮膚は感染性があると考え対策を行うもので、利用者に感染症があるか疑いがあるときは標準予防策に加えて感染経路別予防策を行います。

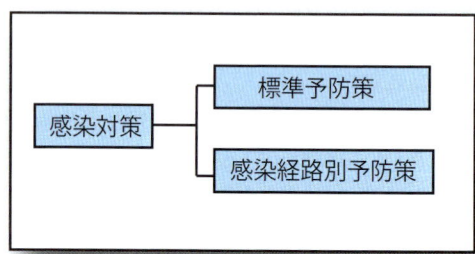

（1）標準予防策

まず標準予防策について述べます。手指衛生は病原微生物の伝播を防ぐ最も有効な方法です。ここでの手指衛生とは、流水とせっけんによる手洗いと擦式消毒用のアルコール製剤による手指消毒の両方を含みます。利用者に接する前後で必ず手洗いをしましょう。手指衛生は擦式消毒用のアルコール製剤が第一選択です。目に見える汚れがついている場合は、流水とせっけんで汚れを落としてからアルコール製剤を用いましょう。ただし、流水で手洗い後にその手で蛇口を閉めると再び蛇口についている細菌が手につくので、手をペーパータオルで拭いたあとにはそのペーパータオルで蛇口を閉めます。また血液、体液には触れないようにし、触れたら必ず手洗いします。血液、体液、粘膜損傷のある皮膚に触れるときは手袋を着用します。別の利用者への訪問時には手袋を交換します。咳などの飛沫を吸い込まない、撒き散らさないようにサージカルマスクを着用します。下図に咳エチケットを示します。

ガウンは衣類や露出した皮膚が血液、体液、分泌物、排泄物に接触することが予想されるときに着用します。飛沫により顔面が汚染される可能性があるときは防護メガネを着用します。

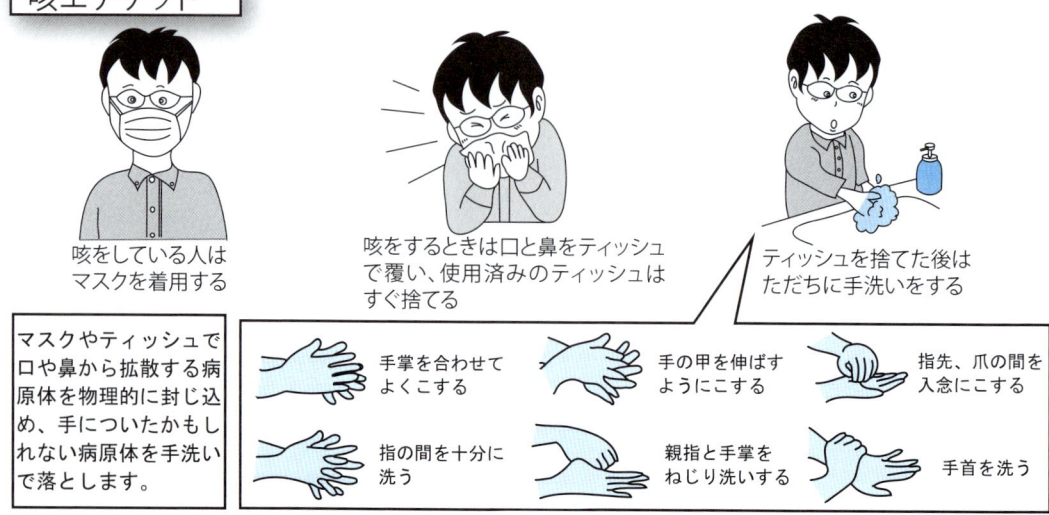

(2) 感染経路別予防策

ついで「感染経路別予防策」について述べます。

病原微生物の感染経路は、①接触感染、②飛沫感染、③空気感染があり、80％を接触感染が占めるので訪問リハのように利用者と接触する仕事では特に注意が必要です。感染症の存在が明らかになったら、感染力が弱い微生物では標準予防策で十分ですが、感染力と感染経路に合わせた対応を行います。

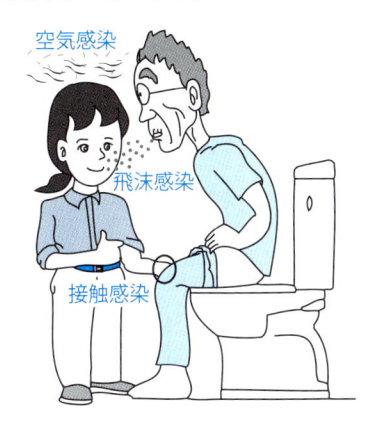

①接触感染対策

接触予防策が必要なのは、感染力の強い微生物（ノロウイルス、ロタウイルス、クロストリウム・ディフィシル、疥癬など）や高度耐性菌（MRSA、耐性緑膿菌、ESBL産生菌※、VRE※※など）やハイリスクの状況（創部からの過剰な排膿、便失禁、他の体分泌物による環境の広範囲汚染）です。なお疥癬には、通常疥癬とノルウェー疥癬があり、後者に接触予防策が必要となります。

感染症があれば通常、当事業所では訪問リハは見合わせることにしています。万が一、訪問リハを行う際は、感染のある利用者の訪問の順番を最後にして、ガウン、マスク、手袋、キャップ、シューズカバーを着用し、使用後はポリ袋に入れ、訪問先で処分してもらっています。使用する血圧計などの機器は専用とし訪問先に置いておきます。

②飛沫感染対策

飛沫感染にはインフルエンザ、マイコプラズマ、百日咳などがあります。

代表的なインフルエンザは飛沫感染と考えられていますが、飛沫が付着したものに触れた手で口や鼻などを触れて感染する接触感染もあり得ます。サージカルマスクを着用し、必要に応じ手袋や目の保護にゴーグルを着用します。利用者本人にも必ずマスクを着用してもらいます。

③空気感染対策

空気感染対策が必要な微生物は結核菌、麻疹ウイルス、水痘ウイルスです。空気中を浮遊し長距離でも感染性を維持しています。訪問スタッフは麻疹、水痘の抗体検査を行い、あらかじめ免疫の有無を確認しておきましょう。免疫のあるスタッフが訪問リハを行います。免疫のないスタッフはワクチン接種により免疫を獲得しておくことが必要です。結核を疑う利用者宅訪問では、N95マスクが望ましく、利用者にもサージカルマスクをしてもらい、部屋の窓は開け十分換気を行います。訪問後に利用者が結核と診断されたときは、スタッフの結核感染の有無の確認のため8〜10週後にQFT検査を行います。

以上、感染対策はガイドラインを参考にしながら、標準予防策を遵守するとともに安全と費用のバランスをとりながら、各訪問リハ部門での現実に沿った対応をしましょう。

※ ESBL（基質特異性拡張型β-ラクタマーゼ）産生菌

第3世代・第4世代セフェム系抗菌薬を分解する能力を獲得した酵素を産生する菌です。

伝播様式は基本的に手指または医療器具による接触感染です。

※※ VRE（バンコマイシン耐性腸球菌）

ほとんどの薬剤に耐性を持ち、感染症が起きた場合、治療が困難になります。ハイリスク患者には伝播が起こりやすいため注意が必要です。VRE感染症は五類感染症全数把握疾患に定められており、診断した医師は7日以内に最寄りの保健所に届け出ます。

医療機関では感染に関する管理は非常に厳しく問われます。訪問リハ事業所もしっかりした対応が求められます。当事業所でも出勤前と出勤後に体温測定と本人・家族の健康チェック表の記入を義務づけています。利用者のノロウイルスやインフルエンザが疑われる場合はもちろん、利用者に症状がなくても、スタッフの家族に発症した場合でもICTの管理のもと出勤を制限しています。

第2章 訪問リハビリテーションの評価とアプローチ

訪問リハビリテーションの評価とアプローチ
事例から考える

　私たちの事業所では訪問リハを開始したときから、訪問リハの目的を生活再建とQOL向上に置き、在宅生活の支援を行ってきました。その間、制度は猫の目のように変化してきました。しかしながら、制度が変化しても在宅生活者が必要とする支援は変化するものではありません。前項で述べた、利用者に対する評価の視点やこれから述べるアプローチ方法を理解していただくために、まず私たちの訪問リハの介入戦略をつくるうえで転機となった事例を紹介します。

事例

　事例は山川さん（仮名）、70歳代の男性です。妻と2人暮らしです。X年に左視床出血で右片麻痺となり、その後X+2年左被殻出血、X+5年にラクナ梗塞と計3回発症しています。いずれも急性期病院にて入院治療後、当時の総合承認施設でのリハを受けています。3回目のラクナ梗塞での入院時に、帰宅願望が非常に強くなり、回復段階のリハ途上で医師の制止を振り切って在宅復帰されました。復帰時の移動は、一本杖介助歩行と車いす併用レベルで、セルフケアは食事を除いて介助が必要でした。3回目の発作後から認知症の症状が出現し、復帰に際し、主治医から「今後、認知症が進行するので介護が大変になってくる」とムンテラを受けていました。

　まだ介護保険開始前であったので、保健師がケアマネジメントを担当しました。通所リハ（当時デイケア）利用への強い拒否があったため、医療保険による訪問リハを週2回と、訪問看護による入浴を週1回で在宅生活を開始しました。主治医からは退院後の住環境のチェック、在宅でのADL指導と閉じ込もりの解消目的で訪問リハの指示がありました。当時の制度でベッドや車いすの整備、浴室、玄関、トイレの住宅改修を行い、家族への介護指導、ADL指導などを実施しました。また閉じ込もり傾向でしたので、訪問を通じて通所リハへの参加を促しました。約4カ月経過後、通所も利用されるようになり、セルフケアを中心とした日常生活は、妻と訪問看護師の介助で安定してきました。

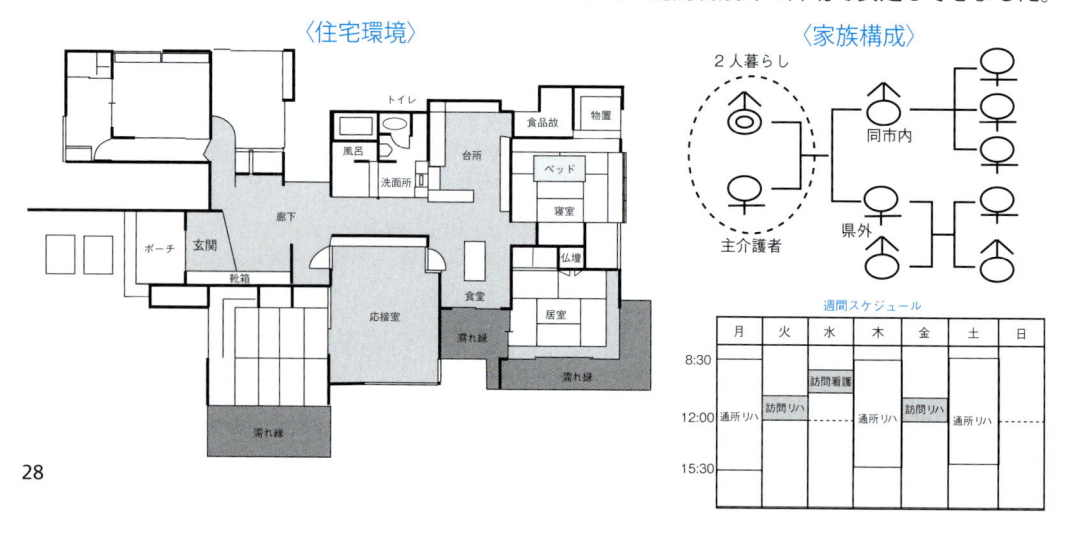

〈住宅環境〉

〈家族構成〉

週間スケジュール

	月	火	水	木	金	土	日
8:30		訪問リハ	訪問看護		訪問リハ		
12:00	通所リハ			通所リハ		通所リハ	
15:30							

事例から考える

住環境整備
　玄関・浴室・トイレの手すり設置
　居間の椅子の補高
　車いす（屋外）・電動ベッド導入など

ADLの指導
　トイレ動作
　入浴動作
　ベッドからの起き上がり
　床上立ち上がり
　屋内四点杖歩行

介護方法の指導
　トイレまでの移動介助
　座り込んだ際の床上立ち上がりの介助
　外来受診時の車への乗車介助

閉じ込もり解消
　屋外歩行
　通所サービス利用の促し

- セルフケアは妻の介助とサービス利用で安定
- 外来受診と通所（3回/週）利用

→ 寝たきりではない 閉じ込もりも解消 → でも元気ではない

（吹き出し）僕はいつまで生きられますか？／4回目の発作はいつ頃きますか？／新聞を見たらまた僕の友人が亡くなっていた。次はきっと自分の番だ…／訪問リハゴール達成？？？

　当初の訪問リハ目的はほぼ達成され、リハスタッフは訪問リハ終了のタイミングを検討していました。しかし、セルフケアは安定し、通所を利用するようになっても、通所がない日は、無表情で1日中ぼーっと椅子に座りテレビを見て過ごされています。スタッフが訪問すると、挨拶代わりに「僕はいつまで生きられますか？4回目の発作はいつ頃きますか？」でした。セルフケアを中心とした日常生活は安定してきました。日中は着替えて離床もできています。しかしとても主体的で、生き生きした生活とはいえません。訪問リハの目的は、果たしてこれで達成されたといえるのか、非常に疑問でした。そのとき一緒に担当していたOTより、在宅でのアクティビティ導入の提案がありました。様々な活動を紹介しましたが、どれも消極的でした。最終的にリハの一環ということで、絵画（絵日記程度のもの）を導入することになりました。山川さんは「70年間絵筆など握ったことがない！いまさら絵なんか描きません！」と拒否的でした。「手のリハビリです」というスタッフの説明で、「リハビリの一環なら仕方がない」と宿題感覚で描き始めました。

　訪問リハを通じてPTは画材や絵の大きさを変化させることにより、立位時間の延長や重心移動の練習を組み込み、椅子やテーブルなど作業環境の整備を実施しました。OTは作品を使って様々なイベントへの参加を計画的に進めました。まず妻への誕生日のプレゼントに始まり、地域の絵画教室への参加、リハ系雑誌などの表紙絵募集への応募、作品展への出品など、絵を通じて地域の活動へ参加していく支援を積極的に行いました。山川さんの心を最初に大きく動かしたものは、妻には内緒にして、デイケア利用時に描いていた絵を額装し妻の誕生日にプレゼントしたときに、涙を流して喜ぶ妻の姿でした。それから主体的に絵画に取り組むようになり、作品展で受賞するほど技術も向上していきました。県知事の表彰やマスコミの取材もあり、山川さんの絵に向かう気持ちに火をつける出来事となりました。その後の作品展で銀賞も受賞され、全国大会に出展する作品として選ばれるまでになりました。

　山川さんの生活は大きく変化していきました。訪問リハ開始当初の外出先といえば、外来受診のみでしたが、その後は通所サービスの利用にとどまらず、美術館への外出や風景画の題材探しに海や山にも出かけられるようになりました。会話の内容も、病気や死期に限定されていたものが、絵の表現方法や作品展の受賞の話題へと広がっていきました。知人や友人からも絵のことで話題を持ちかけられるようになり、個展も開催するまでに至りました。

第2章　訪問リハビリテーションの評価とアプローチ

山川さん（仮名）の経過

時期	経過
X年Y月	医療機関退院
	訪問リハ開始（週2回）
	住環境整備・介護方法指導
	ADL訓練・廃用予防
X年Y+4月	デイケア(現：通所リハ)利用開始(3回/週)
	様々な活動を提案するも拒否的
	色鉛筆画の導入受け入れ
	初めての額装・妻へのプレゼント
X年Y+8月	シルバー作品展へ出展
X+1年6月	市民センターの絵画教室へ参加
X+1年2月	
	色鉛筆からパステル画に変更
	画用紙のサイズを拡大
X+2年8月	作業療法ジャーナル表紙絵に応募
	残念ながら採用されず
X+3年6月	シルバー作品展へ出展
	奨励賞受賞
X+6年6月	法人ギャラリーで個展開催
	日本リハビリテーション病院・施設協会の機関誌の表紙に採用
X+6年11月	シルバー作品展出展
	銀賞受賞
	銀賞受賞作品が高知県開催の全国大会への出展作品に選ばれる
X+7年4月	右頰部の腫瘍で余命1年半の診断受ける
X+8年12月	医療機関入院

アプローチ内容（縦書き項目）：
- 住環境整備
- セルフケア動作の指導
- 廃用予防
- 閉じこもり解消 通所サービス促し
- 活動の提案
- 絵画のための環境整備
- 絵の題材・大きさの変化に伴う動作指導・絵画に関わる外出練習
- 絵画を通じた社会参加の場の提供
- 老健施設への入・退所で訪問リハの終了・再開を繰り返しながら支援

退院後老健を経由して在宅復帰の準備を整え、外泊を繰り返すも度重なる状態悪化で、このときは復帰ができなかった。最後は家族の希望で老健で看取った。

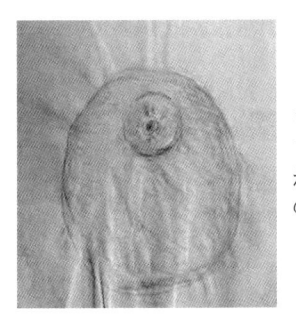

リハの一環でしぶしぶ描かれた熊本名産のデコポン

ハワイに旅行したときに描いたフラダンスを踊る女性

作品展で奨励賞を受賞した作品

作品展で銀賞を受賞し全国大会に出展した作品

山川さん（仮名）の支援で考えさせられたノーマライゼーション

　山川さんが絵画に主体的に取り組み始めた頃、当事業所の担当者は通所にあるカルチャー教室ではなく、一般の方が通う絵画教室につなげようと働きかけました。事前に市民センターを訪ね係の方と絵画教室の先生に、身体障害者の方の受け入れをお願いしました。快く引き受けていただいたのですが、センターの下見をすると、まず身障トイレに鍵がかかっていました。児童館の子どもたちがいたずらするとの理由からでした。またエレベーターのスイッチが切られていました。健康のために階段を利用してもらうためとのことでした。担当のソーシャルワーカーを通じて行政にお願いして、これらの課題は解決しました。山川さんもうれしそうで順調に教室に通われていました。

　ある日、山川さんから相談がありました。「今度の絵画教室で自分の手を描くことになりました。僕の手は麻痺で変形しているけれど、題材になるだろうか？」とのことでした。筆者は「大丈夫です。麻痺がありますが握り拳に味があっていいじゃないですか、いい題材になりますよ。」と答え、山川さんは「そうか！」と笑顔で参加されました。次の訪問リハの日、うなだれて「もう絵は描きません」と訴えられました。事情をうかがうと、手を題材に描くときに絵画教室の先生が、パーをした手の絵を描いてくださいと指示されたので「僕の手は麻痺していて伸びないのでグーでもいいですか？」と尋ねたところ、「パーのときに、手の甲に出る筋や血管がいいのです！」と言ってどうしても題材として認めてくれなかったそうです。仕方がないので隣にいた奥様の手のパーを描いたとのことでした。

　もちろん絵画教室の先生には悪気はなかったと思います。当時、ノーマライゼーションだ！と粋がってつなげた絵画教室でしたが、一般の方々の理解への働きかけも不十分でした。閉じ込もりがちな生活からやっと光が見え始めた状況の山川さんに、偏見や誤解を受け流せる余裕がない状況での働きかけとしてどうだったのか反省させられました。

第2章 訪問リハビリテーションの評価とアプローチ

その後は認知症のゆるやかな進行はあったものの、絵画を楽しみながら在宅生活をされていました。しかし4度目の発症があり、医療機関入院後に併設の老健へ入所されました。在宅復帰を目指したアプローチを繰り返しましたが、再度状態が悪化し、介護者への暴力行為なども出現するようになり在宅を断念されました。奥様の希望で最後は併設の老健で看取りました。筆者も居室で看取りに立ち会いました。安らかな最後でした。お見送りの後、当時担当だったOTが葬儀に出席しました。葬儀では、奨励賞をとったときの作品と、全国大会に出展した作品が飾られていたとのことです。脳卒中で倒れる前は、茶道をはじめ、様々な楽しみを持っておられた山川さんです。祭壇に華やかだった時代の遺品が飾られていても何の不思議もありません。人生の最後の瞬間に障害を持ってから訪問リハで始めた絵画が飾ってあったことを聞いて、山川さんから私たちの支援へのエールをいただいた気がしました。

山川さんの変化

外出先	外来受診のみ	→	風景画の題材探し（阿蘇、熊本港など）美術館・通所リハ
考えていること	いつまで生きられるか 4回目の発作がいつくるか	→	絵の題材 作品展でまた賞がとれるか
関心ある情報	新聞の弔辞欄	→	絵画のカレンダー、絵に関する情報
他者との話題	病気のこと	→	絵のこと
関わる人	妻、息子、専門職	→	絵を描く友人、絵画展の主催者、発症前の友人、絵画教室の講師、通所のカルチャー講師など

山川さんとのかかわりを通じて様々なことを学びました。山川さんの活動性の向上と生活圏拡大は奥様の理解と支援がなければとても無理でした。セルフケア以外の支援も必要となり、介護負担も一時的に増したかもしれません。しかし一方で、山川さんが楽しく活動されている姿が奥様を元気づけていたことも事実です。楽しみや役割を持ち地域に参加していくことで、本人だけでなく介護者も含め、生活に活気を与え、日々の生活の活動性を高めていくのを実感しました。また支援の過程で気づいたことは、住環境整備とセルフケアの支援をして通所につないだ時点では、山川さんと関わる人は医師、訪問看護、訪問リハ、通所スタッフなどの専門職と奥様と息子さんのごく身近な家族だけでしたが、絵画を始めてからは通所のカルチャー講師、絵画展の主催者、参加者、額装する店の店員をはじめ、受賞後は昔の友人が活動を知り訪ねてくるなど関係が広がっていったことです。「そうか、関係も廃用を起こすんだ！」そのとき浮かんだ言葉でした。心身機能や日常生活機能の回復だけでなく、関係が回復がしなければ在宅復帰した利用者の元気は取り戻せません。訪問リハだけでなく生活期を支えるチームの一員は、このことを念頭に置く必要があると思います。

関係の廃用

障害を持ったり高齢になると心身機能だけでなく人間関係も廃用を起こすのです。

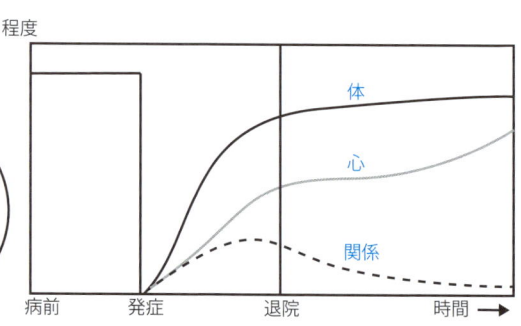

事例から考えた訪問リハビリテーションの介入戦略

前頁の山川さんの事例を、うまくいった1事例にせずに、当事業所の訪問リハによる生活再建の戦略にしようと考え図の流れを作成しました。もちろん利用者の介入開始時の状況やケアマネジャーのケアプラン上の課題の優先順位などで、この流れの通りに運ぶことのできる利用者ばかりではありませんし、最後まで訪問リハで関われるとも限りません。しかしながら、環境整備とセルフケアに限定した生活支援で通所につなぐだけでは、活動性が高く廃用を起こしにくい生活に変化していかないことをその後も多くの利用者で経験してきました。役割や楽しみを持って家庭や地域に参加していく支援を頭に置いて、次につないだり、新たな目標設定を考えることを主軸とし、ぶれない訪問リハをスタッフ間で共有しておきたかったのです。第4章の「訪問リハビリテーション効果」のところで述べますが、この流れに基づいて様々な研究発表も行っています。

訪問リハビリテーションの介入戦略―活動性向上

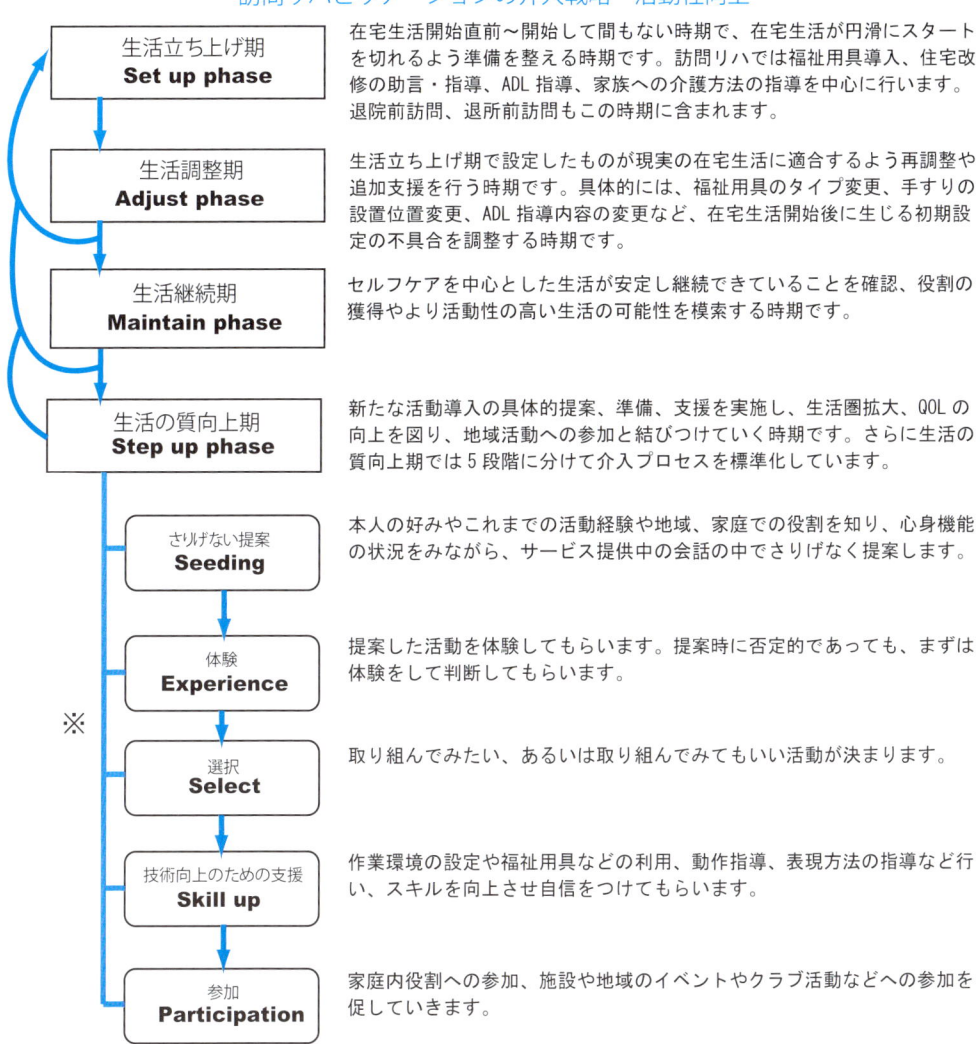

生活立ち上げ期 Set up phase
在宅生活開始直前～開始して間もない時期で、在宅生活が円滑にスタートを切れるよう準備を整える時期です。訪問リハでは福祉用具導入、住宅改修の助言・指導、ADL指導、家族への介護方法の指導を中心に行います。退院前訪問、退所前訪問もこの時期に含まれます。

生活調整期 Adjust phase
生活立ち上げ期で設定したものが現実の在宅生活に適合するよう再調整や追加支援を行う時期です。具体的には、福祉用具のタイプ変更、手すりの設置位置変更、ADL指導内容の変更など、在宅生活開始後に生じる初期設定の不具合を調整する時期です。

生活継続期 Maintain phase
セルフケアを中心とした生活が安定し継続できていることを確認、役割の獲得やより活動性の高い生活の可能性を模索する時期です。

生活の質向上期 Step up phase
新たな活動導入の具体的提案、準備、支援を実施し、生活圏拡大、QOLの向上を図り、地域活動への参加と結びつけていく時期です。さらに生活の質向上期では5段階に分けて介入プロセスを標準化しています。

さりげない提案 Seeding
本人の好みやこれまでの活動経験や地域、家庭での役割を知り、心身機能の状況をみながら、サービス提供中の会話の中でさりげなく提案します。

体験 Experience
提案した活動を体験してもらいます。提案時に否定的であっても、まずは体験をして判断してもらいます。

選択 Select
取り組んでみたい、あるいは取り組んでみてもいい活動が決まります。

技術向上のための支援 Skill up
作業環境の設定や福祉用具などの利用、動作指導、表現方法の指導など行い、スキルを向上させ自信をつけてもらいます。

参加 Participation
家庭内役割への参加、施設や地域のイベントやクラブ活動などへの参加を促していきます。

※利用者の状態によって、役割の獲得が優先か趣味活動など楽しみが優先かを検討しながら進めます。
※もともと役割や楽しみのための活動がない方への流れです。

訪問リハビリテーションの評価とアプローチ
運動機能

生活に関わるうえで、運動機能の評価・アプローチはとても重要なことです。またセラピストが得意とする分野でもあり、率先して関わっていく必要があると同時に、専門職として他のチームや家族にわかりやすく伝えて協力を得ることが重要です。しかし身体機能だけにとらわれていると偏ったアプローチとなり、在宅生活を壊してしまう場合すらあります。たえず生活の一部として整理し、多職種と連携を取っていくことが求められます。

運動機能の評価

まずは原疾患、既往疾患、合併症をしっかり把握しておきましょう。特に高齢者は老年症候群と呼ばれるように多彩な疾患を有していることが多く、幅広い知識が必要となってきます。たとえ主訴が膝痛だけであっても、単関節を中心とした運動器の評価だけでは全体像を見落としてしまいます。全身管理の視点を養い、活動や参加、環境の評価と合わせて主治医や看護師などへ的確に報告する能力も求められます。

対象者によって運動機能の専門的な評価が必要な場合は、そのつど、必要な評価ツールで実施します。内容の詳細、評価ツールについては他書に委ねます。

在宅ではその他、日常の生活を観察する中から、運動機能に関わる問題点や変化を捉える視点が重要になってきます。またアプローチも訪問頻度や自宅の環境に合わせて様々な工夫が必要になってきます。

例えば、歩行可能な方の身体機能を評価するスケールとして、5m歩行時間やtime up go testなど様々なスケールがあります。客観的な数値を示すことは、本人の意欲や状態変化の把握に有用です。しかし在宅では、スペースの確保や距離の測定がすぐにできない場合もあります。柱間の距離や廊下の長さなど個々のケースの環境で基準となる指標を知っていると有用です（次頁参照）。

運動量に関しては、活動量計などを利用して歩数やカロリー消費量などを測定する方法があります。当事業所では詳細に調べる場合は生活活動度計（A-MES）という機械を用いて評価しています（120頁参照）。

運動機能へのアプローチ

リハ機能のない医療機関や施設からの退院・退所後や閉じ込もりにより、在宅で廃用を起こした方は、生活期であっても大きく心身機能が改善することは少なくありません。また入院期間の短縮により回復期リハ病棟退院後も身体機能の改善がみられるケースも経験します。そのため、退院直後は環境を整えながら生活の安定を図るとともに、身体機能へのアプローチも重要となってきます。しかしながら週に1～2回の訪問リハの時間だけ機能訓練を行っても、効果が現れないことがあります。訪問リハ以外の時間をいかに活動的に過ごすかが身体機能を維持・向上するためのポイントになります。訪問リハでは自主練習を指導することがよくありますが、継続の難しさを痛感します。継続するポイントとしては、①簡単にできる運動を提案する、②項目を少なくする（4つ以内）、③運動をわかりやすく掲示する、④実施の有無をチェックしていく（カレンダーへのチェックなど）、⑤効果のフィードバック（写真や具体的な数値などで）⑥定期的に運動の指導を行う（適切に行えているか、運動の変更がないか）など、その利用者一人ひとりに合わせた工夫が必要です。

在宅では家にあるものや屋内環境、自重を用いての練習を行っていくことが多くあります（次頁参照）。またスポーツ店では重錘やゴムバンドなどが安価で販売されています。

運動機能

〈訪問リハにおける運動機能へのアプローチ例〉

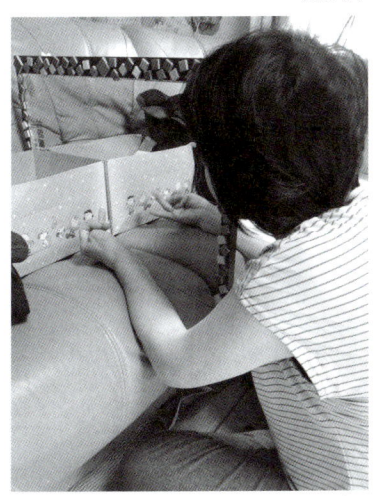

ソファーを利用してのミラーセラピー

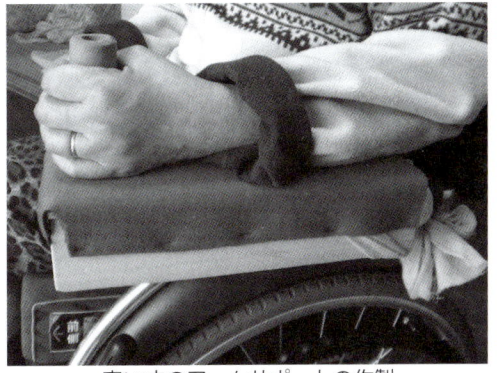

車いすのアームサポートの作製

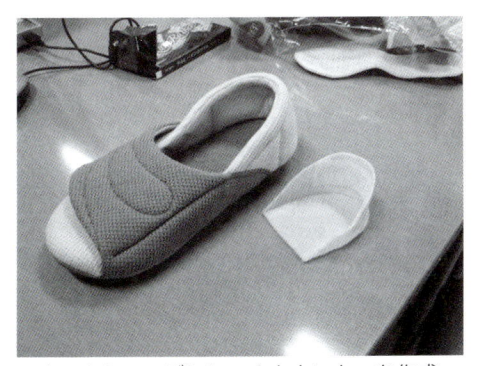

ルームシューズにヒールカウンターを作成

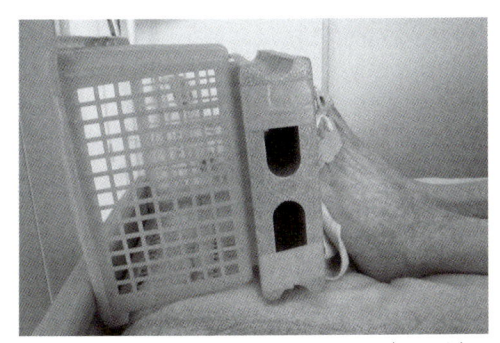

壁を利用しての荷重練習

尖足予防（カゴと発砲スチロールのブロック）

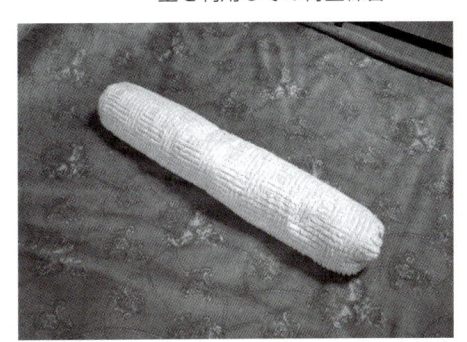

バスタオルを利用してストレッチポールを作成（利用者作）

屋内
介護用ベッド　93×199 cm
畳 1 畳分（京間）　91×182 mm
屋外
自動車最大幅　2.5 m
一般道路幅　3 m
2 車線道路幅　3.25 m
市電の駅間距離　約 600 m

日用品（重さ）
ボールペン　約 10 g
歯ブラシ・箸　15 g
携帯電話　約 120 g
テレビのリモコン　約 150 g
マグカップ　100～150 g
電話の受話器・折り畳み傘　250 g
ファッション雑誌・電話帳　約 1 kg

日常どこでもありそうなものの長さや、重さなど知っておくとちょっとした評価に使えます。

訪問リハビリテーションの評価とアプローチ
認知機能

認知機能は情報の知覚、判断、記憶の情報処理の機能です。在宅では様々な評価ツールを用いて、認知機能評価を詳細に実施する時間的余裕がなかなかありません。簡易な評価ツールによる評価や日常の観察や会話の中での評価に加え、退院時の評価や他のサービスチームの評価を参考に判断します。認知機能の評価＝認知症の評価ではありませんが、ここでは認知症の在宅での評価と介入の視点について簡単に触れます。

認知症の症状には中核症状と周辺症状があります（右図）。中核症状の改善は難しいですが、周辺症状は人とのかかわりや環境の中で変化する症状です。認知症の進行による介護負担の増大は在宅生活の継続を困難にします。日常の観察で早く気づき先手を打つことが大切です。在宅での評価観察の強みは対象者が落ちつく環境で評価できること、自宅およびその周辺の環境や家族との関係が理解しやすいこと、生活史の情報が得やすいことなどが挙げられます。

評価

認知症のスクリーニングを目的とするミニメンタルステート検査（MMSE）や改訂長谷川式簡易知能評価スケール（HDS-R）は在宅でも実施可能です。しかし質問式なので在宅ではFAST（Functional Assessment Staging：アルツハイマー型認知症の重症度アセスメント）や初期認知症徴候観察テスト（OLD）など観察式の評価が有用です。また訪問リハ中の会話の中で簡単な質問を順序立てて尋ね、家族の情報と照らし合せることで、記憶の把持時間や健忘のタイプ、周辺症状のトリガーとなる事象や環境を探るヒントになります。

アプローチ

訪問リハの目的は、心身機能の維持や閉じ込もりの解消、転倒予防、日常生活動作の練習、家族への助言など様々です。認知症への対応として訪問リハの依頼がある場合もあれば、訪問して認知症があることがわかった、あるいはかかわりの途中から発症した場合などがあります。また家族やケアマネジャーは通所サービスなどを導入したいが、本人の受け入れが悪く、訪問リハを突破口として依頼されることもあります。軽度の認知症への予防的なかかわりから、進行した認知症で本人・家族が安心して生活が送れるような支援をすることまで、様々なかかわり方が求められます。

また認知症へのアプローチは症状が進行すると、本人よりも家族への支援がより重要になってきます。そのため本人の観察、評価だけでなく家族の状況を、顔色や対応、部屋の片づけ具合など微妙な変化を見逃さないで、ケアマネジャーや他のサービス提供者とこまめな情報交換をして支援することが大切です。

以下に認知症高齢者の日常生活自立度の重症度別に簡単にアプローチの方向性について触れます。

軽度（認知症自立度判定基準Ⅰ程度）

　軽度の段階では、活動制限や参加制約への影響は少ないため、今まで行ってきたこと、家事や庭の手入れなどの役割や趣味活動などが継続できるように支援します。運動の機会も確保するように働きかけます。軽度認知障害（mild cognitive impairment：MCI）のレベルであれば、運動が認知機能の改善や認知症の発症を遅らせる効果があると期待されています。以前と比べて、物忘れをするようになってきたと変化に気づき落ち込む人もいるので、心理的なサポートも必要となります。次の対策として、近所の散歩での道の間違いや金銭面の管理、火気の使用方法、訪問販売や電話勧誘への対応などはできるかを会話の中で訊ねたり訪問中に機会があれば実際に確認するようにします。

中等度（認知症自立度判定基準Ⅱ程度）

　できていたことがだんだんできなくなり、家族の見守りや注意が必要となってきます。日課表をつくって1日を確認したり、動作の目印をつくったり、必要なボタンやスイッチを目立つように表示したり、混乱を防ぐような工夫が必要となります。本人は家族のことを思って行ったことがそうでないことになることがあります。例えば、ゴミ出しに出たら帰れなくなった、洗濯をしようとしてボタンを押し間違えて、設定が異なってしまったなどです。危ないからと否定ばかりするのではなく、安全にできる方法や家族と一緒に行う方法、または別の活動に変換するように働きかけることも必要です。特に火気の使用や施錠の方法など、安全は確保するように家族やケアマネジャーとも連携する必要があります。

重度（認知症自立度判定基準Ⅲ～Ⅳ程度）

　日常生活に介護が必要となります。目を離すことができず、家族の負担も増えます。家族の負担軽減を念頭に置きながら、快適な生活が継続できるように支援します。例えば手すりに目印をつけたり、足を置く位置を明確にすると本人は動きやすく、また介護者が本人に動作を指示しやすくなります。また廃用症候群の予防とともに、本人にとっての快反応を引き出しながら精神的な安定を図っていきます。不安が強いときは本人の思いに寄り添うように関わり、落ちつくときを待ちます。寄り添うというのは、相手が何を考えているかを察してみるという態度で十分伝わるように感じます。否定より肯定すること、説得ではなく納得するように、こちらが本人の内的世界に入って関わることが必要となります。また家族の休息時間が確保されているかを確認して、状況に応じてケアマネジャーに相談します。

コラム1

　重度認知症の利用者を同時期に2名担当したことがあります。一人は、80歳の男性で娘夫婦と同居ですが日中は奥様と2人、もうお一人は女性で娘さんとの2人暮らしでした。

　どちらも認知症の日常生活自立度判定基準ではⅢレベルで常時介助や見守りが必要でした。どちらもベッドで過ごしていましたが、立ち上がり、立位もとれる状況でした。起居動作の介助方法や立ち上がりの練習、歩行の状況を確認しながらリハを行っていました。開始してまもなく、男性の利用者の奥様より、訪問リハを断ると連絡が入ったのです。理由はリハによって動きがよくなったのはよかったが、目が離せなくなってきた、これ以上動きがよくなると困るとのことでした。主治医やケアマネジャーからの説明や説得も難しく、サービスは中止となりました。

　一方の女性利用者は、身体機能も向上され、歩行もできるようになりました。活動的になったので、目を離すことはできません。娘さんは、「どんなに認知症が進んでも、母には当たり前の生活をさせたいです。人らしく生きてほしいのです。動きがよくなって、介護が大変になってもいいんです」と話されました。同時期に関わるようになったこの2事例から、特に家族の捉え方、かかわりが重要だと感じました。今までの生活リズムは私たちが関わることで生じるかもしれないことも考慮し、家族の介護負担の状況や心理的なサポートを行いながら、解決策を一緒に検討することが必要です。利用者の生活機能がより向上するよう、最大の環境因子である家族に対するサポートの重要性を実感しました。

第2章 訪問リハビリテーションの評価とアプローチ

訪問リハビリテーションの評価とアプローチ
睡眠

　人が生きていくために最も必要な活動は、食事・睡眠・排泄といわれます。また睡眠は通常1日の1/3を占めており、日中活動した脳を休ませる機能と、日中得た情報を整理する機能を果たしています。以上のことから、よりよい睡眠を確保するための介入は、利用者のQOL向上に大きく寄与するといえるでしょう。当事業所では、睡眠を訪問リハ開始当初に再優先して介入すべき活動の一つとして位置づけています。

睡眠のメカニズム

(1) 体内時計

　人の体の細胞はすべて時計を持っており、時刻によって細胞の機能が変わります。例えば、体温やホルモンが放出される量は1日のうちでも変動します。これが細胞の時計機能であり、昼間は体を活動に適した状態にし、夜は休むのに適した状態にするために機能します。

　視交叉上核（SCN）は、全身の細胞時計を制御しているコントロールセンターです。SCNが全身の細胞時計を同期させます（図1）。またSCNは目から入る光によってリセットされます。体が活動のスタートを切るのは、SCNに入る光なのです。逆に、SCNに光が入らなくなると、体は休息へ向かいます。つまり、睡眠の準備を始めます。

(2) 睡眠負債

　睡眠負債という概念は、断眠させたイヌの脳脊髄液から睡眠誘発物質が大量に抽出されたという研究から広まりました。つまり睡眠は、覚醒しているときにたまった睡眠誘発物質によって発現するとされています。ずっと起きているといずれ眠くなるのは、睡眠負債がたまるからです。

　覚醒状態が長いほど、あるいは日中の活動によって脳をたくさん使うほど、より深い睡眠が得られるといわれています。

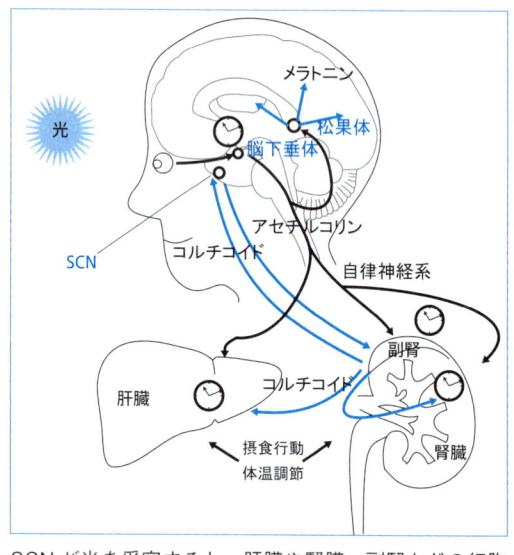

SCNが光を受容すると、肝臓や腎臓、副腎などの細胞に働きかけて、ホルモンの量や体温の調節、摂食行動を促します。また松果体には10数時間後にメラトニンという睡眠誘発物質を出すよう指令を出しています。
図1　SCNの役割

(3) 睡眠中の感覚

　深い睡眠状態にあるほど、感覚は遮断されやすいとされています。睡眠の状態は寝入りばなに最も深くなり、朝方には浅くなります（図8参照、42頁）。朝型目を覚ますのは、睡眠が浅くなることによる感覚入力が大きく影響しています。寝心地が悪いと睡眠の質が下がるのは、睡眠中の不快な感覚入力により睡眠が阻害されるからです。

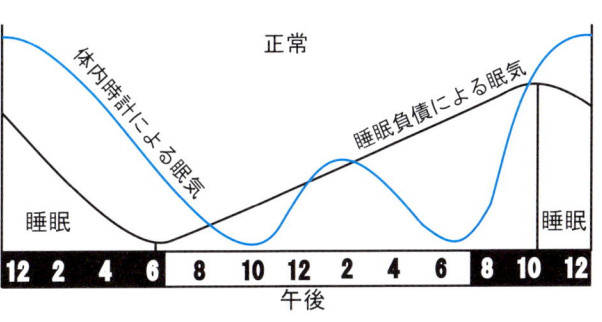

(4) 2プロセスモデル

2プロセスモデルは、1日における体内時計と睡眠負債の2つの過程（2プロセス）を示したモデルです。

図2は波のように変動する体内時計と、徐々にたまってくる睡眠負債のプロセスを示しています。午後2時と午後10時は、体内時計と睡眠負債が重なっています。これらの時間帯は体内時計は休息に適した状態で、かつ睡眠負債もたまっています。

つまり午後2時と10時は1日のうちで最も眠い時間帯といえます。昼食後に眠くなるのはこのメカニズムが影響しています。このモデルを応用すると体内時計のずれが予測できます。

図2　2プロセスモデル

体内時計が1時間後にずれている場合は、起床時間が午前6時の場合、眠気が午後3時と11時にやってくることになります。

睡眠の評価とアプローチ

(1) 問診・質問紙による評価

最初に利用者が眠れているかを問診します。もし眠れていると答えても、睡眠時無呼吸症候群などのように、無意識に眠れていない可能性があります。利用者がいびきをかいていないか、日中眠気が強くないかなど、同居家族を含めて問診する必要があります。問診などで睡眠時無呼吸症候群やナルコレプシーなど、睡眠の病気の疑いがあれば医療機関の受診を勧めます。

睡眠障害を評価する質問紙はピッツバーグ睡眠質問票（PSQI）やOSA-MA評価表などです。これらの質問紙は、具体的な睡眠障害のタイプが把握できます。

当事業所がOSA-MA評価表を用いて介護老人保健施設内入所者20名に行った調査では、入眠と睡眠維持に困難さを抱えている方が最も多い結果となりました。当事業所が遭遇する睡眠の問題においても、この2つがよく問題になっています。以下にそれぞれの評価とアプローチを紹介します。

> memo　**睡眠障害を疑うポイント**
> ● 起床時眠気がないか、入眠と睡眠維持はうまくいってるか
> ● 夢み（悪夢など）、疲労回復はできているか、睡眠時間は確保されているか

（入眠と睡眠維持が困難な利用者が多いです。）

(2) 入眠困難に対する評価とアプローチ

就床後30分以上寝つけない状態を入眠困難といいます。入眠困難のケースに対しては体内時計と睡眠負債へのアプローチを行います。

Step①―体内時計を調整する
1) 体内時計の評価

現場では日中の眠気を体内時計の評価指標としています。前述した2プロセスモデルによると、体内時計が正常だと眠気は13～14時頃強くなるとされています。眠気が強い時刻が16時ぐらいであれば、体内時計が2時間程度ずれていることになり、就床時間になっても眠くならず入眠が困難になります。なお、眠気の評価はESS（epworth sleepiness scale）やVAS（visual analog scale）があります。

2）体内時計への介入
●朝の光を目に当てる
　朝の光は体内時計をリセットさせます（図3）。逆に目に光が入らないと体内時計はどんどん進んでいきます（図4）。昼夜逆転現象はこのことが原因となって生じます。
　体内時計が進むと、起床時刻には眠気が強く起きられなくなり、さらに就床時に眠気を感じにくくなります。体内時計が進んでしまい、起床時刻がずれてしまった場合には、1週間に30分程度ずつ起床時刻を早め、起きたらすぐに日光を浴びるようにします（図3）。また就床時は寝室のカーテンを開け、日の出と同時に光が目に入る環境を設定することが大切です。

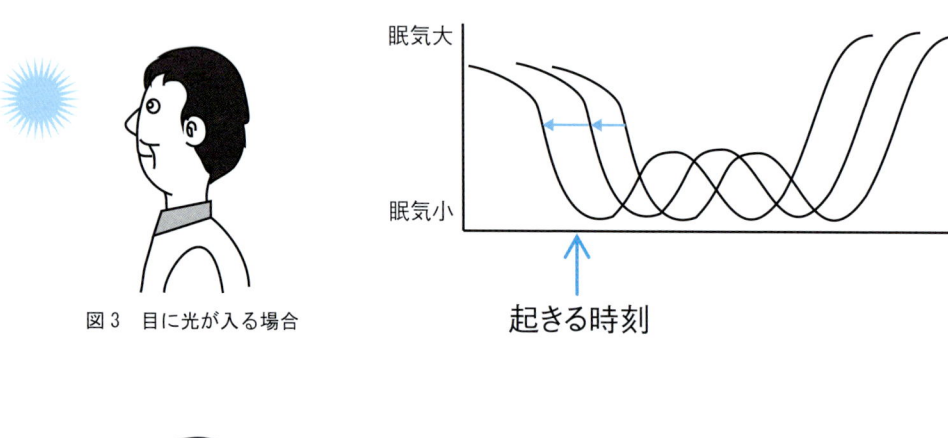

図3　目に光が入る場合

図4　目に光が入らない場合

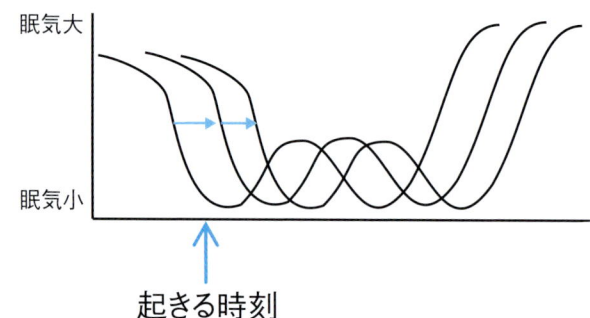

●メラトニンが作用しやすい環境にする
　夜間に強い光を浴びると、網膜から光信号がSCNに作用することで、体内時計が「昼間である」と勘違いしてしまいます。その結果、SCNはメラトニン放出をブロックさせ、眠気を感じにくくなります。したがって、テレビやパソコンなどの光はできるだけ夜間に浴びないよう指導します。また、寝室の光を直接目に当てないようにします。特にSCNに直結する網膜細胞は青い光に反応しやすいので、寝室の照明は暖色系のものを間接的に設置するように提案します。

●深部体温へのアプローチ
　体内時計が眠りに適した状態になると、深部体温は下がってきます。深部体温が低下する勾配が大きいほど、眠気も強くなるといわれています。図5のように就寝前に食事・入浴・運動などの活動を行うと深部体温がいったん上がるので、深部体温の勾配をつくることができます。

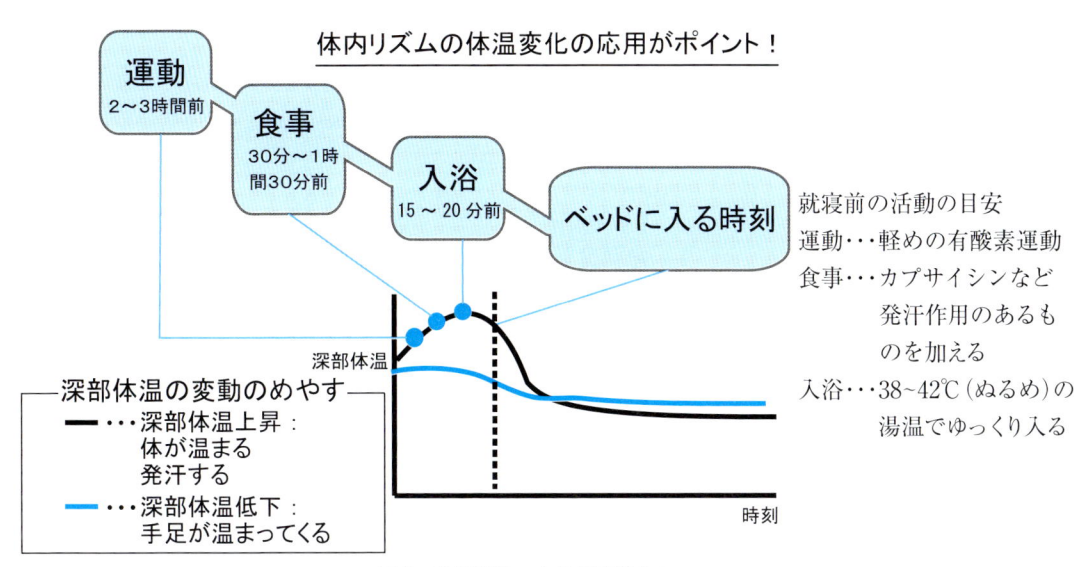

図5 体温調整による睡眠導入について

Step②——睡眠負債を増やす

●日中の活動を獲得する

日中の睡眠時間が長いと、睡眠負債が増えないため入眠は困難になります。通常、日中起きておくように指導しますが、利用者の活動が獲得されていない場合には、起きていても何もすることがないためうまくいきません。そのため、日中の活動獲得が必要になります。

最近の報告では、日中、脳を多く使うほど夜間に深い睡眠が得られるとされています。家事や趣味活動などは、作業の段取りやアイデアを考えるなど、脳はより多く活動すると考えられます。入眠をスムーズにし、かつ深い睡眠を確保するためには、訪問リハのゴールを1次活動の獲得だけではなく、2次・3次活動へ視野を広げ、獲得を目指すことが必要です。

●昼寝をうまく使う

図6のように眠気は日中においても必ず訪れます。利用者の睡眠負債を増やすために眠気をがまんさせ覚醒を促すことは、ストレスにつながります。その際は昼寝をうまく利用します。

ただし昼寝は30分以上行ってしまうと睡眠負債が減りすぎてしまい、夜眠れなくなります。そのために昼寝にもテクニックがあります。まず、日中の眠気が訪れる時刻を評価します。その時刻の前に昼寝の時間を設ければ深い睡眠段階に移行することが少なく、短い昼寝で覚醒することができます。これを予防的昼寝と呼んでいます。

また、カフェインを飲んだ後に昼寝をすることも有効とされています。カフェインは視床下部にある睡眠中枢の活動をブロックすることで、覚醒を継続させます。どうしても30分以内に起きられない利用者に対しては目覚まし時計などを利用します。

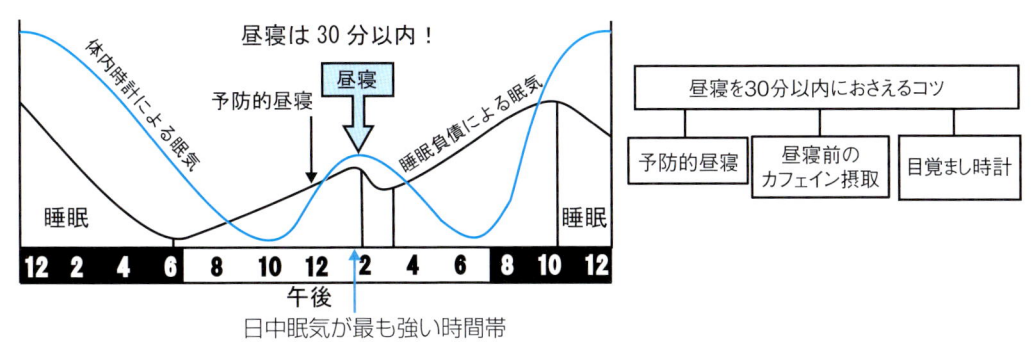

図6 昼寝の効用

Step③──精神的な不安を取り除く

　精神的な不安は入眠を妨げます。オレキシン神経系は、感情の状態を覚醒系に伝えてしまうのです（図7）。眠れないという利用者の背景には、失禁への不安や家族関係、今後についての不安など、利用者の精神的な問題が隠されていることがあります。

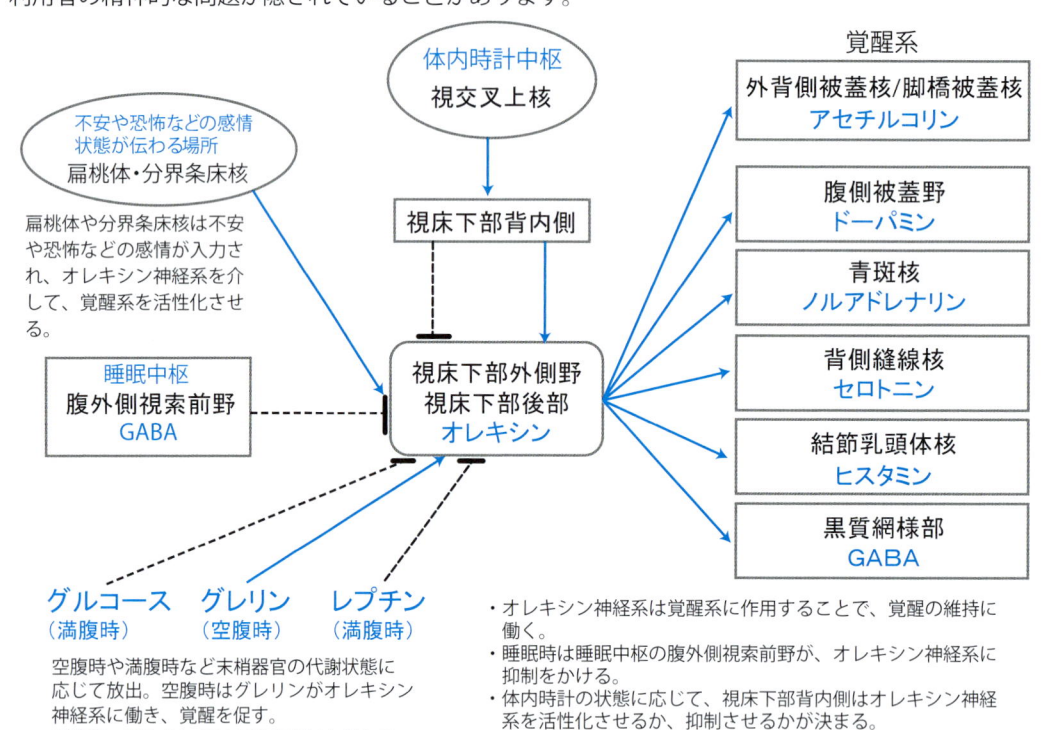

図7　オレキシン神経系が睡眠に与える影響

（図中テキスト）

- 体内時計中枢：視交叉上核
- 不安や恐怖などの感情状態が伝わる場所：扁桃体・分界条床核
  - 扁桃体や分界条床核は不安や恐怖などの感情が入力され、オレキシン神経系を介して、覚醒系を活性化させる。
- 睡眠中枢：腹外側視索前野　GABA
- 視床下部背内側
- 視床下部外側野　視床下部後部　オレキシン
- 覚醒系
  - 外背側被蓋核/脚橋被蓋核　アセチルコリン
  - 腹側被蓋野　ドーパミン
  - 青斑核　ノルアドレナリン
  - 背側縫線核　セロトニン
  - 結節乳頭体核　ヒスタミン
  - 黒質網様部　GABA
- グルコース（満腹時）／グレリン（空腹時）／レプチン（満腹時）
  - 空腹時や満腹時など末梢器官の代謝状態に応じて放出。空腹時はグレリンがオレキシン神経系に働き、覚醒を促す。
  - 空腹時、眠れないのはこの作用によるもの。
- ・オレキシン神経系は覚醒系に作用することで、覚醒の維持に働く。
- ・睡眠時は睡眠中枢の腹外側視索前野が、オレキシン神経系に抑制をかける。
- ・体内時計の状態に応じて、視床下部背内側はオレキシン神経系を活性化させるか、抑制させるかが決まる。
- ・扁桃体や分界条床核は、オレキシン神経系を活性化させる。不安や恐怖によって眠れなくなるのは、この作用によるもの。

睡眠維持困難に対する評価とアプローチ

Step①──睡眠の特徴（ノンレム睡眠とレム睡眠）を知る

　夜間に目が覚めてしまいトイレへ行く回数が多く、ちゃんと眠れないという利用者をよくみかけます。睡眠にはノンレム睡眠とレム睡眠があります。ノンレム睡眠は脳を休ませるのに必要で眠りの深さとしてStage I～IVの4段階あります（図8上）。高齢者では2段階までの深さにとどまってしまいます（図8下）。高齢者が目が覚めやすい原因は、この睡眠状態の浅さにあり、尿意やちょっとした感覚入力によって覚醒へ移行されやすくなっています。そのため、睡眠中の感覚入力をできるだけ少なくする環境設定が必要になります。

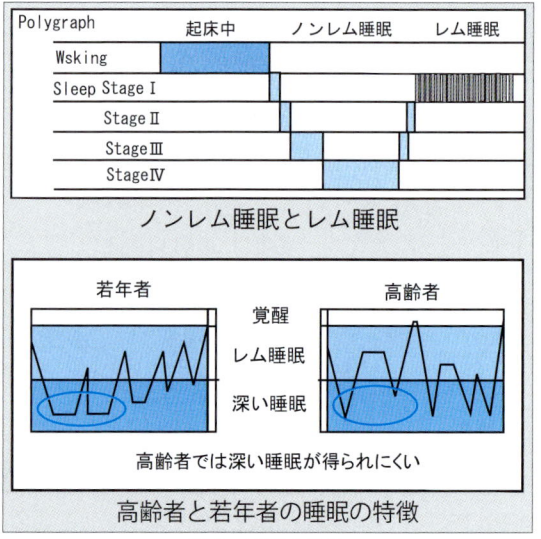

図8　睡眠の特徴

（上：ノンレム睡眠とレム睡眠／下：高齢者と若年者の睡眠の特徴──高齢者では深い睡眠が得られにくい）

Step②―睡眠中の感覚入力をできるだけ少なくする

睡眠中の感覚入力を少なくするには図9のように様々な要素があります。以下にそれぞれの介入方法を紹介します。

1）音に対する配慮

睡眠状態が浅くなりがちな高齢者は、日常生活上のちょっとした音でも容易に覚醒してしまいます。生活立ち上げ期（Set up）の時期では、寝室の変更がよく行われます。寝室を決定する際には、周辺の交通事情や寝室の周辺に水洗トイレなどの音が発生する場所がないか、同居家族の動線、誰と一緒に寝るのかなどを確認し、音が入りにくい寝室かどうか本人とよく検討することが必要です。

寝室へ音がどうしても入る場合には遮音を検討します。音は空気の振動によって伝わり、距離が長くなると減衰します。音源からのベッドの距離を長くする、音源に近い壁に遮音材を貼る、音の漏れやすいドアの隙間をカーテンなどで覆うといった手軽にできる介入から、壁の防音工事や二重サッシの取り付けなど高額なコストのかかる防音方法まであります。

2）温湿度に対する配慮

睡眠環境は室温20〜26度、湿度50〜60%が望ましいとされ、室温28度、湿度70%を超えると中途覚醒が増えるといわれています。

睡眠に必要な深部体温の低下を効率よく行うため、体温と寝室内気温の勾配をつけます。そのため、寝室内気温は体温より10℃程度低い20°〜26℃程度に設定します。

寝室内気温を適切に保つために空調機器をうまく利用します。空調機器はタイマーを用いて就寝1時間程度前から、睡眠後約2時間の間に作動させるようにします。空調機器が停止した後の急激な温度変化を防ぐため、ベッドの位置調整やカーペットなどの断熱材を用いることを提案します。図10に暑さ、寒さに対する簡単な環境整備の例を紹介します。

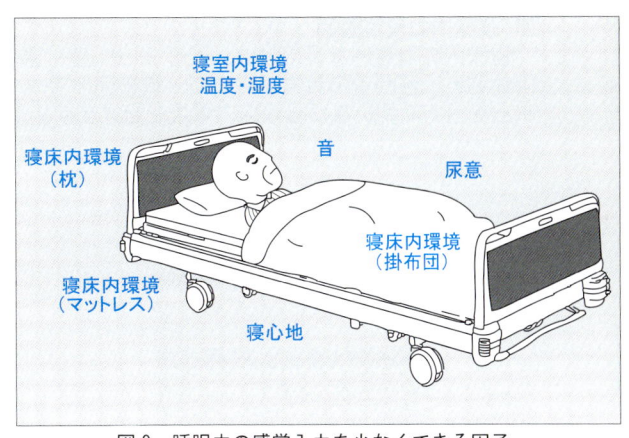

図9 睡眠中の感覚入力を少なくできる因子

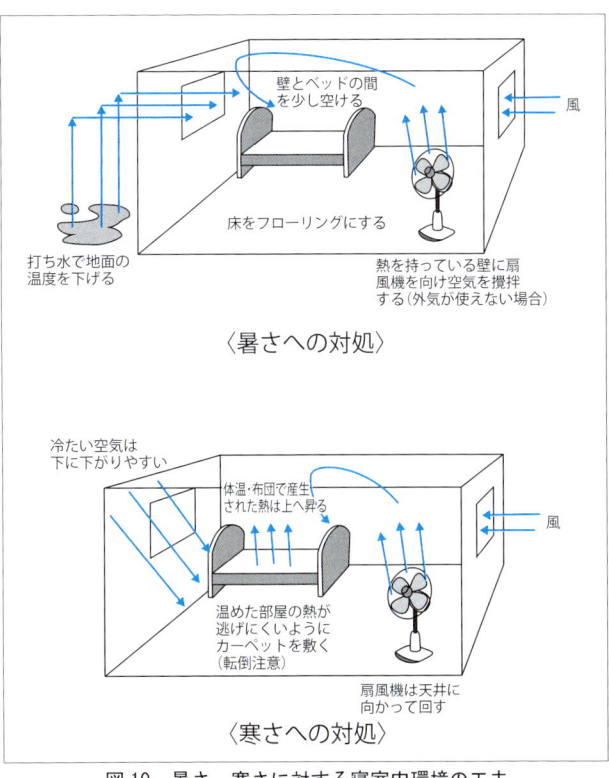

図10 暑さ、寒さに対する寝室内環境の工夫

3）寝床内の環境整備

寝床内の理想的な温湿度は、温度 33±1 度、湿度 50±5％といわれています。温度を規定するのは体温と、寝間着の素材・掛布団・敷布団・マットレス・マットレスフレームなどの寝具です。これらをうまく使いながら寝床内環境を整えます。夏と冬での介入案を紹介します（図 11、図 12）。

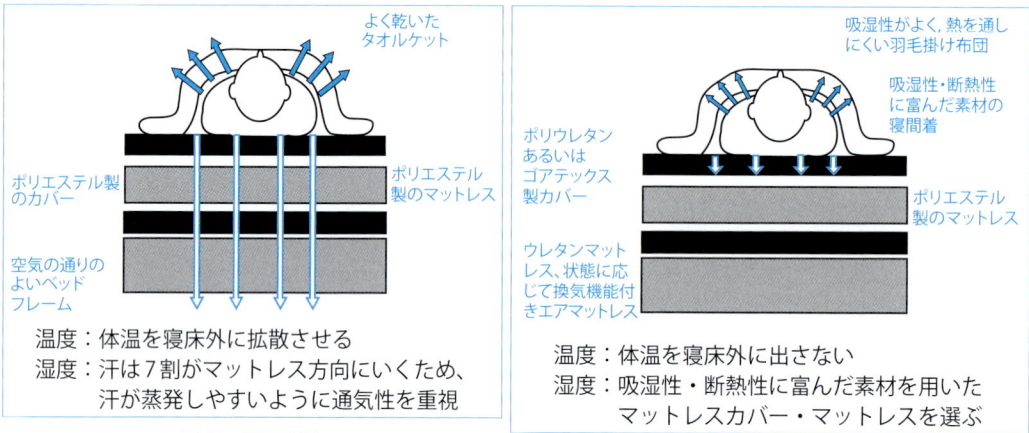

図 11　夏の環境

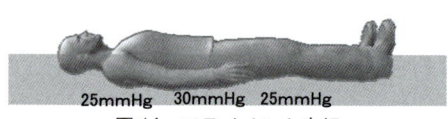

図 12　冬の環境

4）寝心地

寝心地をよく保つには、局所への感覚入力をできるだけ防ぐことが重要です。寝心地の評価には①寝返りと②アライメントの評価を用います。

● 寝返りが適切に行われているかの評価

本人や介護者への問診でも概ね可能ですが、当事業所ではより客観的に行うために 3 軸加速度計が搭載されている A-MES（第 4 章を参照）を用い、睡眠中の寝返り状況を把握することがあります。最近では、スマートフォンにも加速度計が内蔵されており、枕元に置くことで睡眠時の体動が測定できるようです。

● アライメントの評価（図 13、図 14）

ベッド上臥位で行い、利用者の体がマットレスから受ける圧を測定します。骨突出部である、仙骨部・踵部・脊椎棘突起・外果の下に手を入れ、指が動くかどうかをチェックします。利用者の体とマットレスフレームの間にある指が上下に動かなければ、圧が集中していることになり、寝心地は悪いであろうと予測されます。

より客観的に体圧を測定する際は、PalmQ®：ケープや、プレディア®：モルテンなどの測定機器を各骨突出部の下に敷いて測定します。各部位の圧がそれぞれ 35 mmHg 程度で概ね一定であれば、アライメントに問題なしと判断されます。

● 寝心地へのアプローチ

寝心地へのアプローチは寝返りの能力やアライメントの評価に応じて、骨突出部に圧が集中するのを防ぐように介入します。具体的には、マットレスやポジショニングピローなどの用具を用います。寝返りが可能であれば、動きを優先して硬めのマットレスを用います。寝返りが不可能であれば、柔らかめのマットレスやポジショニングピローを用い、骨突出部の体圧が 35 mmHg 程度になるように工夫します。

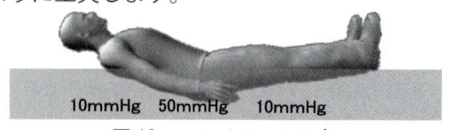

図 13　アライメント不良

図 14　アライメント良好

5）尿意

睡眠中、尿意を頻繁に感じ眠れないというケースは在宅の現場でもよく遭遇する問題です。睡眠中の尿意は、膀胱の容量、膀胱の状態、脳が尿意を認知しやすい状況にあるか否かが大きく規定していると考えられます。

● 膀胱の容量

膀胱の容量は高齢になるにしたがって低下します。そのため少しの尿量で膀胱が伸展され、それが尿意につながってしまいます。尿失禁が不安で、日中から頻回にトイレに行くケースでは、膀胱容量の低下を助長させます。環境面の問題により排泄までの時間が長いために起こる機能性尿失禁を防ぐことができると、利用者は「いつでも行けるから、少しがまんしてみよう」という気持ちになり、膀胱訓練が可能になることがあります。

●膀胱の状態

　膀胱炎や前立腺肥大症など、泌尿器系に病気を有する場合、尿意を感じやすくなるといわれています。睡眠の改善のためには、医師と連携して泌尿器系の問題を解決することが必須です。

●脳が尿意を認知しやすい状況にあるか否か

　睡眠が深いほど、膀胱の伸展による刺激に対する脳の閾値は高くなり、尿意を感じにくくなる傾向にあります。睡眠を深くするには、前述した日中の過ごし方の工夫が必要になります。また精神的な不安を抱えていると、オレキシン神経系が覚醒系を刺激することにより、睡眠に障害をきたし、尿意を感じやすい状態になります（図7「オレキシン神経系が睡眠に与える影響」参照）。尿失禁への不安が強く、失禁の原因を取り除くことが困難な場合は、オムツの使用によって不安が取り除かれ、睡眠状態が改善することがあります。

疾患による睡眠障害とアプローチの考え方

（1）認知症による睡眠障害

　認知症は脳の萎縮を伴います。睡眠障害は、睡眠を司どる中枢のある視床下部や、体内時計の中枢である視交叉上核、覚醒系のある脳幹、眠りの質に関与する視床に萎縮が及ぶことによって起こります。つまり、自己の脳の機能によって睡眠をコントロールするのがとても難しくなります。そのため、失われた脳の機能を支援者で肩代わりする必要性が生じます。

　例えば体内時計を整えるために光を当て、食事を同じ時間に摂るようにします。覚醒系を維持するために刺激のある生活を提供します。また眠りの質に関しては睡眠の環境を整えます。認知症へのアプローチでは、周辺症状を引き起こさないように関わることが重要ですが、もし周辺症状を引き起こすと、利用者は常に不安などの精神的ストレスを受けている状態にあるため、睡眠が阻害されます。

（2）パーキンソン病による睡眠障害（図15）

　パーキンソン病による睡眠障害は、病気そのものの症状によるものと、薬の副作用によるものがあります。レム睡眠行動異常は、同居家族や自宅環境に危害が加わることもあります。訪問リハスタッフは、あらかじめ行動異常が起こるメカニズムを家族に十分説明し、精神的な準備をしてもらうことを最低限行わなくてはなりません。また、睡眠時無呼吸症候群はパーキンソン病による口腔機能低下や姿勢異常が原因の一つとされています。病気の進行に伴う、頸部・体幹の可動性や筋力の低下は、背臥位における舌根・軟口蓋の沈下の原因になります。口腔、頸椎、体幹の可動域や筋力を日頃からしっかり確保しておくよう介入しましょう。

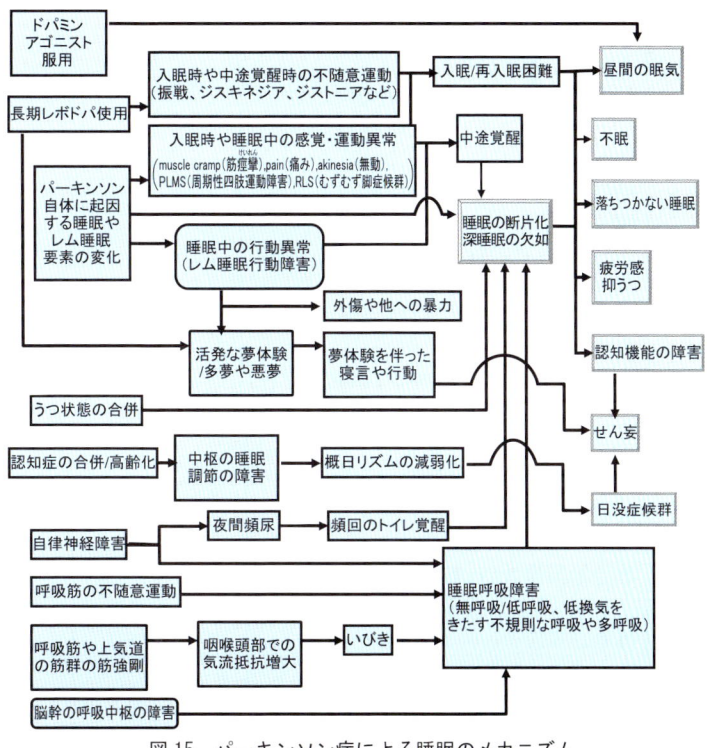

図15　パーキンソン病による睡眠のメカニズム

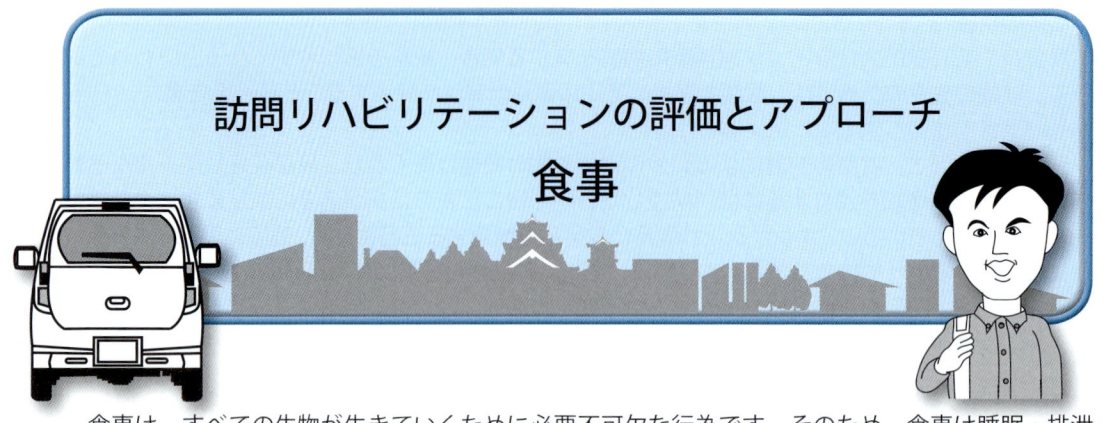

第2章　訪問リハビリテーションの評価とアプローチ

訪問リハビリテーションの評価とアプローチ
食事

　食事は、すべての生物が生きていくために必要不可欠な行為です。そのため、食事は睡眠・排泄と並んで介入を最優先させる行為の一つです。食事に対する介入は、摂食嚥下や栄養摂取への介入だけにとどまりません。食事の場所や他者と交流し、語らい楽しむといった域まで幅広く介入します。
　以下に在宅での食事に対する評価とアプローチのポイントをICFの視点を用いて記します（図1）。

食事における評価の視点

〈心身機能・身体構造〉
- 意識は清明か
- 食欲はあるか
- 注意機能（食事が継続できるか）
- 記憶機能
  （食事の記憶はあるか、薬の飲み忘れはないか）
- 高次認知機能の問題
  （食べ残し、食べこぼしに気づいているか）
- 感覚機能（視覚、嗅覚、味覚）
- 摂食機能（吸引、咬断、臼磨、嚥下）
- 消化機能
  （胃腸管での食物の移動、分解、吸収）
- 体重維持機能
  （低体重、過体重ではないか）
- 関節の可動性
- 筋力の機能（四肢、体幹、顔面を含む）

〈健康状態〉（どんな疾患を有しているか）
骨関節疾患（大腿骨頸部骨折など）
脳卒中・認知症など
パーキンソン病や他の神経難病
糖尿病などの代謝疾患

〈環境因子〉
- 机（高さ、設置場所）
- 椅子（設置場所、座面の幅・奥行・傾き、肘かけ、背もたれ）
- 福祉用具（ばね箸、ライトスプーン、すくいやすい食器、コップなど）
- 車いすのシーティングはどうか
- 一緒に食事を摂る家族はいるか
- 介助が必要な場合、誰が介助を行っているか

200〜500ルクス（若年者）

上半身重心≒第9胸椎（剣状突起の高さ）

座圧中心が坐骨にある

下腿長

※立ち上がり動作とのバランスで調整

図1　食事における評価の視点

食事

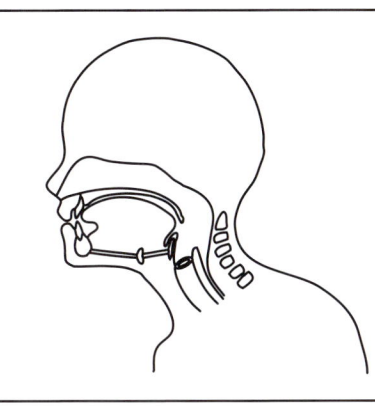

- 喉頭蓋谷が狭くなる
- 舌根部と咽頭後壁の距離が大きくなり咽頭蠕動が困難になる
- 口腔・咽頭・気道が直線化し、気道保護の面から不利になる
- 嚥下運動に参加する筋群が緊張し、喉頭挙上が制限、嚥下反射が起こりにくくなる

〈活動〉
- 食事席に安全に移乗することができるか
- 食事姿勢は適切か
- 食事の間、適切な座位を保てるか
- コップや食器を持ち上げたり口に運んだりできるか
- 食事の場所まで安全に歩行できるか
- 箸やフォークなどを使ったり、ビンや缶を開けることができるか

〈参加〉
- 友人や隣人との会食の機会はあるか
- 家族や親族の式典（結婚式、葬式）への参加はあるか

500〜1,000ルクス（高齢者）

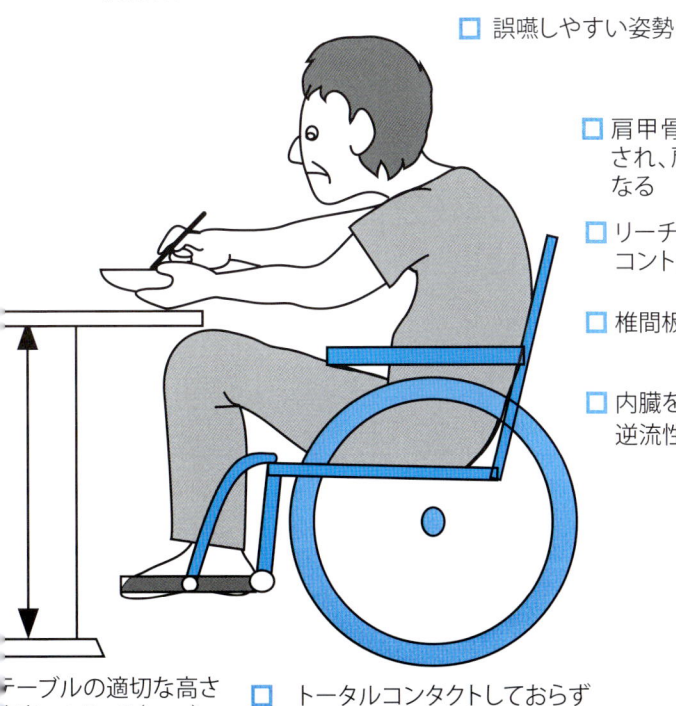

□ 誤嚥しやすい姿勢
□ 肩甲骨の動きが制限され、肩の動きが悪くなる
□ リーチが遠くなるコントロールもしにくい
□ 椎間板内圧が上がる
□ 内臓を圧迫し消化活動を阻害 逆流性食道炎なども起こしやすい

テーブルの適切な高さ
座高×1/3−2（cm）

□ トータルコンタクトしておらず坐骨部に圧が集中する

〈個人因子〉
- 食事嗜好（偏食）
- 食事習慣（飲酒や間食）
- 宗教的規制

第2章 訪問リハビリテーションの評価とアプローチ

食事に対する評価とアプローチ

　日常生活で食事を摂るためには献立を考え、買い物、調理などが必要ですが、詳細は買い物、調理の頁を参照してください。ここでは食卓まで移動し、食卓に着いて、摂食嚥下過程をたどるプロセス（図2）に沿って具体的なアプローチを述べていきます。

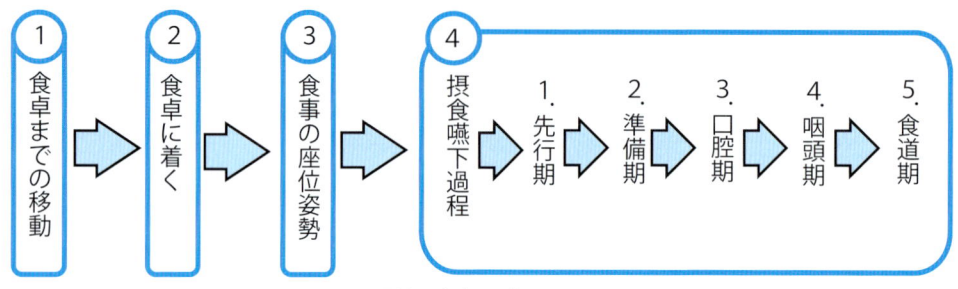

```
① 食卓までの移動 → ② 食卓に着く → ③ 食事の座位姿勢 → ④ 摂食嚥下過程 → 1.先行期 → 2.準備期 → 3.口腔期 → 4.咽頭期 → 5.食道期
```

図2　食事のプロセス

1　食卓までの移動

　食卓での食事を実現させるためには、ベッドからの離床、食卓までの移動（図3）、食卓椅子への移乗、配膳・下膳、食後の洗面・排泄が行われる必要があります。それぞれの行為はいつ、誰が、どのように行うか決まっていますか？　これらの動作がすべて介助者の介入によって行われる場合、介助者の負担はたいへん大きいです。これでは食卓での食事はできません。食事へのアプローチの第一歩として、利用者が食卓でスムーズに食事ができる環境を整えましょう。

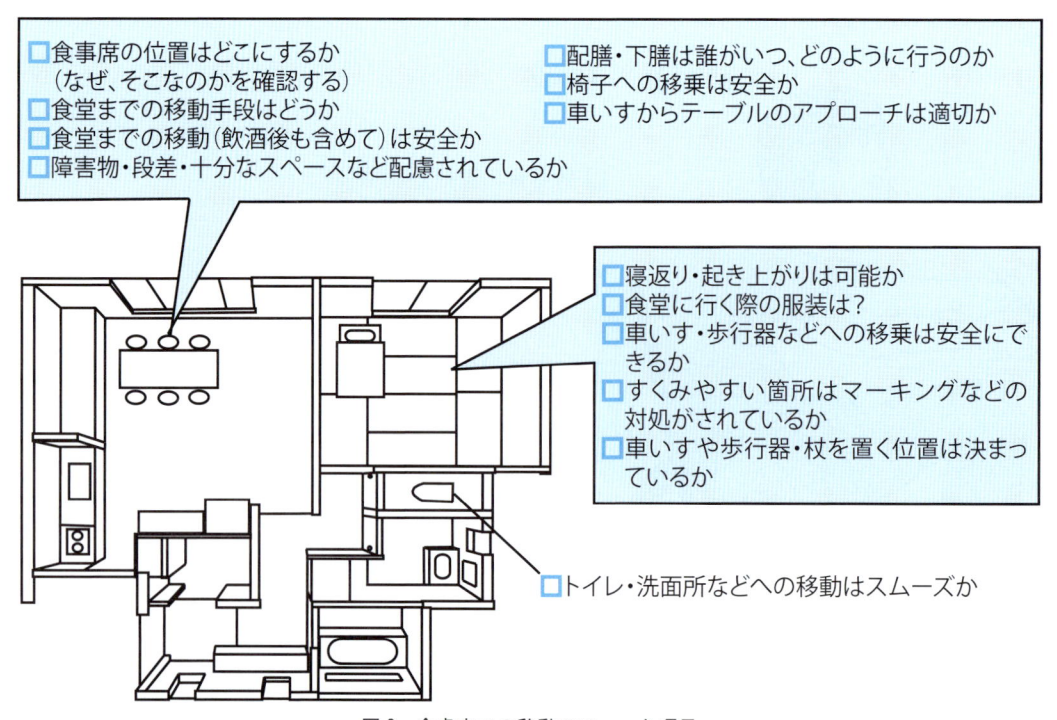

□食事席の位置はどこにするか
　（なぜ、そこなのかを確認する）
□食堂までの移動手段はどうか
□食堂までの移動（飲酒後も含めて）は安全か
□障害物・段差・十分なスペースなど配慮されているか

□配膳・下膳は誰がいつ、どのように行うのか
□椅子への移乗は安全か
□車いすからテーブルのアプローチは適切か

□寝返り・起き上がりは可能か
□食堂に行く際の服装は？
□車いす・歩行器などへの移乗は安全にできるか
□すくみやすい箇所はマーキングなどの対処がされているか
□車いすや歩行器・杖を置く位置は決まっているか

□トイレ・洗面所などへの移動はスムーズか

図3　食卓までの移動のチェック項目

2 食卓に着く

　移動手段が車いすの場合、スペースが不十分であったり、車いすの操作能力が低いとテーブルに対して斜めにアプローチしてしまうことになります。なぜその席に座っているのか（家族との関係、テレビが見やすいなど）を考え、問題がなければ食卓の位置や席の変更を検討します（図4）。

　移動手段が歩行である場合、テーブルへのアプローチ方法を指導します（図5、図6）。パーキンソン病では動線上のすくみやすい場所の床に目印のテープをつけるなど、外部刺激を利用してすくみ足を解消できることもあります。さらに、歩行車や杖の置く位置も決めておくと動作がスムーズに行えます（図7）。

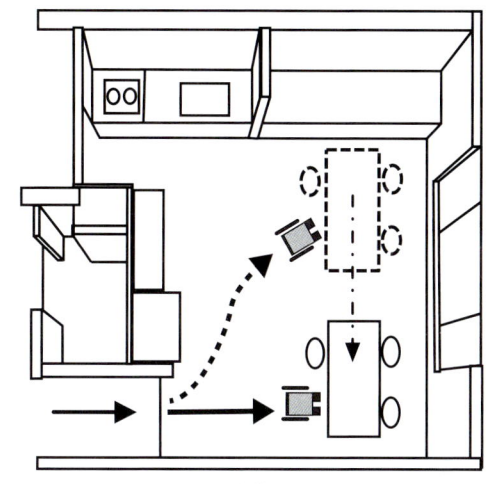

図4　食卓の位置
食卓の位置を移動してまっすぐ入れるようにする。

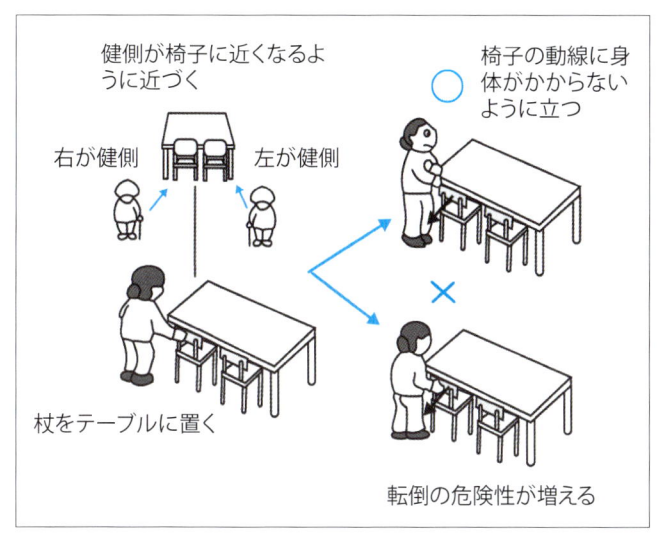

図5　テーブルへのアプローチの指導方法（杖歩行の場合）

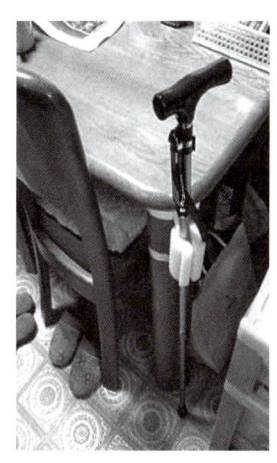

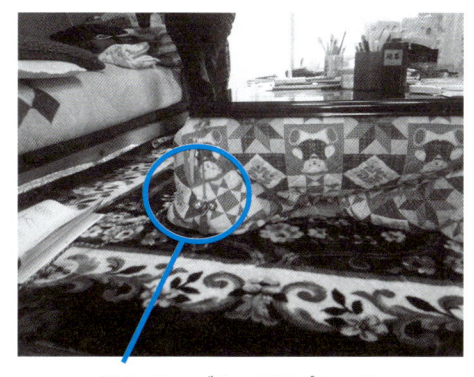

図6　テーブルへのアプローチ
こたつ布団をテーブルの足の下に敷いて動線を広く確保。さらにコタツ布団に足が触れたら鈴が鳴る。

図7　杖の位置
ドアの指はさみ防止用のクッションを杖立てに使用
作製時間2～3分、費用100円

食器などを持ちながらの歩行は食器と座る場所に注意がいくため、足元からの情報が入りにくいです。そこで聴覚からの情報を加えました。効果は絶大でした。

49

第2章　訪問リハビリテーションの評価とアプローチ

3　食事の座位姿勢

　適切な食事姿勢を獲得することは誤嚥を防ぎ、かつリラックスした状態で食事をするために必須です。そこで車いすや椅子のシーティング、テーブルの高さなどの食事環境に介入（図8〜図10）することで、食事姿勢のくずれや食べこぼし、食事継続時間などを改善することができます。在宅では食事のセッティングは介助者に頼ることが多いため、できるだけ簡易な方法にするのがポイントです。以下にアプローチ例を示します。

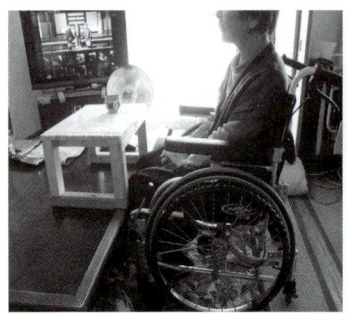

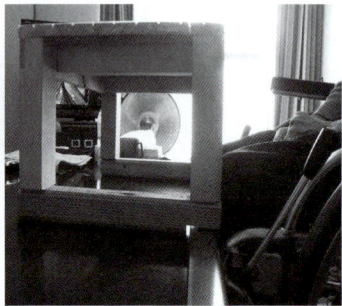

図8　テーブルの補高
低い台で食事していた利用者へ補高の台を作成。食事時の姿勢が改善し食べやすくなる。テーブルクロス（写真右端）は本人作。作成時間1〜2時間。費用1,980円。

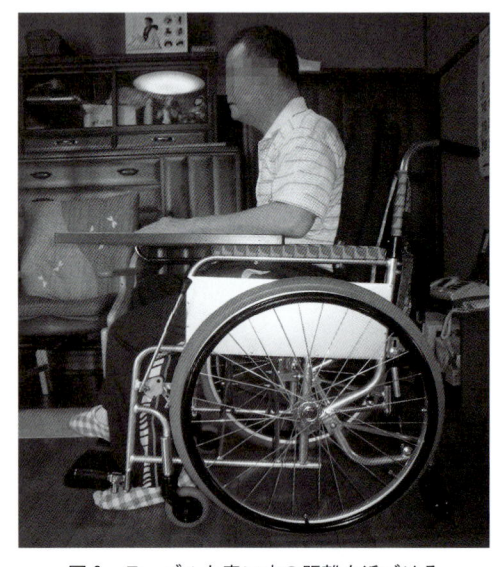

図9　テーブルと車いすの距離を近づける
アームサポートが干渉しテーブルに近づけないため、車いすを作製する際にアームサポートに固定する食事用のテーブルを製作。また背もたれにクッションを挟んで上半身の重心を前方に持ってきている。テーブルは持ち運びができるので、自宅内だけでなく外出先でお弁当を食べるときにも活躍している。

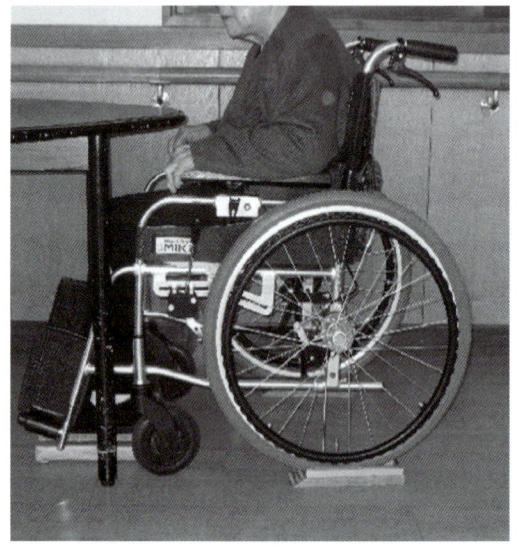

図10　座角の調整と下肢の補高
食事動作での体幹の前屈を促すには、座角を前傾させることが効果的である。調整機能のない標準型車いすでも、後輪を板の上に乗せると座角の調整ができる。また足底がフットサポートに乗ったままでは座位が安定しない。そのため、足載せ台を設置している。

4 摂食嚥下過程

　摂食嚥下を行うには食物を認識（認知期）、口への取り込み、咀嚼と食塊形成（準備期）、咽頭への送り込み（口腔期）、嚥下反射（咽頭期）、食道通過（食道期）といった過程をたどります（図11）。
　在宅では機器を用いた詳細な評価や直接嚥下訓練を行うことはリスクを伴い難しい場合がほとんどです。しかし、環境や間接的な訓練など在宅でも可能なアプローチも多数存在します。以下にこの過程に沿ったアプローチの例を示します。

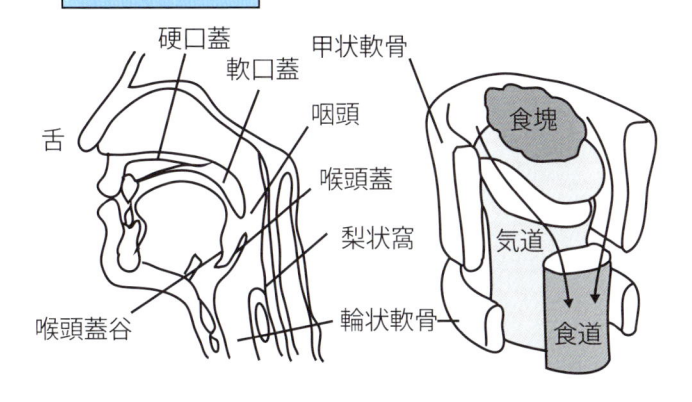

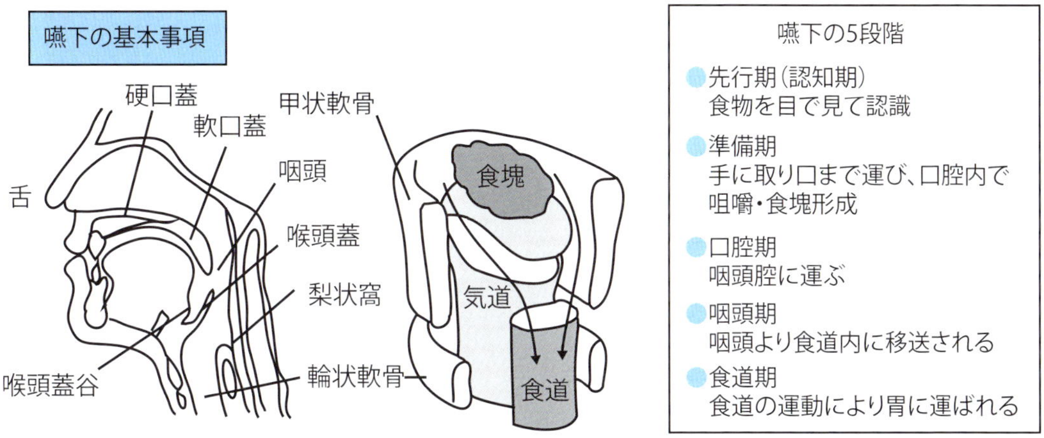

嚥下の基本事項

（図：口腔・咽頭部の解剖図）
硬口蓋、軟口蓋、甲状軟骨、舌、咽頭、喉頭蓋、梨状窩、喉頭蓋谷、輪状軟骨、食塊、気道、食道

嚥下の5段階
- 先行期（認知期）
  食物を目で見て認識
- 準備期
  手に取り口まで運び、口腔内で咀嚼・食塊形成
- 口腔期
  咽頭腔に運ぶ
- 咽頭期
  咽頭より食道内に移送される
- 食道期
  食道の運動により胃に運ばれる

図11　嚥下のメカニズム

1. 先行期

　先行期とは食物を口で摂取する前の時期です。これから摂取しようとする食物を認知、予測、決定します。先行期がうまくいくためには、利用者の食事動作をよく観察したうえで、図12のように配膳の位置を決定することが大切です。また食事のときにむせたり飲み込みにくさを訴える場合には嚥下障害を疑います。そのような利用者には、嚥下体操やアイスマッサージなどの間接的嚥下訓練が、誤嚥や窒息の危険性がないため訪問リハにおいては有効な手法です。これらを食前に準備運動として導入するよう、本人や家族に説明しています。

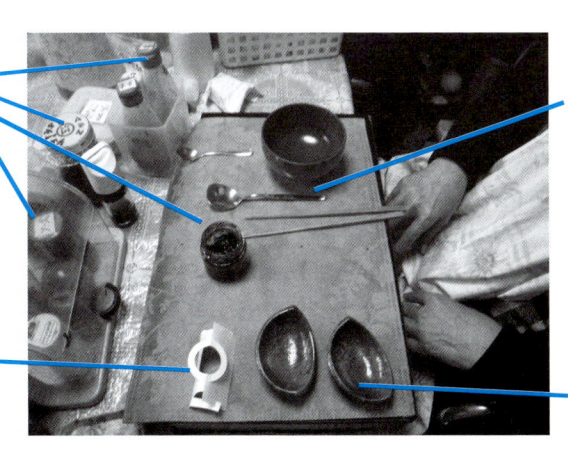

（図12 食事の配膳写真、ラベル付き）
- リーチの届く範囲によく使うものを置いている
- 食べ物が先端に多く集まり食べやすいスプーン（最も使用頻度の高いスプーンは利き手側の前に置いている）
- 薬を飲むためのオブラート立て
- 薬を誤って食事中に飲まないように、薬入れの皿を左側へ寄せてある

図12　食事の配膳位置の工夫

2. 準備期

　準備期とは食物を手に取り口まで運び、口腔内で咀嚼・食塊形成する時期です。うまく口まで運べなければ介助が必要になったり、食べこぼしが多くなり介護負担の増加につながります。適切に福祉用具を導入し、できるだけ自立して食事をとれるようにアプローチします。福祉用具を導入したら導入前後での食事時間や食べこぼし、食べ残しなどを評価します。

写真は左片麻痺で半側空間無視を有するケースです。体幹が麻痺側に傾き、左手で茶碗を持つことができないため、左手が圧迫されています。その状態で右手は無理に箸を使ってリーチするため、体幹はさらに傾いています。そこで、ご飯と汁物の配置を逆にし、お盆全体を健側方向に移動させ、注意を右に向けやすくしたところ、食事姿勢が改善しました。

左手を圧迫している
健側
麻痺側
主食を健側へ
お盆全体を健側へ移動
中心
左手を圧迫しない

一汁三菜は千利休が考えたスタイルで、これが懐石料理のもとになっています。主食が左、汁物が右でおかずが中央に副菜は両側になります。このスタイルを少し変えることで食事中の姿勢が容易に改善する場合があります。

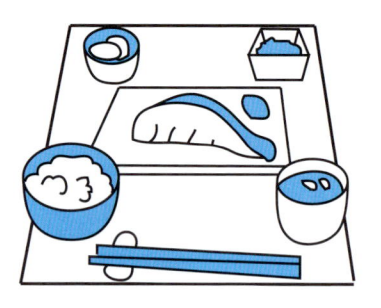

福祉用具の利用　すくいやすい食器

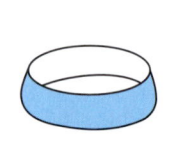

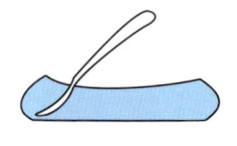

食器とスプーンがマッチして接触部が広い

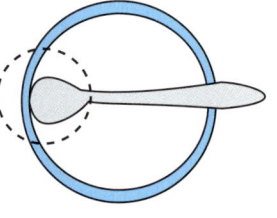

縁が返っているものを使用すると食べ物をうまくスプーンに乗せることができる。スプーンと食器のマッチングも重要である。

スプーンは開口の幅に合わせたものを使用します。重心は普通に握る位置にあると操作しやすいです。箸でうまくつかめない、食べこぼしが多いときはばね箸を試してみるとよいです。握り手の形状、ばねの強さも様々であるため、その方に合ったものを使用しましょう。

【高齢者、障害者に配慮されたスプーン】

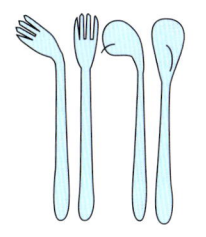

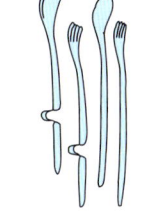

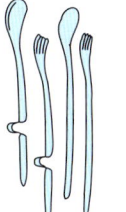

ライトスプーン　　テイスティースプーン

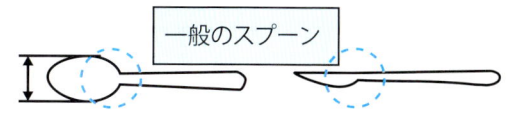

一般のスプーン
- 開口部の小さい高齢者やパーキンソン病の患者さんには広すぎる
- スプーンの後方に食べ物が多くなる

介護用スプーン
- 高齢者の開口幅を測定して設計してある
- スプーンの先端に食べ物が多くなる

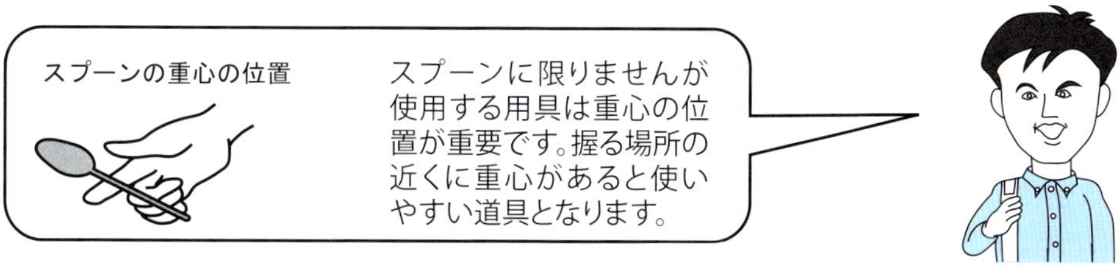

スプーンの重心の位置

スプーンに限りませんが使用する用具は重心の位置が重要です。握る場所の近くに重心があると使いやすい道具となります。

　食事介助の際は口に入れる量が重要です。一口量はティースプーン１杯程度です。在宅では家族が食事介助を行っているとペースが速くなってしまうことがあります。口腔内に食物が残っていないか確認して、次の一口を入れるようにします。

【食事介助方法の指導】

- 上から介助して、スプーンを上に抜くような介助は誤嚥しやすくなります。
- やや前屈位で少し顎を引いた姿勢で、スプーンは水平に抜きます。 
- パーキンソン病では舌のすくみや寡動の影響で食塊形成、送り込みが難しいため、食物を少し奥のほうに入れてあげるとよいです。 

コラム

<外出先の食事で困ったこと（利用者のことば集）>

　在宅では冠婚葬祭、友人・家族と、旅行先など外食をする機会もあるかと思います。前もって予定がわかっている場合は、外出先の食事環境に合わせて屋外の移動や段差昇降、トイレ動作、床上動作などをシュミレーションしておくとよいでしょう。以下に、訪問リハ利用者が実際に外食先で困った例を挙げます。

- ・店が地下や２階で階段しかなかった
- ・駐車場から食事席までが遠かった
- ・店内が狭く車いすで入れなかった
- ・身障用のトイレがなかった
- ・食事席が座敷だった
- ・店員の介助がへただった
- ・水分のトロミをつけるのが面倒だった
- ・むせたときの咳が周りに響いた
- ・机と椅子の高さが合わなかった
- ・机と椅子が固定されていて移乗しにくかった
- ・食べこぼしが気になった
- ・食事形態の問題で食べるものがなかった
- ・食器が使いにくかった
- ・動作が緩慢で回転寿司が取れなかった
- ・回転寿司の皿を取らずに寿司だけを取ってしまった

3. 口腔期　4. 咽頭期　5. 食道期

　在宅生活においては、VF や VE などを用いて嚥下状態を詳細に評価することは困難です。退院・退所当初は嚥下に問題がなくても、在宅生活が長くなると、加齢や動脈硬化の進行に伴って徐々に嚥下機能が低下していくこともあります。そこに関わるリハスタッフは、他職種の情報を用いながら、嚥下状態が低下しているサインを早期に発見することが重要です。

【他職種・サービス提供者は利用者のどんな情報を知っているか】

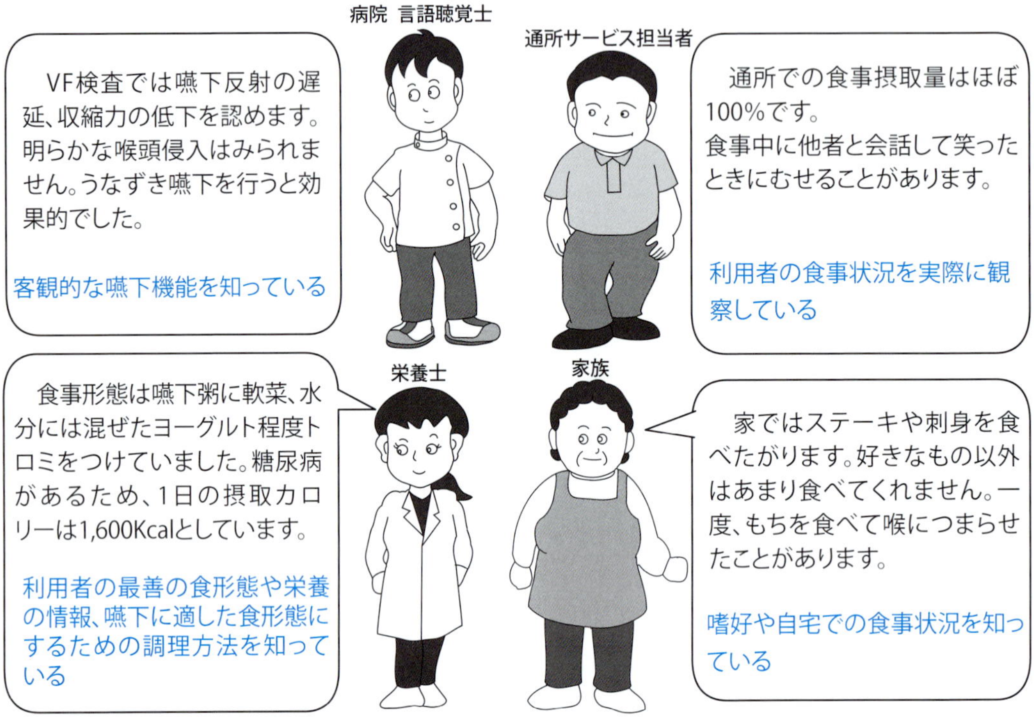

病院 言語聴覚士
> VF 検査では嚥下反射の遅延、収縮力の低下を認めます。明らかな喉頭侵入はみられません。うなずき嚥下を行うと効果的でした。

客観的な嚥下機能を知っている

通所サービス担当者
> 通所での食事摂取量はほぼ100%です。食事中に他者と会話して笑ったときにむせることがあります。

利用者の食事状況を実際に観察している

栄養士
> 食事形態は嚥下粥に軟菜、水分には混ぜたヨーグルト程度トロミをつけていました。糖尿病があるため、1日の摂取カロリーは1,600Kcalとしています。

利用者の最善の食形態や栄養の情報、嚥下に適した食形態にするための調理方法を知っている

家族
> 家ではステーキや刺身を食べたがります。好きなもの以外はあまり食べてくれません。一度、もちを食べて喉につまらせたことがあります。

嗜好や自宅での食事状況を知っている

訪問リハビリテーションにおける嚥下へのアプローチ

　訪問リハにおける嚥下へのアプローチは、上記のような他職種の情報を集約して行います。訪問リハでは利用者の食事時間に訪問する機会は少ないのですが、訪問中の日常生活の場面でも下記のような誤嚥のサインを見つけることができます。誤嚥のサインを発見したら、他職種に報告し情報を共有しましょう。

　お茶を一口ずつ飲む、スプーンを変えて一口量を調整する、座位姿勢の調整やうなずき嚥下（図13）、息こらえ嚥下（図14）の指導などは、訪問リハスタッフが即座にできる対応です。また居室の湿度状況を整え、誤嚥性肺炎の予防に介入したり、口腔ケアの方法を自宅の洗面所で確認することで、ケアの再指導もできます。

誤嚥が疑われるエピソード

- ☐ 食事中に咳き込んで食べ物が飛び散った
- ☐ 食事前と後で声が違う、あるいは声がガラガラしている
- ☐ パサパサしたもの、弾力のあるものが食べにくい、嫌う
- ☐ 食事後、会話が聞きづらくなった
- ☐ 胸に食べ物が残ったり詰まった感じがする
- ☐ お茶を飲んだあと咳込む
- ☐ 食事中、話をするとむせる
- ☐ 発熱、あるいは痰の量が増えている
- ☐ 食べ物のカスが口の中に残っている
- ☐ 食事中 SpO_2 の値が低下している

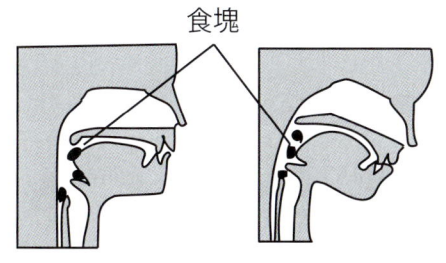

食事

図13 うなずき嚥下
　喉頭蓋谷に食物が残留し、嚥下後に誤嚥が生じる場合や頸部の緊張が高い場合、嚥下反射惹起前に食物が咽頭へ流入し誤嚥する場合が対象になる。頸部屈曲位は前頸部の緊張を緩め、喉頭蓋谷を広げるため前誤嚥を防ぐ効果がある。

息を吸い込む　　息をとめる
咳をして息を吐き出す　　唾液を飲み込む

図14　息こらえ嚥下
　嚥下中の誤嚥を防止するとともに、気管に入り込んだ飲食物を喀出する効果がある。

食材・調理方法への工夫・窒息時の対応

　誤嚥のリスクがあり、水分へのトロミづけや食事形態への配慮を必要とする場合、むせたり誤嚥しやすい食材を把握しておくことも重要です。たこ・いか・ごぼうなど硬いものは柔らかく煮る、肉・かまぼこなど刻むとバラバラになるものは、あんかけやつなぎを使用するなど調理方法を工夫することで摂取できることもあります。家族や介護者の調理が難しい場合はソフト食ややわらか食などの市販のものを使用するのも一つの方法です。また普段から窒息時のサインや窒息を起こしたときの対応方法を介護者や家族に伝えておくことも重要です。

窒息時の対応方法

チョークサイン
　窒息を起こし、呼吸ができなくなったことを他の人に知らせる世界共通のサインを「チョークサイン」といいます。
　食事中に声が出せない、色が急に真っ青になったときなどは異物（食物など）による気道閉塞が疑われます。

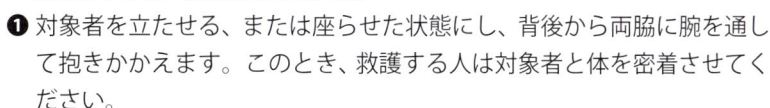

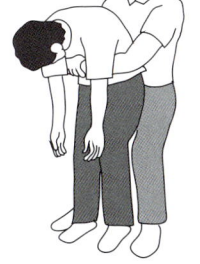

ハイムリック法（腹部突き上げ法）
❶ 対象者を立たせる、または座らせた状態にし、背後から両脇に腕を通して抱きかかえます。このとき、救護する人は対象者と体を密着させてください。
❷ 背後から抱きかかえた状態で、片手で対象者のへその位置を確認し、もう一方の手で握りこぶしをつくり、親指側を上腹部（へそより上、みぞおちより十分に下方）に当てます。
❸ へその位置を確認した手で握りこぶしをつくり、手前上方に向かって素早く突き上げます。

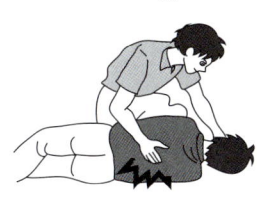

背部叩打法
❶ 救護する人はひざまずき、対象者を自分のほうに向けて横向きに寝かせます。
❷ 手の付け根で、肩甲骨の間を力強く何度も連続して叩きます。
　※背部叩打法では、座らせた状態、立たせた状態で行ってもかまいません。

55

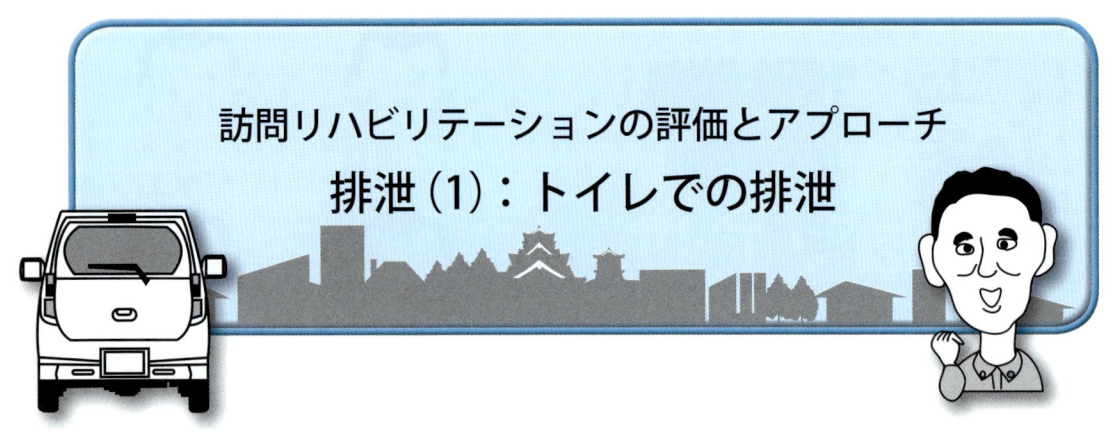

第2章　訪問リハビリテーションの評価とアプローチ

訪問リハビリテーションの評価とアプローチ
排泄（1）：トイレでの排泄

　排泄は人の尊厳に関わり、最も介助を受けたくない行為です。うまくいかないと廃用症候群や閉じ込もり、認知症の引き金となります。適切に排泄できることが在宅生活を送るうえでの要です。

　在宅ではできるだけトイレでの排泄ができるよう支援します。どうしても難しい場合は、快適な排泄環境と尊厳の確保ができるよう支援します。また排泄は人に見られない環境で行われる行為です。後述しますが、人によってこまかな方法の違いやこだわりがあります。詳細に評価をしないと実際の生活に生かされません。在宅での排泄に対する評価とアプローチのポイントをICFの視点を用いてまとめます（図1）。

〈健康状態〉
排泄は排尿、排便ともにためる臓器の働きと腹圧、骨盤底の筋群協調によって行われます。これらを制御する中枢神経機能と末梢の効果器の障害を起こす様々な疾病、加齢現象によって排泄障害が引き起こされます。

〈心身機能・身体構造：機能障害〉
- 排尿障害（蓄尿障害、排尿障害）
- 排便障害（蓄便障害、排便障害）
- 尿意・便意の有無
- 上下肢の可動域や筋力
- 視覚機能
- トイレの位置に関する認知機能
- 殿部の感覚障害
- コミュニケーション能力

〈活動：活動制限〉
- 後始末ができるか
- トイレのドアの開閉能力
- 衣服の上げ下ろし
- 寝返りや起き上がり
  （※特に布団をかけた状態から）
- 便座上での座位保持能力
- トイレまでの移動能力
- 便器への移乗能力
- トイレ設備の操作能力

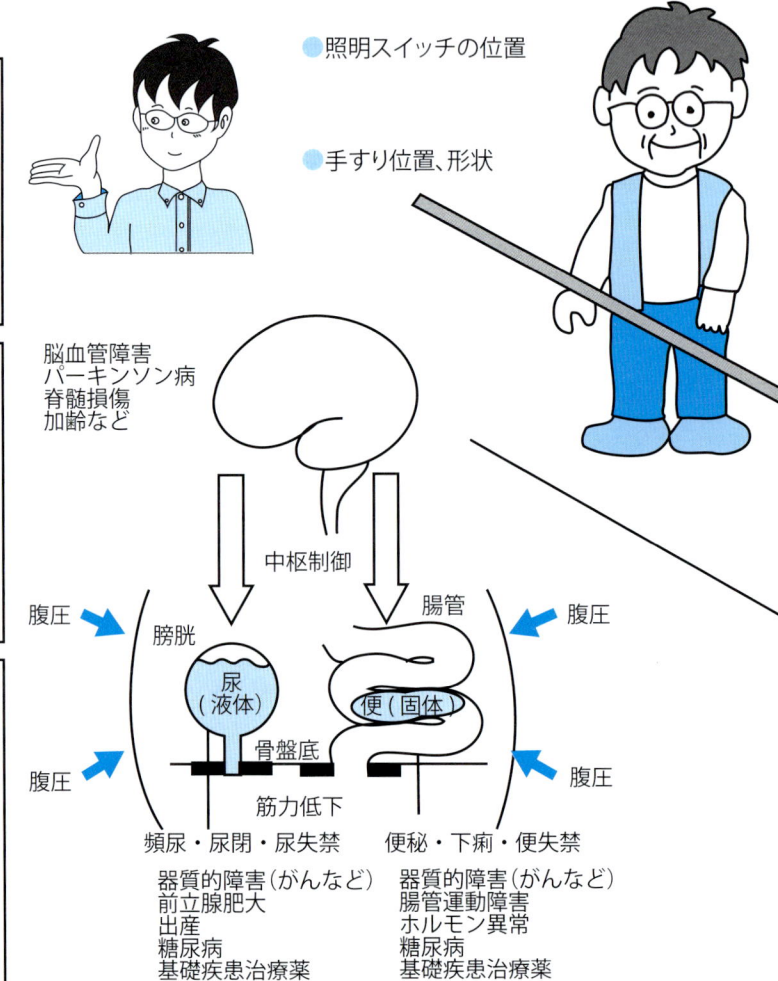

● 照明スイッチの位置

● 手すり位置、形状

脳血管障害
パーキンソン病
脊髄損傷
加齢など

中枢制御

腹圧　膀胱　腸管　腹圧
　　尿　　　便
　（液体）　（固体）
腹圧　　骨盤底　　腹圧
　　　筋力低下

頻尿・尿閉・尿失禁　　便秘・下痢・便失禁
器質的障害（がんなど）　器質的障害（がんなど）
前立腺肥大　　　　　　腸管運動障害
出産　　　　　　　　　ホルモン異常
糖尿病　　　　　　　　糖尿病
基礎疾患治療薬　　　　基礎疾患治療薬

図1　排泄における評価の視点

排泄（1）：トイレでの排泄

　排便のしやすさも姿勢によって変わります。下図のように、寝ている姿勢と座っている姿勢では、重力の影響と肛門と直腸の角度が変わります。座っている姿勢でも、骨盤が起きた姿勢と倒れた姿勢では、肛門と直腸の角度が異なります。座っている姿勢でも、骨盤が起きた姿勢が最も排便しやすい姿勢をいえます。

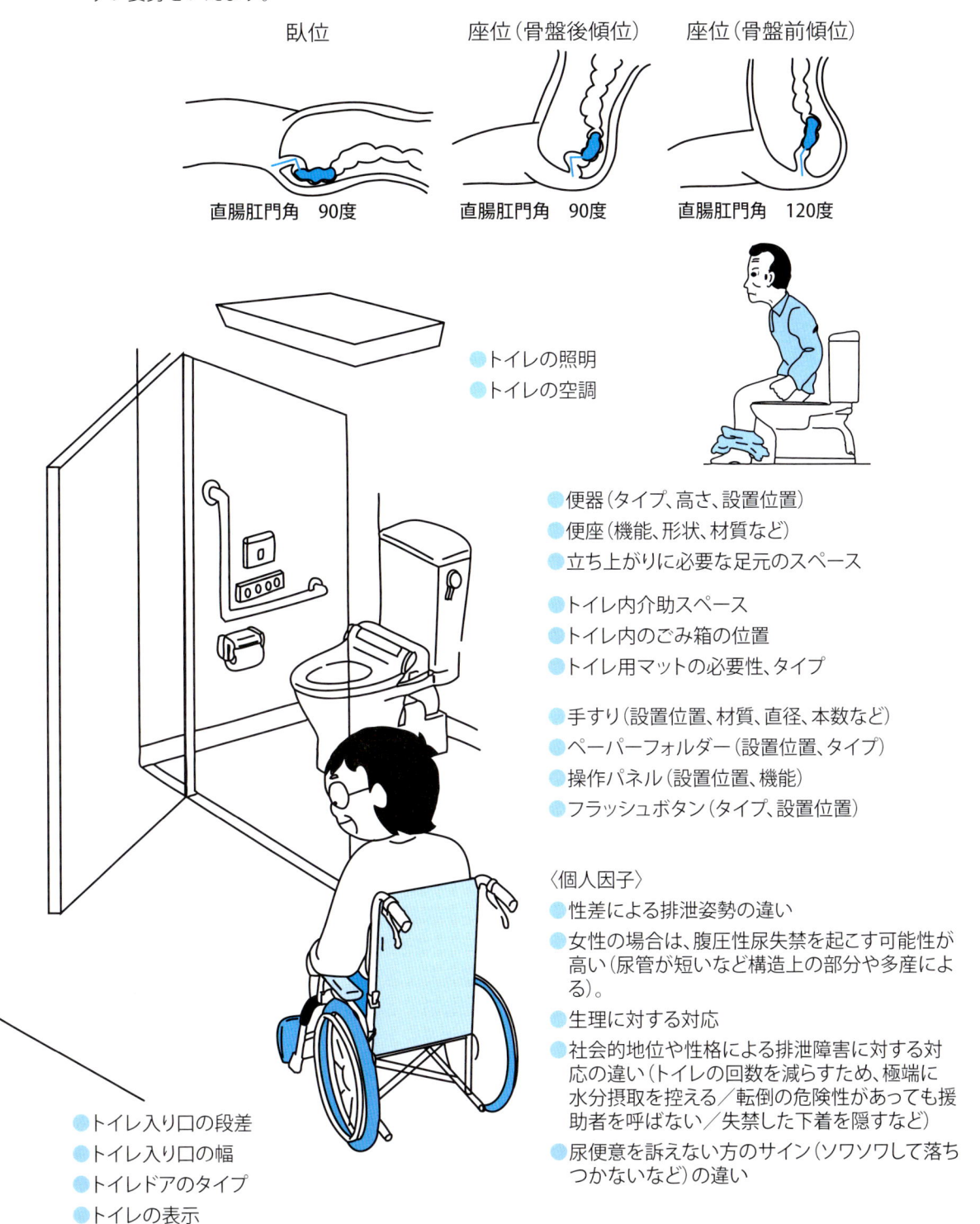

臥位　　　　　座位（骨盤後傾位）　　座位（骨盤前傾位）

直腸肛門角　90度　　直腸肛門角　90度　　直腸肛門角　120度

- トイレの照明
- トイレの空調

- 便器（タイプ、高さ、設置位置）
- 便座（機能、形状、材質など）
- 立ち上がりに必要な足元のスペース

- トイレ内介助スペース
- トイレ内のごみ箱の位置
- トイレ用マットの必要性、タイプ

- 手すり（設置位置、材質、直径、本数など）
- ペーパーフォルダー（設置位置、タイプ）
- 操作パネル（設置位置、機能）
- フラッシュボタン（タイプ、設置位置）

〈個人因子〉
- 性差による排泄姿勢の違い
- 女性の場合は、腹圧性尿失禁を起こす可能性が高い（尿管が短いなど構造上の部分や多産による）。
- 生理に対する対応
- 社会的地位や性格による排泄障害に対する対応の違い（トイレの回数を減らすため、極端に水分摂取を控える／転倒の危険性があっても援助者を呼ばない／失禁した下着を隠すなど）
- 尿便意を訴えない方のサイン（ソワソワして落ちつかないなど）の違い

- トイレ入り口の段差
- トイレ入り口の幅
- トイレドアのタイプ
- トイレの表示
- トイレまでの動線の明るさ

第2章　訪問リハビリテーションの評価とアプローチ

トイレでの排泄の流れ

③トイレまで移動する
車いすの場合は車いすへ移乗

④ドアの開閉

⑤衣服を下ろす
車いすの場合は便器へ移乗

②起き上がる

⑥便座に座る

①尿意・便意を感じる

⑪ベッドに横になる
車いすの場合はベッドへ移乗
⑩ベッドまで移動する
車いすの場合は車いすへ移乗

⑨衣服を上げ整える

⑧後始末をする

⑦排泄する

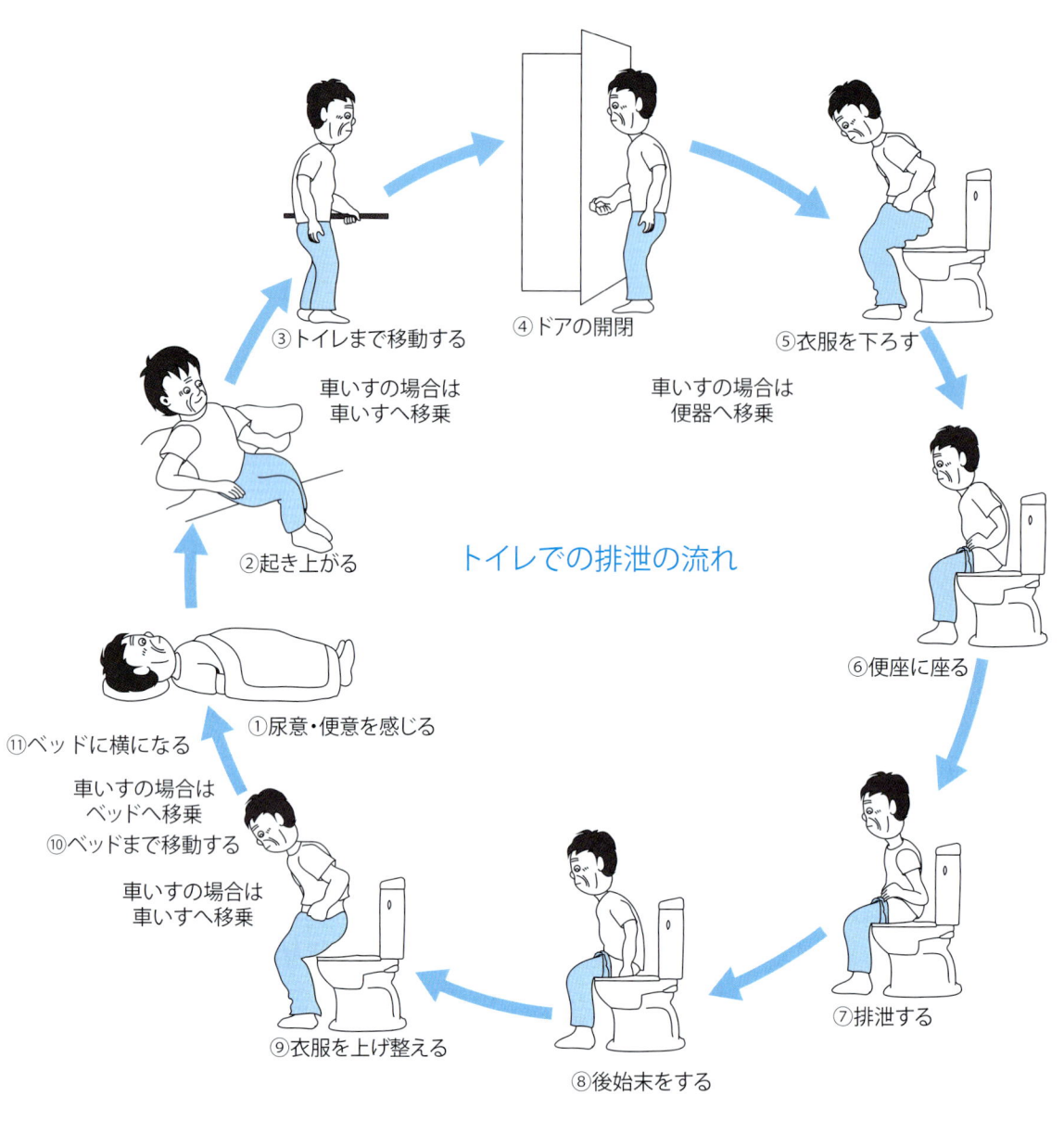

　トイレで排泄をする場合、まず利用者がどこで尿意を感じるかが問題になります。リビングでくつろいでいるときや寝ているとき、浴室かもしれません。排泄といっても、尿意・便意を感じた場所からトイレまでの動線、衣服の着脱、保清、そして食事や飲水、外出など生活行為全般に関わってきます。ここではベッドからトイレまでを想定して説明します。

　ベッド上で尿意・便意を感じてからトイレで排泄して戻ってくるまでに、上図のように①尿意・便意を感じる、②ベッドから起き上がる（車いすの場合は移乗）③トイレまで移動する、④ドアの開閉、⑤衣服を下ろす、⑥便器に座る（立つ）、⑦排泄する、⑧後始末をする、⑨衣服を上げ整える、⑩ベッドまで移動する、⑪ベッドに横になる。これらのどこかに問題があると、排泄障害が起こります。以下にこの流れに沿って述べます。

> 排泄は在宅生活の要です。訪問リハだけで解決しない課題も多いですが、移動や移乗に限定した介入ではなく行為全体を把握しましょう。

58

排泄（1）：トイレでの排泄

1 尿意・便意を感じる

　尿意や便意がない場合、どちらか一方ある場合、変動がある場合、あっても伝えられない場合など様々です。排泄チェック表を作成し、排尿・排便の間隔をつかみ、家族や他のサービスチームと協力して、促すタイミングや時間帯、その際の声かけの方法などを検討します。福祉用具や環境調整、コミュニケーションの方法の提案などセラピストが介入できる場面は多々あります。

2 起き上がる

　起き上がり動作は可能でも、布団をかけた状態では困難となる方は少なくありません。特に冬場ははぎ取り動作ができずに、機能性尿失禁の原因となっていることがあります。夏場に退院した方の場合はチェックしておく必要があります。布団をはぎ取る福祉用具が30万以上の値段で販売されているくらいです。

　当事業所では布団はぎ取り機を独自で作製し設置したり（図2）、毛布や布団の固定方法（図3、図4）などで解決しています。

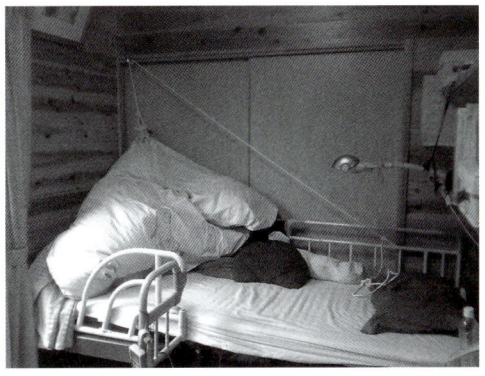

図2　布団はぎ取り機
把持力の強い大きな洗濯バサミ、プラスチック製のフック、ロープ、よく回る滑車（作製費約1,000円、作成時間10～15分程度）

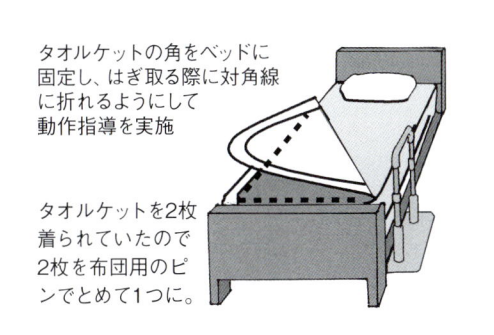

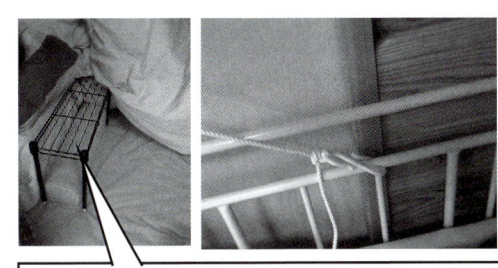

タオルケットの角をベッドに固定し、はぎ取る際に対角線に折れるようにして動作指導を実施

タオルケットを2枚着られていたので2枚を布団用のピンでとめて1つに。

図3　タオルケットの固定方法

足部に乗った布団が重たくて出せない場合に使用。
作製時間3～5分、500円程度

図4　布団はぎ取り機

> マットレスを選択する際に、柔らか過ぎるものは座位バランスをくずすので敬遠される場合もありますが、反動を使って振り子状に起き上がる慢性関節リウマチの方などで、柔らかいマットレスに変更するだけで起き上がりが自立する方もいます。

3　4　10 トイレと居室間の移動とドアの開閉

　トイレまでの移動に限りませんが、在宅では様々な条件の違いにより実に多様な対応が求められます。居室内にトイレがある家から、3部屋通り過ぎた先にある家、時には屋外にある家もあります。ドアのタイプによってトイレに近づく方向も検討が必要です（図5）。日中と夜間では、本人の発揮できる心身機能、介護が必要な場合は介護者のコンディション、トイレの動線の明るさ、気温、季節の違いによる衣服操作など、まさに100人100通りです。

$$移動手段 × 心身機能 × 家屋環境 × 介護力 × 時間帯 × 季節 ≒ ∞$$

第2章　訪問リハビリテーションの評価とアプローチ

〈トイレドアへのアプローチ〉

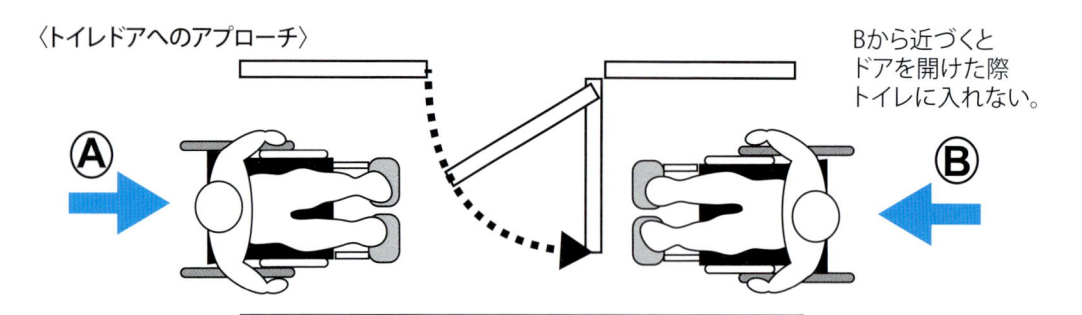

Bから近づくとドアを開けた際トイレに入れない。

〈トイレドア開閉時の立つ位置〉

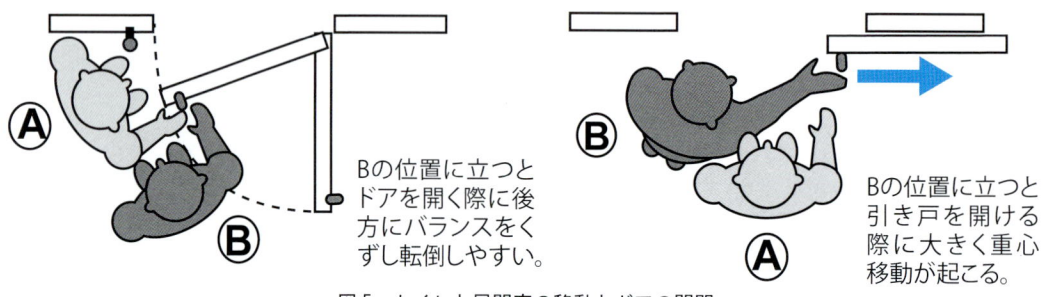

Bの位置に立つとドアを開く際に後方にバランスをくずし転倒しやすい。

Bの位置に立つと引き戸を開ける際に大きく重心移動が起こる。

図5　トイレと居間室の移動とドアの開閉

　屋内の移動手段は歩行や車いすだけではありません。這って移動されている方もいます。図6は座位移動でトイレまで移動して排泄される方のトイレ（自分で設計されたもの）が使いにくいとの相談で、バスマットとソフト便座で工夫し、移動用のプッシュアップ台を作製したもの、またポータブルトレイを埋め込んだ事例です。

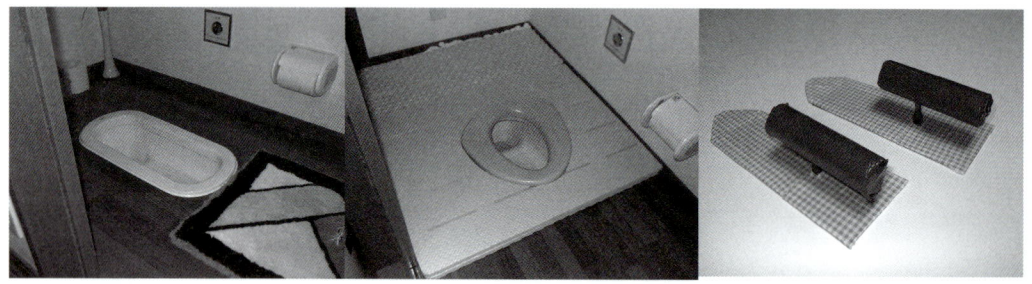

介入前のトイレ

介入後のトイレ
バスマットとソフト便座を利用して簡易的に改修

プッシュアップ台
これを利用して座位移動。

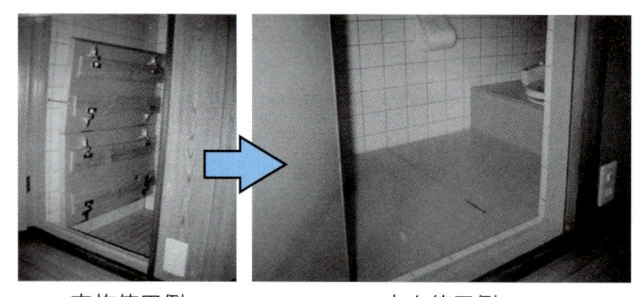

家族使用例
家族が使用する場合は、床を跳ね上げて通常の洋式トイレとして使用

本人使用例
本人が使用する場合は、床を降ろして（家族が使用後に降ろしてある）這って近づいてプッシュアップ台で座面に座る。

畳に埋め込んだポータブルトイレ
畳を切り抜いて床下収納をつくり、ポータブルトイレを埋め込み換気扇を設置した事例

図6　座位移動の方の排泄環境の事例

排泄（1）：トイレでの排泄

5・9 衣服の上げ下ろし

衣服の上げ下ろしについては更衣の項（70頁）を参照してください。

6 便座に座る・便座から立つ

便座からの立ち上がりはしばしば問題となります。便座の高さは350～420 mmが一般に市販されているもののサイズです。最大70 mmの差があります。「病院では立てたのに家に帰ると同じ洋式便器なのに立ち上がりが困難です」といった相談を受けることがありますが、そもそも高さが違うのです。

また和式を洋式に変更した場合などは、立ち上がりの際の前方スペースが不足している場合もあります。前方スペースは最低限450～500 mm以上必要です（図7左）。

便座からの立ち上がりをアシストする福祉用具に補高便座や昇降便座があります。補高便座は上に乗せるものと、便座の下に挟み込むものがあります。挟み込むものはバスマットなどで容易に自作できます。

昇降便座は昇降のパターンが大きく3タイプあります（図7右）。慢性関節リウマチの方は斜めに昇降するパターンは怖がられる場合が多いので慎重な選定が必要です。

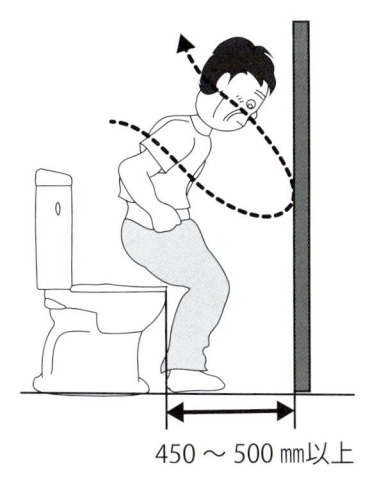

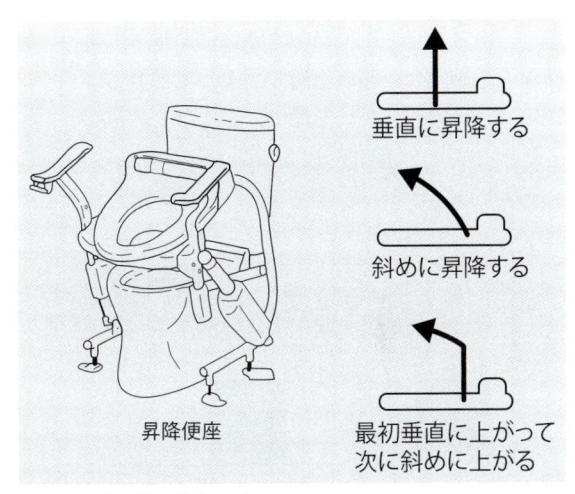

図7 立ち上がるために必要な最低限の前方スペース

7 排泄する

排尿は正常では日中で4～7回以下、1回の尿量は200～400 cc程度を痛みなく、30秒以内に出せて残尿がない状態です。

脳卒中やパーキンソン病などの疾病がなくても50歳を超えると脳の萎縮や下部尿路の機能低下、閉経後のホルモンの変化、前立腺肥大などでなんらかの排尿障害を抱えている方が少なくありません。排泄や性の問題は異性のセラピストには相談しづらい面があるので、担当制の事業所はスタッフの性別にも配慮が必要です。

排便は前述した姿勢の違いによる直腸肛門角の要素や腹圧や腹圧がかかったときの骨盤底の機能が重要です。通常、排便時には150～300 mmHgの腹圧がかかるといわれます。安静臥位では10 mmHg、立位では50 mmHg程度です。

腹筋や骨盤底筋の筋力低下のほか、手すりや便座面の形状、角度、高さなども影響します。実際の排泄場面にも看護や介護と協力してセラピストが介入し、協業できる場面も多いので、移動・移乗にとどまることなく関わりましょう。

8 後始末をする

拭き取りは、人によって「座って」「中腰で」「前方から」「後方から」「横から」と、姿勢や方向が異なります（図8）。尿と便で違う人もいます。排便では、立つことが不安定な場合は、前から拭き取ることが多いようです（図9）。ただし、前から拭き取る場合は、拭き取る際に汚染したペーパーが尿道口に接触し、膀胱炎になる人もいますので注意が必要です。

手が使える人であれば、身体のバランスを支える側を介助してできるだけ自分で行ってもらいます。麻痺側のズボンやパンツが十分上がっているかを確認し、立位バランスなどの問題で、自力で難しいようであれば自助具などで対応をします。トイレットペーパーを使い切った後に、トイレットペーパーの交換が可能であるかなども確認し、環境上難しいようであれば、別に本人用のペーパーを置いておくなどの調整を行います。トイレフラッシュをするのに、後方へ振り向く動作が難しいようであれば、レバーへ紐を設置し、天井まで伸ばし、天井から紐を垂らして座ったままトイレフラッシュ動作が可能なよう環境調整を施します（8章の「多発性骨端部異形成症事例参照）。

ペーパーホルダーは便器の先端から200 mm、床から550 mmの位置が操作しやすいといわれています。麻痺があり、トイレットペーパーの切り取りが困難な場合は、片手で切りやすいホルダーなども既製品が何種類かありますし、ラップやアルミホイールのカット部に取り付けられた紙製ノコギリを、テープなどでホルダーに取り付けるとペーパーのカットが容易になります（図10）。

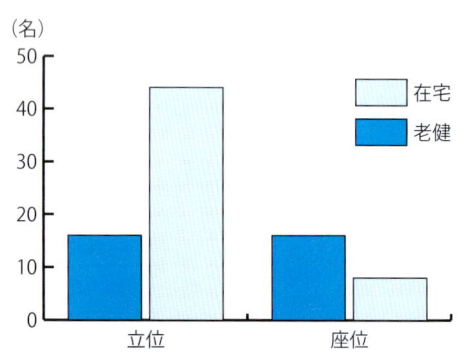

図8 排便後の拭き取り姿勢の比較

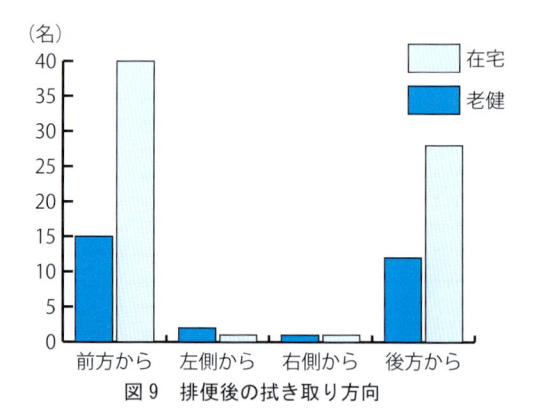

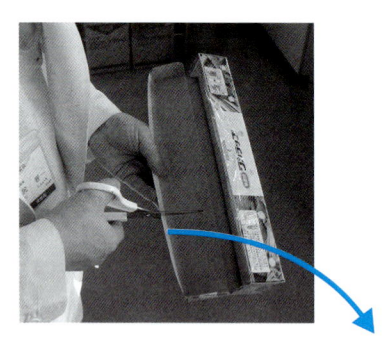

図9 排便後の拭き取り方向

ラップのノコギリ部をペーパーフォルダーの蓋の長さに合わせて切り取ります。

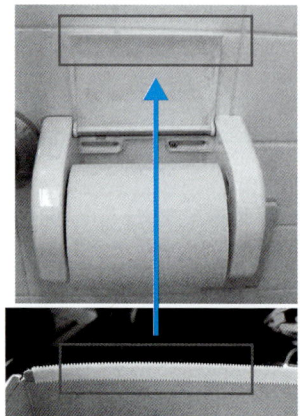

両面テープでノコギリ部を取り付け、蓋におもりになるもの（磁石や鉛の薄い板など）をつければ完成。

図10 ペーパーホルダー介入例

訪問リハビリテーションの評価とアプローチ
排泄（2）：トイレ以外での排泄

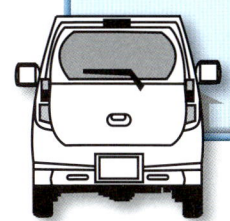

やむを得ずトイレに行けない場合、あるいはトイレに行くための練習として、福祉用具を使います。適切なものを選び、適切に使う必要があります。

【ポータブルトイレ】

ポータブルトイレには、素材や可動性、洗浄機能、排泄物の処理方法など様々な種類があります。本人の体型や機能、使う頻度に合わせたものを選ぶ必要があります（図1）。

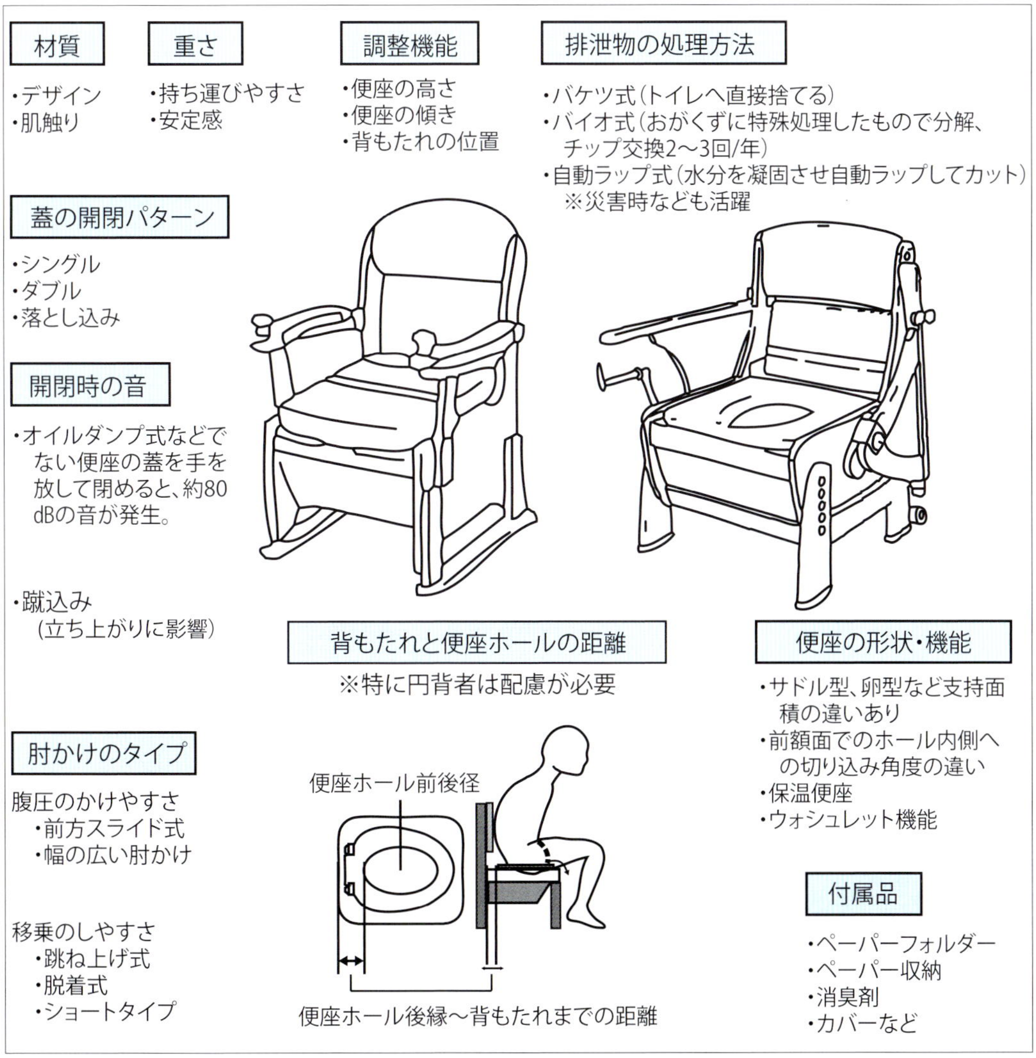

材質
- デザイン
- 肌触り

重さ
- 持ち運びやすさ
- 安定感

調整機能
- 便座の高さ
- 便座の傾き
- 背もたれの位置

排泄物の処理方法
- バケツ式（トイレへ直接捨てる）
- バイオ式（おがくずに特殊処理したもので分解、チップ交換2〜3回/年）
- 自動ラップ式（水分を凝固させ自動ラップしてカット）
  ※災害時なども活躍

蓋の開閉パターン
- シングル
- ダブル
- 落とし込み

開閉時の音
- オイルダンプ式などでない便座の蓋を手を放して閉めると、約80dBの音が発生。
- 蹴込み（立ち上がりに影響）

背もたれと便座ホールの距離
※特に円背者は配慮が必要

便座ホール前後径
便座ホール後縁〜背もたれまでの距離

便座の形状・機能
- サドル型、卵型など支持面積の違いあり
- 前額面でのホール内側への切り込み角度の違い
- 保温便座
- ウォシュレット機能

肘かけのタイプ
腹圧のかけやすさ
  ・前方スライド式
  ・幅の広い肘かけ

移乗のしやすさ
  ・跳ね上げ式
  ・脱着式
  ・ショートタイプ

付属品
- ペーパーフォルダー
- ペーパー収納
- 消臭剤
- カバーなど

図1　ポータブルトイレの選択

第2章　訪問リハビリテーションの評価とアプローチ

【採尿器など】
　女性用と男性用でレシーバー（尿を受ける容器）のかたちが異なります。重力を利用するものから電動で吸引するもの（図2）、オムツと併用して洗浄、乾燥までするものまで様々です。尿器を一人で操作する場合は、逆流によりこぼれることがあるため、図3のような逆流防止機能が備わったものがあります。
　また最近、介護保険でのレンタルが可能になった尿吸引ロボヒューマニー（図4）は尿検知センサーを内蔵した「尿吸引パッド」と小型真空ポンプ・タンクを内蔵した「本体（採尿器）」で構成されます。排尿があると、パッド内のセンサーが検知し、真空ポンプを作動させ、パッドから液体・気体を吸引し、タンクに尿を溜める仕組みになっています。吸引される際には、男女兼用パッドを利用した実際の場面では、排尿をして1分程度で吸引が始まり、吸引後は湿った感じがないと利用者から好評です。ただパッドのあて方やペニスの位置によっては、パッドの吸収域に偏りができて、パッドから漏れることもあるようです。装着に家族が慣れるまでは、尿吸引パッドの上にさらにテープ型オムツなどを利用し、シーツや布団などの汚染予防が必要な場合もあります。
　採尿器を挿入するときは、採尿器を持っていない手で利用者の両膝を押さえ、足先の方向へ力を入れるとお尻が入りやすいことを指導します。このとき、足底にハンカチ大の滑り止めマットを敷くと、利用者自身の力を活用しやすくなります。また臀部挙上が困難な人を適応とした腰上げしない差し込み式便器（らくらくクリーン）もあります。採便するときに肛門の下にあてがうために、便器の受け口の高さを床面から40 mmと低くしてあるようです。約250 gの便と400 mlの尿を受けることができます。

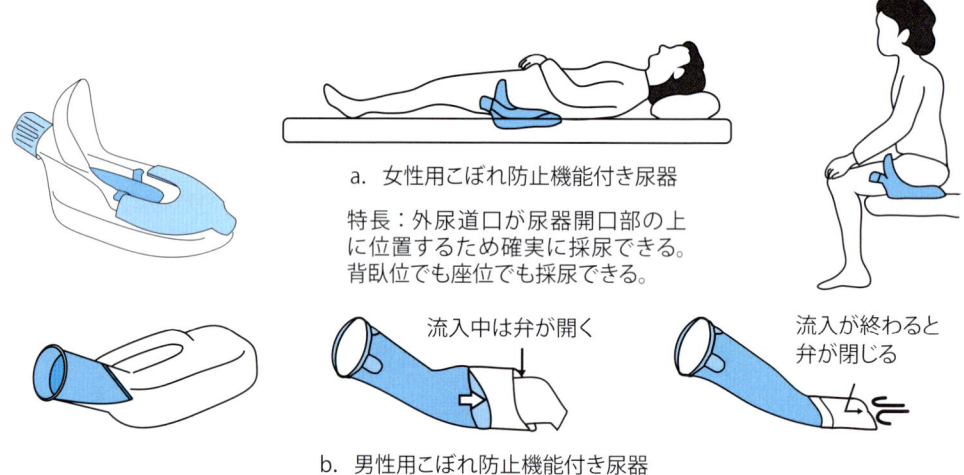

a. 女性用こぼれ防止機能付き尿器
特長：外尿道口が尿器開口部の上に位置するため確実に採尿できる。背臥位でも座位でも採尿できる。

流入中は弁が開く　　　流入が終わると弁が閉じる

b. 男性用こぼれ防止機能付き尿器
図3　逆流防止機能が備わった採尿器

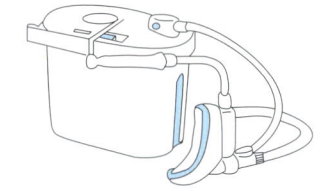

図2　自動採尿器
特長：レシーバーを軽くあてがい、そのまま排尿するだけで収尿できる。尿の排出をセンサーで感知し、モーターにより自動的にタンク内に吸引する。座位でも背臥位でも使用でき、付け外しも簡単である。容量3,000 mlのタンクがいっぱいになるとランプ点灯とブザーで知らせる。電動の自動吸引式のため、モーター作動音と尿吸引中のノイズが採尿時に発生する（約50 dB）。そのため家族にも音に関して、了承を得る必要がある。

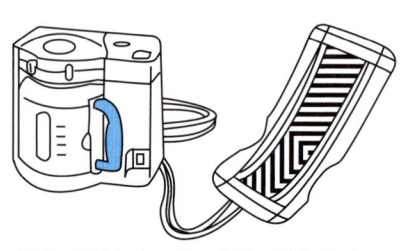

図4　尿検知センサー内蔵の尿吸引パット

【オムツ】

オムツを外すことを試みても、最終的にオムツを使用せざるを得ない場合もあります。その場合は、できるだけ用途に合って、本人の尊厳や快適性が得られるものを選びましょう。性差や尿量の違いに応じて様々なものが市販されています。

また、日本コンチネンス協会からオムツ使用の3原則が考えられており、下記に示しておきます。

日本コンチネンス協会のオムツ使用の3原則

（1）本人の生活範囲を広げ、生活の質を高めるためにオムツが必要な場合
（2）治療が不可能な完全失禁で、環境を整えても衛生的に問題となった場合
（3）コンチネンスに至るステップとして一時的に使用する場合

オムツを使用する場合で、よく介助者から相談を受けるのは横漏れです。尿取りパッドと排尿するポイントがずれていることで生じることが多く、装着の際のポイントを指導します。

また腹囲が大きくて、腿周りが細い場合など体型の影響などもあり、適切なオムツの選定が必要になります。

またオムツのタイプはポータブルトイレへの移乗にも影響します。例えば、移乗の際に立位保持時間が短いため、安全にリハパンツの装着が難しい場合は、テープ型オムツを利用することで解決する場合があります。テープ型オムツをベッド上で外してから、ポータブルトイレへ移乗し、排泄後にベッドへ移乗してテープ型オムツを装着します。そのことで、立位時間を短縮し移乗が安全に行えます。

> 訪問介護や訪問看護の方から、訪問リハの事業所によっては、利用者が便失禁していることに気づいているのに、オムツ交換もせずに股関節のROMをしてそのまま帰るところがある、などの指摘を受ける場合があります。利用者の尊厳に関わる問題です。オムツ交換の基本的な事項は理解し、現場で対応できるようにしておきましょう。

方法

①オムツ交換前に必要物品の準備を行い、使用できる状態にセッティングしておきます。

- ●替えのオムツ（カバータイプ、尿取りパッドなど本人が使用するもの）
- ●下用タオル　●陰部洗浄用ボトル（ペットボトルで代用可）　●手袋　●せっけん
- ●ティッシュペーパー　●新聞紙　●ゴミ袋(大)70ℓ程度(本人の下に敷くもの、汚染物を入れるもの)

②布団をはぎ、本人の腰部にビニール袋か新聞紙を敷きます。
③ズボンを下げ、オムツを開き、汚れたオムツ（尿取りパッドなど）を取ります。そのとき、尿取りパッドやティッシュペーパーで拭き取れる分の便を前方から後方へ拭き取ります。側臥位になれる場合はそのまま側臥位になり、前方から後方へ便を拭き取ります。
④背臥位に戻り、陰部洗浄をします。ぬるま湯（37〜39℃）をボトルに入れ陰部を軽く流します。せっけんを使用し洗浄します。下用タオルで陰部を拭き取り、次に側臥位にてせっけんを使用し臀部を流します（側臥位にすると排尿が出る場合があります。尿取りパッドを当てておきましょう）。
⑤下用タオルで臀部を拭き取り新しいオムツと交換します。この際、新しいオムツは、前後や中心をそろえて広げます（背骨の延長線上が中心線となります）。体の下に入る側は丸めておきます。
⑥反対に向き直しオムツを整えます。ズボンをはいた後、ビニールを取ります。
⑦汚染物の処理は新聞にくるみ、なるべく小さくしビニール袋に入れます。

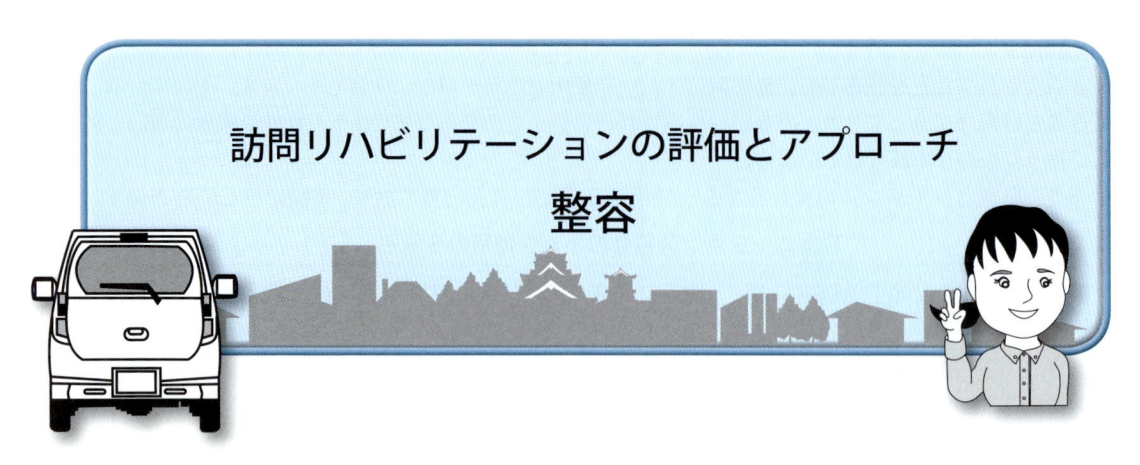

第2章 訪問リハビリテーションの評価とアプローチ

訪問リハビリテーションの評価とアプローチ
整容

　整容は、加齢や障害により他の生活行為に時間を取られたり、外出機会や他者との交流の機会が減少すると、つい後回しになり頻度が減ったり、実施しなくなることもある行為です。身体の清潔を保つだけでなく、一日の生活リズムの区切りをつける効果や、第三者を意識した行為であるため社会とのつながりも関係しています。整容は個人因子によって行為の内容や実施する場所、かける時間が異なります。義歯や口腔内、皮膚の状態など、認知機能や運動機能の問題にとどまらないので（図1）、医師、看護師、歯科衛生士などとの連携も必要になってきます。

- 髭を剃っているか　剃り残しはないか
- 整髪されているか
- 化粧をしているか　化粧が左右対称に上手にできているか
- 洗顔しているか
- 耳垢がたまっていないか
- 目やになどがついていないか
- 肌が乾燥していないか
- 口臭はしないか
- 義歯をはめているか　歯はきちんと磨けているか
- 手を洗っているか　爪は切られているか

〈心身機能・身体構造〉
身体機能
　・麻痺
　・高次脳機能障害（USN）
　・手指巧緻性
　・関節可動域
　・失調症状
　・嚥下機能
　・筋力
精神機能
　・認知面
　・うつ
身体構造
　・上肢切断
　・手の変形

〈活動〉
・移動能力
　歩行か車いすか
　自立or介助
・座位保持能力
・移乗能力
・整容動作がどの程度まで自力で可能か
・道具の操作
・道具の準備
口腔内の機能
・入れ歯
・嚥下機能低下

〈参加〉
・外出頻度
・他者との交流
・整容への意欲
・生活リズム

〈個人因子〉
・意欲
・習慣（もとから化粧などする習慣がないなど）
・清潔に対する本人の認識

〈環境因子〉
・洗面所（本文後出）
　車いすで利用できるか
　衛生的な問題
　整理整頓されているか
・洗面所までの動線にバリアがあるか
・自室、ベッド上
　道具が取りやすい位置にあるか
　（道具を置きやすい、準備しやすい）
・自助具（本文後出）

図1　ICFの視点からみた整容における評価のポイント

66

洗面所

　洗面台を車いすで利用するときは、洗面器に近づけられるように洗面器下のスペースを確保する必要があります。洗面所の改修や洗面器を新しく購入するときは、車いすでも利用できる洗面器を選択します。また洗面台によっては改修しなくても下図のように洗面台下の戸棚の戸を撤去し、スペースを確保することができます。この方法では費用をほとんどかけずに改修することができます。

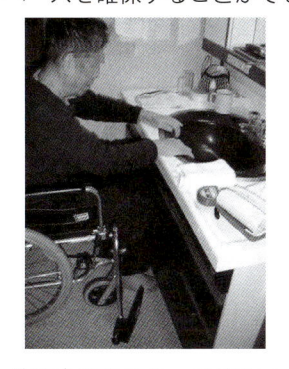

洗面台下のスペースがないため車いすで近づけない 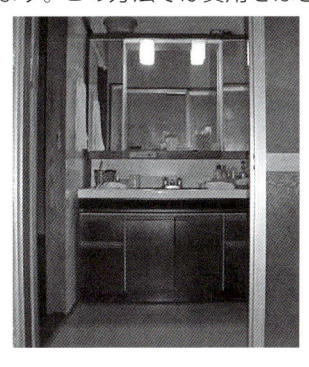　　　　　改修前 　　　　　改修後（戸棚の戸を撤去）

　洗面所にある既存のタオルかけでは、肩の可動域制限がある方や車いすからのリーチでは届かない場合があります。取り付け位置の変更が難しい場合は、下図（左）のように既存のタオルかけに紐を通した棒を結び、高さの変更を行います。ハンガーなどでも代用することができます。また腰の位置で利用できるよう、下図（右）のように洗面台の前面に吸盤とプラスチックの鎖でタオルかけを設置し、位置の変更を行います。いずれも100円均一で購入できるもので作製しています。

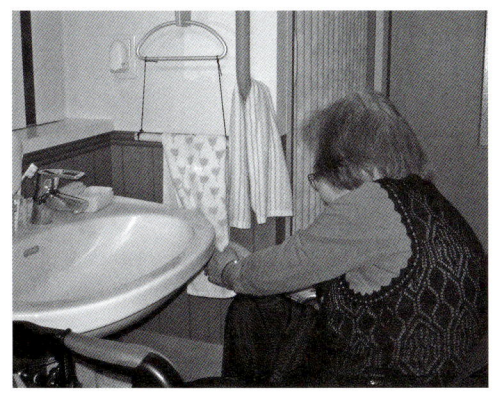

紐を通した棒を既存のタオルかけに結び、高さの変更 　　　　　洗面台の前面に吸盤とプラスチックの鎖でタオルかけを設置

　左図は握力が弱いため市販の蛇口用ゴムを取り付け回転しやすくしたものです。この他にも滑りにくいように蛇口に太めの輪ゴムを巻くこともあります。蛇口は既存のものに取り付けるものや、蛇口をつけ替えるものなど様々なタイプが市販されています。利用者に合ったものを選択しましょう。

第2章　訪問リハビリテーションの評価とアプローチ

爪切り

　麻痺側で爪切りが使えず歯でかみ切っている方がいたので、片手で爪を切れる爪切りを作成しました。テコの原理を利用して爪を爪切りに差し込み、てのひらで板を押さえると爪を切ることができます。片手で使用できる爪切りは市販されていますが、値段を気にされて購入されない方や購入される前に試してみたい方のために作成することがあります。実際に使用するときは深爪にならないように動作の確認や練習することをお勧めします。

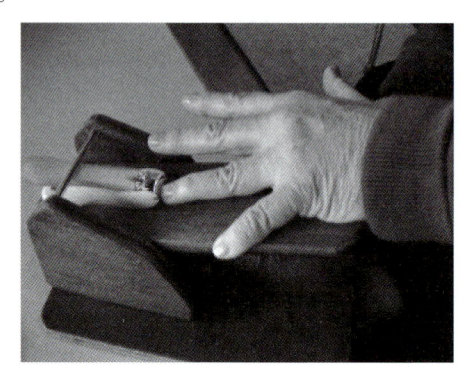

片手で切れる爪切り　　　　　　　　深爪にならないように注意

歯磨き

　脳卒中片まひで片手で歯磨き粉をつけるときに歯ブラシが傾いてしまい、うまくつけれない方に歯ブラシホルダーを作成した例（下図）です。歯ブラシが回転しないように円柱のスポンジで固定。スポンジ裏は洗面台やシンクに使用するときだけ固定し、使用後は取り外せるよう、磁石や粘着シートを接着しており安価に作成することができます。また市販のものも多くありますので、利用者に合ったものを選びましょう。

　パーキンソン病の方など固縮の影響で歯ブラシをうまく操作できない方に対して電動歯ブラシをお勧めすることがあります。電動歯ブラシを購入する際は、種類により重さが異なるため把持できるようコンパクトで軽量なものを選択しましょう。

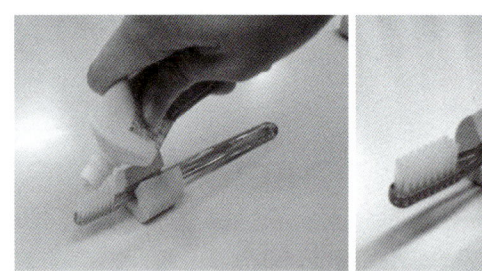

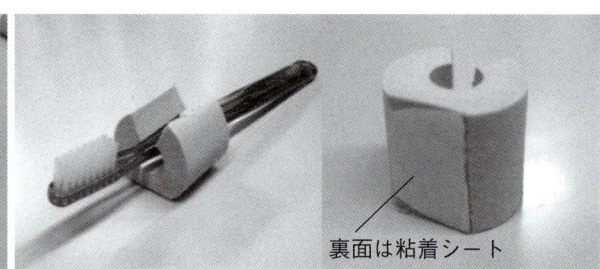

裏面は粘着シート

フォームラバーで作成した歯ブラシホルダー

市販の歯ブラシホルダー　　　　ホルダー付き歯みがきコップ

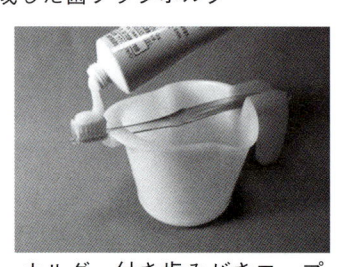

毎食後、入れ歯は清掃することが望ましいですが、脳卒中片麻痺で片手で操作するのは困難なため清掃が不十分なことがあります。そこで片手で入れ歯を清掃できるように義歯用ブラシに両面の吸盤を付け洗面台に固定します（下図）。また洗面器内で使用できるように蛇口下に下げて使用することもあります。義歯用ブラシがない場合は、義歯を痛めないように毛が硬すぎないブラシを選択しましょう。

両面吸盤の取り付け　　　　　　　　　　義歯用ブラシの固定と使用の工夫

洗顔など

水をすくうことが困難な場合やベッド上などで洗顔を行う場合には、蒸しタオルや洗顔用のクロスタオルを使用することがあります。蒸しタオルを使用するときはやけどしないように注意します。タオルは皮膚を傷めないように柔らかめの素材を選択するとよいでしょう。

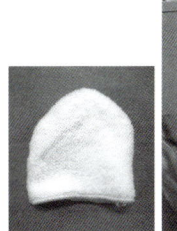

ALSで筋力低下があり、顔まで手が届かず、顔がかゆいときにかけず困っていました。長柄の先端にガーゼを巻きつけ、把持する部分は持ちやすいよう滑り止めを巻いています。これでご自分の好きなときに顔をかくことができるようになりました。

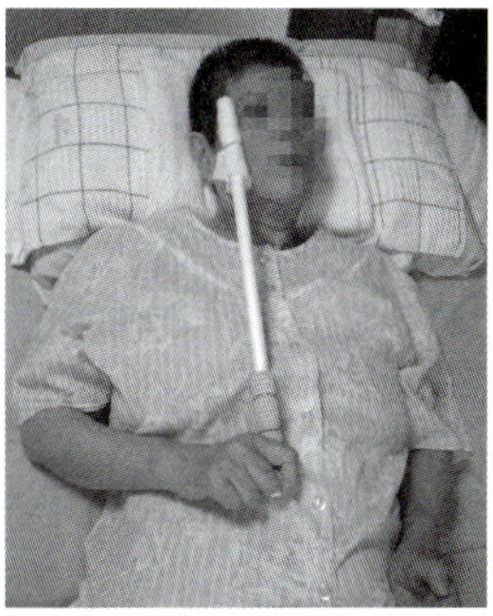

クロスタオルで洗顔　　　　　　　　　　顔かき棒

整髪

人工股関節などで可動域制限のある方や、座位バランスが悪く床に落としたものを拾えない方に、リーチャーで拾えるようにゴムで引っかけを付けたクシです。クシでなくとも軽量のものであれば応用することができます。

浴室内など滑りやすい場面で使用するものにつけると落としたときに便利です（利用者より）。

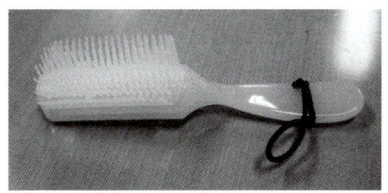

リウマチで上肢のROM制限があり、後ろまでクシが届かずご主人が手伝われていた方に長柄ブラシを作成しました。市販のブラシに柄を取り付けたものですが、整髪が自立して行えるようになりました。

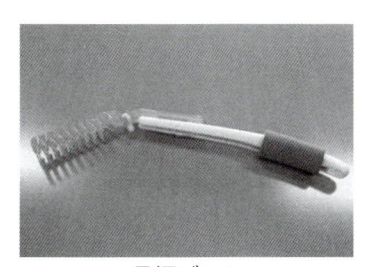

引っかけ付きブラシ　　　　　　　　　　長柄ブラシ

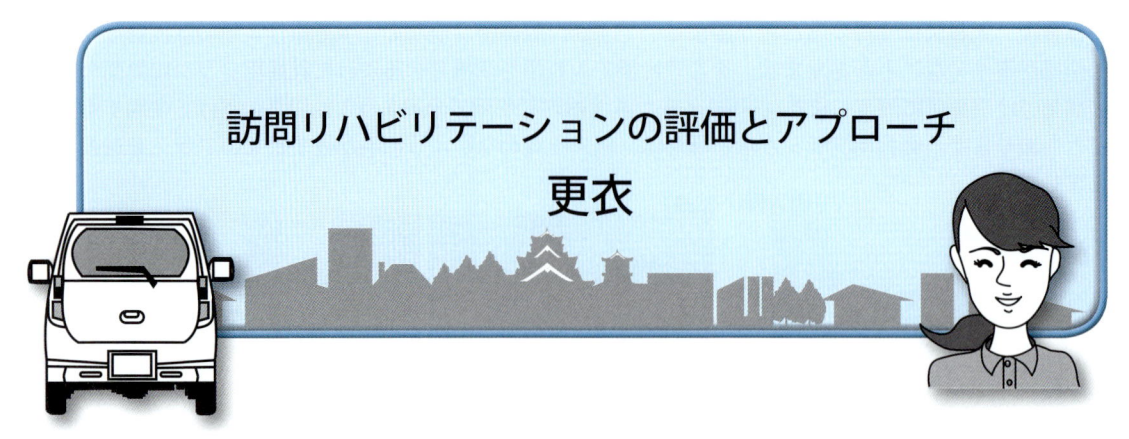

訪問リハビリテーションの評価とアプローチ
更衣

　更衣の生活上の意義とは、温度変化や機械的刺激などから身を守る、衣服を交換することで身体を清潔に保つなどがあります。生活においては生命維持に直結するものでなく、他の日常生活動作に比べ優先順位が低い活動といえます。しかし一方で、自分らしさやTPOへの配慮を表現する行為であり、人のQOLにおいて重要な役割を担っています。

　衣服の種類や、更衣が行われる場所や回数・方法は、生活スタイルや環境、身体状況などにより様々です。また障害を持つことにより、回数が減ったり、動作を行う場所に制限が出たりと、変化しやすい活動とも考えられます。更衣の回数や動作にかかる時間、方法、衣服の種類などが、障害を持つ前後でどのように変化しているかを評価し、アプローチすることが大切です。

　以下に更衣の評価の視点として必要な事項をICFの項目に沿って述べます。

更衣に対する評価

〈心身機能・身体構造〉

　上衣の着脱では、座位保持能力や、肩甲帯・肩関節・肘関節・手指の動き、体幹の柔軟性（特に回旋や側屈）と協調性が必要です。

　下衣の着脱では、立位での動作には立位保持能力が必要です。また股関節・膝関節の動き、体幹の柔軟性（特に前屈）と協調性が必要です。座位や臥位で動作を行う場合には、ヒップアップの能力も必要となってきます。

　靴下や靴、下肢装具などの着脱では、上肢を足部に到達させるために、上衣・下衣の着脱に比べ大きく股関節・膝関節を屈曲し、体幹を前傾させる必要があります。また体幹の動きに耐えうる立位・座位保持の能力も要求されます。

　すべての衣服の着脱には、服をつかんだり、ボタン・ファスナー・紐の操作など、手指の高い巧緻性が必要です。また衣服の構造や、身体との関係を認識する高次脳機能も必要です。

　発汗は身体と衣服の滑りを悪くするため、動作に関わってきます。また更衣の頻度にも影響を与えます。浮腫があるときは血液やリンパ液の循環が悪いため、衣服の締めつけに注意が必要です。

〈活動・環境因子〉

　利用者が、どのような衣服を着脱する可能性があるのか、またその動作が適切に行えているかを評価します。衣服の形体（前開き・かぶりなど）、素材（伸縮性・厚さ・摩擦など）、付属品（ボタン・ファスナー・紐など）は着脱に影響を与えます。またシャツとズボンは着脱できるが、下着が一人で着けられない場合もあり、プライバシーに注意しながら情報収集する必要があります。

　一般的に日常生活で更衣を行う場面は、入浴前後の脱衣室、排泄動作での下衣上げ下げ、起床時・就寝前のベッドサイドなどが挙げられます。例えば入浴後の更衣では、前述のように、お湯や発汗の影響で肌が水分を含んでいるため身体と衣服の滑りが悪くなります。排泄動作での下衣上げ下げでは、狭い空間内でどのように立位保持を行うかがポイントとなります。起床時は身体や頭が完全に覚醒していないこともあるため、転倒などの危険がないかチェックします。このように、それぞれの場面での更衣を評価する必要があります。部屋の温度が適切か、安定した座面・床面が確保さ

れているかなども確認します。独居や完全な自立を目指す例では、衣服をタンスから取り出すなどの準備段階の評価も忘れてはいけません。

また、季節によっても衣服が変化します。寒くなり重ね着をするようになると、着脱の難易度が上がります。衣服の厚みが増すことで身体の動きが制限されることもあります。また気候の変化に合わせて適切な衣服が選択されていないと、身体の不調の原因にもなります。

〈参加・個人因子〉

更衣は、その人らしさの表現や社会参加という意味で重要な役割を担っています。職場復帰を目指すのであれば仕事着を、冠婚葬祭に向けては礼服を、また好きな服が着られるようになど、ただ単に「服が着脱できる」だけでなく、対象者が何を望んでいるのかを聞き出すことが大切です。

また外出などの社会的交流や活動の機会が少なければ、更衣の必要性は薄れてきます。更衣を行う動機があるかどうかの評価も重要です。

表1に訪問時に更衣に関して観察できる事象と、考えられる要因の一例をまとめています。

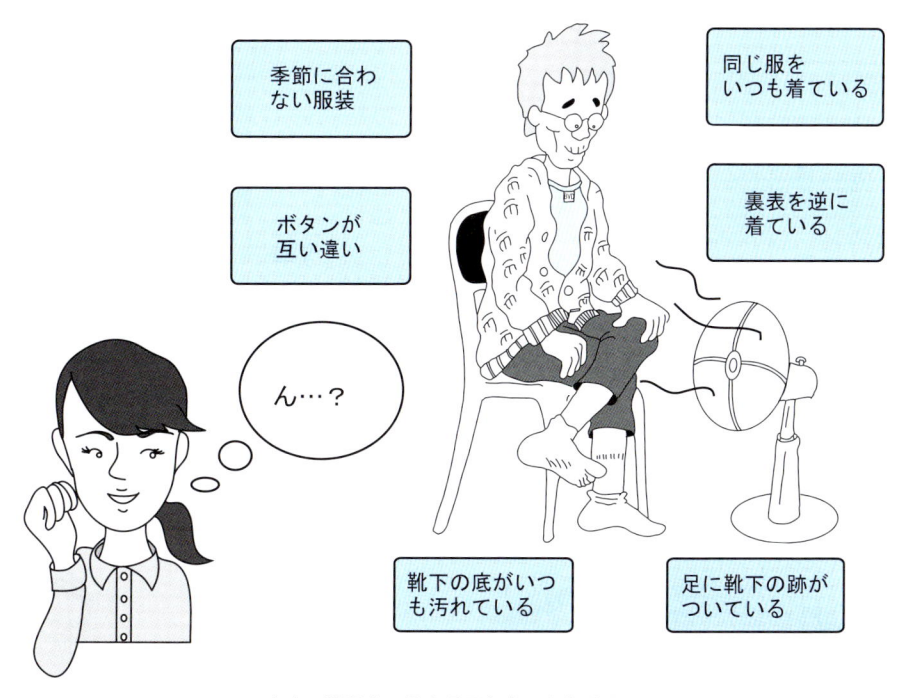

表1 訪問時の観察項目と考えられる要因

観察項目	考えられる要因
裏表を逆に着ている	認知機能低下、視力低下
ボタンやファスナーが正しく留められていない	認知機能低下、視力低下、手指巧緻性低下
季節に合わない服装（冬に薄着、夏に厚着）	認知機能低下、体温調節能力低下
ズボンから下着がはみ出している ズボンのゴムがゆるい	リーチ動作能力低下、筋力低下、 立位保持能力低下
衣服の食べこぼしがついている	摂食嚥下機能の低下、洗濯ができない
足に靴下の跡がついている	下肢の浮腫、心肺機能低下、 靴下の締めつけが強い
靴下の底がいつも汚れている	掃除が十分にできていない
衣服が汚れている、同じ服ばかり着ている タンスの中身が整理できていない	洗濯ができない・する人がいない、金銭的問題 認知機能低下、整理する人がいない

更衣に対するアプローチ

1 着替えようと思う
- 更衣の習慣づけ
  （生活リズム調整、更衣頻度・時間の設定）
- 気候の変化に応じた更衣
  （温度計・湿度計の設置、気候の情報提供、家族への声かけや促し依頼）
- 更衣の動機づけ
  （外出や活動の提案）

2 収納場所へ移動
- 動線の単純化、整理整頓

3 衣服の選択・取り出し
- 衣替えのチェック
  （季節に合った衣服の提案、提供）
- 収納位置の工夫
  （使用頻度が多いものは取り出しやすい位置に）
- 収納物の目印をつける
- 引き出しや取っ手の工夫
  （両取っ手を一つ取っ手に変更など）
- 引き出しの滑りを良くする
- 後方への転倒防止

4 衣服の持ち運び
- 運搬用具（歩行車・カートなど）の提供
- 更衣場所近くに収納設置

5 衣服の着脱
- 衣服への工夫
  （着脱しやすい素材の提案・提供、操作が容易な付属品へ変更）
- 自助具の提供
  （ボタンエイド、リーチャー、ソックスエイドなど）
- 生活スタイルや好み、季節に合った衣服の着脱練習
- 着脱しやすい、動きやすい衣服の提供
- 安定する固めの座面設定
- 立位での動作時は手すりなどの設置
- 発汗しない、寒くない室温設定
- 介助者への介助方法指導

更衣の流れは、①着替えようと思う、②収納場所へ移動、③衣服の選択・取り出し、④衣服の持ち運び、⑤衣服の着脱となります。以下に解説していきます。

1　着替えようと思う

　まずは更衣の習慣をつけることが大切です。適切な時間に起床・就寝し、生活リズムを整えます。更衣の頻度・時間帯を設定することで、習慣化につながります。1日2回、起床時と就寝前などに着替えることが理想的ですが、更衣の習慣がほとんどない場合は、1日1回や入浴後からなど段階的に行います。

　また気候の変化に応じて衣服を調節できることも大切です。気温や湿度の変化を感じにくい利用者の場合は、温度計・湿度計など視覚的に判断できるものの設置が有効です。訪問リハ時に気候の情報提供を行い、利用者へ意識づけをします。認知症などにより判断能力が低下している場合は、家族に声かけや促しなどを行っていただくようお願いをします。

　更衣と外出や活動とは相互作用があります。着替えて出かけたり、活動する目的ができることで更衣への意欲が高まります。または着替えることで外に出たい、何かしてみたいと思うようになることもあります。したがって、更衣という日常生活動作を引き出すために、外出や活動を提案・実施することもあります。

2　収納場所へ移動

　衣服の収納場所へ安全に移動するために、収納場所までの動線の単純化や整理整頓を行います。

3　衣服の選択・取り出し

　適切に衣服が選択できるよう、気候に合わせて衣替えが行われているかをチェックします。衣替えができていない例では、季節の変わり目に声かけを行います。また寒くなりあわてて衣服を取り出そうとして事故が起きることがないよう、すぐに羽織ることができるものをそばに置いておくことも大切です。

　衣服の取り出しでは、使用頻度が高いものは取り出しやすい位置に収納します。またどこに何を収納したか、記憶しておく必要がありますが、難しい場合には、利用者の了解が得られれば、収納したものを記したテープなどを引出しに貼ることもあります。引き出しやクローゼットの取っ手は、把持しやすい形状のものにします。引き出しの滑りもできるだけよくしておきます。クローゼットやタンスの開閉には、後方へ引く動作が加わるため、重心をしっかりと前方へ移動したうえで引く動作を行ったり、片手は固定物を把持するなどして後方への転倒を防止します。

4　衣服の持ち運び

　物を持っての移動が不安定な場合は運搬機能の付いた歩行車やカートなどの提案・提供を行います。また移動しなくてよいように、更衣場所からすぐ手が届く位置に収納を設置することも有効です。

第2章　訪問リハビリテーションの評価とアプローチ

5　衣服の着脱

　可動域制限や筋力低下などにより更衣が困難であれば、これらの改善を行います。改善が難しい場合には、衣服への工夫や自助具の提供などを行います。

　衣服への工夫は、着脱しやすい素材を選ぶ（薄くて軽い・伸縮性がある・摩擦が少ないなど）、高い手指巧緻性が要求されるものから操作が容易なものへ変更するなどがあります。一般にマジックテープやゴムなどは、ボタンや紐などに比べて操作が容易なイメージがありますが、使い方によっては、かえって難しくなることがあります。例えばボタンの代わりにマジックテープに変更した箇所が、手指のピンチ力不足で剥がすことができなくなるなどです。それぞれの素材の特性と利用者の能力とを照らし合わせ、最適なものを選択します。また衣服本来の保温性や通気性、着心地のよさなどが保たれていること、洗濯に耐えうる素材であること、見栄えがよいことも大切です。

　自助具は、手指巧緻性が低下しておりボタンがつけにくい場合はボタンエイドなどが、リーチが難しければリーチャー、ソックスエイドなどがあります。ソックスエイドは靴下をはく際、上肢の足部までのリーチを補ってくれますが、ソックスエイドを丸めて靴下をはかせる際には手指の把持力が、ソックスエイドを足先に引っかけて引く際にはこれに加えて肩関節伸展・肘関節屈曲の関節可動域が必要です。自助具提供時は、利用者にその操作能力があるかどうかを評価し、難しい場合は自助具への工夫や別の手段を考えます。手指の把持力が低下している利用者へのソックスエイドの工夫を、第8章「多発性骨端部異形成症」の事例で紹介しています。

　衣服自体が着脱しやすい形状になっているもの（襟ぐりや袖ぐりがゆったりしている上衣、胸パッド付きのタンクトップなど）もあるため、そのような市販品の情報提供も有効です。

　また前述のように、単に「服が着られる」だけでなく、生活スタイルや好み、季節、TPOに合った衣服が着られるための練習も大切です。環境面では、座位で動作を行う場合は安定するかための座面が必要です。立位での動作では、必要があれば立位保持用の手すり設置などを行います。室内の温度は、発汗しない、寒くない温度設定を行います。

1. 能力別のポイント

●軽度（自立レベル）
・立位バランスの評価
・衣服の準備段階から安全に行えているか
・外出先に合わせた衣服の選択　着脱の練習（礼服、仕事着など）
・靴の選定（クッション性、柔軟性、つま先の形状など）

●中等度（一部介助レベル）
・立位、座位バランスの評価
・可能なかぎり自立して着脱できる工夫（ボタンや下衣のゴムなど）
・家族への介助方法指導

●重度（全介助レベル）
・ヒップアップ、寝返り動作能力の評価
・家族への介助方法指導
・着脱しやすい衣服の紹介

2. 疾患別のポイント

●関節リウマチ
・リーチ動作や巧緻動作能力低下に対しボタンエイド、リーチャーなどの使用
・下肢の関節可動域制限に対しソックスエイドの使用（プラスチックのかたさや紐の太さに配慮）
・股関節の人工骨頭置換術を受けた方は脱臼肢位に注意する
・女性に多い疾患であり、下着の着脱もチェック
　（胸パッド付きタンクトップ（図1）、貼り付け型ブラジャーなどの提案）
・関節の変形があるため、圧迫などにより痛みを助長しない工夫（図2）

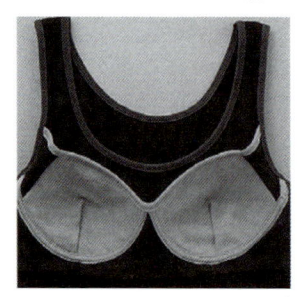

図1　胸パッド付きタンクトップ

図2　外反母趾に対し母趾部分に穴を空けて除圧

● 脳血管障害
・着衣は麻痺側から健側へ、脱衣は健側から麻痺側へ
・下肢装具へのアプローチ（補助バンド装具立ての自助具など）（図3、図4）
・可能であれば、麻痺側の使用の促し
・安定した座面での動作など、麻痺側が過緊張を起こさない工夫
・片手で着脱できる工夫（ファスナーに紐を付け、口で引っ張る、ズボンがずり落ちないためのズボンの固定（図5）など）
・着衣失行へのアプローチ（着脱手順やセッティングの単純化、統一、目印をつけるなど）（図6）

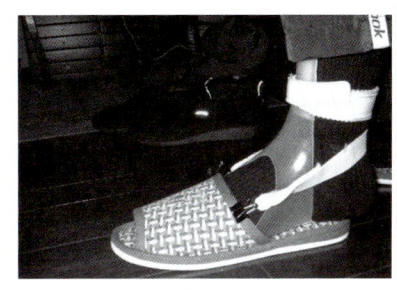

図3　補助バンド
下肢装具を付けたほうのスリッパが脱げないように補助バンドを作成

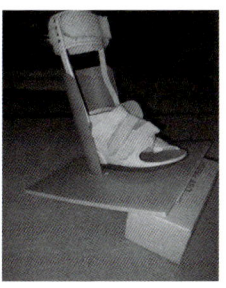

図4　装具立ての自助具

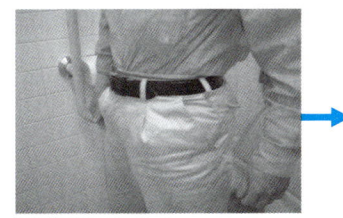

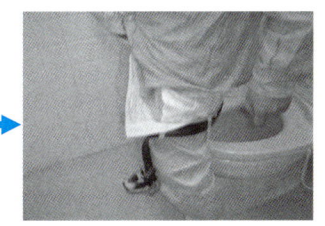

ファスナー式のズボンを脱いだときにズボンが一気にずり落ちないよう、ゴムの輪を胴に通してズボンを固定
図5　ズボンの固定

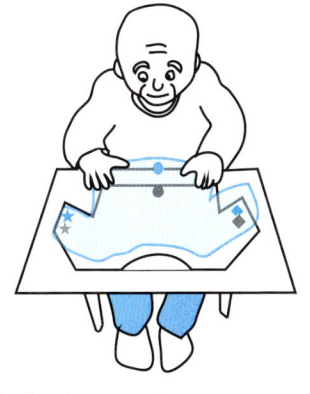

紙の上に描かれた洋服の図に合わせて上下左右を確認する。洋服には両袖と裾に異なった目印をつけて練習する。

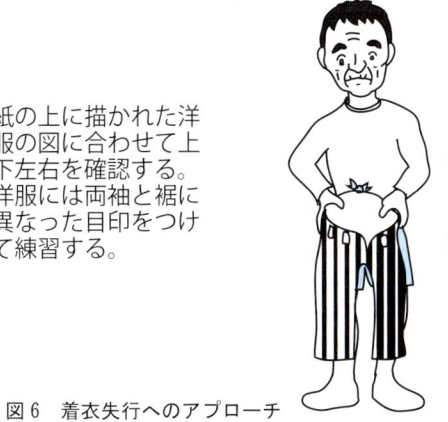

ズボンの後ろにリボンやボタンなどの目印をつけて、目印とおへそを合わせることでズボンの向きを整える。

図6　着衣失行へのアプローチ

● パーキンソン病

　パーキンソン病の更衣の問題は、上肢の巧緻性の障害というよりも、無動・寡動や姿勢保持障害の影響です。特に寡動による単位時間あたりの筋出力が小さいため瞬間的に力が入る動作（ボタン通しなど）が苦手です。力のアシストをする工夫が効果を発揮します。
　重たい衣服、滑りの悪い素材、後方への重心移動を伴う動作による着脱は苦手です。

円背や筋の出力不足のため、上衣を頭からかぶったときに後頭部から下に衣服を下げることができない。
➡頭にフェイスカバーやスカーフなど、滑りのよい素材のものをかぶってから上衣を着るとスムーズにできる。

訪問リハビリテーションの評価とアプローチ
入浴

　入浴は、難易度が高くリスクを伴う生活行為の一つです。そのため、「家でお風呂に入りたい」という希望があっても、通所系サービスでの入浴を選択される方が多いようです。

　実生活で入浴するためには①入浴準備（浴槽の掃除、お湯をためる、着替えの準備）、②浴室までの移動（洋服を持っていく場合もある）、③脱衣、④浴室への出入り、⑤浴室内移動、⑥洗髪・洗体、⑦浴槽への出入り、⑧浴槽につかる、⑨体を拭く、⑩着衣（体が湿っている状態での）、⑪後片づけ（衣服の片づけ、お湯を抜く）、⑫付随する整容動作など入浴動作以外の動作も含まれてきます。

　また在宅での入浴の評価、入浴方法や介護方法の指導は、空の浴槽でのシミュレーション環境だけでなく、実際の入浴場面で行いましょう。

　では入浴の評価の視点をICFの構成要素に沿ってみてみましょう。

入浴に対する評価の視点

〈健康状態〉

　入浴を評価する際に疾患・既往歴を把握することはとても重要です。例えば、多発性硬化症では、体温の上昇により症状の悪化がみられ、重大な事故へつながることもあります。またパーキンソン病では入浴中にoffになることもあり、入浴の時間帯に配慮が必要であったり、見守りの必要性が出てきます。そのほか血圧への影響や心肺機能への負担も増加するため、疾患特性を十分理解したうえで、入浴動作を評価していきましょう。

〈心身機能、身体構造〉

　入浴動作には関節の可動性やバランス能力が重要となってきます。肩関節に可動域制限がみられれば洗髪などに問題が生じ、股関節に可動域制限が生じれば、浴槽の出入りや浴槽からの立ち上がりなどに問題が生じてきます。特にTHAや人工骨頭置換術では、脱臼の恐れがあるため事前に関節可動域のチェックが必要となってきます。

　バランス能力も重要で、和洋折衷式や洋式浴槽内長座位では重心部を中心とした回転運動が起こり、下肢が浮き頭部は水面下へ沈みやすくなります。そのため、浴槽内での重心、支持点、頭部の位置などをよく観察し、安定性に留意する必要があります。

　その他、感覚障害、疼痛、椅子からの立ち上がり、リーチ距離なども事前に評価しておきましょう。

〈活動〉

　入浴動作はいくつかの生活行為の複合動作であり、労力が大きい動作です。そのため、入浴以外の動作が負担になっていないか、また入浴によって、その他の活動が阻害されていないかもチェックする必要があります。

〈参加〉

　入浴は本人の清潔だけでなく第三者を配慮した行為でもあります。外出、旅行、地域参加への意欲にも大きく影響します。自宅だけでなく温泉や旅行先での入浴についても確認しましょう。温泉施設などの現場での練習は難しい場合が多いですが、設備の整った温泉などの情報提供も参加制約の解決の一助となります。異性介護の場合は家族湯もしくは混浴でなければ対応が難しいので詳細な情報が必要です。専門職が同伴する旅行も増えてきましたので、情報収集を心がけましょう。

〈環境因子〉

　訪問先では様々な浴室を目にします。浴槽の種類・配置、浴槽と洗い場の段差、洗い場脱衣所の広さなど多彩で、病棟や施設の環境と大きく異なります。加えて、浴室では滑りやすい環境で装具なども装着しにくいため、本人も介護者も十分な身体能力が発揮できない状況です。そのため入院中はできていても退院後にできない場合が多々あります。

　評価や動作、介護方法の指導など実際の環境下で実施することが重要になってきます。

〈個人因子〉

　入浴は保清、気分転換、痛みや緊張の緩和、宗教的意味合いなど個々で異なります。また洗体の手順一つ取っても頭から洗う、体から洗う、浴槽に入る前に洗う、その後に洗う、ブラシがよい、タオルはこの種類など「こだわり」があります。本人、家族にとっての入浴の意味をサービス提供時の会話などで確認しておきましょう。各動作方法への介入は、個々の「こだわり」を理解して介入しないと、指導が生きないことを多く経験します。

コラム

入浴に伴うリスク

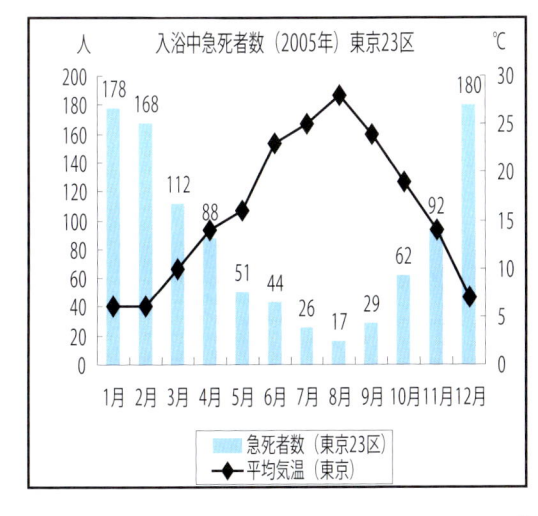

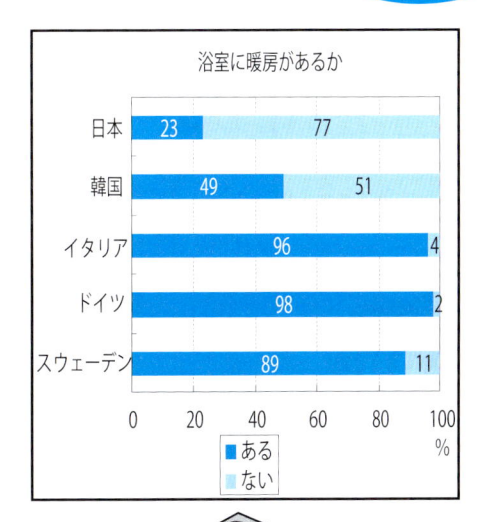

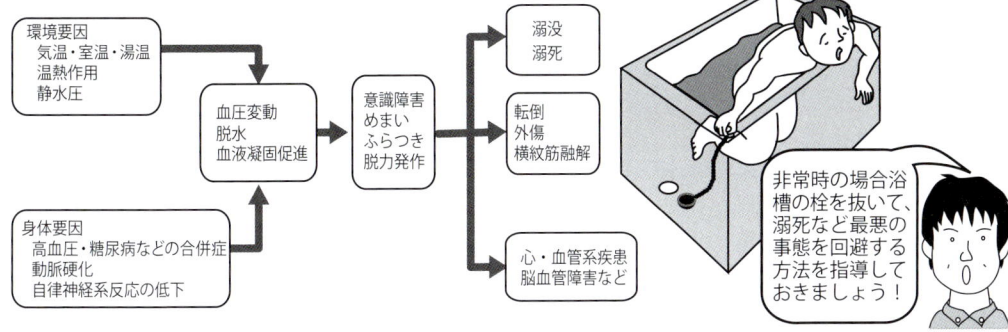

入浴中急死者数（2005年）東京23区

月	急死者数（東京23区）	平均気温（東京）
1月	178	
2月	168	
3月	112	
4月	88	
5月	51	
6月	44	
7月	26	
8月	17	
9月	29	
10月	62	
11月	92	
12月	180	

浴室に暖房があるか（％）

国	ある	ない
日本	23	77
韓国	49	51
イタリア	96	4
ドイツ	98	2
スウェーデン	89	11

環境要因
気温・室温・湯温
温熱作用
静水圧

身体要因
高血圧・糖尿病などの合併症
動脈硬化
自律神経系反応の低下

→ 血圧変動／脱水／血液凝固促進 → 意識障害／めまい／ふらつき／脱力発作 → 溺没・溺死／転倒・外傷・横紋筋融解／心・血管系疾患・脳血管障害など

非常時の場合浴槽の栓を抜いて、溺死など最悪の事態を回避する方法を指導しておきましょう！

　入浴中の事故で死亡する人は、交通事故で死亡する人より多いといわれています。入浴中の急死・急病の原因は、心肺停止、脳血管障害、一過性意識障害（失神）、溺水・溺死とされています。入浴事故は冬期に、かつ寒冷地に多く、また心肺停止は自宅浴室での発生がほとんどのようです。

　入浴中急死につながる要因を解析したところ、高齢、女性、気温の低い日、深夜から早朝に通報されたものが死亡に結びつきやすいことが明らかとなっています。一方、夕方に発生した場合は死亡例が少ないこともわかっています。

　また諸外国に比べて日本は浴室の暖房が少ないこともわかっています。

入浴行為の各要素へのアプローチ

①入浴準備
自分で着替える衣服を選ぶことができる方であれば、収納環境を整えることで可能なケースも少なくありません。タンスの位置や収納の高さ、取っ手の形状、衣服を取り出すときの姿勢などに注意し、転倒予防に努めながら自己選択の機会をつくっていきましょう。

②浴室までの移動
浴室までの移動は、伝い歩き、杖、車いすなど様々です。着替えを持ちながらの移動となることがあるため、使用している移動支援用具に物を運ぶ機能を持たせる工夫が必要な場合もあります。シャワーキャリーで移動する場合はタイヤの大きさにも注意しましょう。

③脱衣（所）
脱衣所は洗面台、洗濯機、タンスなどが置かれていることが多く、介護スペースや移動スペースの確保が困難となりやすい場所です。また転倒も多い動作ですので、着脱用の椅子（安定性、配置に注意、できれば肘かけ付き）を置いたり、手すりを設置し環境整備を行っていきましょう。居室などで着脱衣を行う場合は、プライバシーの側面や廊下などの室温にも配慮が必要となります。

> 一人で準備して入浴するプロセスを丹念に観察・評価して介入することが重要です。

入浴後の整容など
入浴後は髪をドライヤーで乾かしたり、クシで髪をといたり、化粧水や薬をつけるなどの行為も必要となってきます。しかし、困っていても利用者からはなかなか言われない行為でもあります。実際の動作を見たり、本人や介護者にこちらから問いかけ、自助具など支援していく必要があります。

⑬後片づけ（衣服の片づけ、お湯を抜く）
一人暮らしのケースでは、この部分まで配慮する必要があります。

⑫着衣
入浴後の着衣は体が湿っており早さも要求されるため、更衣動作はできても介助されているケースが多い行為です。伸縮性やゆとりのある下着・衣服を選ぶなどの工夫が必要です。
また普段の更衣動作とは違った環境であるため、実際の状況で評価・アプローチする必要があります。

④浴室への出入り・浴室内移動

浴槽の出入り口には100mm程度の段差が多くみられます。浴室内の床は滑りやすいため、手すり、すのこ（浴槽の高さや排水などに注意）、シャワーチェア、シャワーキャリー、リフトなどを移動能力に合わせて利用し安全にできるように支援していきましょう。

またドアの形状にも配慮が必要です（次頁）。

⑤浴室内移動

浴室内の移動は、床が滑りやすく装具を脱いで移動することもあり転倒しやすい状況です。滑り止めマットの利用や床材の変更、手すりを設置したりする必要があります。手すりが設置できない場合はシャワーチェアを支持として移動することもあるため、シャワーチェアの選定も考慮する必要があります。身体機能や環境によってはシャワーキャリーやリフトなども利用していきましょう。

⑥洗髪、洗体

自立まで練習しても、介助されていることが多い行為の一つです。自助具などの作成を行い、なるべく早い段階から関わりながら、できる動作は在宅でも継続できるように支援していきましょう。

⑦浴槽への出入り

浴槽への出入りは、大きく分けて座位でまたぐパターンと立位でまたぐパターンがあります。

まず座位でまたぐパターンは、浴槽のエプロンに座ってまたぐ方法、浴槽の高さに合わせたシャワー椅子を利用する方法、バスボードを利用する方法などがあります。

立位でまたぐパターンとして、手すりを設置してまたぐ方法、バスアームを利用してまたぐ方法、シャワー椅子やエプロンに手をついてまたぐ方法などがあります。疾患の特性や心身機能に応じて方法を選択します。

その他の方法としては、リフトを使用する場合もあります。

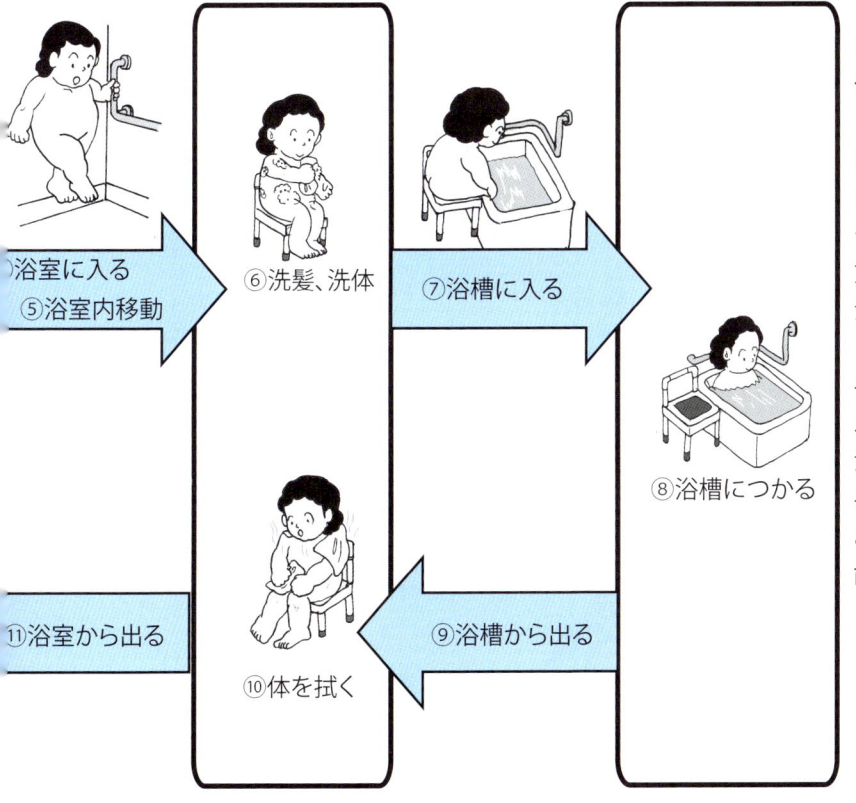

④浴室に入る　⑤浴室内移動　→　⑥洗髪、洗体　→　⑦浴槽に入る　→　⑧浴槽につかる　→　⑨浴槽から出る　→　⑩体を拭く　→　⑪浴室から出る

⑩体を拭く

体を拭く動作も洗体と同様に介助されていることが多い行為です。湯上りであるため冷えないように早さも要求されます。室温などにも注意しながら洗体と同様、介助量軽減のため、できる動作は促していきましょう。

⑧浴槽につかる、⑨浴槽から出る

浴槽内では浮力が生じ、下肢が浮き臀部が前方へ滑るため頭部が水面下へ沈みやすくなります。対策としては、浴槽内での座位姿勢の指導、滑り止めマットの使用、手すりの使用、浴槽台の使用（浴槽台に座る、足元に置く）、浴槽のコーナーの利用などがあります。

また浴槽からの立ち上がりが困難なケースやTHAなどの股関節に可動域制限がある場合では、浴槽台の使用や入浴用昇降装置を使用します。浴槽台を使用すると肩まで浸かれないため、浴室内の温度に注意し、肩にお湯をかけるなどの対応が必要となってきます。

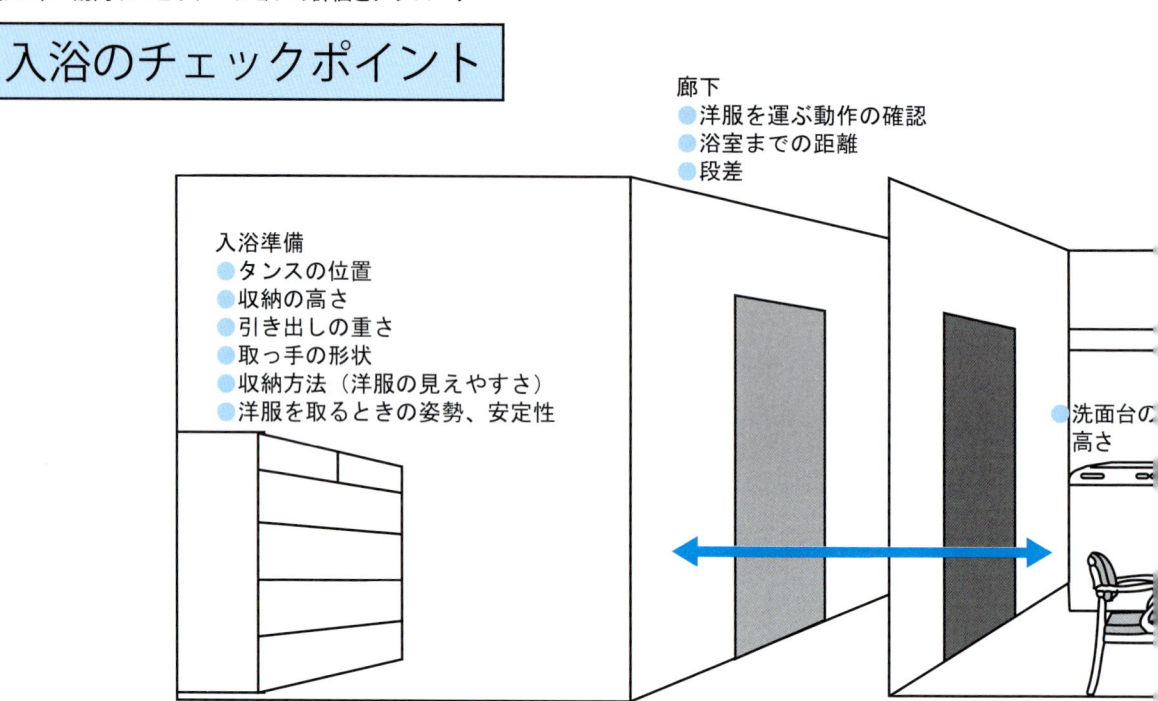

第2章 訪問リハビリテーションの評価とアプローチ

入浴のチェックポイント

廊下
- 洋服を運ぶ動作の確認
- 浴室までの距離
- 段差

入浴準備
- タンスの位置
- 収納の高さ
- 引き出しの重さ
- 取っ手の形状
- 収納方法（洋服の見えやすさ）
- 洋服を取るときの姿勢、安定性

- 洗面台の高さ

移動手段別における支援

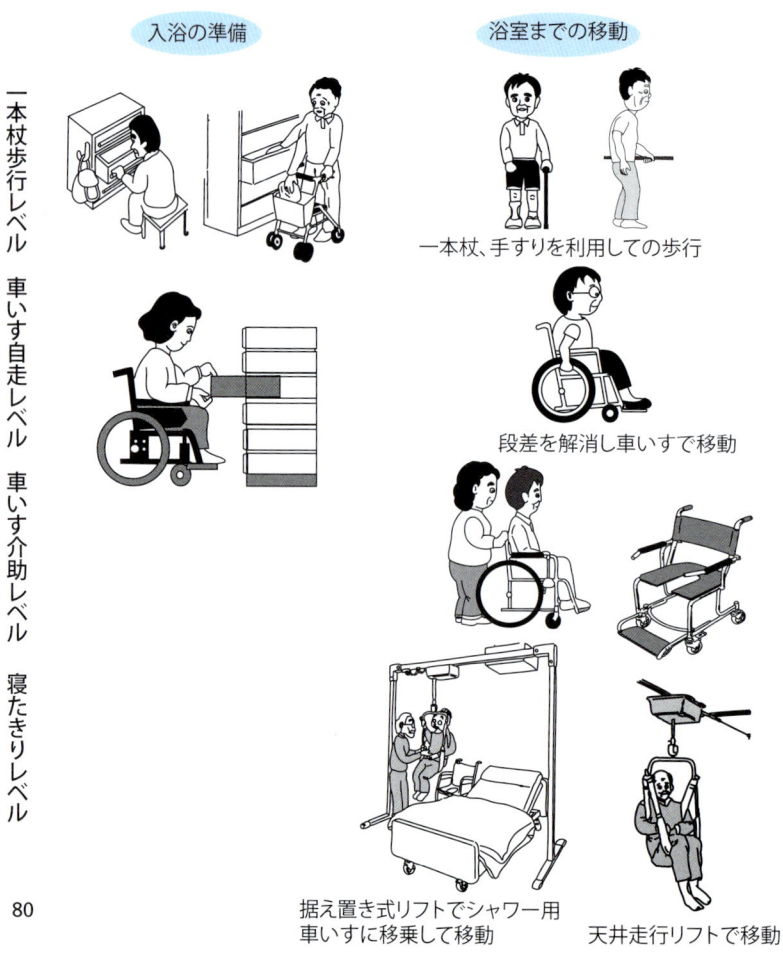

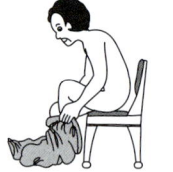

一本杖歩行レベル　車いす自走レベル　車いす介助レベル　寝たきりレベル

入浴の準備　　浴室までの移動　　脱衣

一本杖、手すりを利用しての歩行

脱衣所に椅子を設置し更衣をする

段差を解消し車いすで移動

手すりにつかまり更衣をする

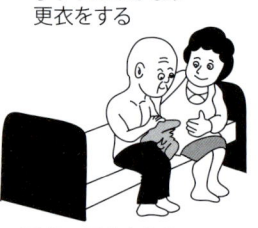

居室で更衣を行う

据え置き式リフトでシャワー用車いすに移乗して移動

天井走行リフトで移動

80

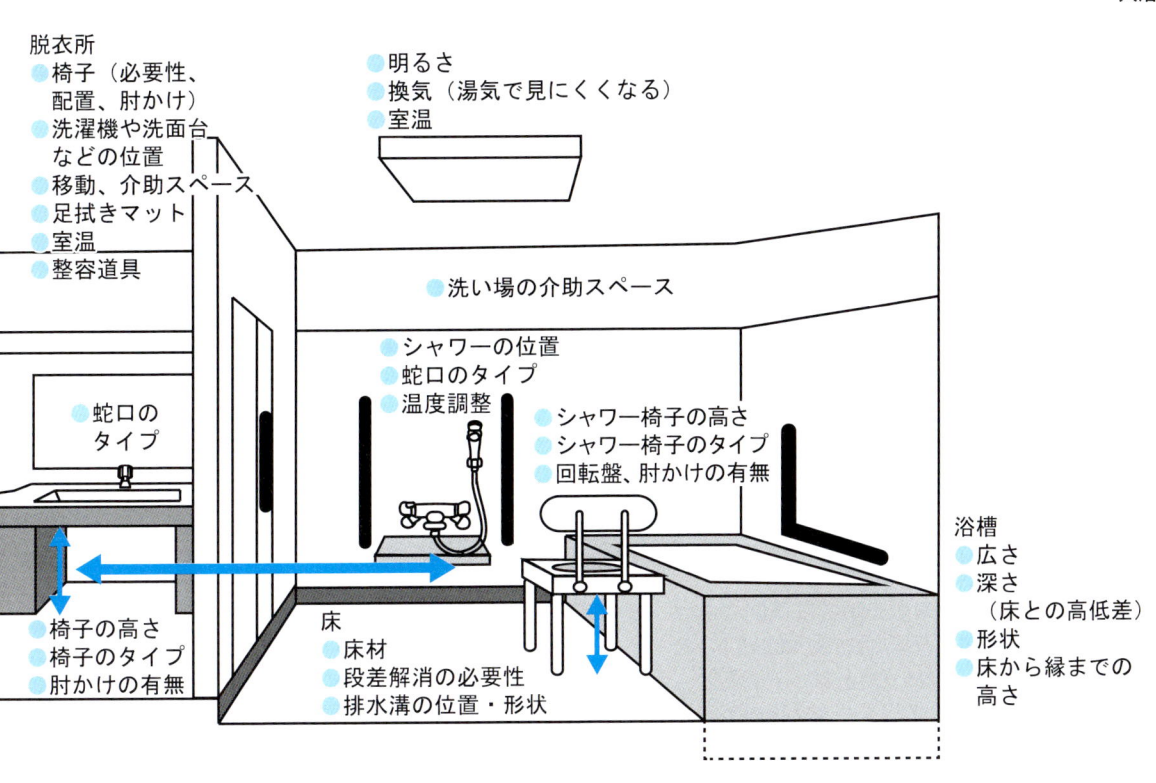

入浴

脱衣所
- 椅子（必要性、配置、肘かけ）
- 洗濯機や洗面台などの位置
- 移動、介助スペース
- 足拭きマット
- 室温
- 整容道具

- 明るさ
- 換気（湯気で見にくくなる）
- 室温

- 洗い場の介助スペース

- シャワーの位置
- 蛇口のタイプ
- 温度調整

- シャワー椅子の高さ
- シャワー椅子のタイプ
- 回転盤、肘かけの有無

浴槽
- 広さ
- 深さ（床との高低差）
- 形状
- 床から縁までの高さ

- 蛇口のタイプ

- 椅子の高さ
- 椅子のタイプ
- 肘かけの有無

床
- 床材
- 段差解消の必要性
- 排水溝の位置・形状

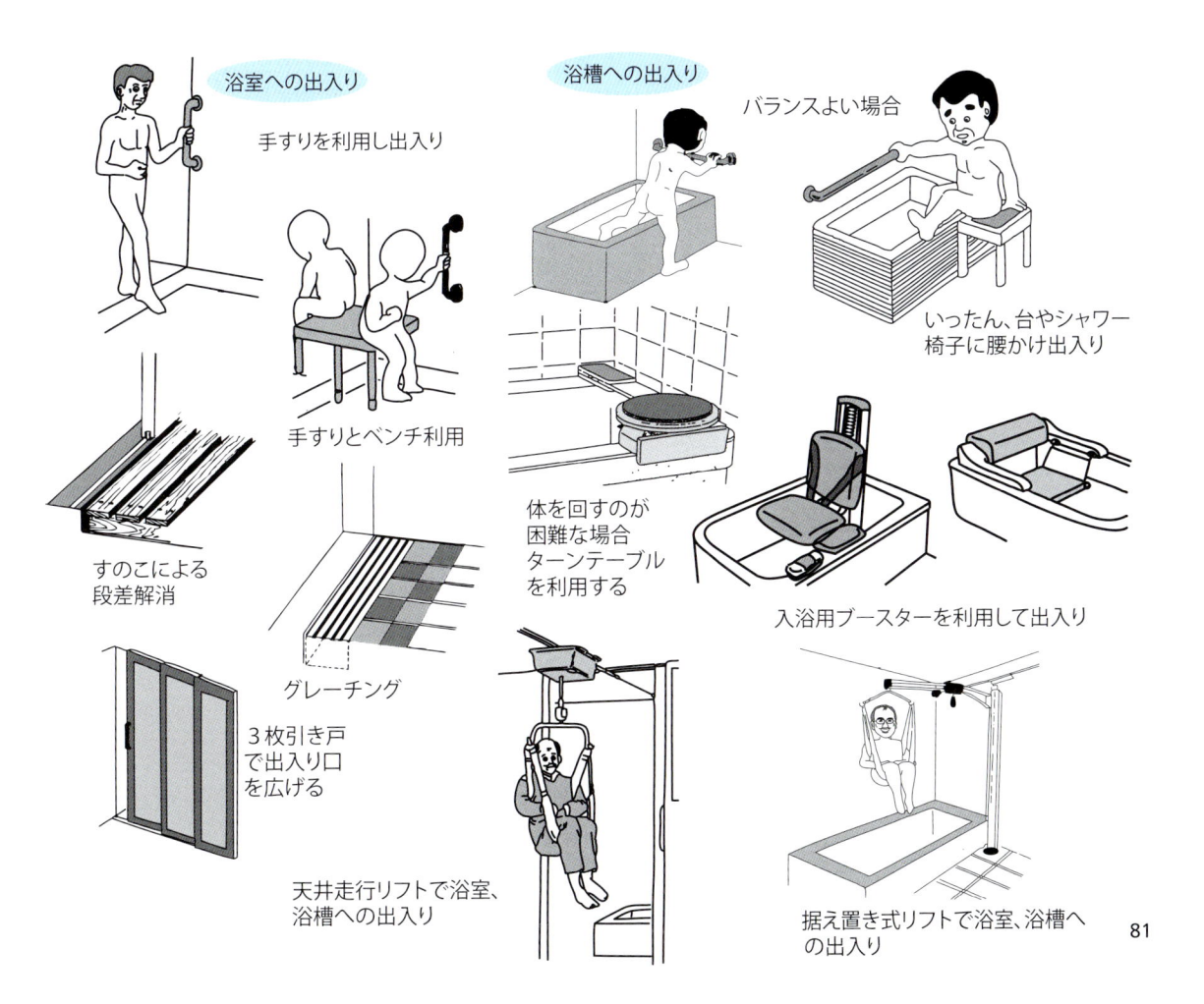

浴室への出入り
- 手すりを利用し出入り
- 手すりとベンチ利用
- すのこによる段差解消
- グレーチング
- 3枚引き戸で出入り口を広げる
- 天井走行リフトで浴室、浴槽への出入り

浴槽への出入り
- バランスよい場合
- いったん、台やシャワー椅子に腰かけ出入り
- 体を回すのが困難な場合ターンテーブルを利用する
- 入浴用ブースターを利用して出入り
- 据え置き式リフトで浴室、浴槽への出入り

訪問リハビリテーションの評価とアプローチ
IADL

　IADL（手段的ADL）は調理や買い物、掃除、洗濯など家庭内役割に関わる行為です。セルフケアと異なり、個人因子によってその行為を必ずしも実施しなくても生活が成り立ちます。

　IADLに介入する際の優先順位を下図のように整理しました。まずその活動を「したい」と思っているか「したくないか」と思っているか、本人の意思で分けてみました。次にその活動がその人の生活上「必要」か「必ずしも必要でない」でないかをその人の背景因子（環境因子と個人因子）で分けています。最後に利用者の活動の経験の有無と能力で3分割しています。

　Aの利用者は本人は「したい」と思っていて、日常生活でも本人が実施することが必要で、しかし「できない」あるいは「経験したことがない」利用者です。モチベーションもあって必要度もあるわけですから、当然介入の対象となりますし、在宅生活の継続のために可能性の評価や具体的介入の優先順位は高くなります。活動を支援するサービスや家族の協力を得ながら、可能性の拡大あるいは活動の制限とサービスのバランスを取りながら介入していきます。

　Bの利用者は必ずしも現状の生活では必要性が高くない利用者です。課題の優先順位としては、すぐ介入しなければならない活動ではありませんが、本人は「したい」と思っているわけですから、セルフケア、移動、移乗など当面の課題が解決したら、今後の役割の獲得やQOL向上のために検討する必要があります。

　Cの利用者は、本人はしたくないのに必要性が高い方です。疾病や障害を持つと、あっさり他者に依存しやすい、すなわち役割や居場所を放棄しやすいともいえます。このパターンの方は、ほとんどが在宅生活にあたっての活動のすべてを家族やサービスによって支えられている方です。したくなかった活動ですから、気持ちを切り替えるのは容易ではありません。未経験者の一部の方はおもしろさを感じて一部を担っていただける方もいますが、活動性向上のためにIADL以外の活動を選択することが多くなるタイプです。

　Dの利用者は、活動が介入の対象となりにくい方ですが、「必ずしも必要でない」という状況が介護者の疾病や死によって急変する場合があります。サービス提供時の会話の中で活動への関心度や能力を探っておく必要があります。

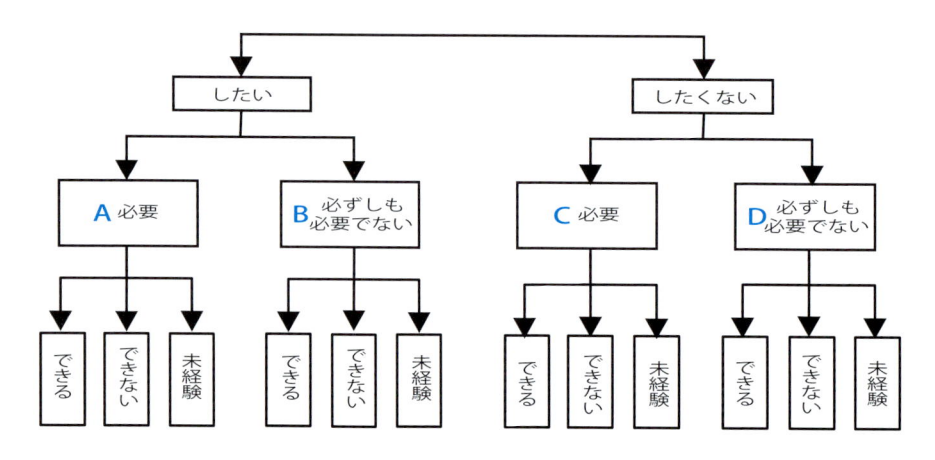

調理

調理動作での観察と評価ポイントを図に示します。調理は刃物や火気を使用するので、動作のできる・できないではなく、活動が全行程を通じて安全に行えるかが重要です。病院・施設での調理訓練と大きく異なるのは、在宅生活での調理は、調理だけに専念して実施できないことです。調理中に電話が鳴ったり、宅急便や近所の人が訪ねてきたりします。作業の中断やそのタイミング、方法なども評価と指導が必要になってきます。

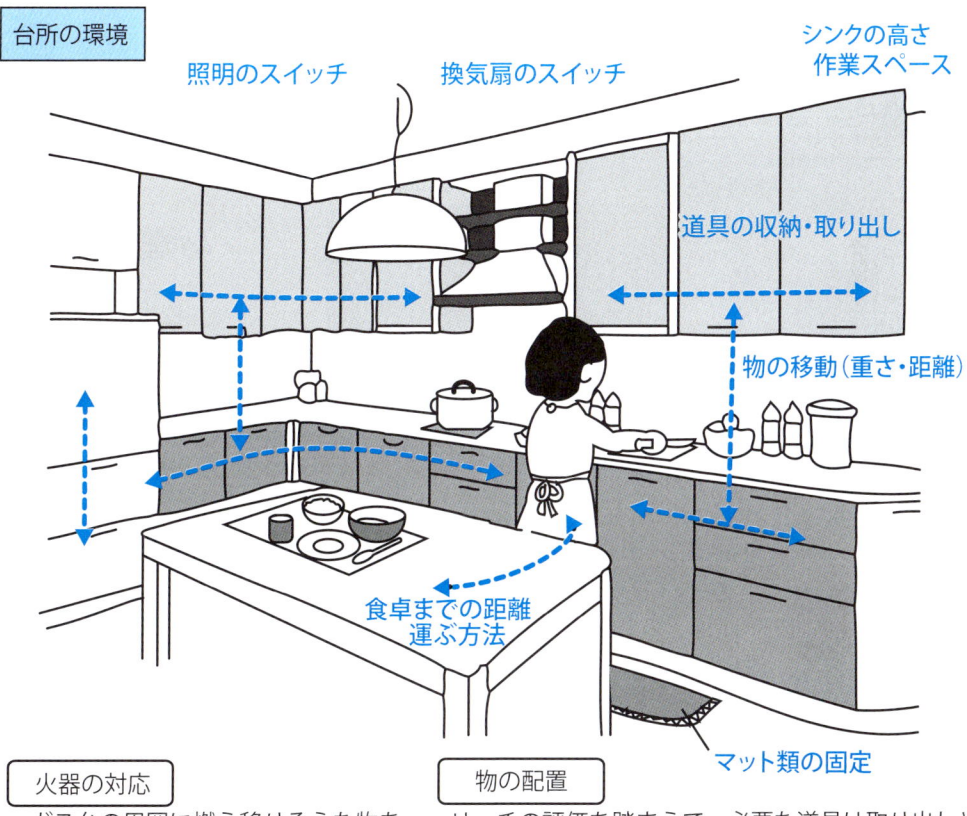

台所の環境

- 照明のスイッチ
- 換気扇のスイッチ
- シンクの高さ 作業スペース
- 道具の収納・取り出し
- 物の移動（重さ・距離）
- 食卓までの距離 運ぶ方法
- マット類の固定

火器の対応
- ガス台の周囲に燃え移りそうな物を置かない
- 火が広がったときの対応方法の確認
- 消火器の準備
- 火災警報器の設置
- 電話や来客があった際の火の処理方法の確認

動線の確保
- 物を持っての移動や方向転換しても安全な環境をつくる
- 食卓までの配膳方法

便利グッズの利用
- 調理を継続するためには時間の使い方も提案

物の配置
- リーチの評価を踏まえて、必要な道具は取り出しやすい位置、収納しやすい配置にする
- 本人が長年使ってきた道具は使えるかどうか確認する
- 必要な物以外はなるべく置かない

自助具の利用
- 片麻痺の利用者の場合、固定できる自助具の利用

> 調理の全工程にかかる時間をみて、便利グッズと通常の道具の使用の配分やレンジ、直火の選択を決めていきます。

第2章　訪問リハビリテーションの評価とアプローチ

　片麻痺の場合、切る工程では固定が必要になります。釘付きのまな板の利用やゴムバンドや重石の使用などがあります。その人に合った自助具を考えましょう。安易に既製品の自助具を紹介するではなく、その人の価値観に合った物や方法、工夫を考えることが必要です。

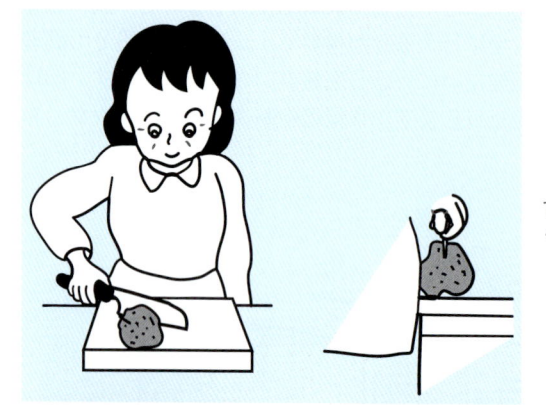

切り方を工夫している人もいる。お腹で野菜を押さえて、まっすぐに包丁を入れて面をつくり野菜を切りやすくする人もいる。

チョッパー（みじん切り）　　　スライサー　　　水切り

調理を継続するためには時間の使い方も重要である。便利グッズの情報収集や実際に使ってみることが大切。時間を短縮して、おいしいものをつくる楽しみを再獲得しよう。

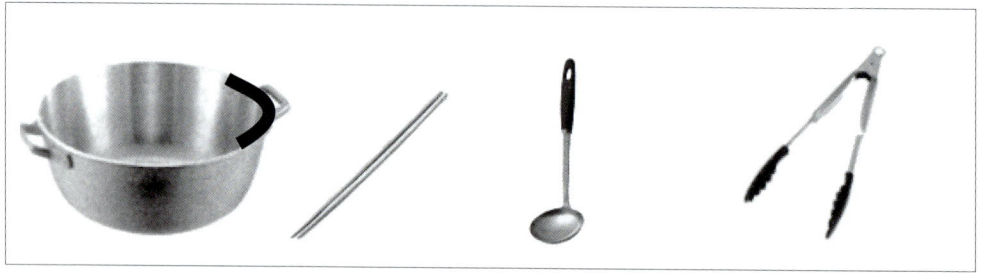

鍋の縁に袖口や前腕部が触れてやけどをすることがある。実際の場面をみせてもらって、道具の握る位置や操作にも注意が必要である。

食器の破損防止と食器や野菜洗いの固定のためにシンクマットを利用。

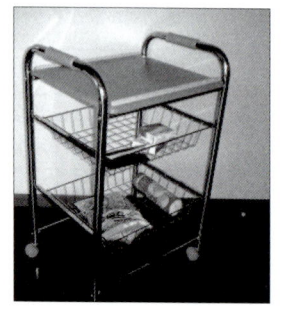

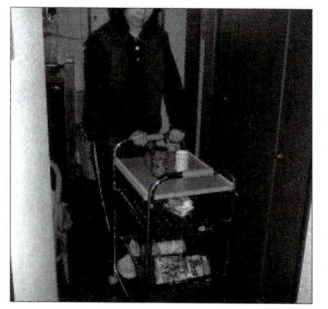

配膳下膳にワゴンを使用。ワゴンの縁をつけ、滑り止めマットを使って食器のずれを予防する。

IADL

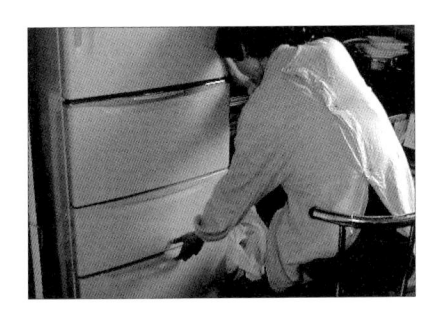

車いすでは台所に入れず、小回りが利きづらいので、小さく、高めの椅子を利用。

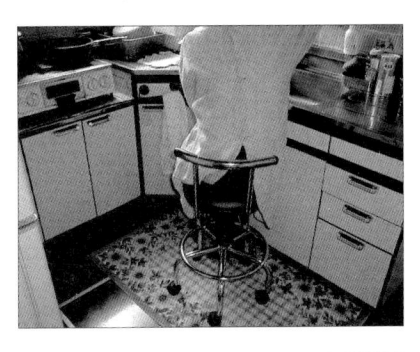

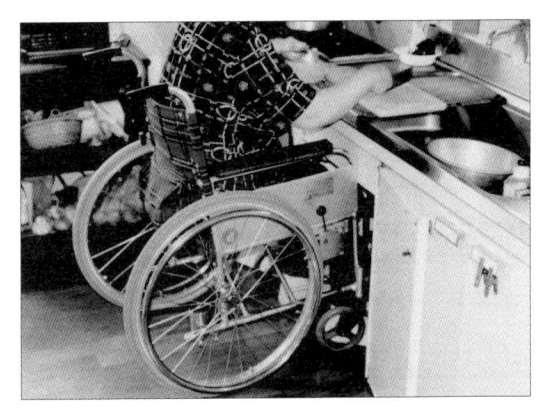

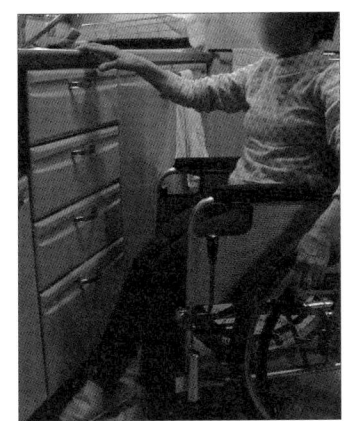

シンクの足台を取り、下の収納にけこみをつくって車いすでも足が中に入りやすいように工夫して、安価な改修を行った例。

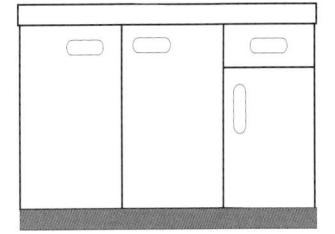

介護者と本人との身長差があるために使いづらさが生じている例。

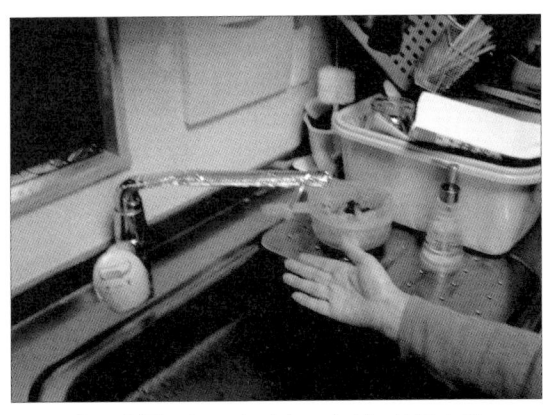

車いす用のシンクであったが、蛇口まで手が届かず、蛇口の柄の延長を行った例。

第2章　訪問リハビリテーションの評価とアプローチ

事例紹介

　訪問リハで調理動作を中心に支援した事例を紹介します。
　症例は50歳代の女性で、右前頭葉梗塞がある方です。回復期病院を経て、退院と同時に訪問リハを開始しました。夫と高校生の息子の3人暮らしで、長年、主婦として家事を担ってこられていました。
　退院時の評価では麻痺の程度は軽く、ADLもほぼ自立レベル。しかし、左上肢にAlien handの出現、遂行機能障害、注意障害などがみられていました。

年齢・性別	50歳代女性
診断名	前交通動脈瘤術後の右前頭葉梗塞
現病歴	動脈瘤を指摘されていたが、増大を認め、開頭クリッピング術施行 回復期リハを経て3カ月後自宅退院
家族構成	夫・息子との3人暮らし
病前の生活	専業主婦
本人の要望	主婦として調理をしたい
退院時の評価	・Brs. 上肢・手指・下肢：Ⅴレベル ・左上肢：Alien hand ・左半側空間無視、注意機能は軽度障害 ・遂行機能障害あり ・ＦＩＭ：１０３点

Alien hand syndromeとは
「一側の手が本人の意思に反して勝手に動く」
という動きに対して用いられる
　（責任病巣：補足運動野、脳梁、帯状回など）

遂行機能障害とは
目標に向かって効率的に行動することの障害
　（責任病巣：前頭前野、運動前野、補足運動野など）

　麻痺は軽いが、できない行為が多く、高次脳機能の問題が大きい方です。このケースが、何ができて、何ができなくて、どのようなことをサポートして、どんな注意点があるのかを明確にして、それらを本人・家族・ケアマネジャー・訪問介護で共有することが目的です。
　ケアプランでの訪問リハの目的は、調理の評価・指導とADL動作の指導でした。訪問リハの実施は週1回、計13回です。食事は朝食を夫が準備し、昼食、夕食は訪問介護や近所に住む姉の支援を受けて一緒に準備をされました。

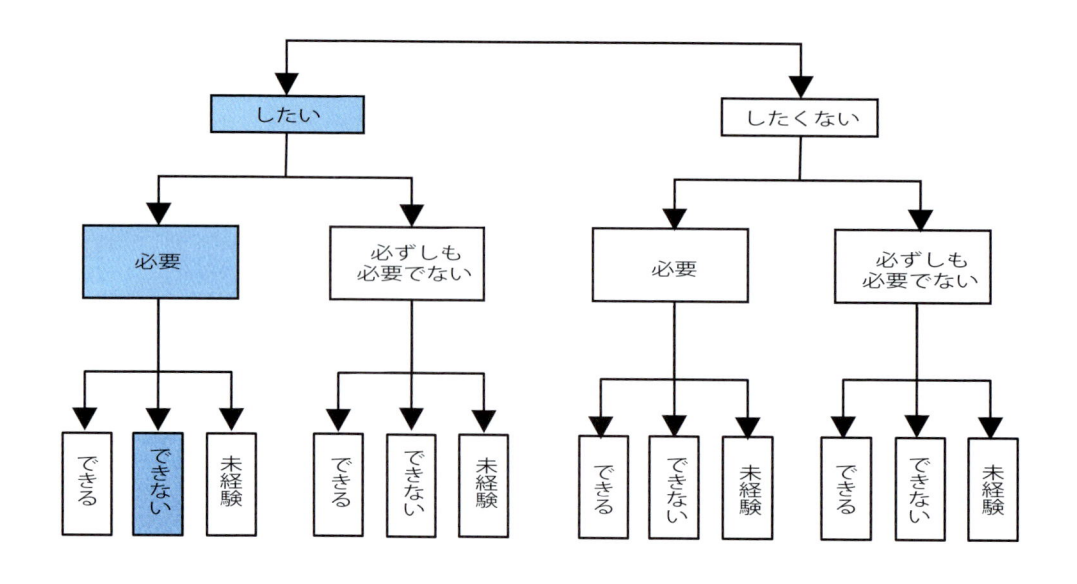

```
        ┌──────────┐                    ┌──────────┐
        │  したい  │                    │したくない│
        └─┬────┬───┘                    └─┬────┬───┘
          │    │                          │    │
    ┌─────┘    └─────┐              ┌─────┘    └─────┐
  ┌─┴──┐         ┌───┴────┐        ┌─┴──┐       ┌───┴────┐
  │必要│         │必ずしも│        │必要│       │必ずしも│
  │    │         │必要でない│      │    │       │必要でない│
  └┬─┬┬┘         └┬──┬──┬┘        └┬──┬─┬┘      └┬──┬──┬┘
 で でき 未     で でき 未        で でき 未     で でき 未
 き  な  経     き  な  経        き  な  経     き  な  経
 る  い  験     る  い  験        る  い  験     る  い  験
```

86

問題点

実際の調理場面の観察と姉の問診より、問題点を整理しました。

まず調理前の準備として食材の買い忘れがありました。

調理の段階では、下ごしらえで、両手動作の拙劣さや左手で包丁を離せなくなるなど Alien hand の出現がみられました。電磁調理器の使用では、熱い鍋の中に左手を入れる、電磁調理器のスイッチを触るなど、けがの危険がありました。また動作手順の混乱により効率的に作業を進めることが困難で、調理に時間を要しました。その他に、調理の途中で電話や来客があると作業が中断し、突発的な対応が柔軟に行えませんでした。食卓の準備・後片づけでも、食器洗いや扉の開閉などに Alien hand の影響がみられました。問題点への対策は、下ごしらえ、電磁調理器の使用、後片づけでは、Alien hand の影響を軽減するため動作の指導、作業環境の調整を行いました。動作の手順は、遂行機能障害の影響が考えられ、作業工程の整理を行いました。調理全体の流れとそれぞれの危険な動作に対しては、ビデオにてフィードバックを行いました。

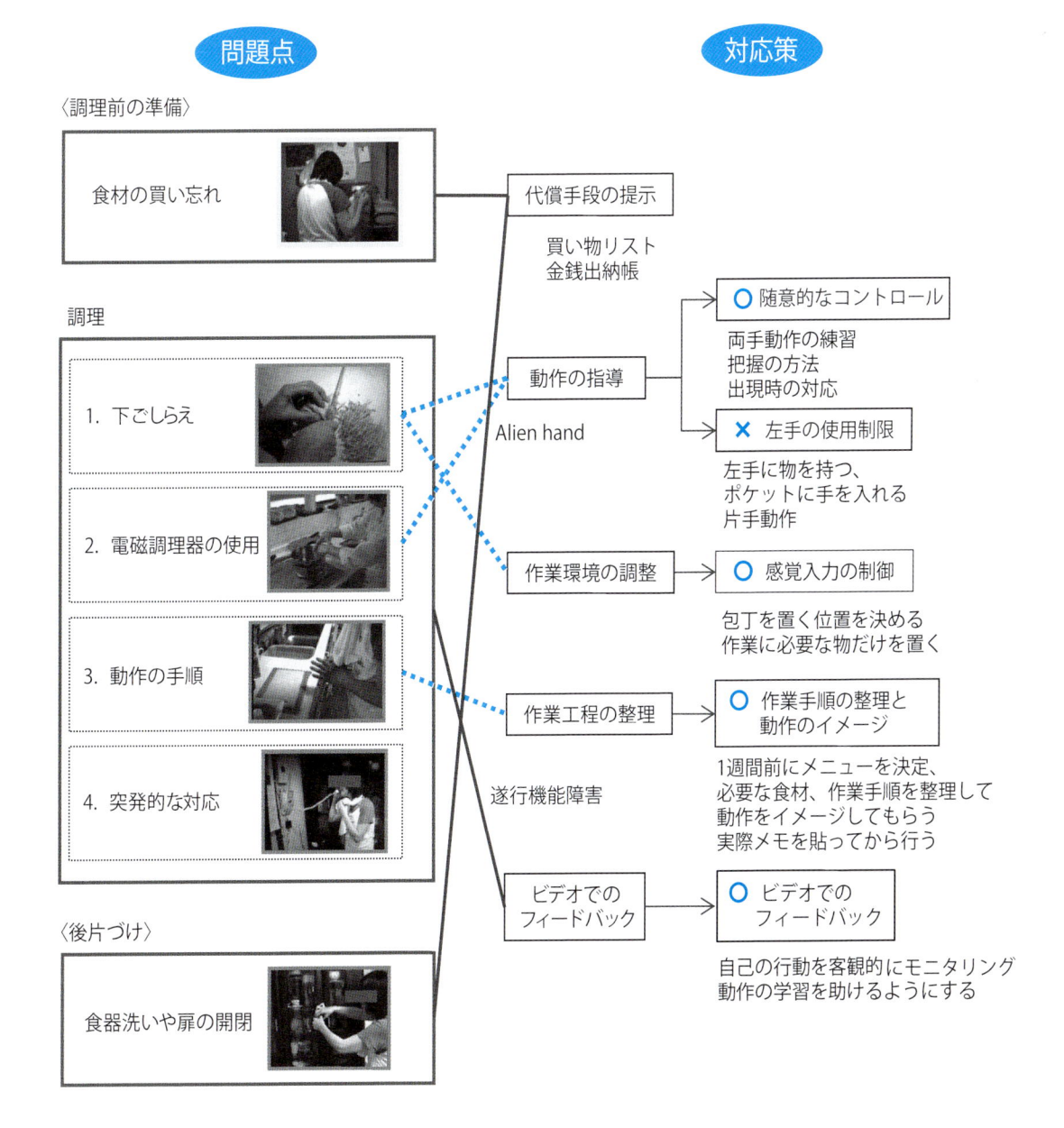

問題点

〈調理前の準備〉
- 食材の買い忘れ

調理
1. 下ごしらえ
2. 電磁調理器の使用
3. 動作の手順
4. 突発的な対応

〈後片づけ〉
- 食器洗いや扉の開閉

対応策

代償手段の提示
- 買い物リスト
- 金銭出納帳

動作の指導（Alien hand）
- ○ 随意的なコントロール
  - 両手動作の練習
  - 把握の方法
  - 出現時の対応
- × 左手の使用制限
  - 左手に物を持つ、
  - ポケットに手を入れる
  - 片手動作

作業環境の調整
- ○ 感覚入力の制御
  - 包丁を置く位置を決める
  - 作業に必要な物だけを置く

作業工程の整理（遂行機能障害）
- ○ 作業手順の整理と動作のイメージ
  - 1週間前にメニューを決定、必要な食材、作業手順を整理して動作をイメージしてもらう
  - 実際メモを貼ってから行う

ビデオでのフィードバック
- ○ ビデオでのフィードバック
  - 自己の行動を客観的にモニタリング
  - 動作の学習を助けるようにする

第 2 章　訪問リハビリテーションの評価とアプローチ

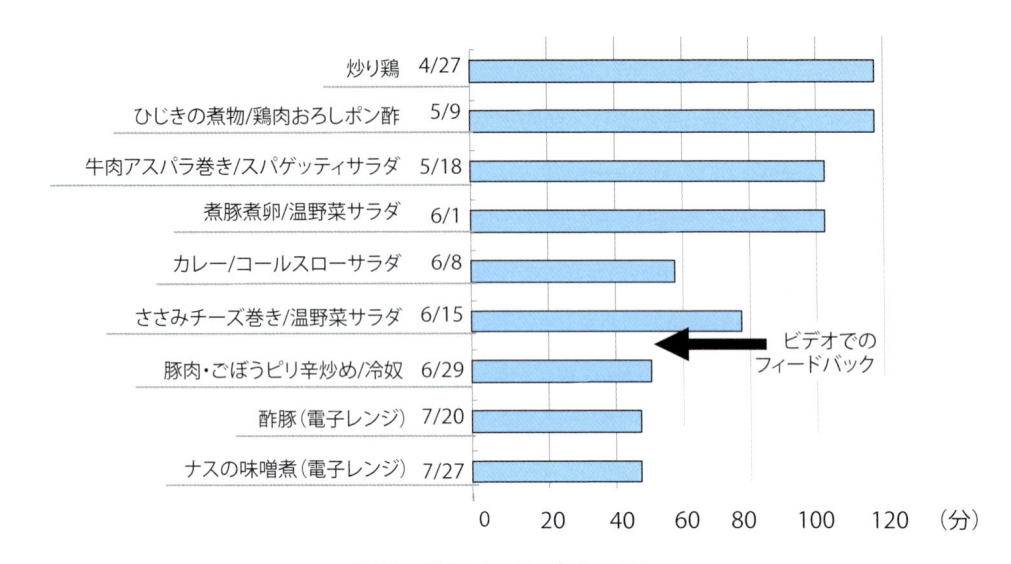

料理	日付	時間(分)
炒り鶏	4/27	約115
ひじきの煮物/鶏肉おろしポン酢	5/9	約115
牛肉アスパラ巻き/スパゲッティサラダ	5/18	約100
煮豚煮卵/温野菜サラダ	6/1	約100
カレー/コールスローサラダ	6/8	約55
ささみチーズ巻き/温野菜サラダ	6/15	約80 ← ビデオでのフィードバック
豚肉・ごぼうピリ辛炒め/冷奴	6/29	約50
酢豚(電子レンジ)	7/20	約45
ナスの味噌煮(電子レンジ)	7/27	約45

調理工程における変化と課題

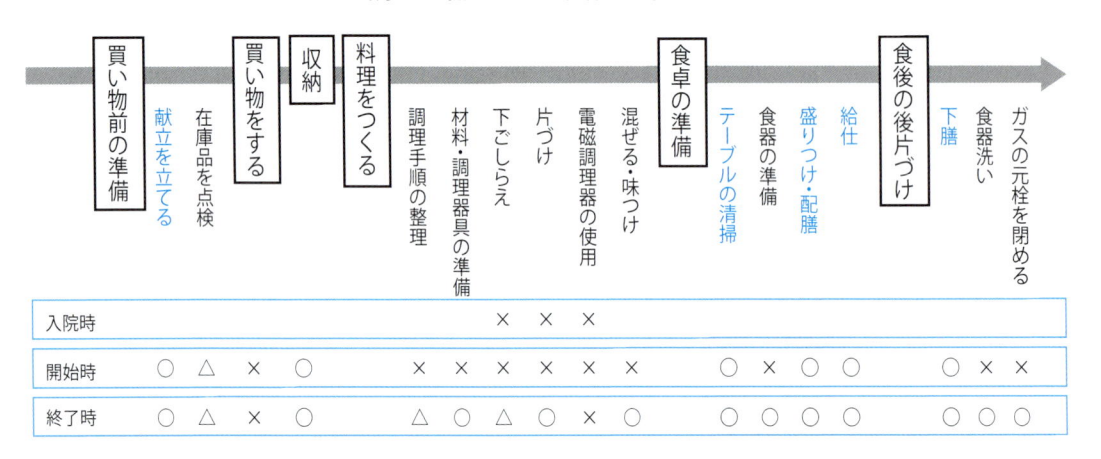

工程：買い物前の準備（献立を立てる／在庫品を点検）→ 買い物をする → 収納 → 料理をつくる（調理手順の整理／材料・調理器具の準備／下ごしらえ／片づけ／電磁調理器の使用／混ぜる・味つけ）→ 食卓の準備（テーブルの清掃／食器の準備／盛りつけ・配膳／給仕）→ 食後の後片づけ（下膳／食器洗い／ガスの元栓を閉める）

	献立を立てる	在庫品を点検	買い物をする	収納	調理手順の整理	材料・調理器具の準備	下ごしらえ	片づけ	電磁調理器の使用	混ぜる・味つけ	テーブルの清掃	食器の準備	盛りつけ・配膳	給仕	下膳	食器洗い	ガスの元栓を閉める
入院時									×	×	×						
開始時	○	△	×	○	×	×	×	×	×	×	○	○	○	○	○	×	×
終了時	○	△	×	○	△	○	△	○	×	○	○	○	○	○	○	○	○

入院時、訪問リハ開始時、終了時の変化を、○△×の3段階で表しています。訪問リハ終了時には、調理手順の整理、材料・調理器具の準備、下ごしらえ、食器の準備・洗いなどが改善し、簡単な朝食を見守りでつくることが可能となりました。しかし、残った課題が4つ挙がりました。1つ目に、買い物には移動も含め介助が必要でした。2つ目は、複数の料理を同時進行でつくることは難しく、夕食づくりは介助が必要でした。3つ目に、電磁調理器使用時の Alien hand の出現です。これは、病前はガスコンロを使用しており、新しい環境下での動作学習が困難であったと考えます。4つ目は、突発時の対応で継続して第三者の声かけが必要でした。

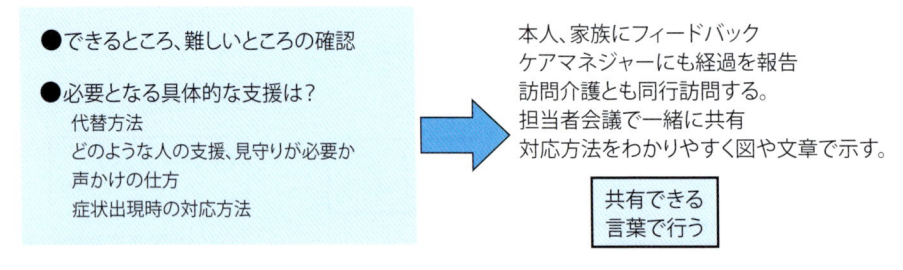

- ●できるところ、難しいところの確認
- ●必要となる具体的な支援は？
  - 代替方法
  - どのような人の支援、見守りが必要か
  - 声かけの仕方
  - 症状出現時の対応方法

⇒ 本人、家族にフィードバック
ケアマネジャーにも経過を報告
訪問介護とも同行訪問する。
担当者会議で一緒に共有
対応方法をわかりやすく図や文章で示す。

共有できる言葉で行う

これらの結果は、訪問リハ終了時に担当者会議にて報告し、その後も家族や訪問介護にて支援が継続されました。一つずつ工程をみて細かく分析して、できること、難しいこと、必要な支援などを関係スタッフが共有しやすい言葉で表現することが必要です。

IADL

掃除

　掃除は、場所や物などの環境で難易度が変わります。掃除を行う場所や広さ、使う道具、方法によっても様々です。

　当事業所の調査では135名の訪問リハ利用者中、掃除を行っている方は27名で約20％の方が掃除をされていました。居室の掃除が多く、利用する道具は化学雑巾モップや掃除機を使用している人が多かったです。すべての掃除ができなくてもできる範囲を行ったり、訪問介護と一緒に行う場合もありました。

全部 2名

じゅうたんやマット類につまづかないようにする。

ベッドの下はかがむ作業が必要となるので難しい。

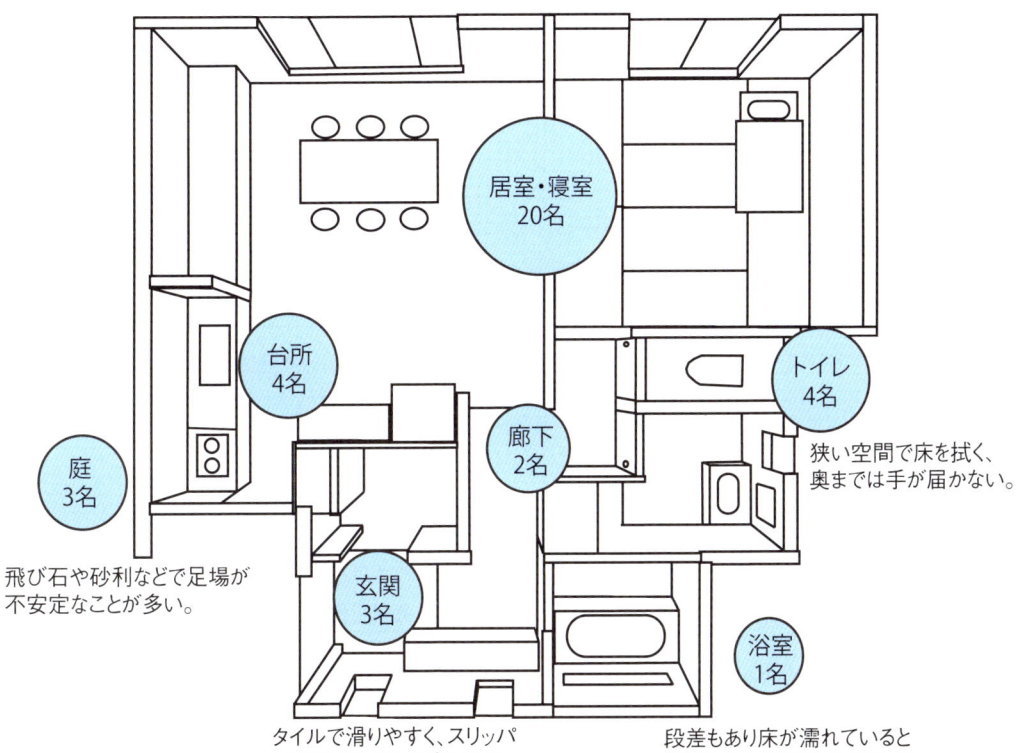

居室・寝室 20名

台所 4名

トイレ 4名

狭い空間で床を拭く、奥までは手が届かない。

庭 3名

飛び石や砂利などで足場が不安定なことが多い。

廊下 2名

玄関 3名

タイルで滑りやすく、スリッパで掃除することが多いためはきものに注意。

浴室 1名

段差もあり床が濡れていると滑りやすく、転倒の危険性が高い。

　掃除は他のIADLよりは工程が少ないため、場所で難易度をつけて行うことが多いです。293名の通所リハ利用者を対象にした取り戻したい活動の調査では、掃除が上位に上がっています。しかし、場所によっては可能であっても、家族やサービスにゆだねていることも多いのが現状です。その利用者の心身機能に応じて、負荷量を考慮したり、姿勢の指導やより安全で行いやすい方法を検討することが必要です。家族やヘルパーなどのサービスとも協業しながら、できることを増やす視点で関わっていきましょう。

洗濯

洗濯のプロセスを示します。洗濯は、衣類の収集・分別から収納までいれるとプロセスが多い活動です。また脱衣所など洗濯機のある場所から、干し場、収納場所までと移動は広範囲です。その一部でも担うことができるように支援します。環境の評価は重要です。洗濯機周辺、干し場、収納先までを考えておくことも必要です。量もばらつきがあります。1人分なのか、家族4人分なのか、何日分か、季節によっても変わってきます。

物干し竿を下げるときに使うS字フック

洗濯カゴの高さの調整

縁側の干し場。使いやすい高さにするために紐で調整しています。天候を気にせず干すことができます。

折りたたみ物干し

閉じるまで開いた状態を保つことができる洗濯バサミ

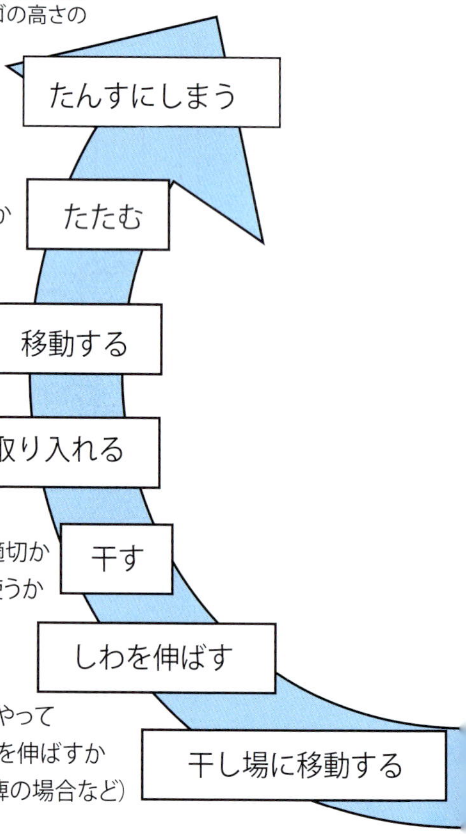

物干し竿の高さをS字フックや紐で下げたり、リーチャーで高さを補うことがあります。実際の場面を見ながら、適切な高さや立ち位置、姿勢を検討します。折りたたみ物干しなどは高さが低いので、車いす利用者や円背で転倒の危険が高い方が利用します。

しわの伸ばし方
- 振り伸ばす
- テーブル上に広げて伸ばす
- 一度たたみ、叩いて伸ばす
- 衣服に手を通して広げるなど。

たんすにしまう
↑
たたむ
- どこでたたむか
- どんな姿勢でたたむか
- どこにしまうか

移動する

取り入れる

干す
- 干す高さは適切か
- どの道具を使うか

しわを伸ばす
- どうやってしわを伸ばすか（片麻痺の場合など）

干し場に移動する

- どうやって干し場まで運ぶか（抱えて、カゴに入れて）
- どこに干すか（外、テラス、2階、縁側、脱衣所、室内など）
- 干し場までの環境、距離
- 干し場の環境（段差、はきもの、手すりや柱の有無など）
- 天候によって変わるか（雨になったときの対応）

※干すことが難しい場合は、乾燥機能付きの洗濯機も一つの手段です。

IADL

洗濯ネットはS字フックにかけて衣類を入れます。

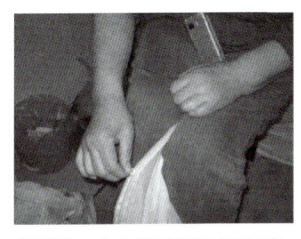

洗濯ネットの開け閉めは両膝で固定します。

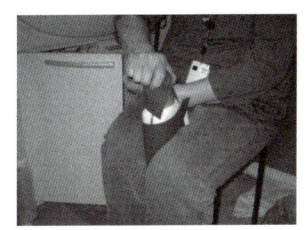

滑り止めを容器に貼って固定力をあげることで容易に開閉可能です。

台に洗剤を置いて測定します。

- 衣服の収集・選別
- 洗濯機に入れる
- 洗剤、柔軟剤を取り出し計る
  - 重量があっても、取り出せるか
  - 取りやすい場所に保管されているか
  - 計量ができるか（視力低下などで目盛が見づらいことがある）
- 投入する
- 洗剤、柔軟剤をしまう
- ふたを閉める・ボタンを押す
  - ボタン操作はできるか
  - 二層式の場合は脱水槽へ移す必要がある
- 洗濯終了
- 洗濯物を取り出す
  - 取り出す姿勢は適切か

ピンチ力の低下している利用者への自助具

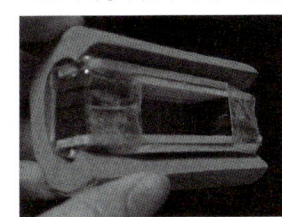

二層式の洗濯機のダイヤル部分を太くすることで力が入りやすい自助具を作製

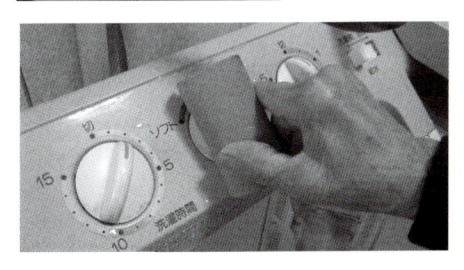

濡れた衣服は重たく、絡み合っていることもあります。転倒や腰痛を防ぐような姿勢を検討します。
洗濯物を入れるカゴの高さや立つ位置などを具体的に伝えます。

第2章 訪問リハビリテーションの評価とアプローチ

買い物

　買い物弱者は約600万人いるといわれています。商店街の閉店やバス路線の廃止、また身体機能の低下により、交通手段がないことで外出が不自由になります。また買い物には生活に必要なものを購入するということもありますが、楽しみや趣味の要素もあります。買い物のプロセスを示しました。

買い物のプロセス

- 傷みやすい物や冷凍食品などは冷蔵庫、冷凍庫など、もの特徴に合わせて適切な場所にしまえるか？

- 購入したものを転倒の危険性なく安全にしまうことができるか？

- 荷物を持って、帰りの道を移動することが可能か？

- 商品の特性（やわらかい・かたい、冷たい・熱いなど）を考慮して買い物袋に詰めることが可能か？

- 適切な場所での収納が可能か？

- 荷物を持って移動は可能か？

- おつりとレシートの確認は可能か？

- おつりを受け取った後、財布にしまえるか？

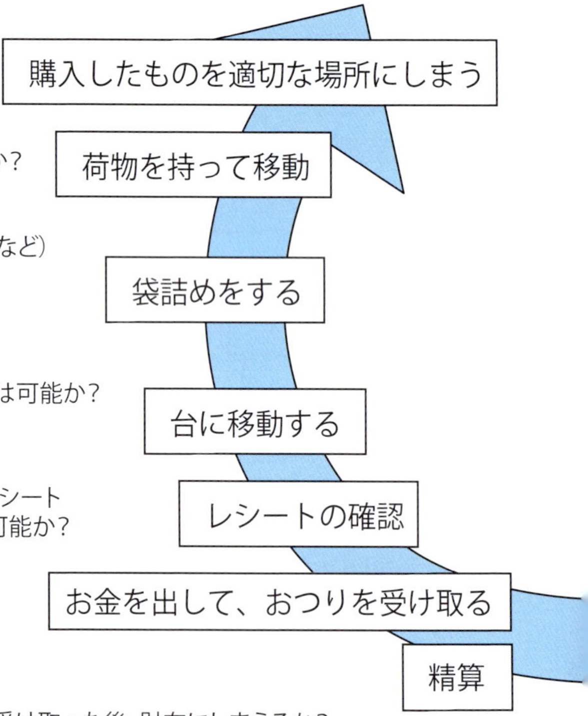

プロセスの流れ：
精算 → お金を出して、おつりを受け取る → レシートの確認 → 台に移動する → 袋詰めをする → 荷物を持って移動 → 購入したものを適切な場所にしまう

●カゴを持った移動の確認

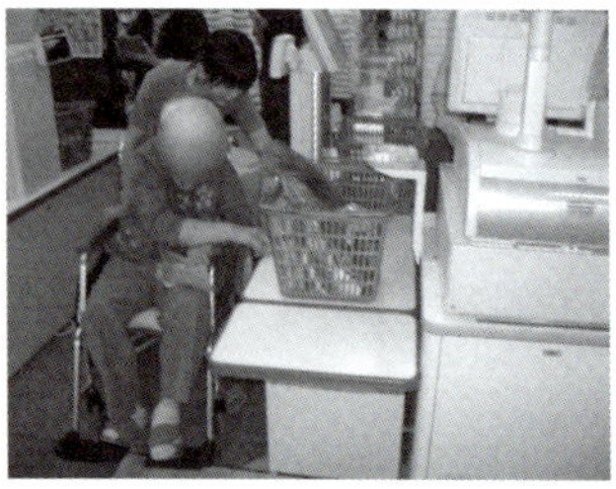

レジから台までのわずかな距離ですが、荷物を持っての移動は転倒の危険性が高くなります。運ぶことが難しいときは店員に頼むことも大切です。

●レジでの精算

レジで後ろに並ばれると焦ってお金の出し入れに手間とることがあります。右写真のような財布の工夫や、客の少ない時間帯を選ぶことも大切です。

地域の情報を収集してみましょう。自分たちが住んでいる地域のスーパーや商店街に、どのようなサービスや支援体制があるのかを市政だよりやインターネットのサイトから情報収集しましょう。意外と知らないことだらけだったりします。レジでの精算の後、詰める台まで荷物を運んでくれたり、荷物を自宅まで宅配するサービスをするお店、移動販売などもあります。これらは、買い物弱者といわれる人々をサポートしようとする地域の取り組みです。

IADL

- 目的地までの方法、交通状況の確認
- 計画の段階で帰りのことも想定しておく
- 何を買うか具体的に決めておく
- 買う物は持って帰れる物か考慮する
  （商品の大きさ、量、冷凍食品など）

- 買い物に必要な物（財布、買い物袋、鞄など）は準備しているか？

計画

準備

- 目的地までの移動手段は何か？

移動

カゴ、カートを使用する

- 店内での移動手段は何か？

目的のものを探す

- 何を買うか前もって決めておく

商品を選ぶ

- 賞味期限や用途を考慮して品物を選ぶことができるか？

カゴに入れて移動する

- 荷物を持って移動は可能か？

お金の準備をする

- お金の出し入れ
- お金の計算は可能か？

●目的地までの移動の確認

どんな道か？ 交通量はどうか？ などを確認します。道も舗装が傷んでいる場所や、側溝の穴が多い場所もあります。実際に一緒に移動しながら、安全の確認と注意喚起を行います。目的地までバスや電車などの公共交通機関を使う場合は、行程を表にして一つひとつ確認をしていきます。

●移動手段の検討

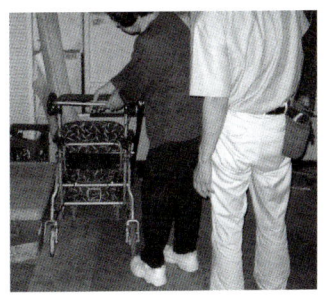

目的地までの移動手段を選択する際に、歩行状態の他に道路状況に合ったものか、荷物を運べるか（杖の場合は片手で持って移動できるか、歩行器の場合は荷物を乗せることができるか）などを考慮して決める必要があります。

●店内での移動の確認

店舗が広ければ、移動距離も伸びます。スーパーなどでは人とすれ違うことが多かったり、商品に気をとられながら移動するので、転倒に注意が必要です。荷物も徐々に重たくなるので、物を持っての移動が可能か確認しましょう。

●財布の工夫

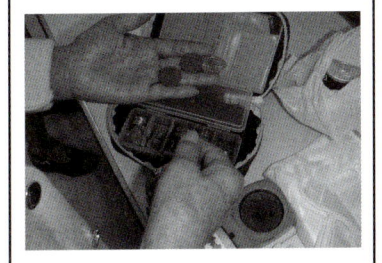

仕切りの付いたケースを使用し小銭を分けて収納します。精算時に小銭を取り出しやすくした財布です。

第2章　訪問リハビリテーションの評価とアプローチ

訪問リハビリテーションの評価とアプローチ
外出

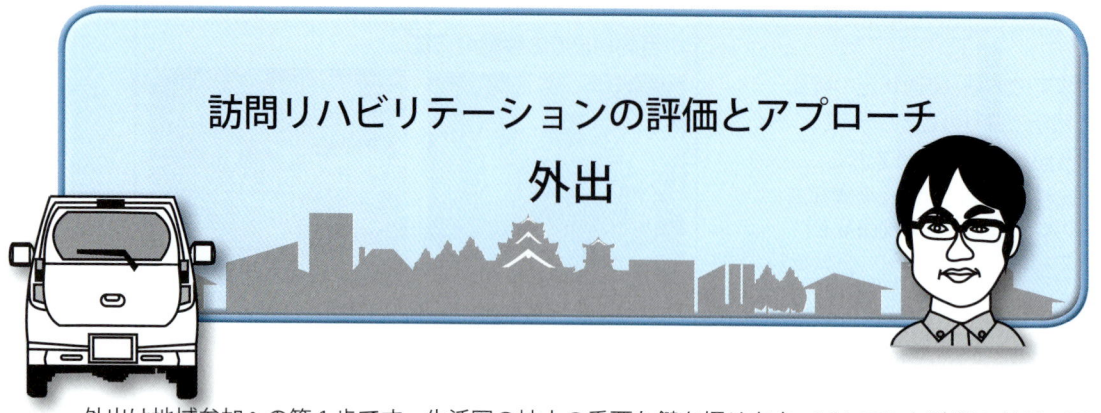

外出は地域参加への第1歩です。生活圏の拡大の重要な鍵を握ります。LSA でみた訪問の効果の頁（第4章「訪問リハビリテーション効果」参照）で示すように、できるようになってから次の場所へと徐々に広がるのではなく、まず行きたいところへ行ってみて、そこに行く頻度が増え、自立度が上がってくるのです。連れ出すことが先決です。

LEVEL 1
ベッドから地域へ、まずは家から1歩出て、出かけたい場所、出かける目標を見つけることが重要です。

LEVEL 2
玄関は地域への動線で、重要な場所です。家の顔ともよばれ改修などの提案にも気を使う場所です。機能面ばかりにとらわれず、気軽に出かけられる設定がポイントとなります。

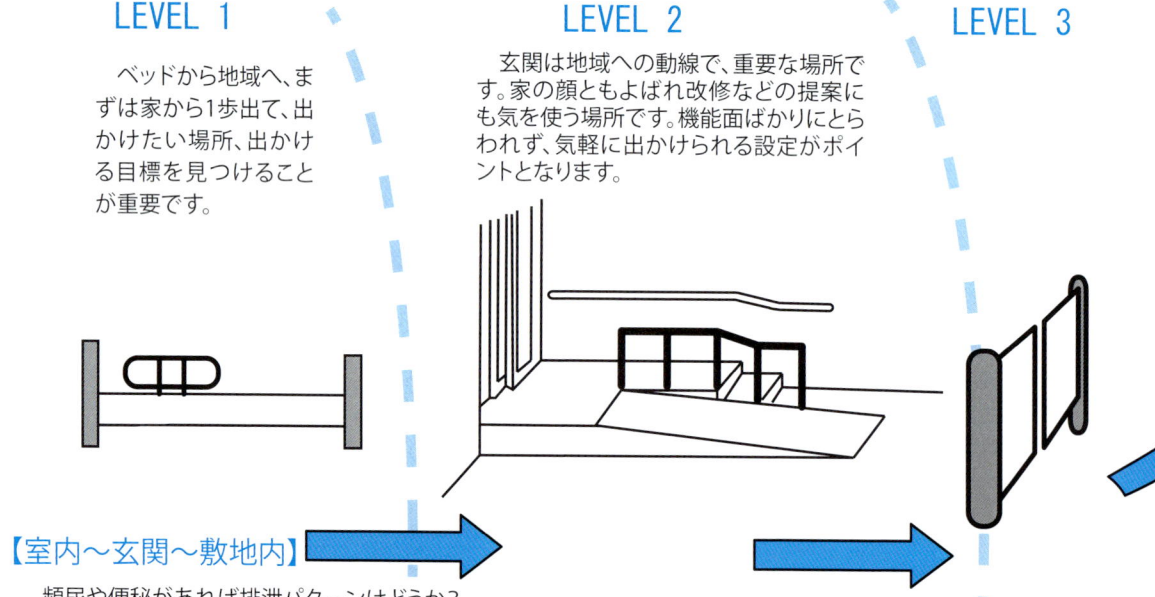

LEVEL 3

【室内〜玄関〜敷地内】
- 頻尿や便秘があれば排泄パターンはどうか？
- 失語症や高次脳機能障害の状況はどうか？
- 人工呼吸器などの使用が必要な場合のリスク管理はどうか？
- 嚥下機能のレベルや食形態や水分へのトロミの利用状況は？
- 介助者の有無は？
- 介助者の年齢や健康状態は？
- 玄関の上り框の高さや広さなどはどうか？
- 自宅敷地内から道路までのアプローチ部分の環境は？
- 段差や階段の有無は？

【徒歩、歩行補助具、車いす、セニアカーなど】
- 外出時の移動距離はどれくらいか？
- 歩行耐久性やバランス能力は？
- 雨天時に傘を使用することはできるのか？
- 屋外で歩行補助具や車いすが使用できるか？
- 近所の交通事情はどうか？

【乗用車】

通所のスタッフに聞くと、車の座席位置や注意点などいろいろ教えてくれます。

- 乗用車への移乗動作は可能か？
- 長時間座ることは可能か？
- 座席はどこがよいか？

外出

外出に同行すると、障害が軽度な方でも様々なことが不自由なことに改めて気がつきます。一本杖でバスカードを通す動作、歩道とバス停車位置の違いによる段差の変化、低床バスに座れなかった場合は、通常のバスよりサスペンションがやわらかくより高い立位保持の能力が必要など…。

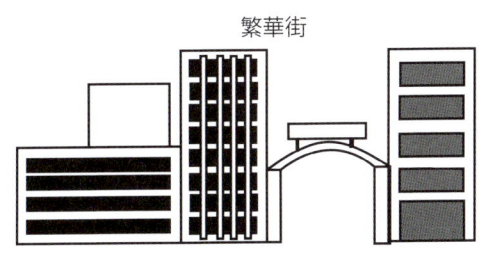

【公共交通機関】 LEVEL 4

乗り物への移乗動作は可能か？
長時間座ることは可能か？
財布の操作や金銭の取り扱いはどうか？
言語的なコミュニケーション能力はどうか？
バス利用評価表ではどうか？

【目的地】 外出先のトイレや浴室の環境はどうか？

LEVEL 5

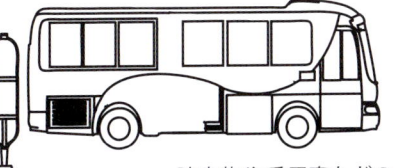

障害物や乗用車などの動きを判断する能力は？
身を守ることができる能力は？
バスなどの発着時刻、自宅と目的地までの経路を覚えておく記憶力は？

旅行
ネットや地域の情報誌で、宿泊地や経路の情報を詳細に調べましょう。バリアフリーホテルなど表記されていても障害のタイプにまったく合わないものもあります。

公園

近所の商店街

生活レベル		頻度				自立度	得点
最近1ヵ月のあなたの生活範囲		あなたは週にどれくらいの頻度でそこへ行きましたか				補装具や器具使用もしくは他の人の助けを必要としましたか	程度×頻度×自立度
レベル1 寝室以外の自宅内	はい1 いいえ0	1回未満1	1〜3回2	4〜6回3	毎日4	1=誰かの助けを要する 1.5=補助具を使用 2=1人でできる	レベル1得点
レベル2 自宅周辺	はい1 いいえ0	1回未満1	1〜3回2	4〜6回3	毎日4	1=誰かの助けを要する 1.5=補助具を使用 2=1人でできる	レベル2得点
レベル3 隣近所	はい1 いいえ0	1回未満1	1〜3回2	4〜6回3	毎日4	1=誰かの助けを要する 1.5=補助具を使用 2=1人でできる	レベル3得点
レベル4 町内	はい1 いいえ0	1回未満1	1〜3回2	4〜6回3	毎日4	1=誰かの助けを要する 1.5=補助具を使用 2=1人でできる	レベル4得点
レベル5 制限なく遠方まで	はい1 いいえ0	1回未満1	1〜3回2	4〜6回3	毎日4	1=誰かの助けを要する 1.5=補助具を使用 2=1人でできる	レベル5得点
							総得点

生活空間アセスメント（LSA: life space assessment）

米国のアラバマ大学で開発された生活空間の拡がりを数値化して評価するもので、空間、頻度、自立度の3項目から成り、レベル別に生活空間を設定している。
レベル1を寝室以外の自宅内、レベル2を自宅周辺、レベル3を隣近所、レベル4を町内、レベル5を制限なく遠方までとして、その人の過去1ヵ月の生活空間を評価することができる。

● アプローチ

　当事業所では外出練習の目的や手段、リスクなどを利用者、スタッフ間で共有するために「外出計画書（図1）」を作成し外出支援を行います。

【室内〜玄関〜敷地内】

　玄関の上がり框、敷地内移動が、自力や見守りまたは介助を要するかで、動作練習や介護指導および環境調整の方法が異なります（図2、次頁）。

1. 自力や見守りにて行える場合

≪動作方法の指導≫

　上がり框の昇降や靴の着脱が自立している場合は、玄関にいったん腰かけて靴の着脱が可能か、靴を脱いだ後、床から立ち上がり動作が可能かなど確認し、必要に応じて式台や靴箱を利用したり、上がり框と椅子の高さに合わせて立ち上がり動作練習を行います（図3）。

≪福祉用具≫（図4）

　椅子式リフトや昇降式座椅子、立位姿勢が安定していれば立位用段差解消機などの利用を検討します。

≪住宅改修≫

　立位での靴の着脱時にバランスをくずしやすい場合は、座って靴を脱げるように椅子を置いたり、玄関ベンチの設置を検討します。
　また玄関で足の裏が汚れないように足マットを利用するなど、衛生面への配慮も行います（図5）。
　上がり框の昇降が不安定な場合は、昇降用の手すりを検討しますが、賃貸住宅などで改修工事が困難な場合は、据え置きタイプのステップ台や屋根と床を突っ張るタイプの手すりなどを提案することもあります。
　散歩に出かける際、杖をつい忘れて出かけてしまう利用者に対しては、玄関に外出用の杖を置けるホルダーなどを作製、設置することで、外出時に杖を使用する意識づけを促します。

図1　外出計画書の例

図3　上がり框での靴の着脱練習

図4　椅子式リフトの設置

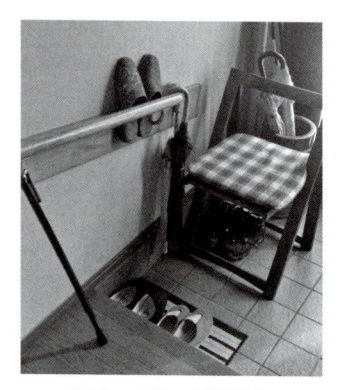

図5　玄関の環境調整

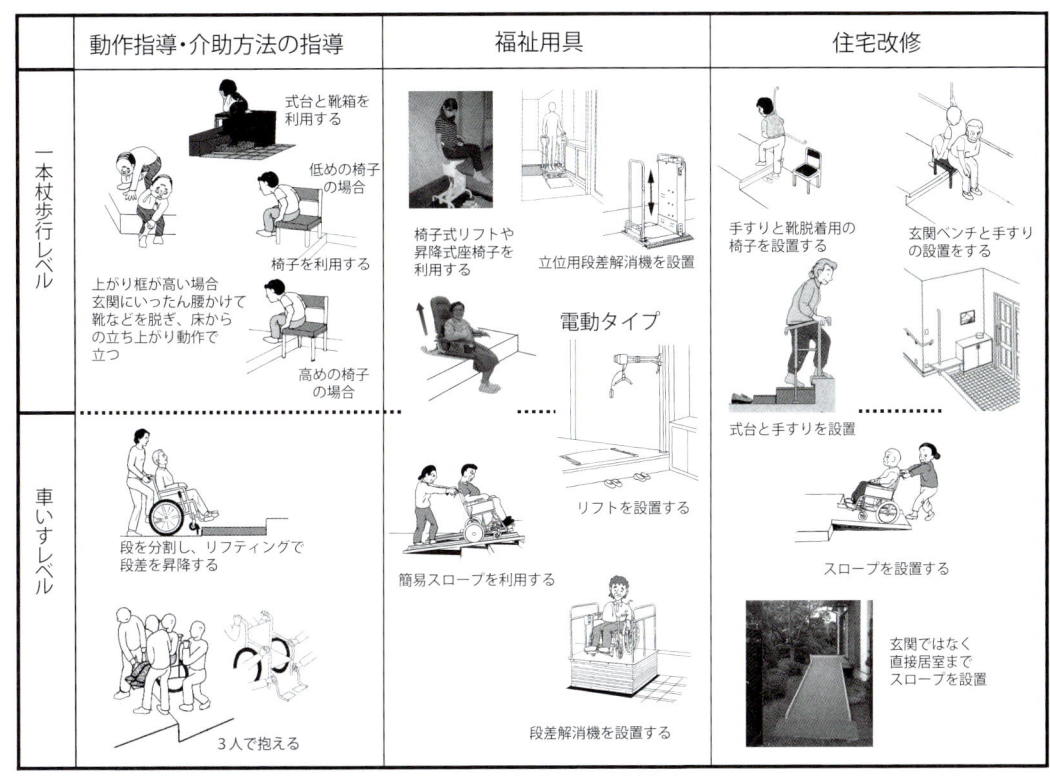

図2　玄関上がり框への支援方法

2. 介助の場合

≪介助方法の指導≫

　玄関昇降に介助を必要とし車いすを利用する場合は、介助者による段差の昇降介助ができるか評価し、可能であれば段差を分割して、リフティングで上がり框を昇る介助方法の指導を行います。また介助の手が多く得られる家庭では、車いすを抱え上げる方法などを伝えます。

≪福祉用具≫

　環境や必要性に応じて、簡易スロープやリフト、段差解消機を利用します。簡易スロープを選定する場合は、勾配比はもちろん、スロープ自体の重さや長さ、介助者の身体状況を確認して選定を行う必要があります。リフトや段差昇降機の設置場所は玄関に限らず、寝室から直接道路へ移動できる動線など、利用者がスムーズに外出できる場所に設置を検討します。

≪住宅改修≫

　自宅敷地内に段差や階段、庭に飛び石などがある場合は、歩行補助具や車いすの種類に応じて環境調整を行っていきます（図6、図7）。勾配があり、スロープが必要となる改修では、勾配比を確認しながら改修を行います。よく現場で遭遇する改修として、勾配比が少なく、踊り場がなく、カーブを描いているスロープを見かけることがありますが、介助する側にとっては、多くの労力を要する大変な環境となります。また庭などの敷地は、玄関内とは異なり雨などの天候に大きく左右される空間です。雨天時に雨に濡れないように雨よけの設置を提案することで、雨天時でもスムーズに外出できます。

図6　敷地内の改修（玄関前）

第 2 章　訪問リハビリテーションの評価とアプローチ

改修前　　　　　　　　　　　　　　　　　　　　改修後
図 7　敷地内の改修（アプローチ）

【徒歩、歩行補助具、車いす、セニアカーなど】

　屋外歩行練習を行いながら、交通量の多い環境や、転倒の発生が考えられる危険箇所を利用者と共に確認していきます（図 8）。また歩行の耐久性やバランス能力向上の目的で、屋外にある物品や道路幅指標にした距離（第 2 章「訪問リハビリテーションの評価とアプローチ―運動機能」を参照）を伝えながら、徐々に距離を延ばしていき、「少しでも長く歩けた」という達成感を得ていただくことが外出に対するモチベーションの向上にもつながります。

　雨天時の外出を考慮し、傘を利用した屋外歩行練習のほか、歩行補助具や車いす、セニアカーを利用した外出が必要な場合は、屋外の環境に応じて移動練習および介助者への介助指導を実施していきます。

【乗用車】

　乗用車のタイプも様々で、セダンやワンボックス車では、シートの高さはもちろん、ドアの開閉様式も大きく異なります。利用者の身体状況に合わせて安全に乗車できる方法を検討しながら、実際の移乗動作練習を行っていきます（図 9）。また移動機器を乗用車に積み込む場合は、本人が積み込むのか、または介助者が積み込むのかで選定に配慮する必要があります（図 10）。介助者が女性や高齢者の場合は、移動機器の重さはもちろん、コンパクトに折りたため、乗用車に簡単に積み込めるものを選定、提案します。

図 8　屋外歩行練習 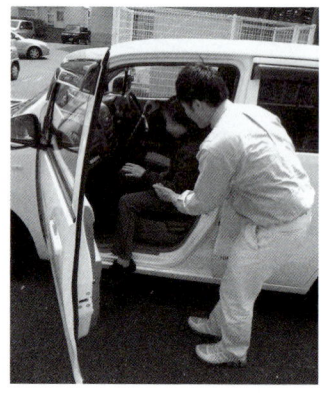　　　　　図 9　乗用車への移乗動作練習

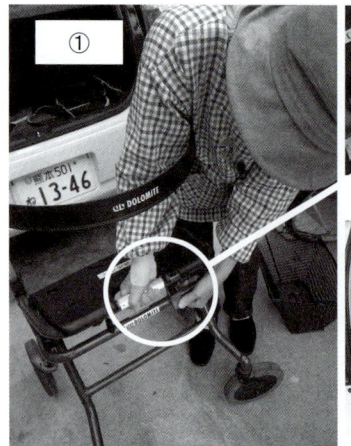

①赤いレバーを下に下げるとロックが解除されますので、ゆっくり解除して歩行車を折りたたんでください。指などを挟まないよう気をつけてください。
②歩行車は写真のように折りたたんでからトランクへ搬入してください。

図 10　介助者に対する乗用車への移動機器（歩行車）の積み込み指導

【公共交通機関】

　ここでは、訪問リハで介入することが多い、バスの利用に関する支援を説明します。

　バスを利用する場合、まず最寄りの停留所まで移動する必要があるため、自宅から停留所までの交通状況や危険箇所を事前に確認し、もっとも安全に移動できる経路を検討していきます。

　車内では、実際の環境下で動作練習および指導を行います。バスに乗車する際の段差昇降や、乗車後の着座動作などの練習を行います。車内の構造もバスによって様々です。床も段差があったり、スロープ形状の場合もあるため、移動の際は注意を促していきます。またバスの運転手によっては、乗車後にすぐにバスを発車する場合もありますので、乗車後はすぐに手すりを把持してもらうよう意識づけを行います。運賃の支払い時は、時間に急かされて混乱する場面がみられるため、スムーズに支払いができるよう支援する必要があります。

　手指の巧緻性が低下しており、小銭の操作が難しい場合は、大きめのがま口財布などを使用したり、注意障害によりバック内に入れてある財布がわかりづらい場合は、バック内の色と反対色の財布の利用を促したり、財布自体を首から下げるタイプのものなどを提案していきます。最近では、小銭を必要としないバスカードなども、バス会社によっては導入されていることも多いため、バスカードの利用を提案することが多いです。

【目的地】

　目的地の環境を事前に確認しておき、歩行で移動する場合は、ベンチなど適宜休憩できるスペースはあるか、車いすで移動する場合はバリアフリーの環境であるかなど情報収集しておきます。これらの情報をもとに、環境に適応するために必要な動作練習や介護指導を行っていきます。外出先で一番問題として挙がりやすいものとして、排泄の問題があります。日常、自宅で利用しているトイレの環境とは異なり、便器の座面の高さや、手すりの高さや位置の違いにより、転倒への不安につながりやすく、外出を控える要因となります。また頻尿や便秘などにより排泄パターンが一定していない場合は、外出に対する意欲も低下しやすいため、排泄パターンを十分に評価します。また、目的地でのトイレの位置を確認し、前もって早めにトイレに行くなどの心構えについてや、尿取りパットや携帯用の尿器など福祉用具の提案を行っていきます。また公衆トイレなどを利用する際、トイレットペーパーがきれている可能性も考えられるため、水に流せるティッシュペーパーを持参してもらうなど、排泄に関するトラブルを事前に予防します。

● おわりに

　外出を支援する前に、1次活動である生理的な活動やセルフケアが安定していることが前提です。できることを増やして、段階的に外出へとつなげていく支援プロセスもありますが、早期に屋外歩行練習や外出練習を行い、先に生活空間を広げるかかわりを行うことで、身体機能の向上につながることもあります。つまり何かができるようになったから、次の空間へと広がっていくのではなく、まず次の空間に出かけてみて、その頻度が増え、最終的に自立度が向上するケースもあります。

　また、利用者がもともと住んでいる環境によって、外出の内容や手段が大きく異なります。20〜30年前に郊外の新興住宅地に建てられた家や周囲に坂道が多い家、最寄りにバスの停留所などがない家など、利用者を取り巻く様々な環境があります。インフラ整備の必要性を、利用者本人および地域住民と連携しながら、行政への働きかけも訪問リハとして、考慮していかなければならない課題かもしれません。

第2章 訪問リハビリテーションの評価とアプローチ

訪問リハビリテーションの評価とアプローチ
就労

　働き盛りで脳血管障害になったり、神経難病に罹患すると就労が困難になります。就労するためには様々なハードルを越えなければなりません。訪問リハの支援は前述のように社会参加までです。働き盛りの年代の利用者、または家族の大黒柱の利用者の就労支援は、経済的自立のためにとても重要な支援です。また就労支援を必要とする利用者は若い人が多く、この先、長い人生において就労できるかそうでないかは、生きがいに大きな影響を与えます。当事業所でも重要性を実感し就労の支援を行っています。

【訪問リハでの就労支援の依頼】

①就労が可能かどうか評価してほしいという依頼
②復職してもらうのでスキルをできるだけ上げてほしいという依頼
③復職は難しいと判断された後の依頼

●依頼内容に合わせて訪問リハでは評価、支援のポイントが異なります。また支援する場所として自宅、職場までの移動環境、職場環境があります。

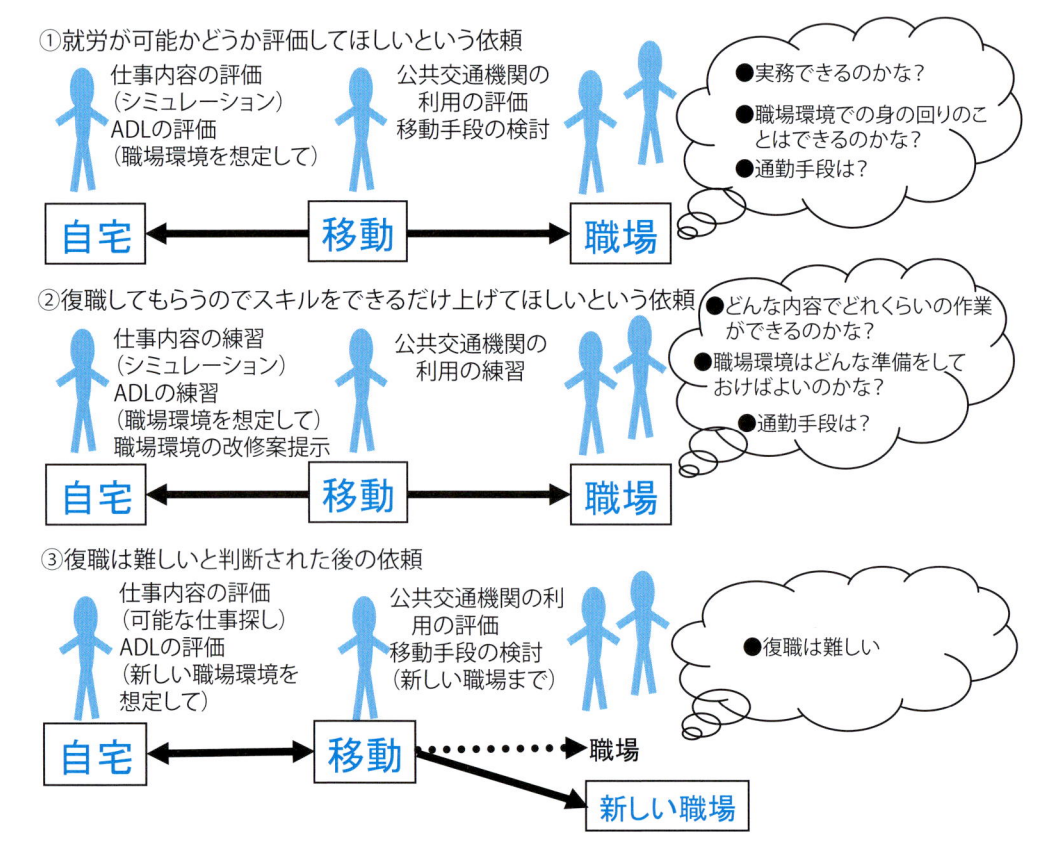

①就労が可能かどうか評価してほしいという依頼

- 仕事内容の評価（シミュレーション）
- ADLの評価（職場環境を想定して）
- 公共交通機関の利用の評価
- 移動手段の検討

自宅 ←→ 移動 ←→ 職場

- ●実務できるのかな？
- ●職場環境での身の回りのことはできるのかな？
- ●通勤手段は？

②復職してもらうのでスキルをできるだけ上げてほしいという依頼

- 仕事内容の練習（シミュレーション）
- ADLの練習（職場環境を想定して）
- 職場環境の改修案提示
- 公共交通機関の利用の練習

自宅 ←→ 移動 ←→ 職場

- ●どんな内容でどれくらいの作業ができるのかな？
- ●職場環境はどんな準備をしておけばよいのかな？
- ●通勤手段は？

③復職は難しいと判断された後の依頼

- 仕事内容の評価（可能な仕事探し）
- ADLの評価（新しい職場環境を想定して）
- 公共交通機関の利用の評価
- 移動手段の検討（新しい職場まで）

自宅 ←→ 移動 ┄┄→ 職場
　　　　　　　↓
　　　　　新しい職場

- ●復職は難しい

当事業所の就労支援

　当事業所で就労支援を行った事例を提示します。事例①は復職するのでできるだけスキルを上げてほしいという依頼で復職されました。事例②③は復職が可能かどうか評価してほしいという依頼でした。一般的に運動麻痺が重度の場合、肉体労働への復帰は困難です。また歩行や移動に障害がなくても高次脳機能障害がある場合、復職が困難であることを実感しています。しかしながら、職場の理解（仕事内容の変更やADLが自立できる職場環境の整備）や家族の支援を得ることで職場復帰が可能となることも経験しています。

事例①（復職）
- 40歳代　　男性
- 疾患：左MCA梗塞、右大腿骨頸部骨折
- 身体機能：中等度の運動性失語症、右上下肢麻痺（Br. StageⅢ-Ⅲ-Ⅲ）
- 仕事内容：パソコンを使用して電柱の設計などをされていた。
- 介入時期：2011年9月14日より、2012年9月25日まで介入。
- サービス：通所リハ週3回、外来ST週1回、訪問リハ週1回。
- 会社からの希望：とりあえず現場に来てもらえればよい。仕事は少しずつ開始していただきたい。はじめは、短時間から慣れながら復職してほしい。
- 経過：脳梗塞後、在宅生活を送られていたが、途中玄関での靴の着脱時に転倒し、右大腿骨頸部骨折をされている。退院後、再度歩行状態が安定し、入浴動作など自宅での問題点も改善してきた。その中で、復職の日程になったため、訪問リハは終了となった。復職を念頭に入れ、転倒後の対応方法のパンフレット作成や介助者の悩みを傾聴するなどの対応を実施。復職後から開始となるヘルパーによる入浴介助については、訪問リハも入浴場面に参加し、動作指導を実施。

事例②
- 40歳代　　男性
- 疾患：くも膜下出血
- 身体機能：左上下肢麻痺（Br. StageⅥ-Ⅵ-Ⅵ）、注意障害、左半側空間無視、記憶障害が残存
- 仕事内容：路上での交通整理、パソコンでの書類作成業務
- 介入時期：2012年10月23日より、現在も介入中。
- サービス：訪問リハ週3回
- 会社からの希望：(初期)復職したらパソコンでの書類作成業務を担当してもらいたい。(最終)交通整理もできるようになってほしい。
- 経過：元の職場への復職を目標に訪問リハ開始。パソコンでの作業能力向上、バスを利用しての通勤が可能になることを目標に介入。パソコンでは左側の見落としや行のずれがあり、バスを利用しての通勤では財布を見失うなどの高次脳機能障害の影響がみられた。その後もパソコン操作やバス通勤の練習を継続したが、2013年1月、会社側より復職は困難との返答。現在はハローワークなどを利用し他の仕事への転職を考えている。

事例③
- 40歳代　　男性
- 疾患：左被殻出血
- 身体機能：重度の運動性失語症、右上下肢麻痺（Br. StageⅡ-Ⅱ-Ⅳ）
- 仕事内容：パソコンを使用して管理関係の仕事をされている。
- 介入時期：2011年6月2日より、現在も介入中。
- サービス：通所リハ週3回、外来ST週1回、訪問リハ週1回
- 会社からの希望：パソコンか言語が、元の能力まで改善してもらえたら復職可能。
- 経過：元の現場へ復職が目標でスタート。運動性失語の問題やパソコン操作が困難で、会社の求める能力に達していない。現状では元の職場への復職は難しい。

コラム
身体障害者手帳を取得すると公共交通機関を利用するときなど様々な優遇があります。就労支援と合わせて積極的に勧めましょう。

第 2 章　訪問リハビリテーションの評価とアプローチ

訪問リハビリテーションの評価とアプローチ
3次活動

　20頁で説明しましたように在宅の障害者、高齢者の生活構造は役割が消失し、消極的な3次活動で占められがちです。この原因は単に機能障害に起因するだけでなく、ICFの構成要素の要因の相互作用によります。したがって、機能障害へのアプローチだけでは変化していきません。セルフケアへの介入が落ちついたら、日々の生活の活動性を上げ、廃用を起こしにくい生活構造に変えていく必要があります。そのためには、2次活動やこれから述べる3次活動（19頁参照）への介入が重要になってきます。

　3次活動は主に自由な時間に行う余暇活動などを指します。退院・退所後は障害が軽度であっても、健常なときのようにうまくできないとの理由から、地域のカルチャー教室などから退いています。障害が重度になると、セルフケアや移動、移乗に介助を受けている状況で、自分が楽しい活動をしている姿が想像できない方や楽しむことを気兼ねしている方が多くいます。

　図1は筆者らが在宅の障害高齢者193名を対象にアンケート調査（回収率65.8%）を実施した結果です。病前に実施していた活動、発症後にできなくなった活動、できなくなったけれどまたやってみたい活動および今後も継続したい活動（以下やりたい活動）について聞いています。3次活動についてみてみると、病前に実施していた活動（すべての活動数のカウントです）を100%としたときに、発症後は約40%に落ち込み、6割近くの活動を失っています。

　なぜできないかの問いでは図2のように、「手足が思うように動かない」に続いて、「体力がない」「難しいことが考えにくくなった」と心身機能に関わる理由が上位です。同率で「人に迷惑をかけてしまう」など他者に気兼ねした理由も多いようです。

　やりたい活動は約80%ですから差引き40%の活動を取り戻したいと希望されています。それを活動内容ごとに整理したものが図3です。活動の多い順に上から並んでいます。3列の表ですべて上位にくる活動、すなわち病前にたくさんの人が実施していて、できなくなった人が多く、またやりたいと思っている人も多い活動を、利用者が「取り戻したい活動」と位置づけると、この調査結果でのベスト3は「旅行」「園芸」「バスの利用」の順です。

　地域性もあるかもしれませんが、いずれも「外」がキーワードになっていると思います。障害を抱えて在宅生活を送っている高齢者は、一般の方々と同じように気ぜわしい日常から離れて、時には旅行に行きたい、バスなど利用して出かけたい、外で活動したいと思っているのです。

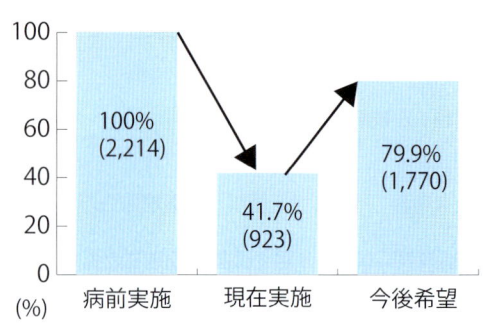

図1　3次活動の病前・現在・今後の活動数の変化
（利用者活動状況調査結果より）

＊（　）内は全活動数。一人で複数の活動を実施している方はその数すべてをカウントしている。

病前実施　100%（2,214）
現在実施　41.7%（923）
今後希望　79.9%（1,770）

皆さん、非日常を求めてるんですよね。

3次活動

<行えていない理由>

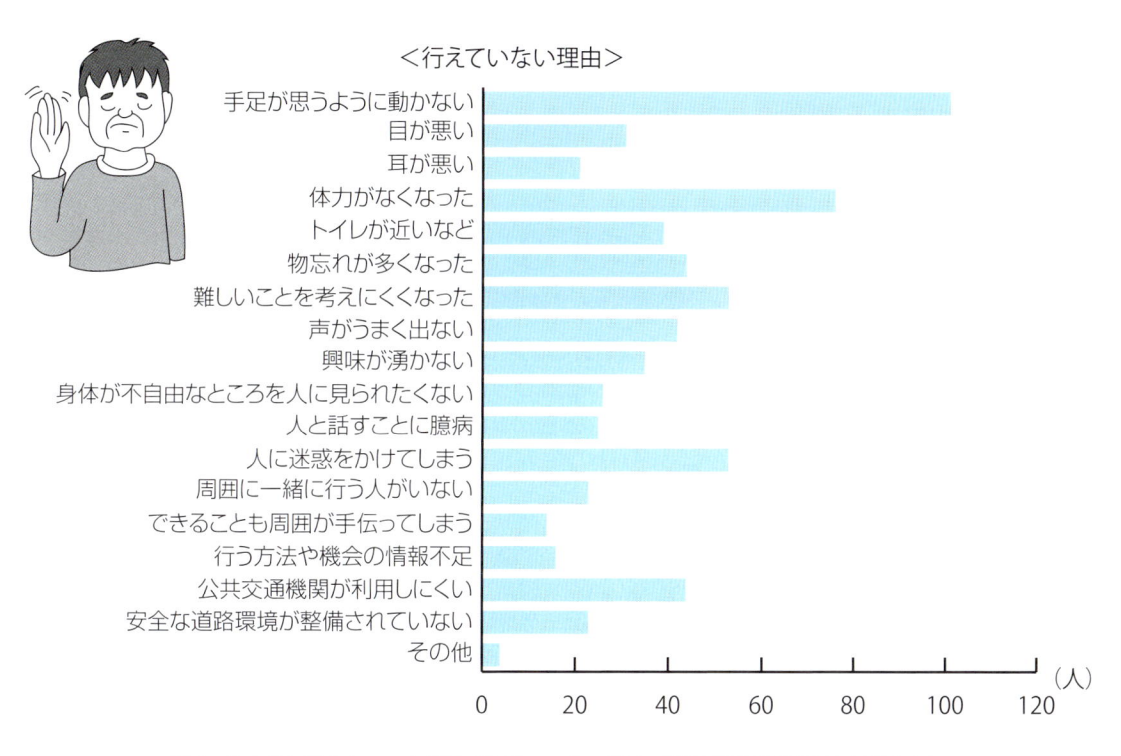

理由	人数
手足が思うように動かない	~100
目が悪い	~30
耳が悪い	~20
体力がなくなった	~75
トイレが近いなど	~40
物忘れが多くなった	~45
難しいことを考えにくくなった	~55
声がうまく出ない	~40
興味が湧かない	~35
身体が不自由なところを人に見られたくない	~25
人と話すことに臆病	~25
人に迷惑をかけてしまう	~55
周囲に一緒に行う人がいない	~25
できることも周囲が手伝ってしまう	~15
行う方法や機会の情報不足	~15
公共交通機関が利用しにくい	~45
安全な道路環境が整備されていない	~25
その他	~5

図2　発症前に実施していた活動が行えていない理由（利用者活動状況調査結果より）

	病前実施していた活動のベスト15	維持率ワースト15	継続したい活動ベスト15
1位	テレビ鑑賞	ボウリング	テレビ鑑賞
2位	新聞を読む	踊り	新聞を読む
3位	電話	ゴルフ	近隣への散歩
4位	**旅行**	自動車	電話
5位	訪問	ゲートボール	**旅行**
6位	近隣への散歩	日曜大工	タクシーの利用
7位	タクシーの利用	ボランティア	訪問
8位	**園芸**	釣り	ラジオを聞く
9位	読書	**旅行**	読書
10位	**バスの利用**	電車の利用	ドライブ
11位	ドライブ	収集	**園芸**
12位	ラジオを聞く	**園芸**	**バスの利用**
13位	手紙	コンサート	手紙
14位	電車の利用	**バスの利用**	音楽鑑賞
15位	化粧・おしゃれ	手芸	映画鑑賞

　　　　　　　旅行　　　　　　　バスの利用　　　　　　　園芸

図3　病前の実施率が高く、発症後の継続率が低く、今後の希望が多い3次活動（利用者活動状況調査結果より）

当事業所の地域参加への支援プロセスは①さりげない提案（Seeding）、②体験（Experience）、③選択（Select）、④技術の向上（Skill up）、⑤参加（Participation）の5つの期に分けて実施していることを紹介しました。役割や楽しみにつながる活動をつくり、地域参加を支援する際はいくつか配慮すべき点があります。各段階での経験と研究結果を交えて紹介します。

①さりげない提案（Seeding）

Seedingは種まきという意味です。訪問リハの会話の中で、生活史や現在関心のあることなどを自然に伺いながら、取り組んでいただけそうな活動を模索します。室内にある書籍や賞状、トロフィーや絵画などにもそのヒントがあります。あまりじろじろ見回すと不審に思われますが、自然に会話の中に取り入れながら評価し、提案してみましょう。仮にこの段階で拒否されても、セラピストとの信頼関係が深まった後に、あるいは支援が終了した後に新たな活動の芽が出ることもあります。以下に提案時のポイントと工夫を挙げておきます。

●役割や楽しみを持って活動している事例を紹介する

利用者から他の人はどんな生活をしているのかと聞かれることも多くあります。役割や楽しみを持って活動的に生活をされている方を紹介（紹介する方の許可を得ます）して、様々な可能性を秘めていることを伝えます。

●いくつかの役割や楽しみにつながる活動を複数提案する

一つの活動を試してうまく行えないことに失望しないように、初めからいくつかの役割や楽しみとなりそうな活動を提案し、「もし難しかったら、次はこれをやってみましょう」と具体的に話をしておきます。また、いくつかの活動を試して本人が気に入るものを探すようにします。

●活動に関する本や作品をみてもらい、イメージを持ってもらう

実際の作品を借りてきて見てもらう、本や写真を見てもらうなどイメージを共有します。施設の文化祭や作品展に行って実際の作品を鑑賞してもらい、関心を持ってもらうようにします。また道具などを持参して見てもらうことも有効です。

●家族の理解と協力

利用者のもっとも身近な理解者として家族の存在は重要です。筆者らの研究においても、家族の関与が役割や楽しむ活動の継続には有意に関係していました。活動に取り組むことが、結果として生活の中での活動量を上げ、心身機能の向上に寄与することを説明し、理解を得て一緒に勧めてもらうなどの協力をお願いします。

●相手の性格や資質によってセラピストの役割を変える

相手に合わせてセラピストの役割を変えるとは、相手の個人因子、性格、職業、どのような活動をするかによって関わる形が異なります。本人が得意なことを行う場合は教えてもらうスタイル、セラピストがリードして教える立場になるスタイル、一緒に始めましょうと共に行うスタイルなど相手に合わせて、セラピスト自身の関わり方を変えることで活動を始めるきっかけを探ります。

筆者らの研究では、提案の段階で具体的な道具の提示、複数の選択肢の提示がより有効という結果でした。口頭による活動の提案だけではなく、よりイメージのつきやすい具体的な道具の提示が必要なようです（123頁参照）。

②提案したことの体験（Experience）

　提案した活動を体験してみることが重要です。口頭で「絵を描いてみませんか？」の提案に「絶対しません。歩けるようになってから！」と門前払いをくらって、活動の提案をあきらめているスタッフがいます。体験してから判断していただくよう様々な工夫をします。また体験する際に準備や説明不足で失敗体験にしないよう、その人に合わせた段階づけや十分な事前準備が必要です。また周りの人からの声かけや評価がその後の意欲に大きく作用します。体験後も本人の気持ちが前向きな思いになるように事前に家族や関係スタッフにも働きかけます。

●対象者の心身状態に合わせて工夫すべき点を十分確認する

　視力や視野の評価などを事前に実施し、対象物の大きさや位置、手本のサイズなどを考慮します。また全工程ではなく、どの工程を行ってもらうかを想定しておき、達成感を感じることができるよう工夫します。

●手順をしっかり覚えておく

　「これならできそう」と思えるように、活動の手順を十分把握して、利用者が円滑に体験できるよう事前に練習をしておきます。活動を紹介する場面でセラピストがとまどうと、「難しいのではないか」「自分には無理ではないか」と不安になり、うまくいきそうだった提案が流れてしまいます。

●家族がいれば、一緒に見てもらう

　実際の場面を家族にも見てもらうと、その後のかかわりがスムーズに行えます。

●よい点を具体的にほめる、アドバイスを行う

　「よくできていますね」の一言よりも、具体的な点をほめます。そのためには、支援者自身も活動に関心を持ち勉強することが必要です。
　しっかり見ている、評価されていると感じてもらえることで活動への意欲が高まります。

●作品としての価値が高まるよう見せ方を工夫する

　作品としての価値が上がるように額装や装飾を施したり、置く場所のレイアウトを検討します。

●家族や関係スタッフからもほめてもらう

　家族からのコメントは大きな影響を与えます。関係スタッフにも事前に取り組んでいることを伝えておきます。
　このような配慮をして関わっても、うまく活動につなげられるとは限りません。難しいことも多くあります。しかし活動を通じて主体的な生活を送るようになった事例を振り返ると、このような配慮が必要と感じています。提案と体験の時期には、相手の思いに合わせて、慎重かつ熱心に関わり、役割や楽しみとなる活動のきっかけを一緒に考えていく姿勢が大切です。

こんな作品の展示はNG！

金色の押しピンで壁に直接貼ってあります。色紙のリボンと、よくできましたの印鑑、これは幼稚園児の展示です。しかも押しピンが1つ取れて斜めになっています。

同じ作品でも、額装したり、様々な装飾を工夫することで作品としての価値が上がり、自分もまだやればできるとの自信もつきます。家族の見方も変わってきます。

③選択(Select)

　提案した活動の体験後に、その活動を継続するかは本人の主体的な選択が重要です。最初から「おもしろそう！」「やってみたい！」と飛びつく方はそういません。体験後は「やりたいけどできるかな…」「まだ早い、身の回りのことがもう少しできるようになってから」「自分にはやっぱり無理かな」「家族に迷惑をかける」など不安や迷いが錯綜しています。体験した活動をやってみませんかと直接背中を押すこともありますが、基本的には活動を選択することの不安や課題に対して支援し、自己決定しやすいような状況にします。選択はすぐになされるとは限りません。体験時の表情や発言、雰囲気によっては待つことも必要です。

④技術向上のための支援(Skill up)

　活動の継続には達成感や技術の向上、一緒に行う仲間や身近な人の活動への理解が重要となります。ここでは取り組んでみてもよい活動が決まったばかりの段階です。利用者が「やってみようと」思い立ったとき、できるだけ円滑に取り組める環境設定や活動の協力者への支援が大切です。また活動後の達成感が得やすい工夫と技術向上への介入を実施します。例えば、何かを作製する活動であれば、活動の工程と動作、環境や姿勢、できあがった作品の展示の仕方や作品の評価の仕方などがポイントとなります。支援のポイントは以下の点が挙げられます。

●工程と動作の確認

　工程を確認してどの部分を行うか再度検討します。手助けが必要な部分を把握して、誰が手伝うのかを考えます。自分でできることを増やす工夫や自助具の検討も必要です（図4～図8）。手助けが必要な部分では家族や協力者が負担にならない方法を検討し、継続できる設定を考えます。

●環境、姿勢の評価・調整

　環境は、利用者の身体機能を向上させることもできますし、場合によっては悪化させることもあります。例えば、活動をすることで座位時間や立位時間が延長して、徐々に体力が向上することもあれば、よくない姿勢をとり続けて、痛みを招くこともあります。作業する姿勢は適切か、どの程度で休憩が必要か、机や椅子の高さ、クッションの検討などを行い、また活動で使用する物品の配置、移動の方法、場所の明るさについても考えます。利用者によっては注意が向きやすく、集中するような環境づくりも必要となります。

●技術の向上支援

　取り組む活動自体のことを知ることも必要となります。本やインターネットでの情報を参考にして一緒に知識を得ながら、より技術が向上するように関わります。関わるスタッフも取り組んでいる活動を知ることによって、アドバイスやほめるときの表現もより具体的になってきます。導入できた活動は、少しでも上達することが活動を継続する力となります。

●表現の仕方

　作品としての価値を上げるような展示の仕方、見せ方となるように工夫します。額装することや置き場所を工夫することで、作品は違った見え方をします。人の目に留まるような場所に展示して、周囲の人からの評価を得るようなしかけをします。

身近なものを使用して作製した玉巻き機。毛玉を玉巻きにした状態。

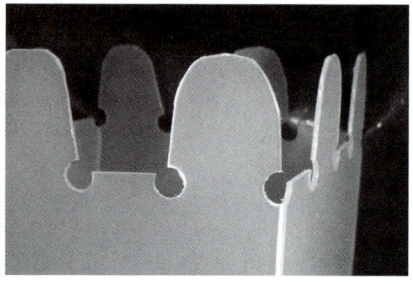

みぞに毛糸をひっかけることにより片手でも玉巻きができる。

図4　指編みに使用する自助具

3次活動

絵具のキャップを、板にあけた穴に押しつけて回して開ける。使用後は、写真右の絵具立てに立てて使用する。

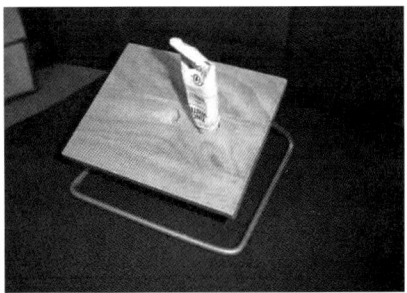

図5 絵具のキャップを片手で外せる自助具

図6 片手でも絵手紙が描ける自助具
バインダーの形状で、簡単に作品を取り外せる。

図7 刺し子に使用する自助具
密閉容器を切り抜くことで、どこからでも針と糸を通すことができ、さらに布を固定するための台として使用できるため、片手での刺し子作業が簡単に行える。

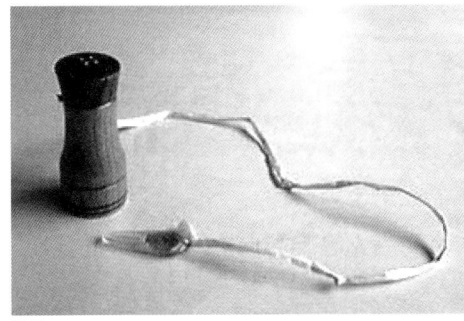

穴に針を差し込み、固定することで片手でも糸を通せる。

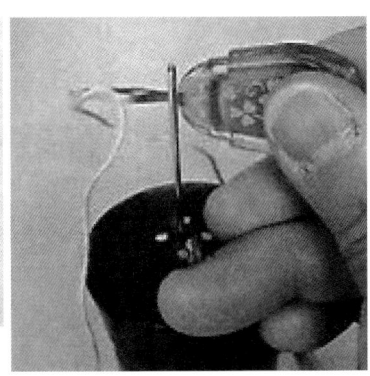

図8 糸通しの自助具

⑤参加(Participation)

活動が継続され、1日の中で楽しめる時間ができたところで留まらず、その活動を基にして、様々な形の参加を支援していきます。すべてお膳立てするのではなく、利用者主体で一緒に考えていくことが重要です。セラピストのかかわりがなくても、本人が主体的に、また周囲の人と協力しながら活動していくことが理想です。支援のポイントは以下の通りです。

●場所を考える

地域、県、全国のイベント情報を常日頃から収集することは必要です。テレビやラジオなどに投稿、ブログなども参加の場であります。地域の大会（図9）や文化祭、作品展などを利用して表現する場を考えます。使用できるギャラリーや展示スペースなどの情報も収集しておきます。

●イベントを一緒に企画する

利用者と一緒に個展や作品展、プレゼント、イベントの企画や計画を立て、参加する場を自分たちでつくることも大切です（図10～図12）。

●活動を通じて外に出る機会を増やす

必要な物品の買い物に行けるように外出の練習、交通手段の検討や練習を行います。また介助者となる人とも一緒に外出して、具体的な介助方法や注意点を伝えていきます。具体的に一緒に行い、指導することで外出にも自信を持ってもらいます。外出の機会となるような展示会やイベントの案内情報を伝えることも外出するきっかけとなります。

●地域の会につなぐ

地域のサークルなどを探し、利用者に情報提供するとともに、地域に参加しやすい環境を対象者と家族、地域の人々とつくっていきます。

新たな活動や参加の場が生まれれば、新たな支援課題が生まれます。活動の量が増え、活動の質が向上し、生活機能が向上していくことが心身機能の低下を防ぐことになると思います。その人らしい生活を送ることがリハの目標であるならば、利用者の役割や楽しみにも関わり、支援することです。

図10 個展の模様

図11 鉛筆画の展示

図9 車いすマラソンの模様

図12 川柳の活動

【事例】

大山さん（仮名）、71歳　男性、診断名は右視床出血による左片麻痺で要介護度は3です。平成×年×月×日に発症し、急性期病院から回復期リハ病棟、老健施設を経てX年3月に在宅復帰し、訪問看護、訪問リハ、通所リハ利用にて在宅生活を開始しました。左上下肢の麻痺と半側空間無視があり、セルフケアは食事が見守りと簡単な指示が必要で、他は一部体を支える介助が必要でした。

生活立ち上げ期（Set up）

老健施設からの退所前訪問に基づき、車いす、ベッド、移動用バー、簡易スロープの貸与と、住宅改修は動線上の敷居にすりつけとトイレへの手すり設置を実施されていました。早く自宅に帰りたいとの一心から、半ば老健施設を飛び出すように退所されたケースであったため、改修後の動作確認や、福祉用具の適合状態や家族への介護方法の指導から訪問リハを開始しました。

生活調整期（Adjust）

入浴は通所サービス利用時に限られていましたが、その後、自宅での入浴を強く希望されたため、浴室環境を調整し、訪問看護スタッフと協力して在宅での入浴パターンを検討し繰り返し指導した結果、自宅でも訪問看護師の介助により入浴可能となりました。

生活継続期（Maintain）

セルフケアのパターンは安定し、最低限の在宅生活の継続は問題なく可能となりましたが、外出が通所に限られ、通所がない日は日中ただ車いす上でぼぉーとしているかベッド上で寝ている状況でした。

生活の質向上期（Step up）

訪問リハでこれまで趣味活動であった囲碁などを試みましたが、継続性がなく、最終的にはこれまでうまくいった事例を紹介しながら、色鉛筆画の導入を行いました。絵画の題材や技術指導、環境設定をリハスタッフが実施し、完成した作品は訪問看護師の賞賛するコメントを通じて活動に自信を持ってもらいました。また本人の作品はリハスタッフで装飾して、様々な地域の会や老健施設の文化祭へ積極的に出展を行い、本人が自ら出かけていく場の提供を行いました。

その結果、絵の題材探しで地域の八百屋に出かけたり、美術館に行くなどの頻度が高まり、退所当初は玄関の改修に拒否的でしたが、楽に外出したいとの希望が高まり、駐車場からの本格的なスロープ作製と段差解消機の設置を実施しました。

現在は、県が主催する作品展にも応募するようになられ、このことにより、これまで日常的な話題は痛みや麻痺に関することに限定されていたものが、絵の題材や作品展の話題が増え、会話の相手も介護者や訪問スタッフのみでしたが、友人や地域の人と広がりを見せていきました。

大山さんは半側空間無視（USN）がテスト上は今も残存しています。USNの方が絵を描くことは評価上はあり得ても、それを趣味活動の一環として取り入れることは、評価の発想からは生まれてきません。図左はUSNの評価結果の絵ですが、図右はスタッフが同じ絵を額装して、デザインし『私の半分の世界』とタイトルをつけたものです。評価上はUSNでも、アートの世界では立派な作品として存在しうるのです。

こちらは障害をみつける絵です。
右は半分しか表現しないアートです。

半側空間無視があります

半分しか描かない個性
『私の半分の世界』

第3章
生活期における訪問リハビリテーションの連携

生活期における訪問リハビリテーションの連携

連携は目的を共にするものの情報交換です。利用者本位のサービスを提供するために必要な情報交換を行います。決して診療報酬、介護報酬のために行うものではありません。

訪問リハで行う連携を流れで整理すると、図1のように①退院・退所元との連携（前方連携）、②在宅生活を支えるチーム間の連携（側方連携）、③在宅生活中に体調不良や転倒骨折、生活機能低下などにより入院、入所した場合の連携（後方連携）があります。「前方連携」ではスムーズに在宅生活が開始できるように情報交換を行うことが重要になります。十分に連携を行わないと退院・退所元で設定した環境整備が在宅生活で生かせなかったり、訪問リハの支援内容が不明確になります。退院・退所前カンファレンスに参加するだけでなく、退院・退所後の訪問リハ利用の打診があった時点で、病院・施設を訪問し情報交換を行います。退院前・退所前訪問などに同行して、病院・施設のスタッフ、ケアマネジャーと在宅復帰の準備を一緒に行うことが理想的です。

「側方連携」では、在宅生活をより質の高いものにするための情報交換を行う必要があります。サービス担当者会議のみの連携では、良肢位の保持や移乗など具体的な支援方法の統一を図ることは困難です。サービス担当者会議への参加はもちろん、課題の解決を現場で一緒に考え、具体的な支援方法を共有することが重要です。

「後方連携」では在宅生活の状況がわかりやすい表現で正確に伝わることがポイントとなります。正確に伝わらないと次のスタッフと利用者間のトラブルの原因になったり、不適切な治療計画や過介護のケアプランが、入院・入所期間を延長させてしまう可能性もあります。在宅生活の様子、身体機能を正確に伝えるには、書面だけでなく、実際に面会しスタッフと意見交換する「顔の見える連携」が必要です。

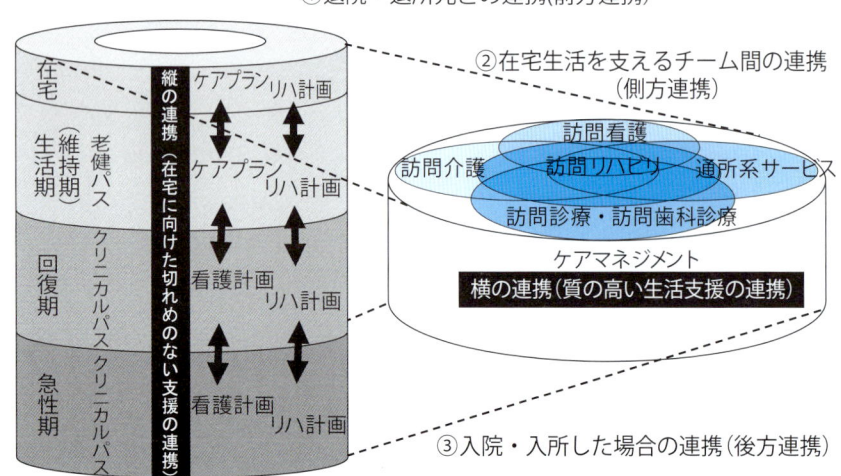

図1　在宅支援における連携の種類

図2は当事業所で支援を行った脳卒中初回発症の方の退院・退所後と訪問リハ開始時と3カ月後の機能的日常生活自立度（FIM）得点の推移を示したグラフです。当事業所では老健は控え室も在宅チームと同じで、日頃から連携しやすい環境にあります。退所時のFIMが低いにもかかわらず、連携を密にすることにより、退所後の環境の変化などによる一時的な生活機能の低下なしに、生活機能が向上しています。

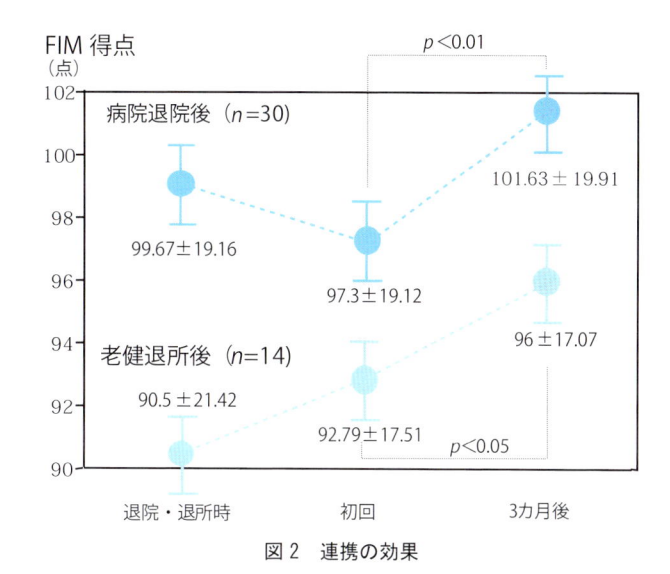

FIM 得点（点）

病院退院後（n=30）: 99.67±19.16 → 97.3±19.12 → 101.63±19.91
老健退所後（n=14）: 90.5±21.42 → 92.79±17.51 → 96±17.07

$p<0.01$、$p<0.05$

退院・退所時　初回　3カ月後

図2　連携の効果

連携職種別の対応

かかりつけ医

依頼 → かかりつけ医の承諾（訪問リハの必要性）
- 確認 → 面会の打ち合わせ
- 未確認 → 確認
  - 承諾 → 事業所の指定
    - なし（礼儀）→ 面会の打ち合わせ
    - あり → 当事業所の対応なし
  - 非承諾 → 当事業所の対応なし

面会の打ち合わせ
- 必要 → 面会（制度の理解）→ 診療情報提供書・訪問看護指示書
- 不必要 → 電話で打ち合わせ（制度の理解）→ 診療情報提供書・訪問看護指示書

図3　かかりつけ医との連携フローチャート

かかりつけ医との連携で経験したことを下にまとめています。かかりつけ医を訪ねた際に苦労することは、多忙な診療業務の中で空き時間をみつけていただき、複雑な制度の説明や利用者情報の交換をし、訪問リハの理解を得て指示書をいただくことです。多くのかかりつけ医とのやりとりを踏まえて、当事業所では図3のようなフローチャートに沿ってかかりつけ医と連携しています。かかりつけ医の事情を理解し連携するとスムーズな情報交換ができることを実感しています。

次頁に面会時の打ち合わせ事項を示します。

大失敗
- 医師の名前を間違えた

大失敗
- ケアマネジャーから目的を確認せず医師に連絡したら何のためにいくのかと言われ言葉につまった

これまで医師から言われたこと

★ 1カ月に1度受診がないと書けない。
★ リハはよくわからないので書けない。
★ 医師に向けて書くのならその医師に書いてもらえばよいのではないか。
★ 毎月お願いすると内容に変化がないので出す必要があるのか。
★ 診療情報提供料・訪問看護指示書料がかかることを利用者へ説明してほしい。
★ 介護保険情報を持っていないので書けない。

● 利用者と医師の関係性がよい場合、スムーズに書いていただける

第3章 生活期における訪問リハビリテーションの連携

かかりつけ医との打ち合わせ内容
リハ内容の調整
　診療情報提供書の説明
　訪問看護指示書の説明
　投薬・リスクの確認
　報告書・計画書の説明
　急変時や事故時の対応
　連絡方法・窓口の確認など

かかりつけ医師との面会、連携窓口のパターン
（当事業所の場合）
時間帯は
　勤務医の場合、午前の診察終了頃（11：30～14：00頃）
　開業医の場合、午後の診察終了頃（16：00～18：00頃）
面会場所は
　病院長の場合、応接室
　勤務医・開業医の場合、外来診察室
　＊稀に病棟診察室・医師控え室・待合室があります。
初回面会後の窓口は
　急性期・公的病院の場合、医事室（事務員）
　回復期病院の場合、地域連携室（MSW）
　医院・診療所の場合、外来看護師
　在宅療養支援診療所の場合、医師

（ケアマネジャー）
医師が勤務する医療機関の特性によって面会方法や連絡手段の選択が異なります

　ケアプランは基本的にICFに基づきリハの視点で作成される必要があります。そのためケアマネジャーと密な連携は非常に重要です。連携密度が利用者の生活機能の改善・向上を左右するといっても過言ではありません。
　かかりつけ医との連携同様に当事業所がケアマネジャーとの連携で経験したこととサービス開始までのフローチャート（図4）、その際の確認事項を次頁に示します。

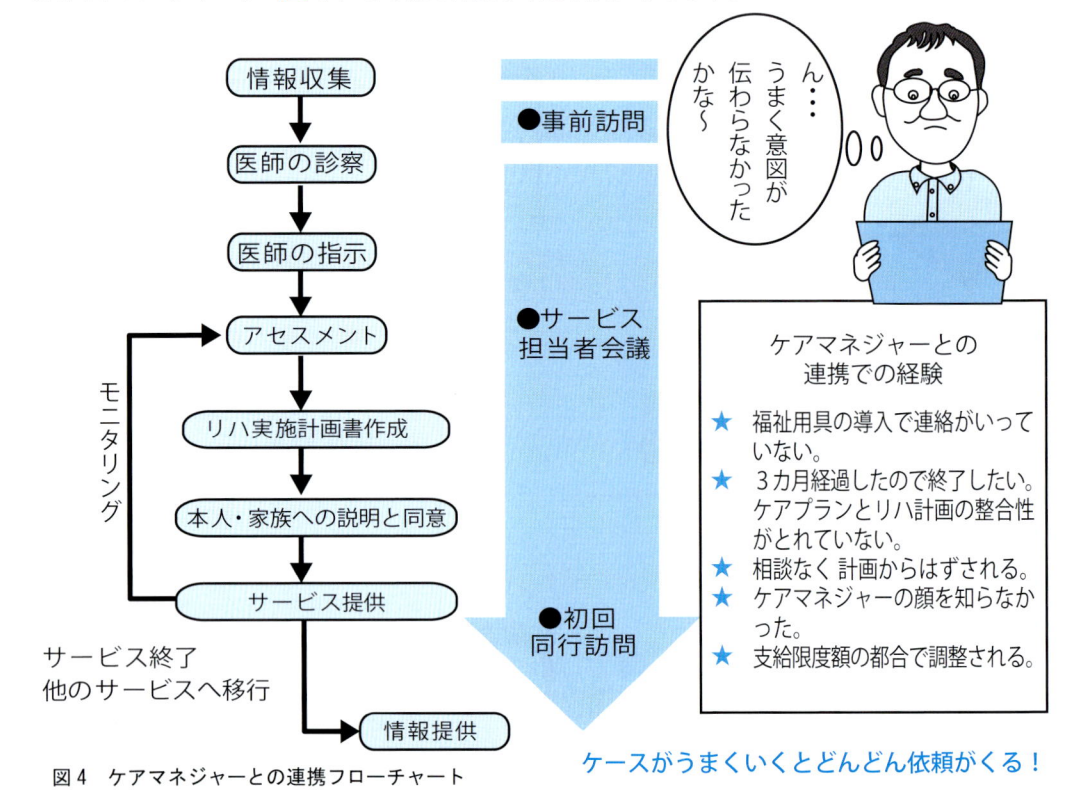

情報収集
　↓
医師の診察
　↓
医師の指示
　↓
アセスメント ← モニタリング
　↓
リハ実施計画書作成
　↓
本人・家族への説明と同意
　↓
サービス提供
　↓
サービス終了
他のサービスへ移行
　↓
情報提供

●事前訪問
●サービス担当者会議
●初回同行訪問

ん…うまく意図が伝わらなかったかな～

ケアマネジャーとの連携での経験
★ 福祉用具の導入で連絡がいっていない。
★ 3カ月経過したので終了したい。ケアプランとリハ計画の整合性がとれていない。
★ 相談なく計画からはずされる。
★ ケアマネジャーの顔を知らなかった。
★ 支給限度額の都合で調整される。

ケースがうまくいくとどんどん依頼がくる！

図4　ケアマネジャーとの連携フローチャート

第3章 生活期における訪問リハビリテーションの連携

サービス提供までの主な確認事項

- 訪問リハニーズの確認
- ケアプランの確認
- 訪問リハ内容の説明
- サービス区分の説明
- 訪問回数・単位数の調整
- 各種加算の調整
- サービス担当者会議の日程調整など

ケアマネジャーを集めての説明会

> 制度の変わり目などを利用してケアマネジャーへの説明会と事業所のサービスの特徴を理解していただくための会を開いています

他のサービスとの連携

　ケアマネジャー、かかりつけ医のほか、サービス提供チームの中には、様々な職種や事業所があります。以下に紹介する7か条は、通所リハを対象とした連携のポイントです。（社）法人日本理学療法士協会主催の介護保険関連研修会（通所系2004年）で、通所リハ連携の7か条をつくるワークショップで生まれたものです。当事業所スタッフがコーディネータとして参加していました。非常によくできており、訪問リハでも使えるものとなっていますので紹介します。

他サービス事業所との連携7か条

- 1条　情細細確
- 2条　相立立考
- 3条　訪問看護と相互理解
　　　『家』・『医』を聞くべし
- 4条　訪問リハと相互理解
　　　『頂』を共有すべし
- 5条　通所サービスと相互理解
　　　『色』を生かすべし
- 6条　訪問介護と相互理解
　　　『個』を聞くべし
- 7条　福祉用具業者と相互理解
　　　『物』を知るべし

1条：情細細確（じょうさいさいかく）情報は細かく細部まで確実に伝えるという意味です。
2条：相立立考（あいりつりっこう）文字通り相手の立場に立って考えるです。専門用語の乱発や自分の立場だけを主張するのはやめましょう。
3条：訪問看護師は家の情報と医療情報をたくさん持っています。しっかり情報を取りましょう。
4条：訪問リハとは同じリハの専門職としてのレベルの高い情報共有をしましょう。
5条：通所系サービスとは同じ通いのサービスとしての情報共有と支援内容の統一と役割分担をしましょう。
6条：訪問介護士は個人因子の情報をたくさん持っています。しっかり聞いてアプローチに生かしましょう。
7条：福祉用具業者からは環境整備のための新製品や具体的手法の情報を取り協業しましょう。

家族との連携7か条

- 1条　情報はもれなく、くまなく、幅広く
- 2条　利用者周辺にアンテナを
- 3条　情報のやりとり手段を選ばず
- 4条　愚痴は大事な情報源
- 5条　家族にも知ってもらおう別の顔
- 6条　日ごろから築こう信頼関係
- 7条　マナーを守って安心連携

（社）法人日本理学療法士協会介護保険関連研修会（通所系）2004年ワークショップ（テーマ：連携）

コラム

　生活保護の場合、住宅改修や福祉用具導入には行政（保護課）の承認が必要です。介護保険の場合はケアプランを変更し、ケアマネジャーが承認を得ることが多いです。
　また医療機器を装着している利用者では、医療機器の取り扱いを熟知して支援する必要があります。例えば人工呼吸器のアラームが鳴ることは現場でよく経験します。安全に対処するために医療機器の業者と連携し関わるスタッフ全員が対処できなければなりません。

第4章
訪問リハビリテーションの効果

第4章　訪問リハビリテーションの効果

訪問リハビリテーションの効果

　第2章で述べたように、当事業所では4つのphase（生活立ち上げ期、生活調整期、生活継続期、生活の質向上期）に分けて訪問リハを実施しています。当事業所の研究から「生活立ち上げ期から生活調整期」、「生活継続期から生活の質向上期」に分けて、訪問リハの効果を述べていきます。

「生活立ち上げ期から生活調整期」

　在宅生活開始直前から開始して間もない時期で、在宅生活がスタートを切れるよう準備を整える時期です。在宅生活開始時には様々な課題が山積しています。そのため開始時は利用者の生活状況により訪問リハが支援する課題に優先順位をつけて支援する必要があります。訪問リハの開始時の支援方法と効果を検討した報告では、開始後3カ月間では移動とトイレ動作、移乗に対する介入が多いという結果でした。移動やトイレ動作は、生活を確立するために最低限必要な項目の一つです。トイレ動作はセルフケアの中で頻度が多く、その日のコンディションや昼夜の状況によって在宅の環境下で変化しやすいものです。一定の期間、在宅生活の中で確認が必要とされるため、課題としての優先順位が高くなります（図1）。

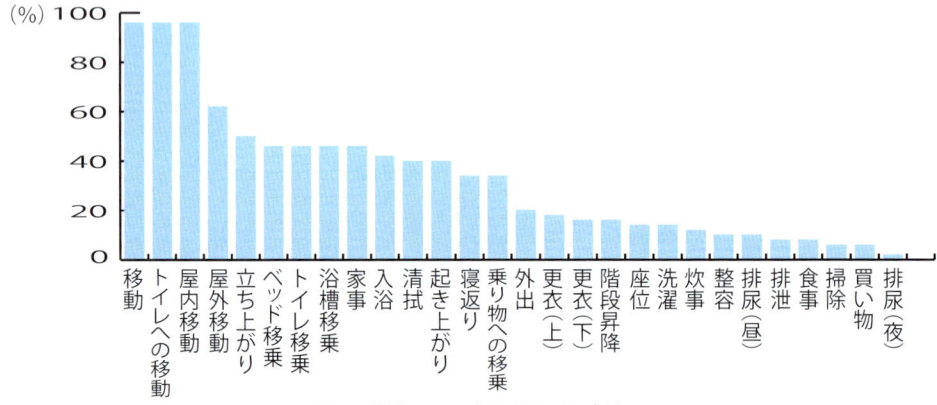

図1　訪問リハの介入項目別の割合

　開始後3カ月のFIMでは合計点では開始時96.2±19.6点から98.9±18.7点と有意に改善しており（図2）、改善項目は更衣、ベッド移乗、トイレ移乗、移動でした。また、訪問リハ開始前のリハ実施の有無、住環境整備の有無がスムーズな移行に関係していると考えられ、BIでは訪問リハ開始後16回で最高点に達すると考えられます（図3）。

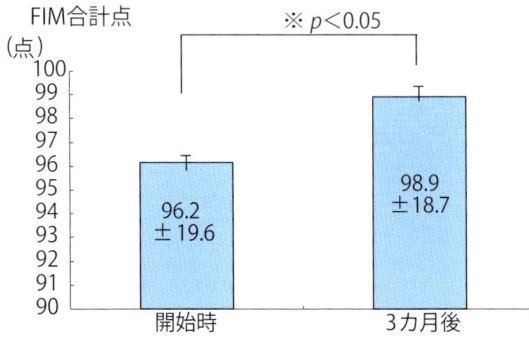

図2　訪問リハ開始時と3カ月後のFIM

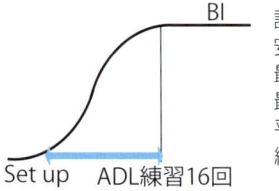

※ $p<0.05$

設定された生活が安定するまでには
最短　　3回
最長　118回
平均　16回の
練習が実施された。

ADL練習回数を、最も頻度の高い週1回の訪問リハと考えると、4カ月間に相当。

図3　BIが最高に達するまでの訪問によるADL練習の実施回数

第4章 訪問リハビリテーションの効果

　また独自の生活評価表を用いて総務省統計局社会生活基本調査を指標に、訪問リハ利用者の生活を構成している生活行為と各行為に費やしている時間を調査しました。すると、訪問リハ開始後3カ月では開始時と比較し、1次活動の「身の回りの用事」の時間は減少し、2次活動の家事関連時間、3次活動の休養など自由時間と積極的自由時間は延長し、その他の自由時間が減少していました（図4）。

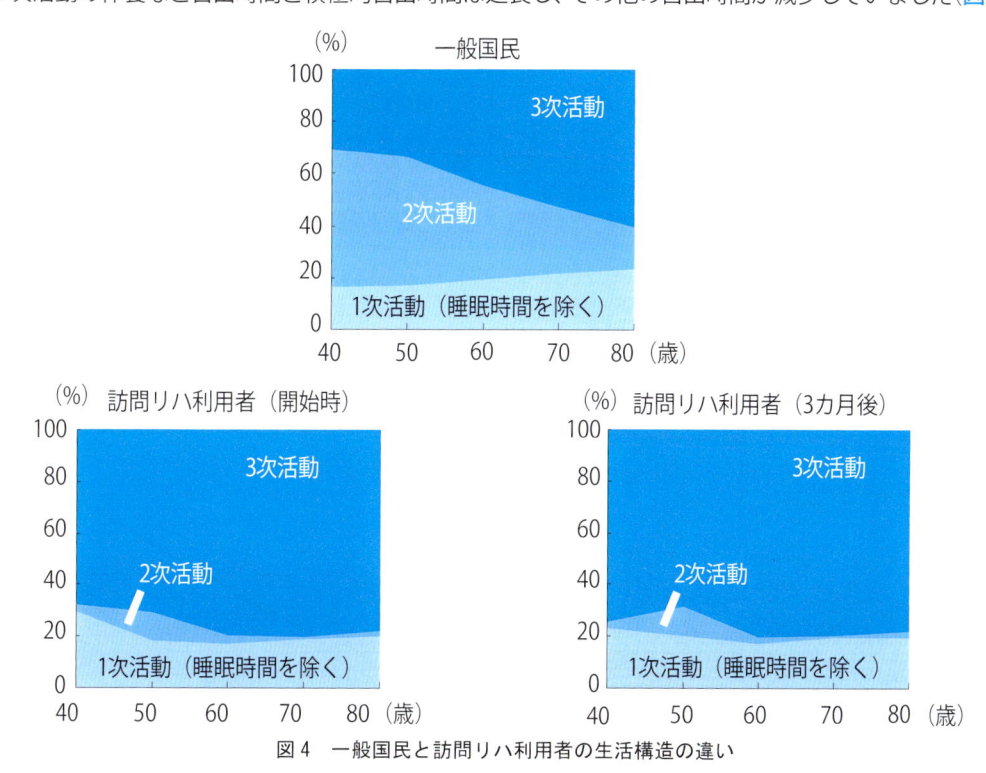

図4　一般国民と訪問リハ利用者の生活構造の違い

　訪問リハによる介入により1次活動の一部の時間短縮や2次活動に費やす時間が増加し、さらに福祉用具や住宅改修による環境整備を行うと新たな活動が生まれるなど活動性の向上にもつながっています（図5、図6）。在宅生活中に訪問リハを新規で利用開始した群では訪問開始初期で福祉用具の紹介が多く、導入や変更は1〜3カ月後とやや遅い時期に多くなります。退院、退所前訪問を実施した群では訪問初期から福祉用具の適合・調整が多くなります。

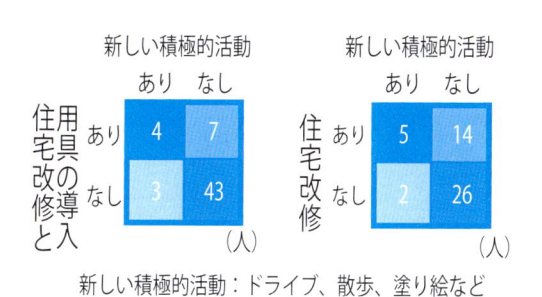

新しい積極的活動：ドライブ、散歩、塗り絵など

● 住改・用具群、住改群は3次活動（積極的自由時間）
　では新たな活動が増加していた（$p<0.05$）。

図5　整備有群と整備無群における3カ月後の新たな活動の有無を比較

		整備有群		整備無群	
		開始時	3カ月後	開始時	3カ月後
1次活動	睡眠	9.6±1.4	9.6±1.4	9.2±1.6	9.2±1.6
	食事	1.1±0.4	1.0±1.4	1.3±0.5	1.3±0.5
	身の回りの時間	1.6±0.5	1.6±0.5	1.8±0.8	1.8±0.7
2次活動	家事関連時間	0.2±0.6	0.3±0.6**	0.3±0.8	0.3±0.8
3次活動	休養など自由時間	1.1±1.7	1.8±2.3**	1.1±1.6	1.3±1.7
	積極的自由時間	0.1±0.2	0.2±0.3*	0.1±0.4	0.2±0.5
	その他の自由時間	10.2±2.1	9.4±2.5*	10.0±1.8	10.0±1.7

● 整備有群では2次活動の家事関連時間は増加していた（**$p<0.01$）。
● 整備有群では3次活動の休養など自由時間（**$p<0.01$）と積極的自由時間は増加し、その他の自由時間が短縮していた（*$p<0.05$）。

図6　整備有群と整備無群における開始から3カ月後の生活時間の比較

119

第4章 訪問リハビリテーションの効果

「生活継続期から生活の質向上期」

安定した生活が継続できていることを確認しながら、次の可能性を模索する中で、さらなる生活圏拡大を図り、楽しみやQOLの向上、地域活動への参加へと結びつけていく時期です。

当事業所では独自の生活評価表と、生活活動度計（以下、A-MES）を用いて利用者の生活構造を分析しています。A-MESは、Activity Monitoring and Evaluation Systemの頭文字を取ったもので、電子応用機械技術研究所と共同開発したものです。図7のように体幹部と、大腿部に4cm×2.7cmのセンサーを取り付け、テープで固定します。このセンサーは3次元加速度センサーで、臥位、座位、車いす駆動、立位、歩行を被検者のプライバシーを損なうことなく1秒間に5回の速度でベルト部のデーターロガーに記憶できます。現在、連続で24時間の計測が可能になっています。

生活評価表とA-MESでの調査結果から、①1次活動にかかる時間を最小限にする、②2次・3次活動の時間を増やす、③積極的自由時間をより活動的な姿勢で増やすことが、生活障害を改善し、活動や参加につなげていく一つの指標になりうると考えられました（図8、図9）。

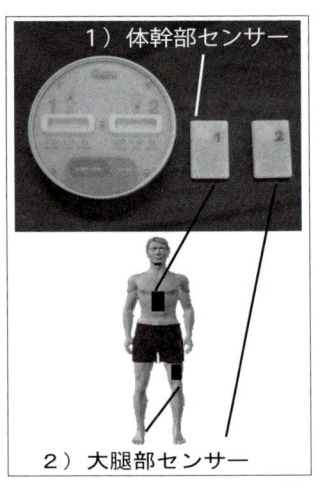

図7 生活活動度計（A-MES）の構造

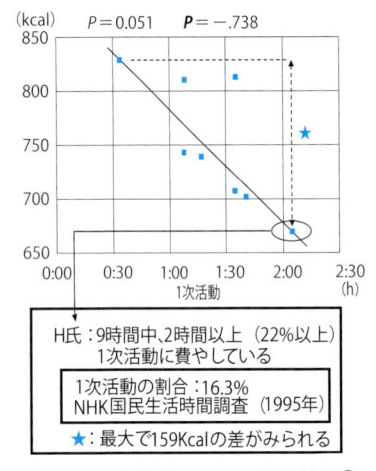

図8 生活評価表とA-MES調査結果①

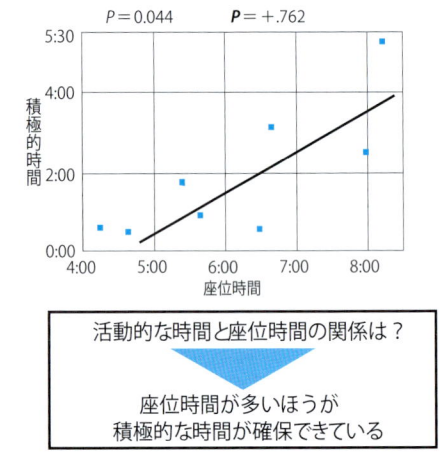

図9 生活評価表とA-MES調査結果②

その中で、外出は個人が社会とのつながりを持つうえで重要な活動です。訪問リハ利用による生活圏の広がりを当事業所では、米国のアラバマ大学で開発されたLife Space Assessment（以下、LSA）を用いて継時的に評価しています。LSAは生活圏を生活レベル（空間）、頻度、自立度の得点で評価する指標です。

調査結果より、有意に改善していました。LSAの改善項目ごとで見てみると、空間、頻度、自立度の順で改善していることがわかりました。つまり、何かができるようになったから次の空間へと広がっていくのではなく、まず出かけて、その頻度が増えて、最後に自立度が上がってくる順番になっています（図10）。

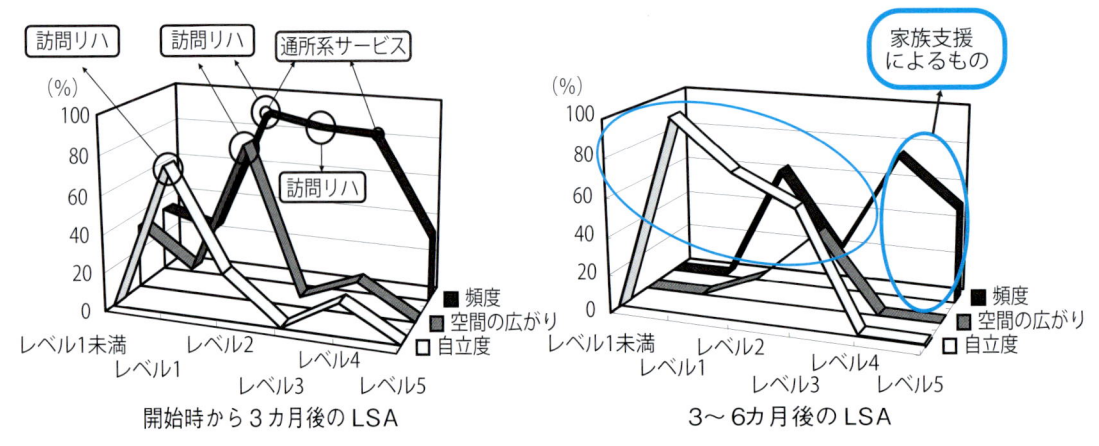

図10 訪問リハ利用による生活圏の広がり方

第4章　訪問リハビリテーションの効果

またLSAとFIMの得点も正の相関がみられ（図11）、生活空間の広がりが、外出に関わる更衣や整容などのセルフケアの能力向上の要因となりうると考えます（表1）。

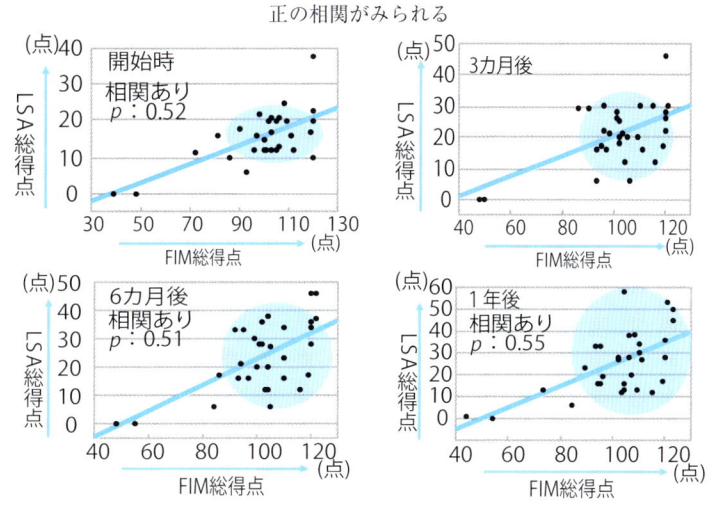

正の相関がみられる

図11　LSAとFIMの関係

表1　生活空間とセルフケアの関係について

期間	整容	清拭	更衣・上	更衣・下	移乗（ベ・椅・車）	移乗（浴・シ）	歩行	階段
3カ月まで	17	42	42	42	42	25	33	58
6カ月まで	10	10	30	40	10	30	10	30
1年後	33	47	33	27	0	20	40	33

単位：%

LSAとFIMの関係で、LSAとFIMの得点に正の相関がみられる。その内訳として、外出に関わる更衣や整容などセルフケアのFIM得点の増加率が高いことが挙げられる。

介護度別で分類した調査（図12）では、要支援者では自立度は高いが頻度が低く、活動性としては低い状況にありました。一方、軽、中・重介護者では、外出に介助が必要で自立度は高くありませんが、訪問リハや通所リハなどのサービスが積極的に入り、また家族への働きかけにより外出頻度の増加や自立度の改善につながっていました。

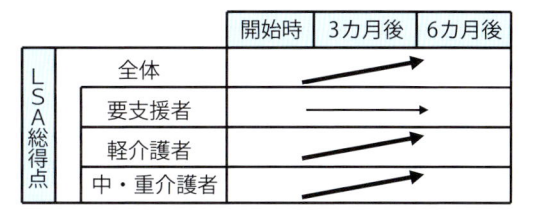

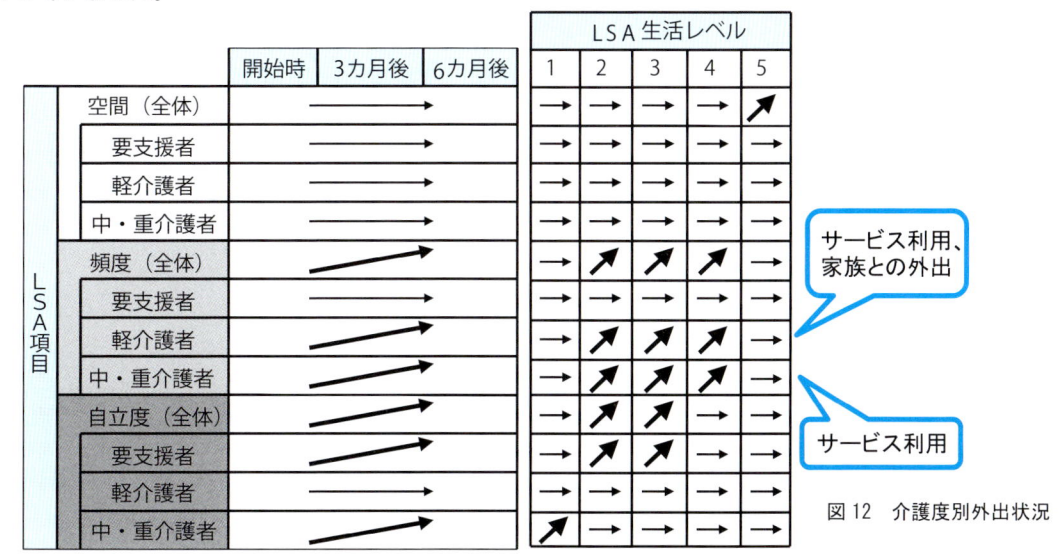

図12　介護度別外出状況

第4章　訪問リハビリテーションの効果

　独居と同居で分類した調査では、独居では移動の自立度は高いものの空間、頻度の得点が低く、閉じ込もり傾向にありました（図13）。本研究から、独居の初回〜3カ月の期間における改善群が非改善群より訪問リハの利用回数が多かったことより、閉じ込もりの改善に初期の訪問リハの介入頻度を上げることが重要といえます。一方、同居では通所系サービスと訪問リハの併用が頻度と自立度の改善に有効ですが、空間は増加しておらず、通所系サービスの空間が生活範囲の上限になっています。

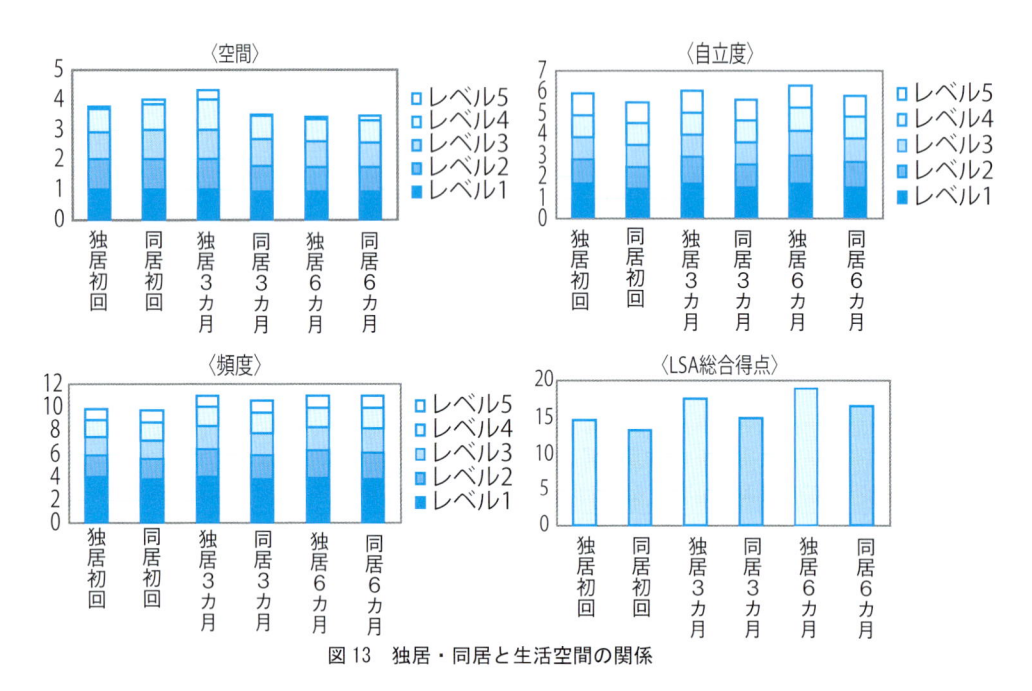

図13　独居・同居と生活空間の関係

　主体的趣味活動の有無で分類した調査で、有群は絵画の題材探しのため外出したり、近所の散歩を再開したりと、趣味活動に関連して外出頻度が改善するとともに、その中で移動能力が向上していました。一方、無群では、有群よりも意欲を持って外出することが少なく、生活空間を拡大するスピードが低下していました（図14）。以上の結果から、広がった空間での主体的活動の提供や家族への支援が重要であり、訪問リハ、通所リハなどのフォーマルなサービスの充実と連携強化はもちろん、地域のインフォーマルなサービスとの連携が在宅生活者のさらなる生活空間拡大に必要です。

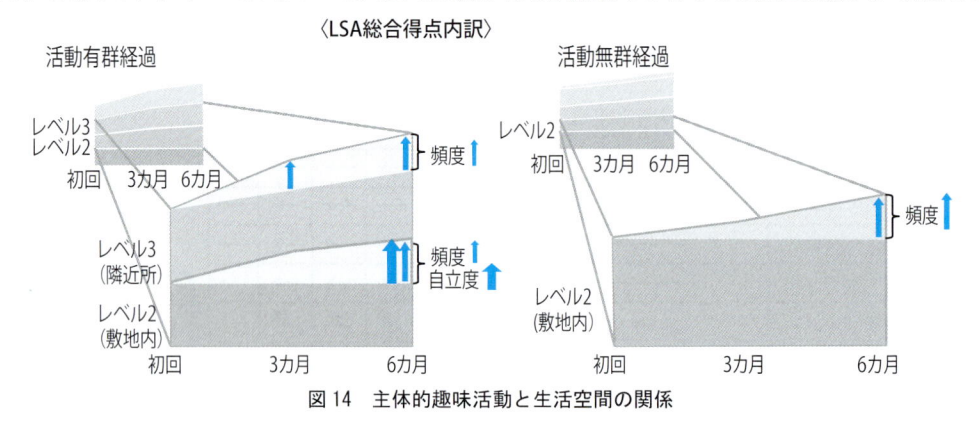

図14　主体的趣味活動と生活空間の関係

　地域参加まで至り活動が半年以上継続している利用者と、セルフケアや移動のアプローチをやめている利用者を、QOL評価の一つであるSF-36（MOS 36-item Short From Health Survey）を用いて比較した結果、活動有群は一般国民の標準値と比較して、身体機能については満足度が低かったものの、他の項目はすべて有意差がありませんでした。これに対し活動無群では、すべての項目において一般国民の標準値より有意に低下していました（図15）。

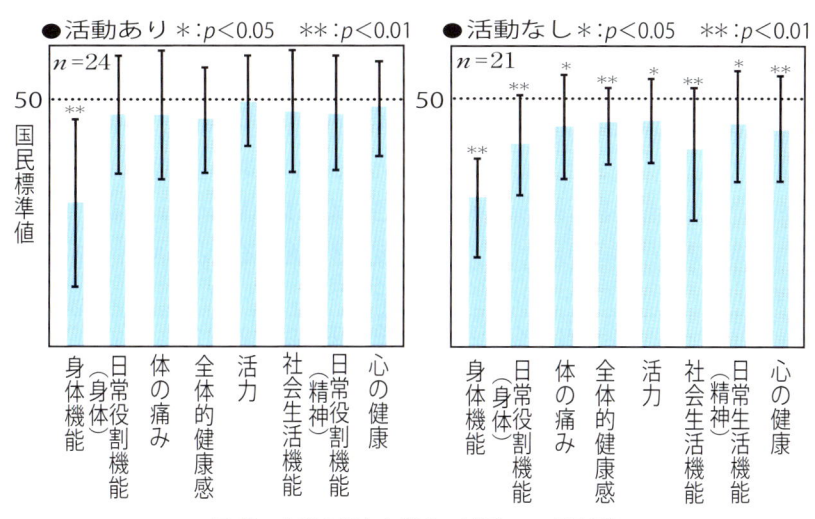

図15 生活の質向上期のエビデンス（SF-36）

主体性のある活動を持っている利用者は身体機能の項目以外は一般国民と変わらない満足度であり、一方、主体性のある活動がない利用者はすべての項目で満足度が低かった。

活動支援がうまくいくためには、口頭による活動の提案だけでなく、イメージしやすい具体的な道具の提示、利用者が主体的に取り組める環境づくりや複数の選択肢の提示、家族への働きかけなどを積極的に実施することが重要です（図16）。また家族の協力が活動の継続にも関係しています（表2）。定着した活動も単に自宅内での楽しみにとどまらず、地域に参加していく手段となるよう支援していくことが、その継続性にも影響することが示唆されています。

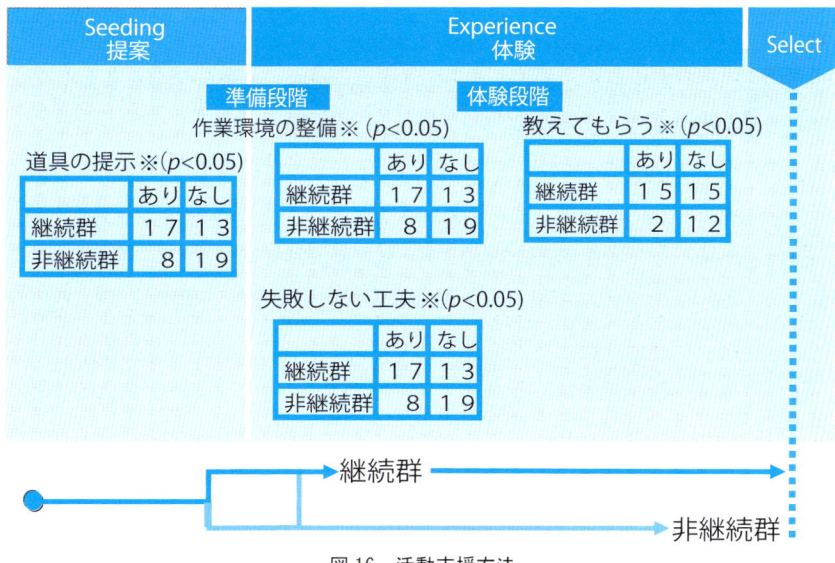

図16 活動支援方法

道具の提示 ※（$p<0.05$）

	あり	なし
継続群	17	13
非継続群	8	19

作業環境の整備 ※（$p<0.05$）

	あり	なし
継続群	17	13
非継続群	8	19

教えてもらう ※（$p<0.05$）

	あり	なし
継続群	15	15
非継続群	2	12

失敗しない工夫 ※（$p<0.05$）

	あり	なし
継続群	17	13
非継続群	8	19

表2 活動の継続と家族の協力の関係

	協力あり	協力なし
継続群（25名）	19名	6名
非継続群（25名）	11名	14名

※（$p<0.05$）

第4章 訪問リハビリテーションの効果

当事業所における研究発表紹介―その他の研究内容

題名：訪問リハビリテーションセンター清雅苑における生活支援のストラテジー
大会名：第1回全国訪問リハビリテーション研究会・東京（野尻・2002）
内容：事例を通して訪問リハで生活支援を実施する際の効果的な進め方をまとめた。生活立ち上げ期（Set up phase）、生活調整期（Adjust phase）、生活維持期（Maintain phase）、生活の質向上期（Step up phase）の4つのPhaseに分けて、生活支援を進めることが有効であることの提唱を行った（SAM理論）。
題名：訪問リハビリテーションにおける生活評価と生活活動度計の紹介
大会名：第25回九州理学療法士・作業療法士合同学会・沖縄（坂田・2002）
内容：財団法人くまもとテクノ産業財団電子応用機械技術研究所との共同で1日の生活活動の概要が測定できる「生活活動度計」を開発し、より客観的な生活評価を試みた。身体機能評価と問診によって得た生活評価に解析データの結果を加えることで、より客観的な評価が可能となり、利用者の生活行為全体を把握することができた。その結果より、生活の中にどのような運動要素を取り入れていったらよいかなどのプログラムの立案や、われわれのかかわりにより、どのように生活が変化するのかなどの効果判定として生活活動度計が有効であると思われた。
題名：訪問リハビリテーションにおける生活活動度計を用いた生活評価
大会名：第6回リハビリテーション・ケア合同研究大会・札幌（松永・2002）
内容：生活活動度計を用い78歳、要介護3の利用者の生活状況を測定した。結果、8.8時間の生活の中での臥位、座位、車いす駆動、立位、歩行の時間の計測を正確に行うことができた。また問診とあわせることで利用者の生活を客観的に捉えることができることがわかった。
題名：訪問リハビリテーションにおけるリスクマネジメント
大会名：第26回九州理学療法士・作業療法士合同学会・福岡（松本・2003）
内容：訪問リハにおけるリスクに対する当センターの取り組みを紹介した。月初めにリスクマネジャーが過去のデータからその月に予想されるリスクとその対応策を挙げリスクの共有化を図る（対応）。日々のヒヤリハット経験は、カレンダー式ヒヤリハット報告書に記入する（新たなリスクの把握）。月末にリスクマネジャーがヒヤリハット報告書をまとめ、それに分析を加え、ミーティングで報告する（分析）。月々のヒヤリハット報告書の分析は次年度に生かせるよう保存する（データの保存）。
題名：訪問リハビリテーションセンター清雅苑の活動報告
大会名：第122回熊本リハビリテーション研究会（大久保・2003）
内容：当センターのリスクと教育についての問題点とその対策の活動について報告した。
題名：訪問リハにおける日常生活の客観的な評価の試み
大会名：第40回日本作業療法学会・京都（松永・2005）
内容：生活活動度計を用いて、5例の在宅生活者の客観的な日常生活の評価を試みた。5例の利用者すべてにおいて日常生活の状況、支援内容の効果を把握することができ、支援内容とケアプランの整合性や訪問リハ計画立案にとって生活活動度計による客観的な評価が有効であることがわかった。

（　）内は発表者と開催年、以下同

題名：訪問リハ利用者の生活構造分析を試みて―総務省統計局社会生活基本調査との比較
大会名：第41回日本作業療法学会・鹿児島（坂本・2006）
内容：341名を対象とし清雅苑式生活評価表を用い、総務省統計局基本調査の生活時間に分類し訪問リハ利用者の生活構造を分析した。結果、利用者の生活時間は基本調査と比べ、1次活動が長く、2次活動は極端に少なく、3次活動は長かった。一般の生活者と生活構造が異なり、特に2次活動の消失が特徴的であった。

題名：生活をみる訪問リハビリの視点
大会名：第6回全国訪問リハビリテーション研究会・東京（大久保・2005）
内容：341名を対象とし清雅苑式生活評価表を用い、総務省統計局基本調査の生活時間に分類し生活をみる視点を分析した。結果、利用者の2次、3次活動の不足が考えられ、訪問リハのかかわりとしてセルフケアのみではなく、生活全般に関わる重要性が改めて認識できた。訪問リハにより介護予防や生活障害を改善するためには、生活全体を客観的に評価し、活動的な生活構造に転換していく指標が必要であり、今回の生活時間の分析も生活をみるうえで重要な視点であることが考えられた。

題名：訪問リハビリを円滑に実施するための間接業務の工夫
大会名：第6回全国訪問リハビリテーション研究会・東京（百留・2005）
内容：訪問リハにおける間接業務には、会議、安全管理、移動、記録業務、スケジュール管理、連絡調整、教育などが挙げられる。当事業所では、これらの間接業務の体制や書式についても、トップダウンではなく、全員で検討している。訪問リハの直接業務を安全に効率よく実施するためには、間接業務が円滑に実施される必要があり、様々な工夫が有効であることがわかった。

生活の立ち上げ期・調整期に関する研究紹介

題名：訪問リハビリテーションの効果について
大会名：第122回熊本リハビリテーション研究会（松永・2003）
内容：150名を対象とし、生活状況の変化を清雅苑式評価表およびBIを指標に調査した。BI合計点は初回と現時点で有意に上昇していた。余暇割合は生活継続期が一番低率であったが、生活の質向上期のかかわりにより14.2％と割合が高くなった。生活行為を行う場所の変化では、訪問リハのかかわりにより、広がりが多くみられたのは移動の項目であることがわかった。

題名：訪問リハビリテーションの効果について
大会名：第2回全国訪問リハビリテーション研究会（松永・2003）
内容：144名を対象とし、訪問リハ開始時にケアプラン上に位置づけられた訪問リハの解決すべき課題（訪問リハ目的）を、どの程度達成できたかを指標に達成度を分析した。結果、訪問リハ目標の達成度は閉じ込もりの解消24％、ADL維持向上79％、廃用症候群の予防（局所性、全身性、精神性）それぞれ79％、85％、91％、QOL向上を目的とした楽しみづくり52％、福祉用具の検討82％、住宅改修の検討58％、介助量の軽減20％であった。

第4章 訪問リハビリテーションの効果

題名：環境整備に伴う客観的評価 大会名：第7回リハビリテーション・ケア合同研究大会・東京（吉原・2003） 内容：事例を通して生活活動度計（A–MES）を指標に環境の変化が生活に及ぼす影響について分析した。車いす駆動時間の延長、すべり座の減少、生活圏の拡大の様子が客観的に捉えられた。変化を利用者に視覚的にフィードバックでき、生活目標の検討、プログラムの立案、効果の検証に生活活動度計による評価が有効であることがわかった。
題名：訪問リハビリテーションの効果 第2報 大会名：第125回熊本リハビリテーション研究会（真栄城・2004） 内容：23名を対象とし、FIMを指標に3カ月後の変化を分析した。結果、歩行、階段昇降、シャワー・浴槽の移乗、更衣動作の上半身および下半身において改善がみられた。またADL動作指導、福祉用具導入、住宅改修、居室レイアウトに加え家族、他のサービスと連携した訪問リハのかかわりがADL能力の維持・向上につながることがわかった。
題名：訪問リハビリテーションの効果的な進め方について 大会名：第39回日本理学療法学術大会・宮城（栗原・2004） 内容：88名を対象とし、BIを指標に住環境整備と訪問リハの影響を分析した。また開始からのBIが最高点までに達する期間と訪問リハの実施回数を分析した。結果、平均16回程度の訪問リハでBIは最高点に達し、リハ前置主義と住環境整備の有無がスムーズな移行に関係していることがわかった。
題名：訪問リハビリテーションの効果について—3カ月後のADL変化 大会名：第8回リハビリテーション・ケア合同研究大会・北九州（真栄城・2004） 内容：23名を対象とし、FIMを指標に3カ月後の変化を分析した。結果、FIM合計点が有意に改善した。歩行、階段昇降、移乗（シャワー・浴槽）、更衣動作の改善がみられた。家族・他のサービスと連携した訪問リハのかかわりが重要であることがわかった。
題名：訪問リハビリテーションによるADL指導の効果 大会名：第40回日本理学療法学術大会・大阪（鳥羽・2005） 内容：38名を対象とし、FIMを指標に3カ月後のADLの変化を分析した。結果、FIM合計点が有意に改善し、整容、清拭、歩行、階段昇降、移乗、更衣動作の改善がみられ、訪問リハのかかわりとしてADL指導がFIMの改善に有効であった。
題名：脳血管障害を持った生活者に対する訪問リハビリテーションの効果 大会名：第9回リハビリテーション・ケア合同研究大会・大阪（桑田・2005） 内容：34名を対象とし、FIMを指標に3カ月後の変化とアプローチ内容との関係を分析した。結果、FIMの得点は退院時～開始時は整容が低下し、開始時～3カ月は整容、清拭、更衣上・下半身、トイレ動作、階段が改善した。
題名：訪問リハビリテーションにおける生活活動の評価 大会名：第41回日本理学療法学術大会・群馬（大原・2006） 内容：右大腿骨頸部骨折（右片麻痺を伴う）の症例に生活活動度計を用いて退院1カ月後の生活状況を客観的に評価、その生活状況の生活構造・エネルギー消費量を分析した。生活活動の内容は総務省調査によると、症例と同年代の一般高齢者では1次活動が12時間5分、2次活動2時間21分、

(続き)

3次活動が9時間34分であり、うち趣味・娯楽の時間が56分である。症例は1次活動がやや多く、3次活動はパソコンに取り組み始めたことから高くなっていた。2次活動は消失しており、一般高齢者との大きな違いとなっていた。エネルギー消費の面からみると、厚生省調査で1,600 kcal、加藤らの在宅片麻痺者を対象とした結果は1,716±146 kcalで、量的にみた活動は低かった。症例の生活は量的側面で運動量がやや不足し、質的側面では2次活動が消失していることがわかった。

題名：訪問リハビリテーションの効果の検証
大会名：第128回熊本リハビリテーション研究会・リハケア合同研究大会・熊本（大久保・2007）
内容：32名を対象とし、FIM、寝たきり度、実施計画書、訪問リハ内容を指標に開始時、1カ月後、終了時の変化を分析した。結果、短期集中リハを実施した場合、FIMの得点の経時変化がそれ以外の場合と比較し著明に改善していた。訪問リハ開始時は生活機能の維持・改善に「個人因子」、「環境因子」、「活動」と「参加」に集中的に働きかけることが重要で、1カ月以降は「活動」と「参加」に対する支援が重要であることがわかった。

題名：訪問リハビリテーションの介入内容とその効果
大会名：第12回全国訪問リハビリテーション研究会・神戸（山室・2008）
内容：24名（脳卒中モデル8名・廃用症候群モデル16名）を対象とし、FIM、実施計画書、介入内容を指標にモデルの特徴と効果を分析した。結果、脳卒中モデルでは、ADL練習・環境調整とFIM、趣味的活動と買い物・介護度において介入効果がみられた。廃用症候群モデルでは、バランス練習と階段昇降・寝たきり度、精神的支援と食事・屋内移動、社会的活動と乗り物・立ち上がりにおいて介入効果がみられた。

題名：初回発症脳血管障害患者に対する訪問リハの介入効果
大会名：第43回日本理学療法学術大会・福岡（濱崎・2008）
内容：脳血管障害患者44名を対象とし、FIMを指標にADLの変化を分析した。結果、退院・退所後のADLは有意に向上し、更衣（下）と移乗（ベッド）では、訪問回数の多い（週2回以上）ほうが、整容と階段は行為への直接的な介入を実施したほうが改善していた。排尿、排便、移動は、環境整備、福祉用具の適合・調整などの環境因子への介入を実施したほうが有意に改善していた。トイレ動作、移乗、移動は、筋力増強練習、バランス練習を実施したほうが有意に改善していた。

題名：廃用症候群に対する訪問リハビリテーション
大会名：第12回リハビリテーション・ケア合同研究大会・福井（百留・2008）
内容：85名を対象とし、介護保険初回認定日から訪問リハ開始までの期間、開始の経緯や廃用に陥った要因、紹介者、開始から3カ月目までの支援内容を調査した。認定後3カ月以内に訪問リハが開始となった利用者は、通所系サービスを利用していないことが多かった。また要支援2ではうつ傾向と痛み、要介護1では転倒、要介護4では臥床時間の延長、要介護5では臥床時間の延長と閉じ込もり傾向が多くみられ、紹介者はケアマネジャーが多かった。支援内容は要介護度別に特徴がみられることがわかった。

題名：訪問リハ介入による生活構造の変化—住環境整備による影響
大会名：第44回日本理学療法学術大会・東京（鈴木・2009）
内容：57名を対象とし、清雅苑式生活評価表を指標に住環境が生活構造に与える影響を分析した。結果、住環境整備が1次活動の一部の時間短縮や2次活動に費やす時間の増加や新たな活動の創出に影響を与えることがわかった。

題名：訪問リハビリ開始時の支援方法と効果の検討
大会名：第45回日本理学療法学術大会・岐阜（山室・2010）
内容：50名を対象とし、FIM・実施計画書・訪問リハ内容を指標に開始時のかかわりとして訪問リハのサービスをより効果的に提供するために、生活場面の課題に対しどのような支援が選択され、効果があるのかを分析した。評価上は自立度が高いにもかかわらず、セラピストが課題としている項目として移動・トイレ動作、トイレへの移動が挙げられ、評価上での自立度は低いにもかかわらず、課題とならない項目として食事、整容、更衣であることがわかった。

題名：訪問リハビリで利用開始から3カ月以内に行った福祉用具の介入に関する調査
大会名：第46回日本理学療法学術大会・宮崎（竹内・2011）
内容：141名を対象とし、訪問リハの利用開始3カ月以内での福祉用具の介入について調査を行った。在宅群（在宅からの介入）、訪問有群（退院・退所前訪問あり）、訪問無群（退院・退所前訪問なし）ともに検討提案という介入方法が最も多く、在宅群、訪問有群、訪問無群ともにパーソナルケア関連用具、移動機器、家具・建具に対する介入が多かった。在宅群では福祉用具の介入に至るまでに時間を要し、訪問有群ではそろっている福祉用具に対する適合調整が多く、訪問無群では歩行器や車いすに関して適合調整が多く、追加変更の割合も3群の中では1番多いことがわかった。

題名：訪問リハビリテーションを利用している脳卒中患者の退院時身体能力とADLとの関係
大会名：第47回日本理学療法学術大会・兵庫（谷口・2012）
内容：41名を対象とし、FIMと退院時Fugl-Meyer Assessment（FMA）を指標に退院時の身体能力とADLの経過について分析した。結果、運動FIMとFMAは、開始時でバランス、ROM、上肢、下肢に相関がみられたが、最終時では上肢、下肢に相関はなくなり、運動麻痺にかかわらず、ADLは維持・改善することがわかった。

「継続期・生活の質向上期」に関する研究紹介

題名：訪問リハビリにおけるQOLの向上の試み
大会名：第1回全国訪問リハビリテーション研究会（百留・2002）
内容：136名を対象とし、生活の質向上期の支援経過を調査した。活動内容が決定している利用者は23人であった。活動の内訳は、絵画6人、手芸3人のほか、パソコン、園芸、写真、日舞参加のための外出、遊戯、歌、車いすマラソン、肥後狂句と多岐にわたっていた。23人中participationの段階に入り、地域の活動に結びついているケースは6人で、それぞれ地域の様々なイベントへの参加、作品展への出展、個展の開催などの広がりをみせ、対人関係や生活圏が拡大していることがわかった。

題名：訪問リハビリにおけるQOLの向上とその支援方法
大会名：第38回日本作業療法学会・長野（入江、佐伯・2003）
内容：146名を対象とし、支援した活動内容、活動の継続性、活動導入時の具体的方法、活動が継続している利用者の生活変化、活動への家族の協力の有無を指標に活動支援について分析した。結果、活動支援がうまくいくためには、口頭による活動の提案だけでなく、イメージしやすい具体的な道具の提示、利用者が主体的に取り組める環境づくりや複数の選択肢の提示、家族への働きかけなどを積極的に実施することが重要であることがわかった。

題名：訪問リハビリテーションにおけるQOLの取り組みとその効果
大会名：第3回全国訪問リハビリテーション研究会・高知（吉原・2004）
内容：45名を対象とし、SF-36を指標に当事業所の「生活の質向上期」のかかわりがQOLに与える影響について分析した。結果、訪問リハによる継続できる活動への支援が、社会生活機能や活力の項目の得点を向上させ、結果、生活の張りや、家族・友人との交流の増加や社会参加につながっていることがわかった。また身体的な障害は残存しても、安定した生活を再建した後に、主体的な活動を行うことで日常役割機能（身体）、体の痛み、全体的健康感、活力、社会生活機能、日常役割機能（精神）、心の健康の7項目で一般国民と同じ程度の意識で生活できることがわかった。
題名：在宅生活における生活構造と活動性の評価
大会名：全国地域作業療法研究会・宮崎（吉原・2006）
内容：8名を対象とし、生活活動度計と生活評価表を指標に利用者のエネルギー消費量、生活時間を算出し、生活構造を分析した。結果、1次活動にかかる時間を最小限にし、2次・3次活動（積極的自由時間）の時間を増やし活動的な姿勢の時間を増やすことが、エネルギー消費量の高い生活になり生活障害を改善することがわかった。
題名：在宅要介護者の転倒調査
大会名：第28回九州理学療法士・作業療法士合同学会・佐賀（當利・2006）
内容：421名を対象とし、要支援者・要介護者の転倒事故について調査した。転倒者は174名、転倒件数は延べ569件であった。在宅介護者は、季節や疾患、生活圏により転倒の頻度、場所、転倒状況が異なる結果であった。したがって、転倒予防には1日、1週間の生活行為を十分に把握するとともに、季節ごとの違いも考慮して、本人・家族の指導、周辺環境の整備を行うことが重要であることがわかった。
題名：パーキンソン病者の在宅における生活構造
大会名：第10回リハビリテーション・ケア合同研究大会・青森（鈴木・2006）
内容：42名を対象とし、清雅苑式生活評価表を用い総務省統計局社会生活基本調査の生活時間に分類し重症度と生活時間の関係を分析した。結果、2次活動ではstageが重症化すると活動時間が減少する傾向がみられた。1次活動では各stageと基本調査間の活動時間差はみられなかった。2次活動では、stageⅡ以降で活動時間が短くなり、3次活動は、stageⅢ、Ⅳで長くなっていた。訪問リハによる支援は、stageの重症化による生活構造の変化に対する支援が必要であることがわかった。
題名：脳卒中患者における生活構造
大会名：第8回全国訪問リハビリテーション研究会・東京（坂本・2006）
内容：123名を対象とし、清雅苑式生活評価表を用い総務省統計局基本調査の生活時間に分類し、脳卒中患者の年齢や心身機能別の生活時間と訪問リハについて分析した。結果、脳卒中患者は、基本調査より1次活動・3次活動が長く、女性では特に2次活動が短かった。また上肢機能と認知機能は3次活動に影響を及ぼし、移動手段と高次脳機能は1次活動に影響を及ぼしていた。訪問リハによる支援では、年代や心身機能による生活構造の変化に対する支援が必要であることがわかった。

題名：右前頭葉梗塞によりAlien hand syndrome遂行機能障害を生じた症例に対する訪問リハ
大会名：第41回日本作業療法学会・鹿児島（入江・2007）
内容：右前頭葉梗塞によりAHS、遂行機能障害を生じた事例に対し、調理動作を中心に訪問リハを実施した。入院時と比べ、在宅ではAHSの他、高次脳機能障害による影響が調理の工程全体に影響を及ぼしていた。 　　訪問終了時には、調理の下ごしらえなどで改善がみられたが、買い物、電磁調理器の使用、複雑な調理工程、突発的な対応には、依然介助を必要とした。在宅での調理は訓練場面と違い、献立作成から買い物、食材の管理、実用的な時間での調理、後片づけなど一連の流れを計画的に行えることや、安全性の管理、作業途中での電話応対や来客など様々な刺激がある中での作業となり、様々な刺激のある環境下から適切な行動の選択が行えるなど高次の能力が必要なことがわかった。
題名：訪問リハビリにおける外出支援の検討
大会名：第130回熊本リハビリテーション研究会（江原・2009）/第44回日本作業療法学会・宮城（江原・2010）
内容：55名を対象とし、LSAを指標に3カ月後、6カ月後の生活空間の広がりを分析した。結果、3カ月後、6カ月後ともに有意に生活空間が広がっていた。開始時から3カ月後でLSAがアップした要因は、自宅内では自立度が関与し、自宅外では自立度、空間の広がり、頻度のアップが有効で、訪問リハと通所系サービスの併用が有効であった。また外出によりADL向上の可能性も考えられた。6カ月後ではさらに自宅内から隣近所までの自立度がアップする利用者が増えることがわかった。
題名：独居と同居—訪問リハ利用者の生活空間の変化
大会名：第32回九州理学療法士・作業療法士合同学会（堀・2009）
内容：37名を対象とし、LSAを指標に独居と同居の違いによる3カ月、6カ月後の生活空間の広がりを分析した。結果、訪問リハ利用者の生活空間は経時的に拡大していることが確認できた。独居と同居の比較では、独居で空間と頻度、同居で頻度と自立度の得点に向上がみられることがわかった。
題名：訪問リハ利用者の生活空間の経時的変化
大会名：第15回全国訪問リハビリテーション研究大会・沖縄（米田・2010）
内容：40名を対象とし、LSAを指標に3カ月、6カ月後の生活空間の広がりと要介護度との関係について分析した。結果、LSA総得点は開始時から6カ月後で増加しており、中・重介護者の改善が著明であった。介護度別にみると、頻度の増加は軽介護者と中・重介護者で、自立度の増加は要支援者と中・重介護者で著明であることがわかった。
題名：訪問リハにおける役割活動への関わりについての現状調査
大会名：第15回リハビリテーション・ケア合同研究大会・熊本（村尾・2011）
内容：135名を対象とし、年齢、性別、要介護度、FIM合計点、自立度、認知度、家族構成、日常生活行為の時間と頻度、訪問リハによる支援の有無と役割活動の有無との関係について調査した。役割活動実施群の特性として更衣の頻度が多いことから活動性が高いことが示唆された。またFIMが高いことからも、ADLがある程度自立している利用者が役割活動を実施していると考えられた。具体的にFIMの項目でみると食事や整容、排泄管理、移乗など何度も繰り返される行為が修正自立以上であった。また調理、掃除、洗濯、買い物は生活歴をみて、もともと女性が担っている場合が多いため、性別とのかかわりがあることがわかった。

> 題名：訪問リハビリテーション利用者の主体的趣味活動とLSAの関係
> 大会名：第19回全国訪問リハビリテーション研究大会・茨城（堀・2012）
> 内容：36名を対象とし、LSAと主体的趣味活動の有無を指標に生活空間の広がりと主体的趣味活動の有無の関係について分析した。結果、趣味活動有群では、3カ月後で町内まで生活空間が広がり、隣近所までの生活空間で特に頻度が増えていた。さらに6カ月後では頻度と自立度の改善を認めた。趣味活動無群では3カ月までは変化はみられず、6カ月後で自宅周辺までにとどまり、頻度も自宅周辺の範囲でのみ増えていることがわかった。

第5章
訪問リハビリテーションの制度

第5章　訪問リハビリテーションの制度

訪問リハビリテーションの制度

リハ専門職が在宅に訪問する様式は、医療保険・介護保険の違いや、利用者の疾患、年齢、居住地や提供する事業所など様々な要因で異なり、単発の訪問から継続的な訪問まで非常に複雑になっています（図1）。また介護保険以降は改定の度に制度の内容が猫の目のように変化してきました。以下に退院前訪問などの単発の訪問を除く、継続的な訪問によるリハサービスの制度について、その概要を簡単にまとめます。

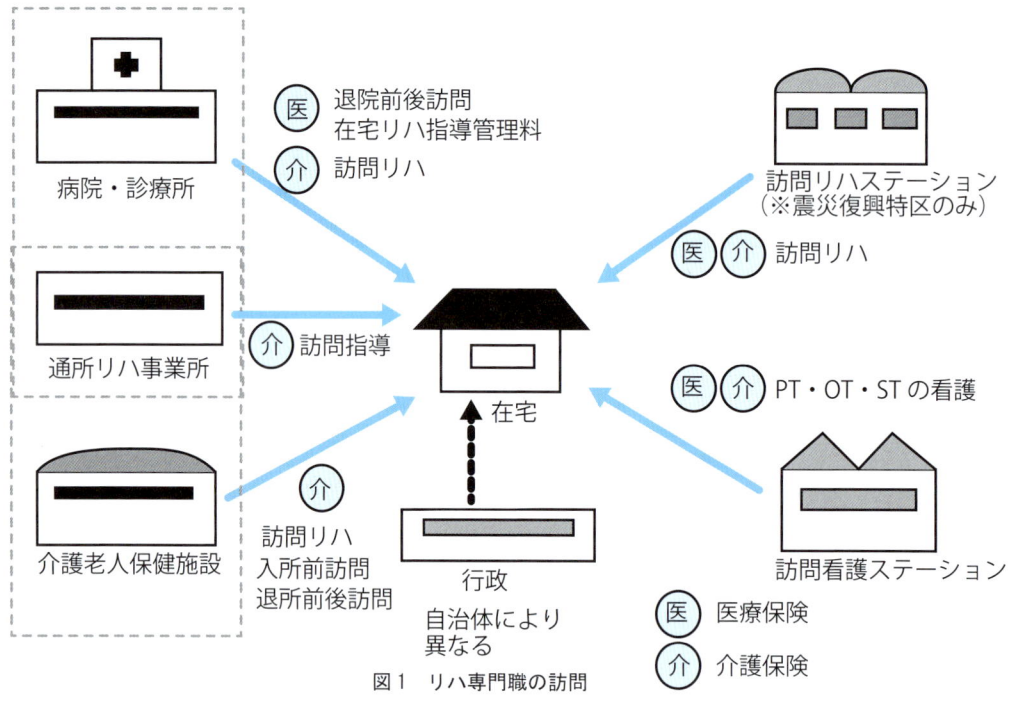

図1　リハ専門職の訪問

【介護保険での訪問リハ】

訪問リハ、訪問看護は介護保険の中の在宅サービスに位置づけられています。また医療系サービスであるため、訪問介護とは異なり、ケアマネジャーのケアプランに組み込まれただけでは利用できません。必ず医師の指示が必要となります。したがって、訪問リハの開始にあたっては利用者家族、ケアマネジャー、主治医、訪問リハ提供事業所の4者の合意が必要となるのです。

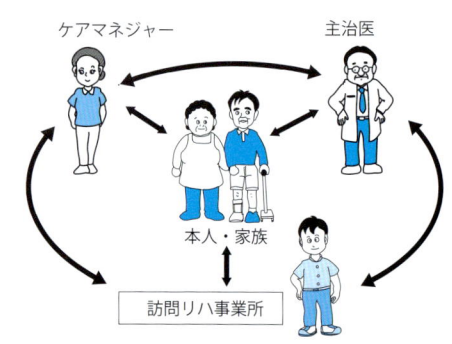

訪問リハの指示

訪問リハの指示医(訪問リハ事業所の医師)が利用者の主治医の場合は直接指示で、主治医と指示医が異なる場合には、少なくとも3カ月に1回の主治医の診察と訪問リハ指示医へ診療情報提供書の提供が必要になります。その診療情報提供書をもとに訪問リハ指示医が指示書を作成し、訪問リハが可能となります。指示医も3カ月に1回は診察をし状況を把握する必要があります。

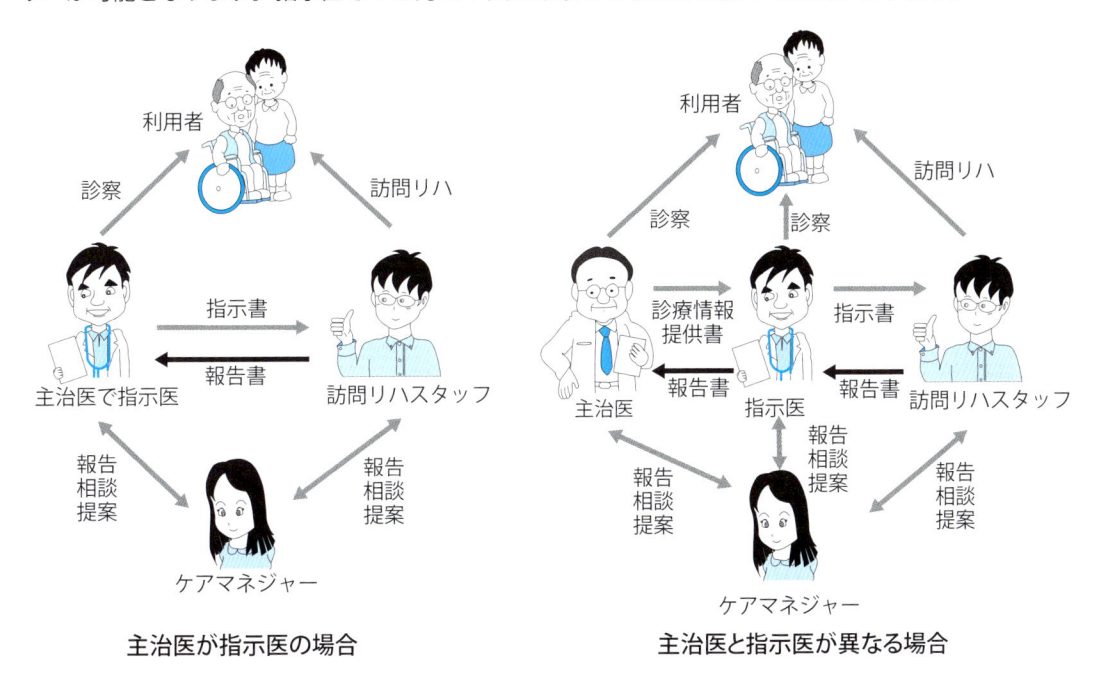

主治医が指示医の場合

主治医と指示医が異なる場合

訪問リハ事業所と介護報酬

介護保険での訪問リハは要支援者に対して提供される「介護予防訪問リハ」と要介護者に提供される「訪問リハ」があります。

また訪問リハ事業所は病院・診療所(＊みなし指定)からの訪問リハと介護老人保健施設(要事業所指定)の訪問リハです。サービスコードは前者が訪問リハビリ1、後者は訪問リハビリ2と提供表に表記されます。両方とも1回20分以上のリハを実施し、1回あたり305単位となります。週6回を限度として、6回以内であればどのような組み合わせでもかまいません。

> ＊みなし指定とは
> 訪問リハビリテーション事業所は、病院または診療所であれば、介護保険法第71条第1項により、保険医療機関である場合は介護保険の指定事業所とみなされます。これを「みなし指定」と呼んでいます。介護老人保健施設における訪問リハビリテーション事業所は指定を受ける必要があります。みなし指定を希望しない場合は、保健医療機関の指定を受ける際に、介護保険課にみなし指定を不要とする旨の申請書を提出する必要があります。

第5章　訪問リハビリテーションの制度

【短期集中リハ加算】

退院退所後や新たに要介護認定を受けた日から3カ月以内は生活機能の低下をきたしやすいことから短期集中リハ加算が設定されています。1カ月未満と1カ月以上3カ月未満で加算額が異なりますが、介護予防訪問リハは同じ額の加算に設定されています。

【サービス提供体制強化加算】

勤続年数3年以上のスタッフを配置している場合は1回(20分)につき6単位加算されます。

【生活機能向上連携加算（訪問介護事業所との連携加算）】

訪問リハを行う際に、訪問介護計画書を作成する訪問介護事業所のサービス提供責任者と利用者宅に同行し、利用者のADL、IADLに関する評価を共同して行い、サービス提供責任者が、訪問介護計画を作成するうえで必要な指導および助言を行った場合に算定することができます。300単位/回(3カ月に1回を限度に算定可能)。

【特別指示書への対応】

訪問リハを利用しようとする方の主治医（介護老人保健施設の医師を除きます）が、利用者の急性増悪などにより一時的に頻回の訪問リハを行う必要がある旨の特別指示を行った場合は、その指示の日から14日間に限って、訪問リハ費は算定しません。この間、医療保険の訪問リハで対応します。

＜特別指示書が出た場合＞

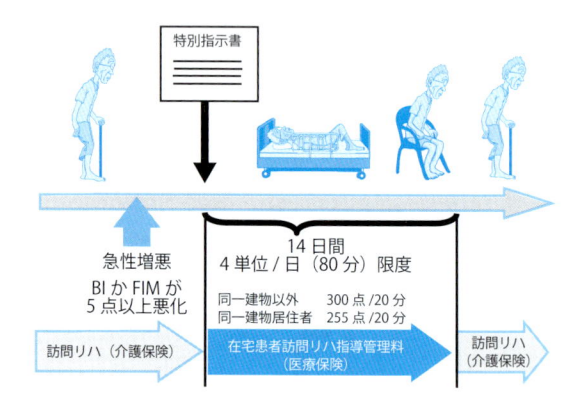

急性増悪
BIかFIMが
5点以上悪化

14日間
4単位/日（80分）限度
同一建物以外　　300点/20分
同一建物居住者　255点/20分

訪問リハ（介護保険）→ 在宅患者訪問リハ指導管理料（医療保険）→ 訪問リハ（介護保険）

【医療保険での訪問リハ】

医療保険による訪問リハは、病院・診療所からの訪問リハです。介護老人保健施設からは実施できません。医療保険の在宅患者訪問リハビリテーション指導管理料にて算定されます。

在宅患者訪問リハビリテーション指導管理料には、同一建物*居住者以外へ訪問リハを行う場合の在宅患者訪問リハビリテーション1と、同一建物居住者へ訪問リハを行う場合の在宅患者訪問リハビリテーション2の2種類があります。両者では20分あたりに算定される単位数が異なります。在宅患者訪問リハビリテーション1では1単位を20分とし300点が算定されます。在宅患者訪問リハビリテーション2では1単位（20分）255点が算定されます。自己負担額は収入に応じて1～3割負担が原則です。特定疾患医療費助成制度、重度心身障害者医療費助成制度に該当する方は自己負担分が助成されます。地方自治体によっては、自治体が設けている助成制度もありますので確認が必要となります。利用回数は、退院後3カ月以内は週12単位、その後は週6単位を上限としています。

＊同一建物とは

訪問リハを提供する事業所と構造上または外形上、一体的な建築物を指すとされています。例えば、建物の一階部分に事業所がある場合や建物と渡り廊下などでつながっている場合は同一建物という扱いになります。同一敷地内にある別棟の建築物や道路を挟んで隣接する場合は該当しません。

※特定疾患医療受給者であってもリハの対象となる疾患でない場合があります。また年に1回の更新時期に利用者が更新を忘れていたりすると自己負担が発生する場合があります。こちらから確認しましょう。

【訪問看護ステーションからの PT・OT・ST の訪問 訪問看護の指示】

　訪問看護も訪問リハ同様に介護保険の中の在宅サービスであり、医療系サービスであるため、ケアマネジャーのケアプランに組み込まれただけでは利用できません。必ず医師の指示が必要となります。訪問看護の場合は主治医からの直接指示でサービス提供が可能です。指示の有効期間も最長 6 カ月と長くなっています。

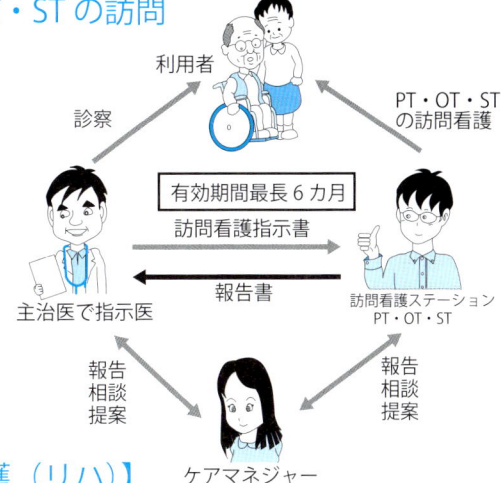

【介護保険での PT・OT・ST の訪問看護（リハ）】

　制度上はあくまで訪問看護師の業務を補完するものとして位置づけられています。2012 年（平成 24 年）の改定で提供時間や料金の整合性は若干図られました。しかし、同じような内容で指示書の流れや料金の違いに利用者だけでなくケアマネジャーも困惑しているのが現状です。

　平成 24 年度から訪問リハ同様 1 回を 20 分として 316 単位を算定します。時間あたりの単価は若干高めですが、1 日に 3 回（1 時間）以上提供する場合は、実施単位数の 9 割の算定となり訪問リハよりは割安の料金となります。1 週間に 6 回を限度に算定します。

退院時共同指導加算
600 単位/回（原則退院、退所時 1 回）

　主治医の属する保険医療機関、介護老人保健施設に入院・入所中の利用者または家族に対して、主治医または施設の職員とともに退院後の在宅生活に必要な指導を行い、その内容を文書により提供した場合に算定されます。退院または退所後の初回訪問看護の際に 1 回（特別管理対象者は 2 回）に限り算定できます。

初回加算
300 単位/月（退院、退所月）

　利用者が過去 2 カ月間において、訪問看護事業所から訪問看護（医療保険の訪問看護を含みます）の提供を受けていない場合に、新たに訪問看護計画書を作成した場合に算定します。

※医療保険において退院時共同指導加算を算定する場合や、介護保険の初回加算（300 単位/月）を算定する場合は算定できません。

サービス提供体制強化加算（6 単位/回）
　イ　当該指定訪問看護事業所のすべての看護師等（指定居宅サービス基準第六十条第一項に規定する看護師等をいう。以下同じ。）に対し、看護師等ごとに研修計画を作成し、当該計画に従い、研修（外部における研修を含む。）を実施又は実施を予定していること。
　ロ　利用者に関する情報若しくはサービス提供に当たっての留意事項の伝達又は当該指定訪問看護事業所における看護師等の技術指導を目的とした会議を定期的に開催すること。
　ハ　当該指定訪問看護事業所のすべての看護師等に対し、健康診断等を定期的に実施すること。
　ニ　当該指定訪問看護事業所の看護師等の総数のうち、勤続年数三年以上の者の占める割合が百分の三十以上であること。

第5章　訪問リハビリテーションの制度

【医療保険でのPT・OT・STの訪問看護】

1. 訪問看護ステーションの基本療養費

訪問看護ステーションの指定訪問看護は、主治医が交付した訪問看護指示書および訪問看護計画書に基づき、保健師、看護師、准看護師、**理学療法士、作業療法士または言語聴覚士**が行った訪問看護について1人につき通常は週3日を限度として計算します。

ただし厚生労働大臣が定める疾病等と特別管理加算の対象者、急性増悪その他主治医が一時的に頻回の訪問看護が必要であると認めたことによる**特別訪問看護指示書**の期間にあっては、訪問看護を週4日以上算定できます。1回の訪問看護は30分〜1時間30分とされています。点数は図2を参照してください。

・訪問看護基本療養費（Ⅰ）

訪問看護の報酬は週3日までの対象者と、週4日目以降についても報酬が設定されています。病院・診療所も同様に週3日と4日以上の訪問看護が給付されます。

・訪問看護基本療養費（Ⅱ）

「同一建物居住者」に同一日に複数の訪問看護利用者がおり、訪問看護指示書に基づき、同一訪問看護事業所から他の患者にも訪問した場合に算定する報酬です。同じ建物に居住する（同一敷地内であっても棟・建物が同じでなければ該当しません）利用者が複数名いた場合、同じ日に訪問看護を利用するとその日の基本療養費は表2の金額になります。

・訪問看護基本療養費（Ⅲ）

在宅療養に備えて一時的に外泊をしている方で、①厚生労働大臣が定める疾病等、②特別管理加算の対象者、③その他の外泊にあたり訪問看護が必要と認められるもの、に対して、訪問看護指示書および訪問看護計画書に基づき、入院中1回（基準告示第2の1に規定する疾病等は2回）に限り算定できます。

2. 訪問看護管理療養費

訪問看護ステーションが主治医との連携（訪問看護計画書・報告書の提出など）、利用者または家族との連絡・相談、訪問看護の提供に関する管理、安全管理体制の整備を用件とします。

月の初日の場合…7,300円／月の2日目以降…2,950円×訪問日数

【加算について】

退院時共同指導加算 （医療保険、訪問看護ステーションの場合のみ） 6,000円／回（原則退院、退所時1回）	退院支援指導加算 6,000円

主治医の属する保険医療機関、介護老人保険施設に入院・入所中の利用者または家族に対して、主治医または施設の職員とともに、退院後の在宅療養上必要な指導を行った場合、最初の訪問看護の際に算定できます（ただし、指導内容を患者に文書で提供することが必要です）。

訪問看護ステーションの看護師などが退院した日に療養上必要な指導を行った場合に算定します。算定は、退院日の翌日以降初日の指定訪問看護の実施時に訪問看護管理療養費に加算します（指導が前月でも算定可）。

対象者
(1) 厚生労働大臣が定める疾病など
(2) 特別管理加算の対象者
(3) 退院日の訪問看護が必要であると認められた者
　　※退院時に訪問看護指示書の交付が必要
　　※特別の関係にある医療機関の場合も算定可
　　※1カ所の訪問看護ステーションにおいてのみ算定可

様々な加算があります。
複数名訪問看護加算
夜間・早朝訪問看護加算
深夜訪問看護加算
在宅患者緊急等カンファレンス加算

訪問看護情報提供療養費
1,500 円/月

訪問看護ステーションが指定訪問看護を行った日から2週間以内に利用者の同意を得て、居住地の市町村、保健所、精神保健福祉センターに対して、情報提供書を活用して、訪問看護の情報を提供した場合に1,500円/月を算定します。当該月に介護保険の訪問看護を行わない利用者に算定することができます。他の訪問看護ステーションが算定している場合には算定できません。

★看護師しか算定できない、もしくは看護師がいないと算定できない加算

- 24時間対応体制加算
- 特別管理加算
- 特別管理指導加算（PT・OT・STで指導することは可能）
- 長時間訪問看護加算
- 訪問看護ターミナルケア療養費
- 緊急時訪問看護加算
- 在宅患者連携指導加算

介護保険			
訪問リハ		1カ月未満	1カ月以上3カ月未満	3カ月以上
加算	短期集中リハ加算	340単位	200単位	なし
	事業所加算	6単位/回（経験3年以上の職員が事業所に勤務する場合）		
訪問リハ			305単位/回（1回20分で週6回が限度）	
介護予防訪問リハ			3カ月未満	3カ月以上
加算	短期集中リハ加算	200単位	なし
	事業所加算	6単位/回（経験3年以上の職員が事業所に勤務する場合）		
訪問リハ			305単位/回（1回20分で週6回が限度）	
PT・OT・STの訪問			実施時期による設定なし	
事業所加算			6単位/回（経験3年以上の職員が事業所に勤務する場合）	
訪問看護Ⅰ5			316単位/回（1回20分で週6回が限度） 同一日に2回（40分）を超える場合は90/100を算定	
訪問看護Ⅰ5：訪問看護ステーションからのPT・OT・STの訪問			
医療保険			
訪問リハ			3カ月未満	3カ月以上
訪問リハ（1）			300点/回 （1回20分で週12回が限度）	300点/回 （1回20分で週6回が限度）
訪問リハ（2）			255点/回 （1回20分で週12回が限度）	255点/回 （1回20分で週6回が限度）
急性増悪などで主治医が特別な指示を出した場合、14日間を限度に1日4回まで			
訪問看護			
PT・OT・STの訪問 基本療養費Ⅰ			週3日目まで1日につき555点	週4日目以降1日につき655点
PT・OT・STの訪問 基本療養費Ⅱ			週3日目まで1日につき430点	週4日目以降1日につき530点
PT・OT・STの訪問 基本療養費Ⅲ			1日につき850点	

図2 制度のまとめ

第6章
訪問リハビリテーションの流れ
―直接業務と間接業務

第6章　訪問リハビリテーションの流れ―直接業務と間接業務

訪問リハビリテーションの流れ
―直接業務と間接業務

当事業所の1日の主な流れを紹介します。

出社時

出社時には服装、身だしなみのチェックを行います。利用者の自宅に訪問することから、第一印象がとても大切です。不快感を与えないように、清潔感のある服装、身だしなみに配慮する必要があります（図1）。次にスタッフの控室に到着後、まず手洗いとうがい、体温測定を行い、本人および同居者の健康チェック表を記入し、管理者がチェックします。感染対策を徹底し、訪問先への感染源の流出を最大限防ぎます。

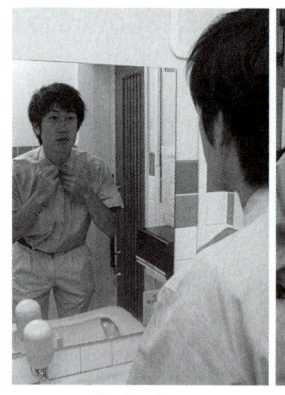

身だしなみ 　　手洗い

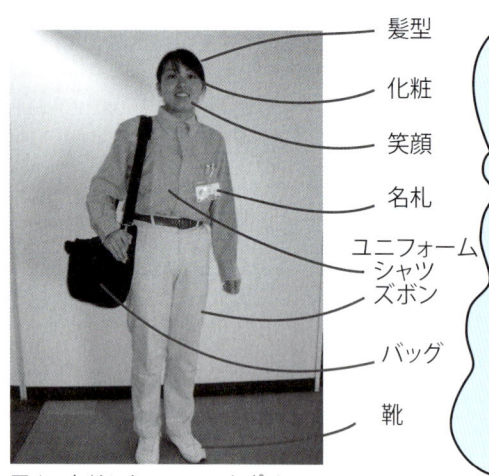

図1　身だしなみチェックポイント

髪型／化粧／笑顔／名札／ユニフォーム／シャツ／ズボン／バッグ／靴

頭髪	寝ぐせ、暑苦しい長髪、茶髪などの髪の色、派手な髪飾り
顔	無精ひげ、派手な化粧やマニキュア、匂いのきつい香水
服装	ユニフォームのしわや汚れ、靴下の色や穴あき、靴の汚れ

不快感を与えやすい格好

> 服装や髪型には個人の様々な意見があると思います。利用者（特に高齢者）は、言葉に出さなくても厳しい視点で評価されています。
> 　他人の家に入るときには家の鍵を預かったりする場合もあります。信頼していただける服装や言動が大切です。自分のルールを勝手につくらずに職場のルールに従いましょう。これまでにも服装や家に入るときに、挨拶しなかったという理由で訪問を断られた経験もあります。

> 髪型や服装の乱れをちゃんと注意できる環境づくりも大切です。

142

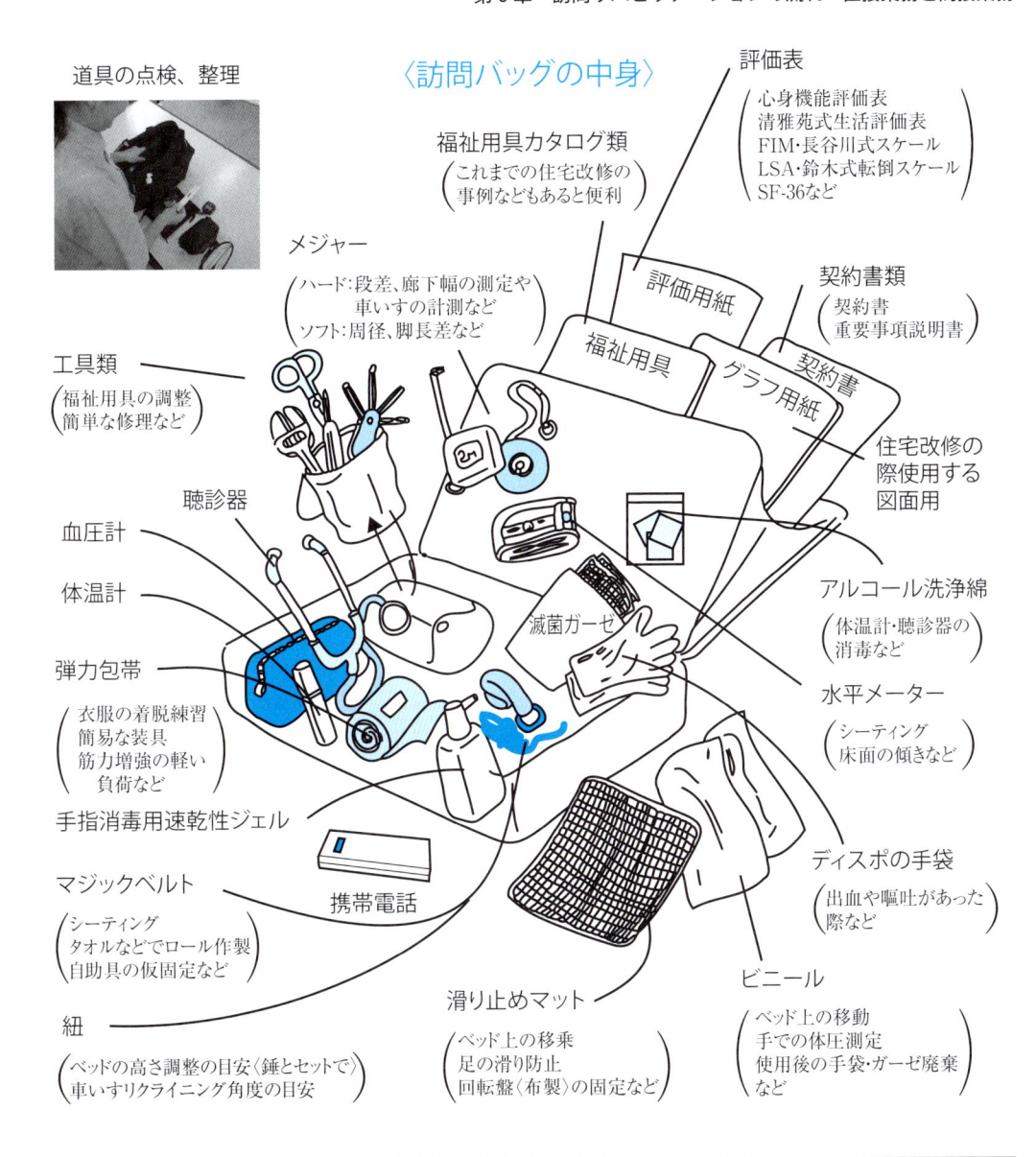

第6章 訪問リハビリテーションの流れ―直接業務と間接業務

〈訪問バッグの中身〉

道具の点検、整理

評価表
- 心身機能評価表
- 清雅苑式生活評価表
- FIM・長谷川式スケール
- LSA・鈴木式転倒スケール
- SF-36など

福祉用具カタログ類
（これまでの住宅改修の事例などもあると便利）

メジャー
- ハード：段差、廊下幅の測定や車いすの計測など
- ソフト：周径、脚長差など

契約書類
- 契約書
- 重要事項説明書

工具類
- 福祉用具の調整
- 簡単な修理など

住宅改修の際使用する図面用

血圧計

聴診器

体温計

アルコール洗浄綿
（体温計・聴診器の消毒など）

弾力包帯
- 衣服の着脱練習
- 簡易な装具
- 筋力増強の軽い負荷など

水平メーター
- シーティング
- 床面の傾きなど

手指消毒用速乾性ジェル

マジックベルト
- シーティング
- タオルなどでロール作製
- 自助具の仮固定など

携帯電話

ディスポの手袋
（出血や嘔吐があった際など）

紐
- ベッドの高さ調整の目安（錘とセットで）
- 車いすリクライニング角度の目安

滑り止めマット
- ベッド上の移乗
- 足の滑り防止
- 回転盤〈布製〉の固定など

ビニール
- ベッド上の移動
- 手での体圧測定
- 使用後の手袋・ガーゼ廃棄など

【常に携行しているアイテム】
血圧計、聴診器、体温計、パルスオキシメーター、マスク、ディスポの手袋、ガウン、手指消毒用速乾性ジェル、アルコール洗浄綿、ガーゼ、ドライバーセットやモンキーレンチなどの工具類、水平メーター、メジャー（ハード、ソフト）、ストップウォッチ、弾力包帯、福祉用具のカタログ、社会資源に関するパンフレット、運転免許証、救急対応時の連絡方法や交通事故発生後の対応マニュアル、メモ帳、筆記用具、バインダー、携帯電話（担当利用者、ケアマネジャーなどの関係職種の連絡先は、登録しておくと急な連絡時に大変便利です）、名刺など

【必要に応じて携行するアイテム】
契約書関係、各種評価表、折り紙、スケッチブック、色鉛筆、ゴニオメーター、打鍵器、握力計、デジタルカメラ、デジタルビデオ、杖関係（T字杖、四点杖など）、歩行器や歩行車、車いす、トランスファーボード、吸盤タイプの手すり、シャワーチェア、入浴動作評価時に使用する着替え、滑り止めマット、絶縁テープ、マジックベルト、紐、ビニールなど

【季節に応じて携行するアイテム】
夏：帽子、傘、特に女性は日焼け予防グローブや日焼け止めクリーム、冷感アイテムなど
冬：手袋、マフラー、使い捨てカイロ

第6章　訪問リハビリテーションの流れ―直接業務と間接業務

図2　契約書類の準備
契約書に利用者の氏名、契約日など記入する

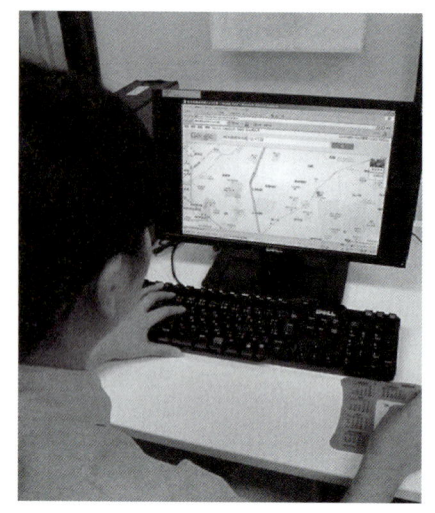

図3　利用者自宅の確認
ゼンリン地図やGoogle Mapのストリートビューで確認する

　必要に応じて契約書類を準備し（図2）、また訪問前にあらかじめ利用者の自宅に電話連絡を行います。受付時に訪問時間や駐車スペースの有無（コイン式パーキングであれば場所など）は確認しておきます。訪問当日にも訪問時間や駐車スペースを再確認し、体調も事前に確認しておきます。また、自宅の位置も地図やGoogle mapを利用して確認します。時間帯や曜日などの交通事情を考慮して、最短ルートや、一方通行などの自宅周辺の交通規制などもあわせて確認します。これらを事前に確認しておくことで、訪問時の利用者の不在や、自宅までの道のりを間違うなどの混乱を防ぐことができます（図3）。

1　朝のミーティング

・訪問先の確認

　当日の訪問先の確認と、利用者の医療機関への入院や短期入所による休みなどの有無を確認します。朝のミーティング（図4）各スタッフが把握している利用予定を口頭で確認することで、訪問忘れや利用者の外来受診などによる不在時の訪問をあらかじめ防ぐことができます。

図4　朝のミーティング風景

図5　「職場の教養」の朗読

　訪問用のデータベース（自作）から出力した訪問予定表と、スタッフ滞在予定表に事業所にいる時間をマーカーでチェックして電話の横に置いています。記入して置いておくことで、スタッフの1日の動きが把握でき、不在のスタッフあてに外部から連絡がきたときにもあわてずに対応できます。

144

第6章　訪問リハビリテーションの流れ―直接業務と間接業務

- 緊急時の連絡体制の確認

　日中はセラピスト単独で行動することが多いため、訪問先での救急事態や移動時の交通事故の発生に対する連絡体制の確認を行います。

- 新規利用者の紹介

　新規利用者の基本情報、現在の生活スタイル、解決すべき課題、介入方針などを他の訪問スタッフに紹介し、情報を共有します。紹介することで他の訪問スタッフからのアドバイスや助言を受けることができ、介入の視野が広がります。基本情報では画像診断などをもとに予後予測やリスクに対する注意点を再確認します。

- 「職場の教養」の朗読

　倫理研究所が毎月発行している「職場の教養」を朗読し、職業人としての道徳観を確認します（図5）。

- 今日の出来事

　当日の歴史上の事象を読み上げます。様々な情報を事前に把握しておくことで、訪問時の利用者への話題提供に役立ちます。

- 交通取り締まり情報

　訪問ルート上での事故や工事、卒入園式などの祭事の状況なども併せて報告します。情報を知ることで交通渋滞などのトラブルを回避できます。また夏休みや冬休み期間では、学生さんの行動が不規則になるため、想定外の事故の発生が考えられます。年間を通じて交通事情に対する注意が必要になります。交通ルール順守を喚起する意味から訪問エリアでの交通取り締まり情報なども報告します。

- 天気予報

　天気の概況を確認します。独居の場合は、雨天時の洗濯物の取り込み動作の確認が行えたり、気温の変化を把握することで、夏場の熱中症や冬場のインフルエンザへ注意喚起が利用者に対して行えます。強風や雷雨、積雪や台風への備えなどに対する注意喚起や簡易な手伝いも訪問終了後に行います。また衣替えや寝具の交換時期であれば、出し入れが原因となる、転倒のリスクへも対応します。

❷ 出発

　訪問車の鍵を取り、控え室を後にします。訪問車についたらマニュアルに沿って車両の点検を行います。点検した後、安全運転に心がけ出発します（図6〜図8）。

図6　自分の車の鍵の確保

図7　訪問車の点検　　　　　　　　　図8　出発

ラジエーターの水、ファンベルト、タイヤの傷、空気圧のチェック、また車の下に猫がいたりするので要注意。

第6章　訪問リハビリテーションの流れ―直接業務と間接業務

3　利用者宅到着（新規の場合）

図9　到着

利用者宅に到着したら、まず自宅周辺の環境をさりげなく評価します。アプローチや玄関ポーチ部分の環境を確認しながら、どのような動作や方法で外出しているのかなど簡単にイメージします。さわやかな笑顔で挨拶し、利用者宅におじゃまします。その際は接遇に十分注意します（図9）。

4　利用者への説明

図10　オリエンテーション、契約書などの事務処理

利用者はスタッフより緊張しています。緊張がほぐれるように、初回訪問の流れをわかりやすく説明します（図10）。

5　バイタルチェック・評価

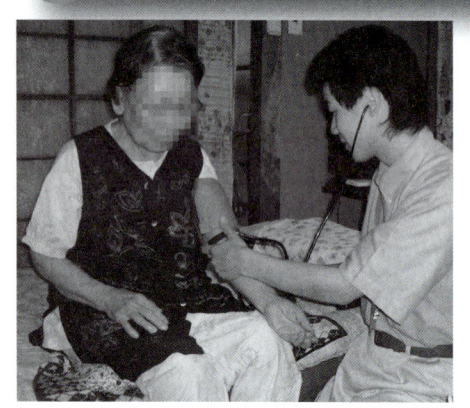

図11　バイタルチェック

図12　段差の評価

図13　動線の評価

まずは利用者本人のニーズや家族の気持ちを確認し、心身機能の評価、活動と参加の状況、環境などの評価を行います。詳しい評価に関しては第2章を参照してください（図11〜図13）。

6　リハアプローチの実施

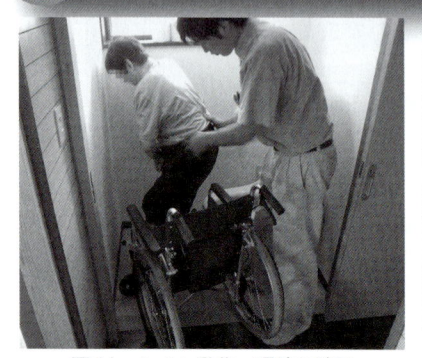

図14　トイレ動作、環境の確認

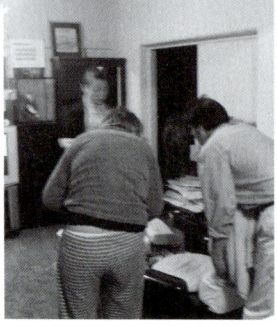

図15　家具などの位置変更

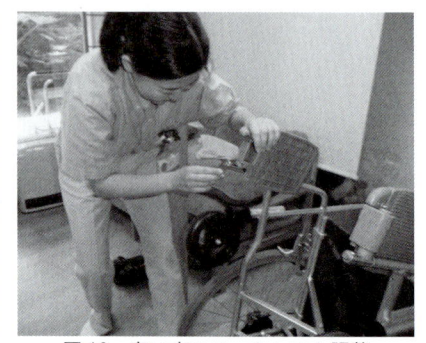

図16　車いすのフットレスト調整

初回訪問の場合は動作確認やすぐに行える簡単な環境調整を行います（図14〜図16）。

第6章 訪問リハビリテーションの流れ―直接業務と間接業務

7 サービス終了時

次回の訪問予定などを確認します。利用者宅を完全に離れるまで、本人、家族に気を配ります。帰り際には様々なことがあります。本人と離れて家族だけが玄関先まで見送られる場合は、本人の前では言えない相談を受ける場合も多々ありますし、歩行バランスの悪い本人が見送ろうとされ転倒しそうになることもありますので注意が必要です（図17）。

図17　玄関先での配慮

8 給油、洗車

ガソリンスタンドに立ち寄り訪問車の給油を行います。その際、タイヤの空気圧などの点検も併せて行います。訪問車の汚れが目立つ場合は、給油と合わせて洗車も行います。

9 帰社、他職種との連絡調整

訪問時に聴取した利用者の希望などに関して、連携および連絡調整が必要な場合は、ケアマネジャーなどを通じて各職種などへ連絡を依頼します。希望や変更事項などは、訪問リハ単独で決定遂行されるものではありません。ケアプランの中軸であるケアマネジャーや他職種と協業して支援していく必要があります（図18）。

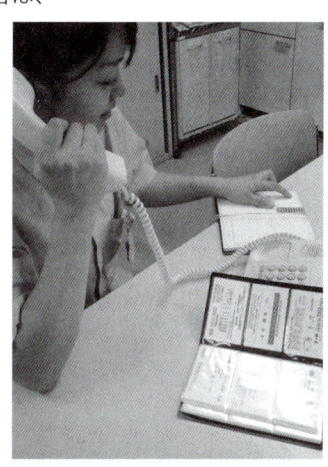

図18　連絡調整

10 終礼

本日訪問した利用者、他職種との連絡調整の件数などを確認します。訪問先でのトラブルや転倒のヒヤリハットなどの確認を行います。情報を共有することで、同じようなトラブルや事故を未然に防ぐことができます（図19）。

図19　終礼の時間
ほっとする時間です。お疲れ様でした。

> 業務終了後は、ほっとする瞬間です。カルテに書けない様々な思いを語りたくなります。
> 　そのまま飲みに！　となるとうっかり守秘義務を忘れてしまいそうになることも……。
> 　上司や先輩などと遮音された環境で、相談、ぐちなどしっかり語って帰社しましょう。

第6章 訪問リハビリテーションの流れ―直接業務と間接業務

間接業務

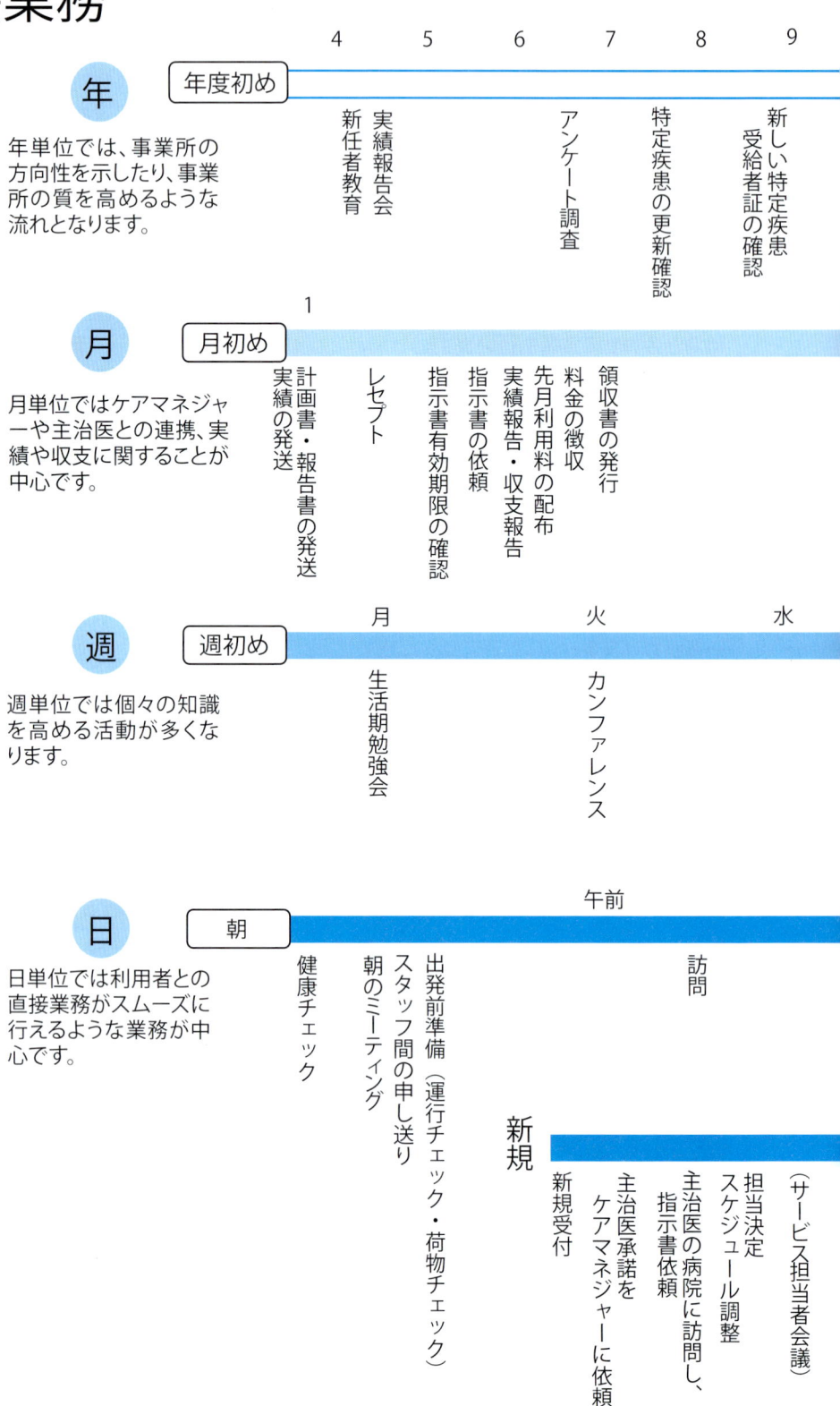

間接業務は、直接業務をスムーズに行うための業務で、非常に幅広いものです。直接業務の準備や他のサービス提供者との連携、スタッフの管理育成、事業所の管理運営な

年

年単位では、事業所の方向性を示したり、事業所の質を高めるような流れとなります。

年度初め

4	5	6	7	8	9
実績報告会 新任者教育		アンケート調査		特定疾患の更新確認	新しい特定疾患受給者証の確認

月

月単位ではケアマネジャーや主治医との連携、実績や収支に関することが中心です。

月初め

1
- 計画書・報告書の発送
- 実績の発送
- レセプト
- 指示書有効期限の確認
- 指示書の依頼
- 実績報告・収支報告
- 先月利用料の配布
- 料金の徴収
- 領収書の発行

週

週単位では個々の知識を高める活動が多くなります。

週初め

月	火	水
生活期勉強会	カンファレンス	

日

日単位では利用者との直接業務がスムーズに行えるような業務が中心です。

朝　　　　　　　　　　午前

- 健康チェック
- 朝のミーティング
- スタッフ間の申し送り
- 出発前準備（運行チェック・荷物チェック）
- 訪問

新規
- 新規受付
- 主治医承諾をケアマネジャーに依頼
- 主治医の病院に訪問し、指示書依頼
- 担当決定スケジュール調整
- （サービス担当者会議）

第6章　訪問リハビリテーションの流れ―直接業務と間接業務

ど様々です。詳細については第7章の「訪問リハビリテーションの管理業務」の頁を参照してください。以下に年単位、月単位、週単位、日単位で行う間接業務をまとめています。

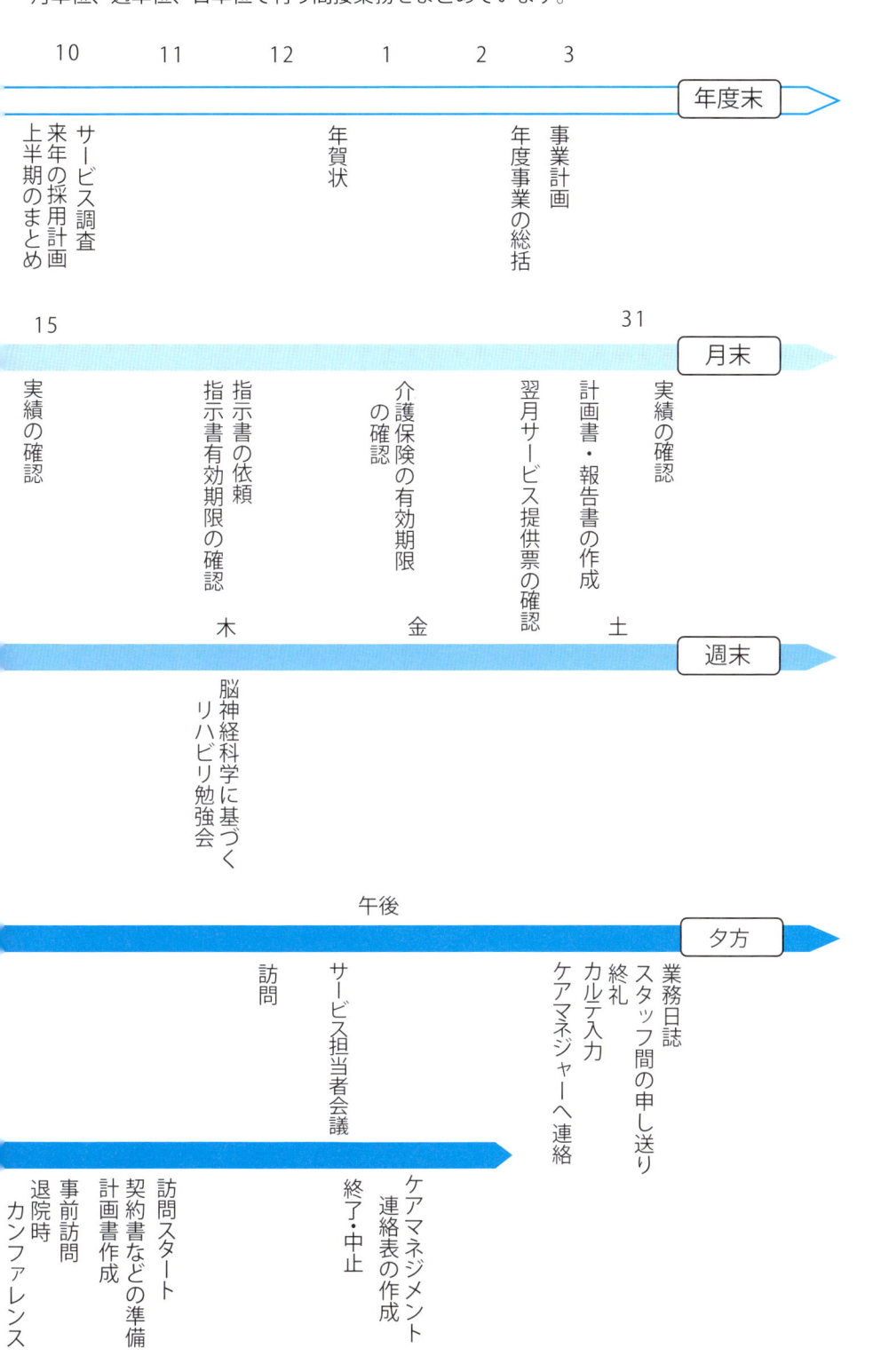

```
10        11        12        1         2         3
                                                            → 年度末
サービス調査                年賀状              事業計画
来年の採用計画                                  年度事業の総括
上半期のまとめ

15                                                31
                                                            → 月末
実績の確認  指示書の依頼   介護保険の  翌月サービス  計画書・   実績の確認
          指示書有効期限  有効期限   提供票の確認  報告書の作成
          の確認        の確認

                    木           金                土
                                                            → 週末
                    脳神経科学に基づく
                    リハビリ勉強会

                              午後                          → 夕方
          訪問       サービス担当者会議  終礼         業務日誌
                                    カルテ入力    スタッフ間の申し送り
                                    ケアマネジャーへ連絡

訪問スタート  ケアマネジメント  終了・中止
契約書などの準備  連絡表の作成
計画書作成
事前訪問
退院時
カンファレンス
```

第7章
訪問リハビリテーションの管理業務

- コスト管理 …………………………………………………… 152
- リスク管理 …………………………………………………… 156
- 書類・記録管理 ……………………………………………… 166
- スケジュール管理 …………………………………………… 168
- スタッフ管理 ………………………………………………… 170
- 営業 …………………………………………………………… 173

第7章　訪問リハビリテーションの管理業務

訪問リハビリテーションの管理業務
コスト管理

コスト管理

　どんなに崇高な理念を掲げてすばらしいリハサービスを提供できても、事業所が存続できなかったら意味がありません。事業所の経営が成り立っていることは、起業しているセラピストはもちろんですが、法人組織の1事業所であっても非常に重要です。管理職に限らず各スタッフもコスト意識を持つ必要があります。事業所の損益分岐となるおおよその件数（赤字と黒字の境となる件数）や事業所運営にかかるコストの内容などは把握しておきましょう（154頁、図3参照）。

　安定した事業所経営のためには、収入をできるだけ増やし、むだな支出をできるだけ抑えることが必要です。まず訪問リハの事業所はどのように収入を得て、どのようなものに支出しているのでしょうか。

事業所の収入

　収入は訪問リハサービス提供の対価としていただく費用です。介護保険の場合は、その9割が保険者から支払われ、1割を自己負担金として利用者から徴収します。利用者負担分は口座振替や集金によって翌月に徴収されるのが一般的ですが、保険給付は国民健康保険団体連合会による審査後に実施されるため、事業所に入金されるのは2カ月後になります。

　訪問リハの収入を左右する大きな因子は、診療報酬、介護報酬改定による1件あたりの報酬単価の増減と日々の訪問件数です。その他にも自己負担金の徴収状況や請求もれなども影響します。したがって、訪問リハの収入に関わる要因は、①報酬単価、②訪問件数、③請求・徴収もれの3点です（図1）。

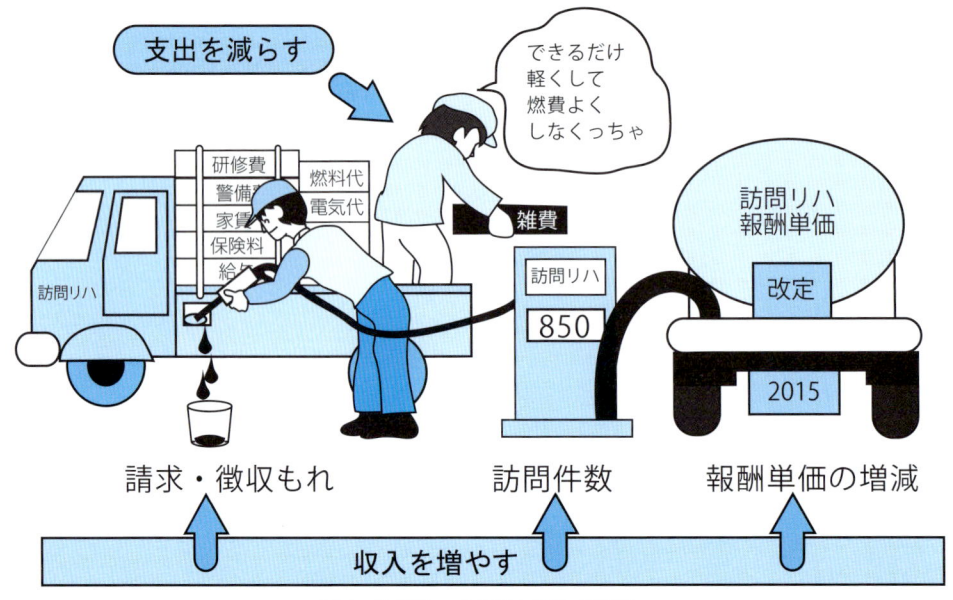

図1　訪問リハの収入に関わる要因

①報酬単価

昨今の国の経済事情では、右肩上がりで報酬が上がることは考えられません。どこかが上がればどこかが下げられます。せめて下げないようにすることで精一杯の感があります。報酬の増減に事業所が直接関われるわけではありませんが、報酬改定の年は決まっていますので、早めに情報収集して対策をとることが重要です（図2）。

また改定の準備にあたって厚生労働省や各専門職の所属団体が様々な調査事業を実施します。できるだけ調査などに協力して現場の実情を伝えることも重要な対策の一つです。

②訪問件数

訪問件数に関わる要因は、事業所のある地域の人口動態や保健・医療・福祉サービスの整備状況、訪問提供事業所の形態、スタッフ数、サービスの内容、営業日・時間・範囲、営業活動の訪問頻度など多岐に及びます。また事業所を立ち上げてすぐの時期としばらくたってから、あるいは長期経過した時期では、要因も変化していきます。

日々の件数の変化、新規利用者、終了する利用者の動向を分析して、日常で耳にする利用者や主治医、ケアマネジャー、他のサービスチームの訪問リハに対する要望、意見などこまやかに検討し対応することが大切です。

③請求・徴収もれ

せっかく提供したサービスの費用を、うっかりミスや制度の理解が不十分なために請求がもれたり、取れるべき加算が取れなくなったりするのは非常にもったいない話です。また意図的ではなくても不正な請求をしてしまうと、利用者の信頼を失ったり、罰せられたり、事業所にとって致命的な事態を引き起こしてしまいます。提供票や実績、必要な書類のダブルチェックを心がけましょう。

また自己負担分の未集金もしばしば問題となります。長期に放置するとサービス提供者、利用者家族との関係も壊れ、適切なサービスが提供できなくなります。

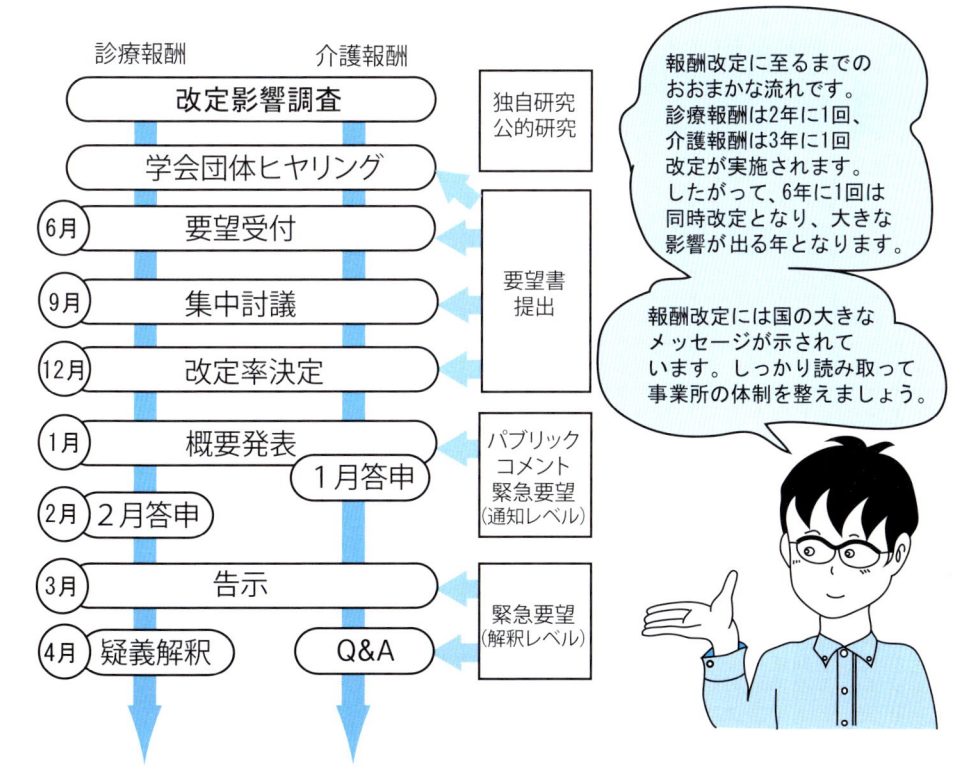

図2　報酬改定までの流れ

事業所の支出

訪問リハ事業所の最も大きな支出は人件費です。一般企業では収入に対する人件費率が60%を超えると倒産するとも言われています。事業所が支払っているお金は、スタッフの手取りの給与額だけではありません。税金や保険料、福利厚生費などどれくらい事業所が負担しているのかを知っておきましょう。

その他には事業所の建設コストや車両などの購入あるいはリース費用、光熱費、燃料代、制服の購入やクリーニング費用、スタッフの研修費用など様々上げられます（図3）。当事業所もスタッフ一丸となって無駄な支出を抑える努力をしています。

事業所の経営管理

それでは収入と支出の関係をどのようにみておけばよいのでしょうか？　図4は収益構造のシェーマです。売上すなわち訪問リハではサービス提供数×サービス単価です。訪問に関わる支出は大きく固定費と変動費に分けられます（図3）。固定費は売上に関係なくかかる費用です。すなわち家賃や職員の給与のように訪問リハ件数が0件でもかかる費用です。変動費は売上に比例して増加する費用です。例えば車のガソリン代などがそうです。

売上から総費用（固定費＋変動費）を引いた額が事業所の純益となります。また売上−変動費は限界利益と呼ばれます。この限界利益の範囲内で固定費を使っていれば、事業所が赤字になることはありません。また損益分岐点を知ることによって、適正な訪問件数や人員の目安を知ることができます。損益分岐点とは利益が±0になる売上高ですから、事業所の売上高がそれより多ければ黒字、少なければ赤字になることを意味しています。損益分岐点の求め方を図5に示しています。

1) 固定費

分類	科目
給与費	給料
委託費	清掃委託費 システム保守委託費 警備委託費 その他保守委託費
設備関係費	減価償却費 地代家賃 車両関係費
経費	保険料

2) 変動費

分類	科目
給与費	給料（非常勤） 賞与
材料費	医薬品費 診療材料費 医療消耗器具備品費
設備関係費	修繕費
研究・研修費	研究費 研修費
経費	職員被服費　旅費 交通費　通信費 消耗品費 消耗器具備品費 水道光熱費　雑費

図3　訪問リハビリテーションに関わる費用

総費用＝固定費＋変動費

純粋なもうけです

売上−変動費−固定費＝純利益

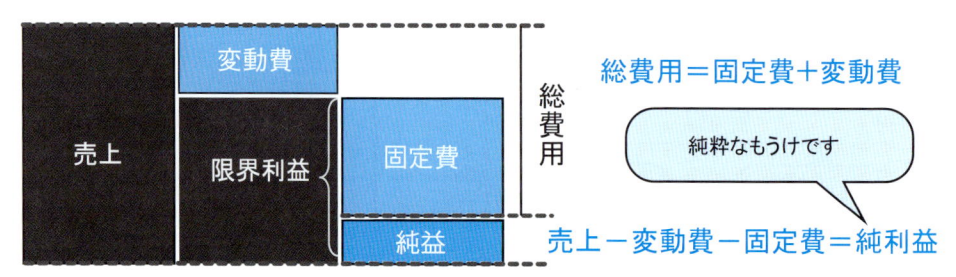

図4　収益構造

コスト管理

図5 損益分岐点

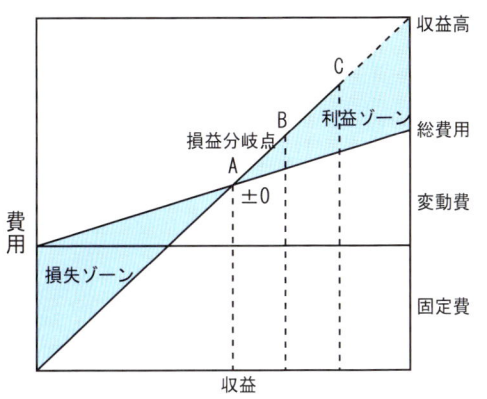

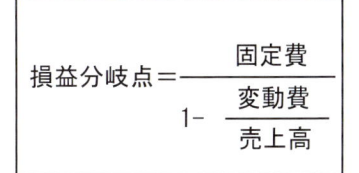

$$損益分岐点 = \frac{固定費}{1 - \dfrac{変動費}{売上高}}$$

損益分岐点の求め方

> スタッフ数が多くなり訪問件数が伸びるほど運営が楽になります。ケースが少ないときは2～3ケース中止となるだけで総収入が大きく変動します。

例として月の延べ訪問件数が500件で内訳が下表のような場合の損益分岐点を考えてみましょう。事業所加算（6単位/回）はない設定です。

月の売上高（総収入）は4,102,000円です。仮に固定費が2,800,000円、変動費が1,000,000円としますと、2,800,000÷（1－(1,000,000÷4,102,000)）≒3,702,643円となります。一件あたりの平均単価は4,102,000÷500＝8,204円となりますので、損益分岐となる件数は3,702,643÷8,204≒451件となります。

		件数（件）	取得単位数	収入
	総延べ件数	500		
内訳	2単位	300	300×(311×2)	¥1,866,000
	3単位	200	200×(311×3)	¥1,866,000
	短期集中リハ加算(1)	50	50×340	¥170,000
	短期集中リハ加算(2)	100	100×200	¥200,000
				¥4,102,000

エコレース

スタッフに環境保全とコスト意識を持ってもらうために、エコレースと命名して訪問車の燃費でレースを実施しています。その年の担当になったスタッフは、ガソリンの消費を極力抑える運転の方法や工夫をミーティングで紹介し、訪問車の運行表から燃費を計算、各月でどの車が最も効率よく走行しているかを上位から最下位まで発表しています。年末に年間のベストを公表し、景品を出したりしています（図6）。

図6 エコレースの出走表とエコドラ十か条

第7章　訪問リハビリテーションの管理業務

訪問リハビリテーションの管理業務
リスク管理

当事業所の業務は13種類のマニュアルと手順書で管理しています（表1）。発生した事故は法人のリスクマネジメント委員会に報告書を提出します。事業所立ち上げから約20年間で発生した事故は訪問リハ提供中9件、移動中の事故が11件で、うち対人、対物事故が6件、自損事故5件です。

ヒヤリハットについては2004年からヒヤレンダーと呼ばれるカレンダー式のヒヤリハット報告書（図2）を事業所内に掲示し、情報をスタッフ全員で共有しています。結果は独自のデータベースに入力し管理します。

ここでは訪問リハにおけるリスクを、訪問リハサービスの業務が行われている場所によって①事業所リスク、②移動リスク、③訪問時リスクの3つに整理して解説します（図1）。

1　事業所リスク

事業所リスクは管理者が主な責任を果たしている領域と全スタッフが関与する領域があります。直接業務でなくても、1）経営リスク、2）労務リスク、3）情報リスク、4）自然災害リスクに関わるものなど重要なリスク管理の課題が多く存在します。

1）の経営リスクについては152頁を、2）労務リスクに関しては、一般的な労務リスクの詳細については他書を参照してください。ここでは特に訪問リハで注意すべき労務リスクについて触れます。

1．労務リスク
（1）感染対策

スタッフの体調管理はすべての事業体で重要です。特に感染への対策は重要です。サービス提供者側が感染源や運び屋となる場合や感染症の情報不足からスタッフが重篤な感染性疾患に罹患する恐れもあります。当事業所でも紹介されたケースの感染症の情報がもれ、担当したスタッフが予防薬を飲み続けた例があります。

インフルエンザやノロなど感染対策の詳細は第2章「標準予防策」の項（26頁）を参照してください。

表1　当事業所のマニュアル

訪問リハビリテーションマニュアル
訪問リハビリテーション手順書
医療事故対応マニュアル
緊急時対応マニュアル
苦情対応マニュアル
個人情報保護マニュアル
プライバシー保護マニュアル
身体拘束防止マニュアル
接遇マニュアル
認知症対応マニュアル
感染対策マニュアル
災害対応マニュアル
環境対策マニュアル

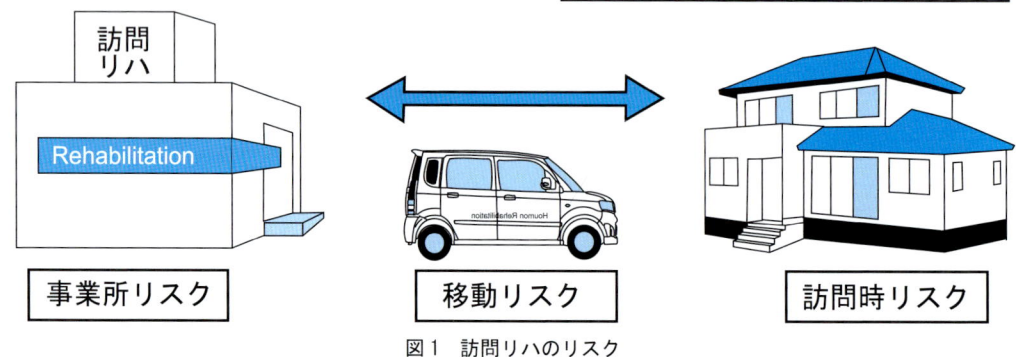

図1　訪問リハのリスク
事業所リスク　移動リスク　訪問時リスク

リスク管理

月ごとの具体的対策を記載

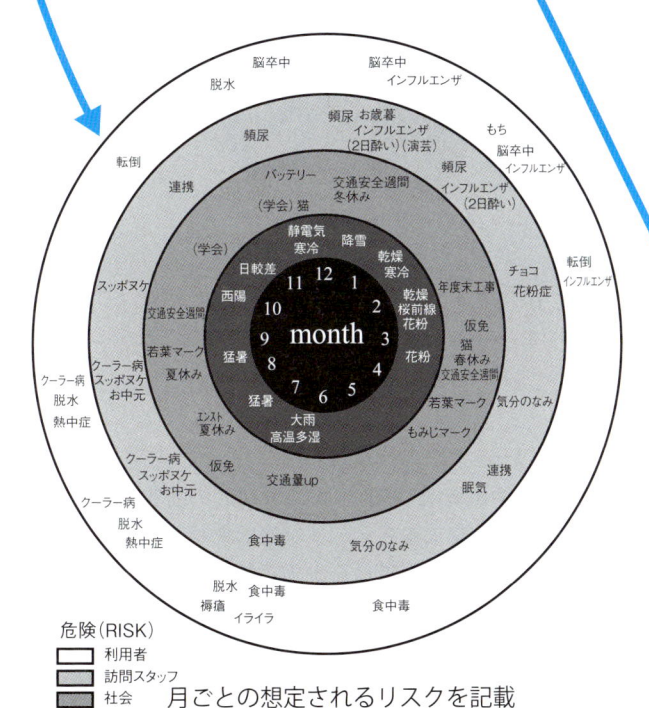

月ごとの想定されるリスクを記載

ヒヤリハット事項を記載
（スタッフが見えるところに掲示）

図2　カレンダー式のヒヤリハット報告書

第7章　訪問リハビリテーションの管理業務

（2）生活習慣への対策

　喫煙は法人内すべて敷地内が禁煙のため喫煙者はいません。就職の際、喫煙者は禁煙を約束しないと入社できません。飲酒は翌日が休日でない場合は、午後11：30までと取り決めています。深夜まで飲み歩いていると飲酒運転で出勤し、移動していることになります。翌日の通勤時間まで考慮すると午後11：30が限度です。その時間までに終われない場合はノンアルコールに切り替えるよう指導しています。毎朝、アルコールチェッカーにてチェックし記録用紙に残しています。年に2～3回、警察署の安全講習会を受けていますが、その中でアルコールチェッカーは値段によって精度が大きく異なり、0.00以外の数字は信用できないとの説明があったため、0.00以外は運転をさせないようにしています。万が一、飲酒運転で事故が起きれば事業所の存続に関わることを常日頃スタッフに伝えています。

2．情報リスク
（1）個人情報管理

　事業所のカルテや報告書などの書類管理や日常会話での守秘義務の励行は、事業所の信用に関わる重要事項です。利用者、家族からは「病院のカルテから病名や治療内容がもれるより、こまかな家族関係や住環境の情報、家での介護状況など介護保険分野の情報が知られることのほうが嫌だ」との声をよく聞きます。厳格な管理が必要です。

　記録類がもれるリスクは、パソコンへの不正アクセスや事業所でのパソコン・USBの盗難もありますが、最も発生しやすいのは利用者に関わる書類作成や研究準備などのためのスタッフによる記録類の持ち出しです。筆者らの事業所では、USBなどでの持ち出しを原則として禁止しています。持ち出しが必要な場合はカルテ番号ではない疑似のIDをふり直し、個人が特定できる情報をすべて除いたファイルに、さらにパスワードをつけることで許可しています。

そのほか、スタッフに頻回に注意を促すのは、控え室での利用者・家族を話題とした話や、飲み会、飛行機、JR、バスなどの公共交通機関利用中の会話です。列車で移動中に、座席の後から筆者の知人の病状や介護の話題が聞こえてきた経験があります。誰が聞いているかわかりません。わからないように話したつもりでも、当事者に近い人ならすぐわかることも多々あります。

(2) 情報提供、確認

利用者・家族、かかりつけ医やケアマネジャー、他のサービス提供者への事業所からの情報発信あるいは受け取った情報の確認や決められた提出物、請求に関わる事項などにミスが多いと事業所としての信用を失います。当事業所では、各書類の提出時期とチェック表を作成し、スタッフ間によるダブルチェックに加え管理者2人によるダブルチェックを実施して極力ミスを防止しています。

またサービス提供表に予定されている訪問日や時間帯の変更が生じた場合はケアマネジャーに連絡すると同時に、口頭だけでなく、利用者宅のカレンダーなどに記載させていただき、適切に伝わるよう努力しています。

先に紹介したヒヤレンダー（過去7年間）で確認した事業所リスク、移動リスク、訪問時リスクの割合は図3のとおりです。事業所リスクの中で最も多かったのは連絡、連携ミスで（図4）、利用のキャンセルや入退院、入退所の伝言ミスでした。この中で事業所に連絡がなく訪問したケースが26件ありました。次に多いのは書類の記載、確認ミスで、サービス提供表の確認ミス（サービスコードの誤りに気づかない、予定変更の確認ミス）や居宅やかかりつけ医が変更になった際の送付書類の宛先ミスなどでした。

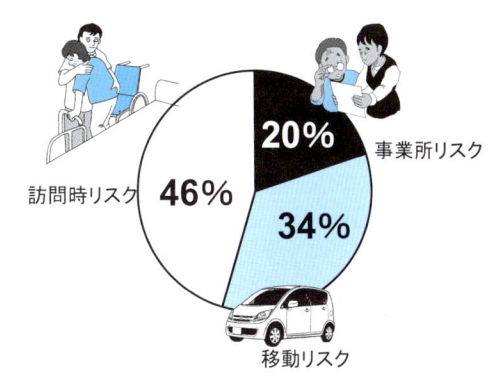

図3　訪問リハに関わるリスクの発生割合
2004年5月～2011年5月（7年間）

3. 自然災害リスク

災害はなかなか予知できません。しかし大雨による水害、台風などのように、ある程度事前に対策がとれるものもあります。高齢者世帯や独居のケースは、ケアマネジャーと相談して住環境の整備や万が一の場合の避難手順の確認、あるいは事前の短期入所の利用を勧めるなどの対応をしています。

移動に危険が伴う場合は訪問の中止命令を事前に出しますが、昨今ではゲリラ豪雨で短時間に浸水する場所もあります。移動中のスタッフはラジオで情報を取り、管理者はインターネットの河川のライブカメラ、気象情報、交通規制、渋滞情報やニュースなどの情報を携帯電話やメールで伝えます。

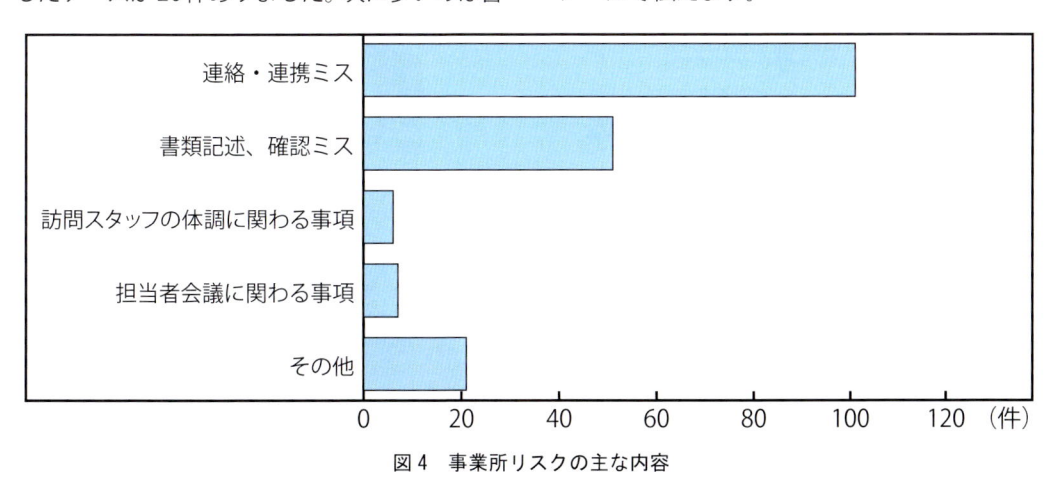

図4　事業所リスクの主な内容

2 移動リスク

利用者宅までの移動手段は車を利用しない事業所もありますが、地方では訪問車両は必需品です。同時に様々なリスクの要因となります。交通事故がその代表です。20年近く訪問に携わっている中で、死亡事故や重傷を負わせるような事故は発生していません。しかし、追突によるむち打ちや車の破損などは6件経験しています。

また事故の当事者でなくとも、交通事故発生直後の現場を通りかかった、移動中に路上に人が倒れていたなど、人道的に避けて通れない場面に遭遇することもあります。対応マニュアルの作成、警察署を招いての交通安全教室のほか、朝礼、終礼での交通情報の提供、事故事例の紹介、注意の喚起は毎日実施しています。事故現場への対応だけでなく、当事者のスタッフの訪問予定をフォローする体制も十分検討しておく必要があります。

そのほかに交通渋滞、工事による迂回、道に迷う、走行中のパンク、整備不良による車両のトラブルや道路交通法違反など訪問効率を落とす要因は多数あります。渋滞情報はネットでも確認できます。

また事前に大きなイベント（入試、祭り、スポーツや芸能イベントなど）により予測できる渋滞地域や交通規制の場所は、スタッフ情報係が朝礼で情報を流しています。当事業所の車両にはカーナビは装備されていないので、新規利用者やフォローで訪問する場合は、検索サイトの地図などで事前に十分確認して訪問しています。車の整備はリース業者の定期点検のほか、整備チェック表を毎日つけるようになっています。

ヒヤレンダーでの移動リスクの内訳は図5のとおりです。運転中の飛び出しに対する急ブレーキ、他者の事故現場に遭遇するなどが96件と最も多くなっています。次に運転操作に関わるものが多く、駐車する際や車線変更時のヒヤリハット報告が多いようです。3位はほぼ同数で移動中のスタッフのコンディションで、運転中の眠気や腹痛などに関するものです。4〜6位はほぼ同数で車の燃料やウィンドウォッシャー液の残量確認不足などの整備・点検不足が4位、運転中の動物の飛び出し、昆虫類の車内侵入による運転の妨害が5位、免許不携帯やスピード違反など道路交通法に関わるものが6位でした。

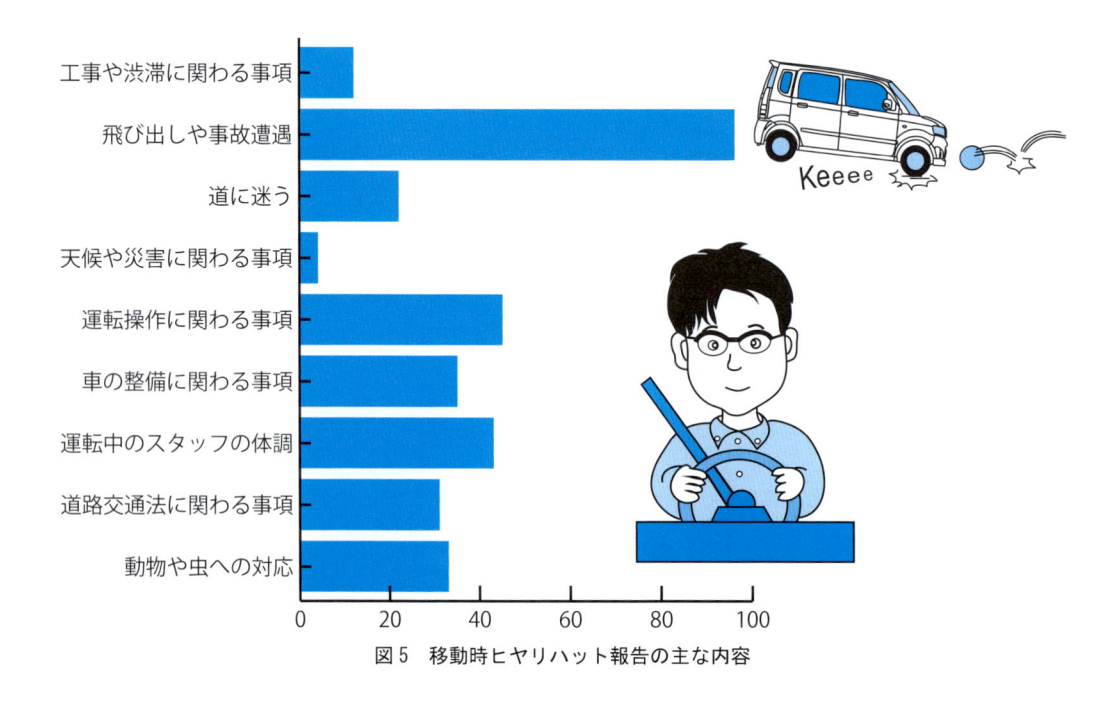

図5 移動時ヒヤリハット報告の主な内容

3 訪問時リスク

1. 訪問時不在のリスク

訪問した際に利用者・家族が不在（呼び出しに出ない、出入口に施錠してある）の場合は少なからず経験します。大半は受診や外出によるものが多く、前述したように利用者・家族の連絡ミスや電話を受けた担当者の連絡ミスの場合です。しかし、室内で転倒、再発作、あるいは亡くなっている場合もあります。筆者らも過去に何回か利用者宅に突入した経験があります。

不在であった場合は、まず利用者宅へ電話を入れます。出ない場合は事業所へ、次にケアマネジャーへ連絡を入れ、キャンセルの連絡が入っていないか確認します。キャンセルが確認できない場合は、利用者の日頃の状況で管理者が判断します。しばらく待機して訪問した旨を伝える書き置きを出入口に残し、ケアマネジャーにその後を託して次の訪問先へ移動する場合と、利用者がいる部屋が外部から容易に確認できる場合は、確認を指示する場合があります。外部から確認して、明らかに転倒や外傷が確認できる場合でも、いきなり窓を破って突入してはいけません。あわてて単独で実行すると、万が一、利用者が亡くなっていた場合は、第一発見者としてあらぬ疑惑をかけられてしまう可能性があります。一刻を争う状況で突入する場合は、必ず隣人や通行人などすぐ近くにいる人に助けを求め、複数で突入します（図6）。

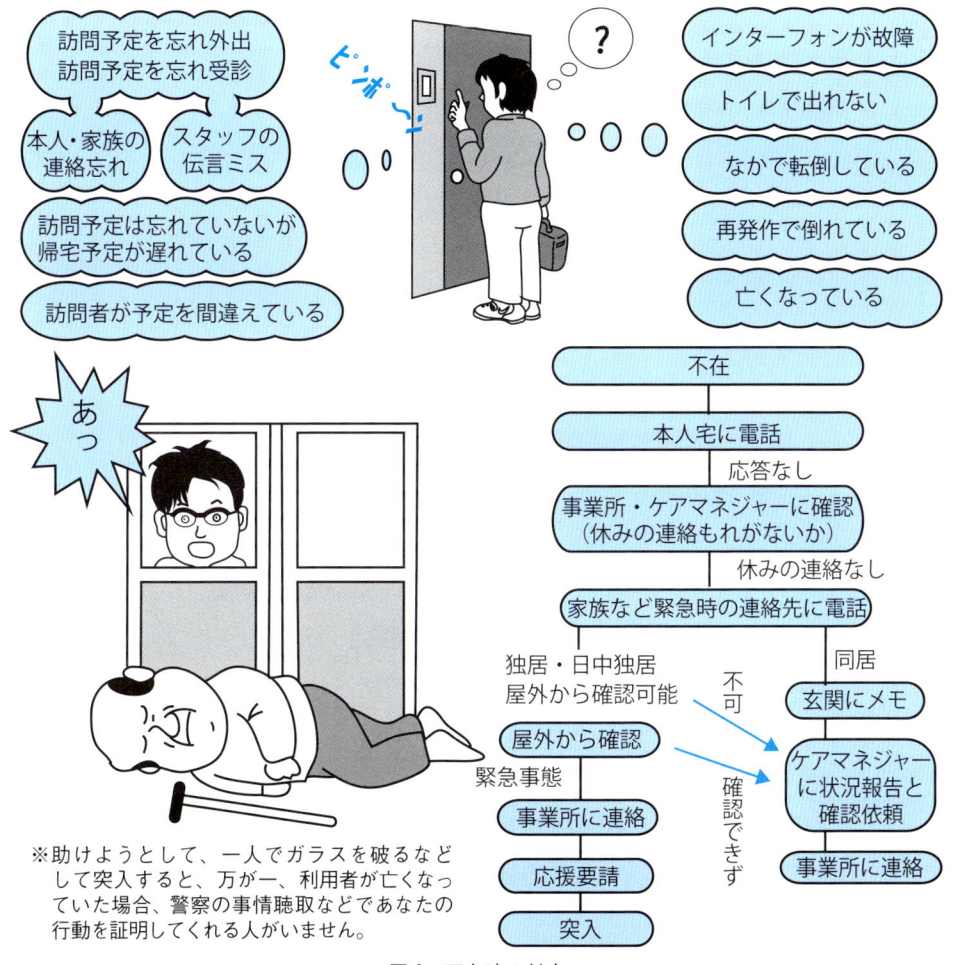

※助けようとして、一人でガラスを破るなどして突入すると、万が一、利用者が亡くなっていた場合、警察の事情聴取などであなたの行動を証明してくれる人がいません。

図6　不在時の対応

第7章　訪問リハビリテーションの管理業務

2．訪問リハサービス提供時のリスク

　ヒヤレンダーによる訪問時リスクの内訳は図7のとおりです。比較的多い順に紹介すると、トップは利用者宅での忘れ物です。血圧計や体温計、名札、手帳といったものが多発しています。次に多いのは接遇です。名札やベルトのつけ忘れなど服装に関するもの、1件前の訪問の影響で、利用者の名前を呼び間違える、会話の話題が状況に適切でなかったなどがみられます。3位は転倒に関わるもので、屋内、屋外の歩行練習時に大きくバランスをくずした際に支えたといった報告が多くなっています。次が同数でペットや訪問中に侵入してきた蜂などによる訪問リハの阻害や転倒リスクの発生です。5位は利用者の全身状況の管理に関することです。血圧、脈の測定の抜けが最も多かったほか、意識レベル低下や呼吸困難、発熱への対応でした。6位は同数で福祉用具の操作ミス、適合調整ミスで、もう一つはリハ提供中のスタッフの腹痛などの体調不良でした。そのほか、訪問終了時のお茶や付け届けに関する事項、利用者・家族からの暴言やセクハラ行為などがありました。

　訪問系サービスの一番のリスクは利用者宅という密室でサービスが提供されることです。契約書、訪問リハ実施計画書の説明、バイタルチェック、心身機能の評価とリハプログラムの提供、その際のリスク管理、様々な制度に関わる質問への回答など、すべて一人で実施しなければなりません。管理者や先輩との同伴訪問もそう頻回には実施できません。教育管理が非常に難しい状況にあります。複数担当制にすることや同伴訪問、カンファレンスの実施は解決策の一つです。加えて当事業所では、イラストなどを利用して、評価の視点や潜在するリスクなどに気づけるようトレーニングを実施しています。

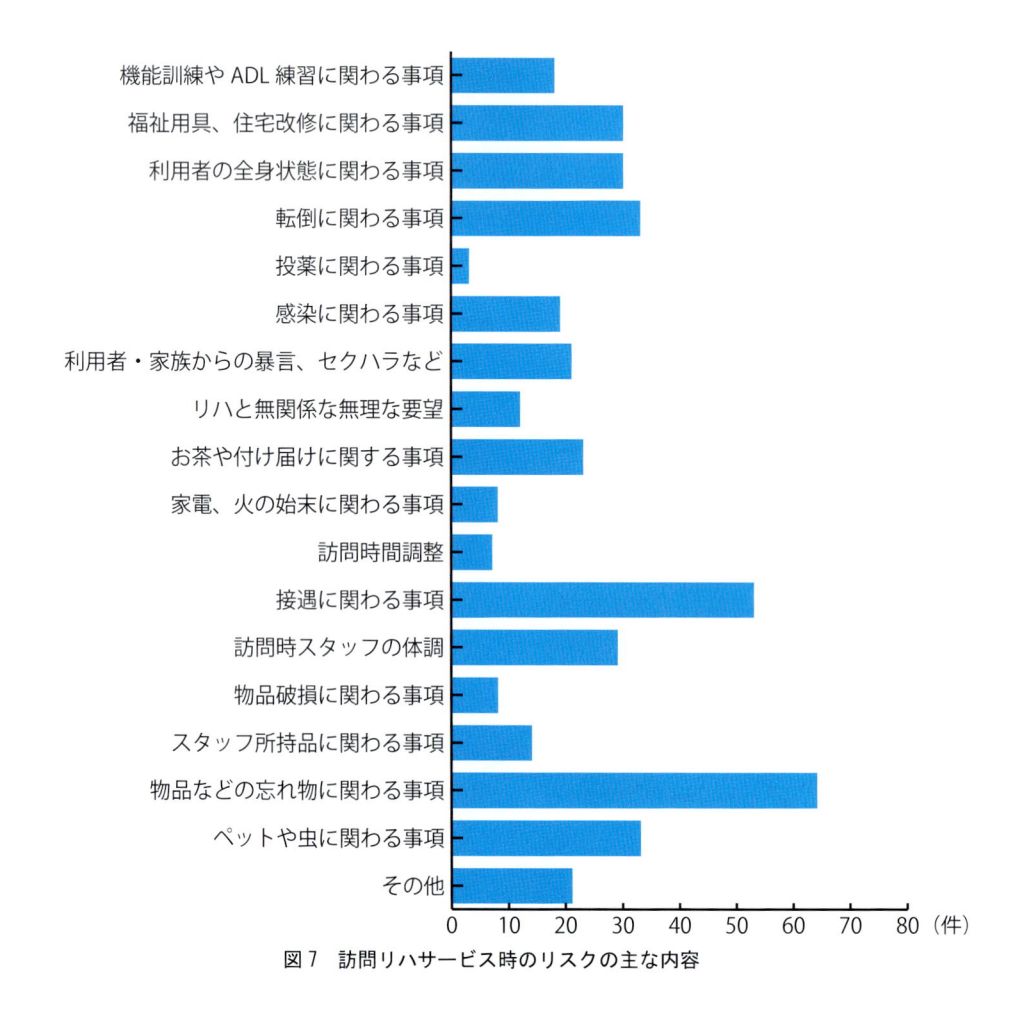

図7　訪問リハサービス時のリスクの主な内容

訪問リハ中の事故事例①

- 訪問リハで左上肢の動きを確認しようと左手を握った際に裂創ができる
- マニュアルに従い、指示医へファーストコールするが不在
- 当法人医師へ連絡。状況説明し裂創部写真を携帯電話で添付して送信
- 受診の指示あり
- 訪問車で受診し、処置後自宅へ
- 上司へ経過報告／ケアマネジャーへ報告／主治医へ報告
- 事故報告書作成
- ミーティングにてスタッフへ報告し注意を喚起

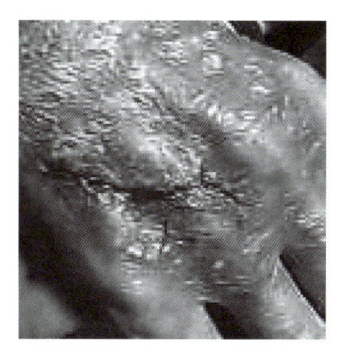

慢性関節リウマチの利用者です。非常に皮膚が弱く、手ではなくリスト部を握っただけで皮膚が裂けてしまった事例。

訪問リハ中の事故事例②

- 訪問リハでの座位訓練中、声かけに対する反応が急に悪くなり、セラピストに寄りかかるように倒れ込む
- そのままベッドに側臥位をとらせバイタルチェック
- マニュアルに従い、指示医へファーストコールするが自分のところでは診れないとの回答あり
- 当法人医師へ連絡。救急車を手配するよう指示あり
- 救急車を手配し、保温確保とバイタルチェック
- 救急隊員に状況、バイタル報告
- 救急病院へ搬送
- 主治医、関係者に報告
- 家族にその後の状況確認
- 事故報告書作成
- ミーティングにてスタッフへ報告し注意を喚起

一人で対処しなければならないので、適切に動けるように日頃からのトレーニングが重要です。
救急車を手配する場合も救急隊に場所や状況をパニックにならずに的確に報告し、到着するまでの間にできる限りの対応をします。

第7章　訪問リハビリテーションの管理業務

この絵から何がよみとれますか？

安全な作業位置？
・対象者が使用する範囲は？
・安全に操作できるよう配置されているか？

間口、ドア開閉操作？
・ドアのタイプは？
・開閉は安全に可能か？
・通過が安全に可能か？
・仮に車いすでも使えそうか？

敷居の段差コントラスト？
・敷居の高さは？
・敷居のコントラストは？
（認識しやすいか）

Pトイレタイプ・位置？
・Pトイレの必要性は？
・Pトイレの置場は適切か？
・Pトイレのタイプは適切か？

杖の置き場？
・杖のタイプ、高さ調整は適切か？
・杖の置き場は適切か？
・杖が倒れたら拾えるか？
・杖が倒れない工夫は不要か？

　スライドやプリントで図を見せスタッフが何をどのように観察し、潜在するリスクや支援方法を考えるのかを、口頭試問やグループワーク形式で検討します。これが正解というのはありません。しかし、様々なことに気づくスタッフとほとんど何も気づかないスタッフがいます。

　まず新規利用者の部屋に入ってみてこのような光景が目に入ってきたとしましょう。仮に一本杖歩行レベルの利用者とすれば使用している福祉用具に違和感を感じます。歩行レベルの利用者に高機能エアーマットが導入されています。パーキンソン病など特殊なケースでは想定できなくもありません。仮にこのマットレスが必要だと想定しましょう。絵ではわかりにくいかもしれませんが、窓には稲妻が見えます。落雷で停電があったかもしれません。もしそうであれば、自動的にエアーマットの体重設定が初期設定に戻り設定が狂っている可能性があります。ベッドの高さも高すぎる観があります。

　また杖がベッド柵におもむろに立てかけてあります。杖の置き場からみて左側になんらかの障害がある方かもしれません。杖は容易に倒れそうです。自力で拾える方でなければ転倒の可能性も予測できます。また左の人工関節の術後の方であれば、拾う姿勢が脱臼肢位となり、脱臼の危険性もあります。杖フォルダーの設置や多点杖の検討が必要かもしれません。Pトイレも気になります。トイレでは無理なのか、夜間のみ使用されているのか、現在は使用していないのか。使用しているとすれば設置位置はどうか？　円背のある方だが便座の形状や背もたれとの位置関係はどうか？食器棚、レンジ、冷蔵庫は自分で使用されるか？　よく取り出す物の配置は？　開閉の際の重心移動は適切か？　個人因子を知る観点から何の賞状か？　カレンダーの設置位置や利用方法など多岐にわたります。これまで他のスタッフが経験した事項を整理して1枚のイラストに落とし込み議論すると有用な教育ツールとなります。

リスク管理

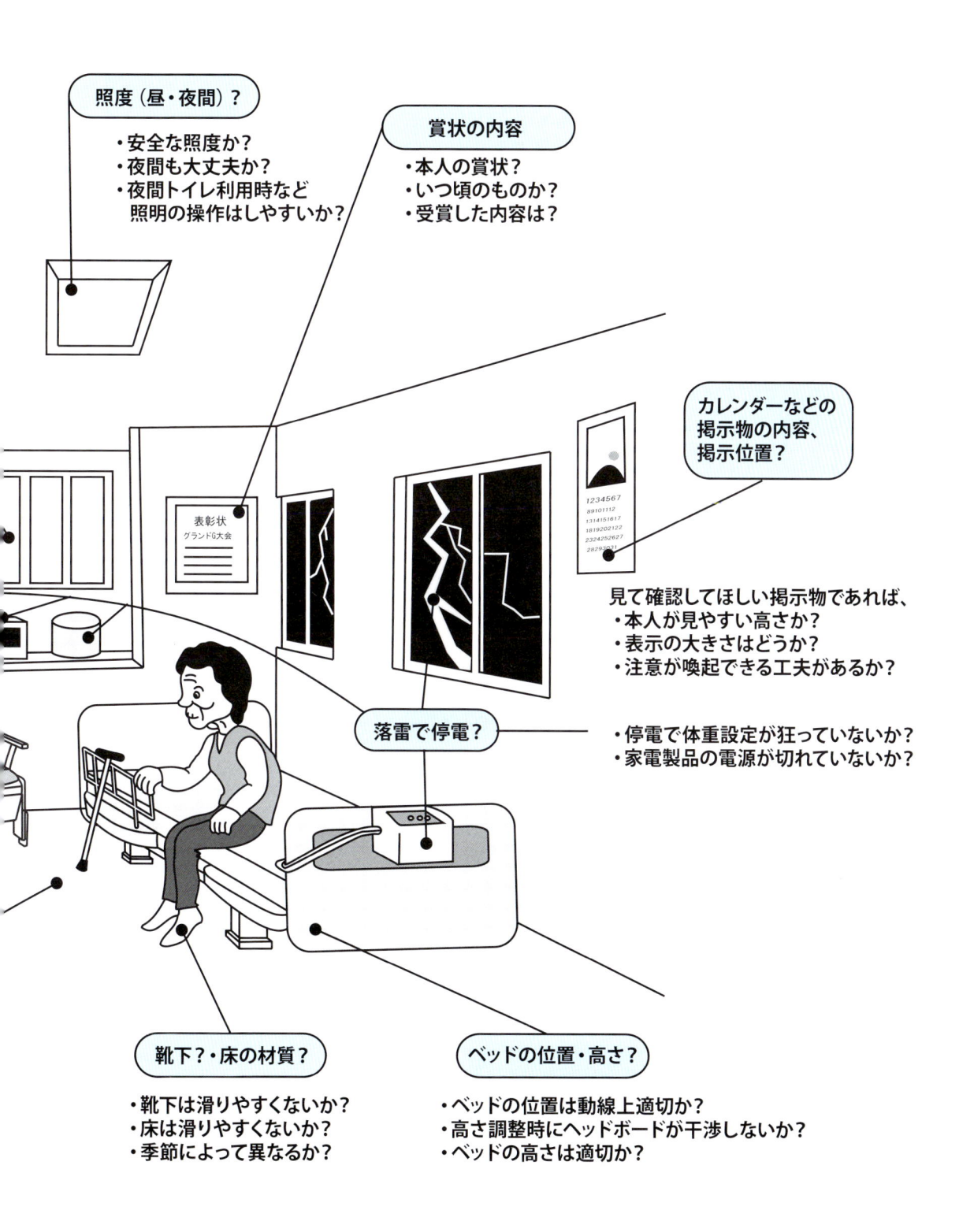

照度（昼・夜間）？
・安全な照度か？
・夜間も大丈夫か？
・夜間トイレ利用時など照明の操作はしやすいか？

賞状の内容
・本人の賞状？
・いつ頃のものか？
・受賞した内容は？

カレンダーなどの掲示物の内容、掲示位置？

見て確認してほしい掲示物であれば、
・本人が見やすい高さか？
・表示の大きさはどうか？
・注意が喚起できる工夫があるか？

落雷で停電？
・停電で体重設定が狂っていないか？
・家電製品の電源が切れていないか？

靴下？・床の材質？
・靴下は滑りやすくないか？
・床は滑りやすくないか？
・季節によって異なるか？

ベッドの位置・高さ？
・ベッドの位置は動線上適切か？
・高さ調整時にヘッドボードが干渉しないか？
・ベッドの高さは適切か？

165

訪問リハビリテーションの管理業務 書類・記録管理

訪問リハ事業所に関わる書類・記録管理は、事業所の運営に必須の業務です。事業所立ち上げの許可、契約、日常業務に必要な書類まで様々な書類を管理しなくてはなりません。それらを管理するにあたって、当事業所が工夫している点をいくつか紹介します。

許可（更新）申請に必要な書類
❶許可（更新）申請書
❷付表
❸勤務体制および勤務形態一覧表
❹組織体制図
❺経歴書（管理者・サービス提供責任者）
❻従業者の雇用を示す書類（雇用契約書の写しまたは雇用証明書）
❼従業者の資格を有する証明書の写し
❽従業員の写真（事業所・施設内で撮影したもの、数名ずつの集合写真）
❾事業所の平面図・写真
❿運営規定
⓫付近の地図
⓬誓約書
⓭役員名簿

契約に必要な書類
❶契約書2部（本人、事業所控え1部ずつ）
❷重要事項説明書2部（本人、事業所控え1部ずつ）
❸個人情報使用同意書
❹利用同意書
❺利用料金表
❻パンフレット

> 契約には時間がかかります。パンフレットを利用して契約の簡素化を図っています。

日常業務に必要な書類・記録
❶相談受付表
❷個人票
❸指示書
❹各種評価表（生活評価表／FIM／LSA／鈴木式転倒評価表など）
❺経過記録
❻カンファレンス記録
❼退院時共同指導に関する書類
❽サービス担当者会議記録

外部機関とのやりとりが必要な書類・記録
❶情報提供書
❷ケアプラン
❸介護保険証の写し
❹サービス提供票
❺訪問看護指示書
❻診療情報提供書
❼計画書
❽報告書
❾ケアマネジャーへの報告書・経過表
❿ケアマネジメント連絡表

1 許可（更新）申請に必要な書類

みなし指定（第5章「訪問リハの制度」を参照）でない訪問リハ事業所を立ち上げる場合は上記のような書類が必要です。書類は保険者が公開している自己点検表を用いて内容をチェックした後、保険者に提出します。これらの書類は実地指導で必ず開示を求められ、不備があった場合は指定取り消し処分になりうる重要なものです。これらの書類はファイルに一括管理し、医療保険や介護保険の改定後は内容の見直しを行いましょう。

2 契約に必要な書類

契約書には目的や主治医との関係、利用料金等について記載されており、重要事項説明書は運営規定に則った内容が記載されている書類です。それぞれ2部作成し、利用者と事業所双方で保管しておきます。これらの書類に関しても、医療・介護報酬の改定時には内容を見直す必要があります。

3 指示書管理の工夫

訪問看護指示書や、診療情報提供書の有効期間は利用者によって異なるため、管理が難しくなります。そこで当事業所では、独自のデータベースで管理しています（使用ソフト：microsoft access）。
指示日と指示書の有効期間を入力すると、次の依頼日が月と主治医別にリストとして出力されます。当事業所では指示書を管理する者をあらかじめ決め、毎月指示書が必要な利用者をデータベース上からピックアップします。この仕組みにより指示書の依頼時期を確実に把握できます。

4 書類・記録管理の簡略化の工夫

左頁のように訪問リハ事業所が管理すべき書類はたくさんあります。そこでできるだけ書類作成の手間を省くための工夫が必要です。図は書類間で必要な情報を共有することによって書類作成の手間を省いた例です。

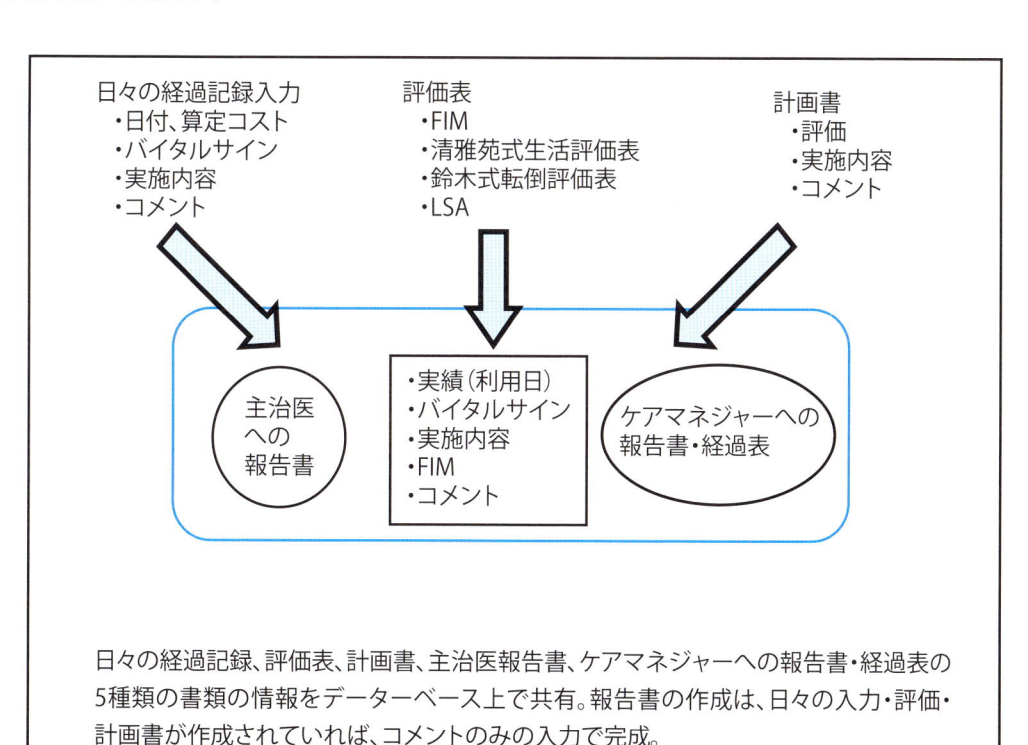

```
日々の経過記録入力          評価表                      計画書
 ・日付、算定コスト           ・FIM                       ・評価
 ・バイタルサイン             ・清雅苑式生活評価表         ・実施内容
 ・実施内容                  ・鈴木式転倒評価表           ・コメント
 ・コメント                  ・LSA

        ↓                    ↓                           ↓

   主治医          ・実績（利用日）         ケアマネジャーへの
   への            ・バイタルサイン         報告書・経過表
   報告書          ・実施内容
                  ・FIM
                  ・コメント
```

日々の経過記録、評価表、計画書、主治医報告書、ケアマネジャーへの報告書・経過表の5種類の書類の情報をデータベース上で共有。報告書の作成は、日々の入力・評価・計画書が作成されていれば、コメントのみの入力で完成。

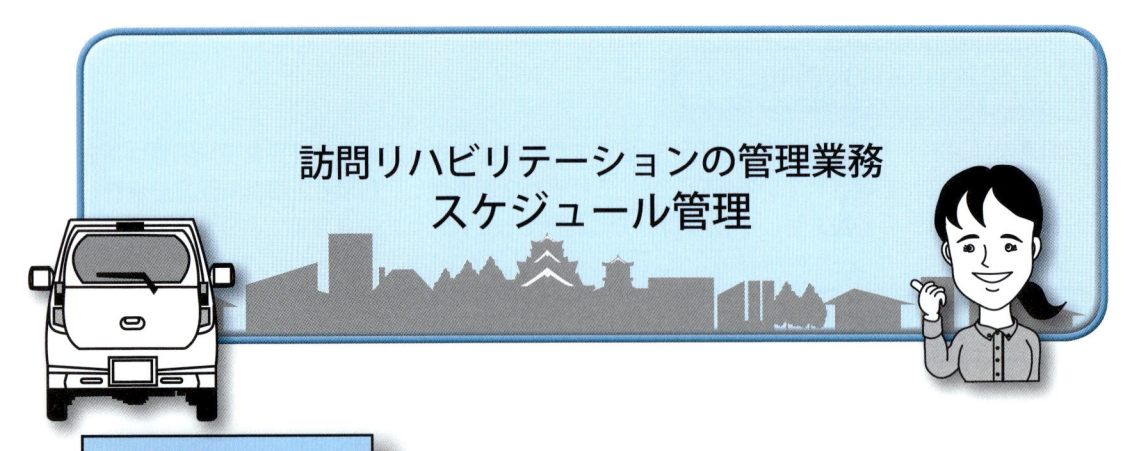

訪問リハビリテーションの管理業務
スケジュール管理

考慮すること

　担当を決めるときに考慮することがいくつかあります。1つは感染症の有無です。感染症がある場合には、種類にもよりますが予防策をとり、できるだけ訪問時間を最後に設定します。また重介護者については、食事や入浴の前後を極力さけ、覚醒しやすい時間帯で調整します。事業所の都合としては、次のお宅までの移動距離を短くなるようにしたり、訪問している方面をなるべく同じになるように調整しています。また疾患や状況、訪問リハの目的に応じて、PT・OTの専門性を考慮します。

予定外のことが生じたとき

　スタッフの体調不良や事故などで、予定どおりに訪問ができないことがあります。その場合は、利用者の状況を把握している副担当者、または同行したことがあるスタッフが訪問できるようにケースを調整します。時間調整しても空きが見つからない場合は振り替えなどの方法をとります。予定どおりにサービスが提供できない場合にはケアマネジャーに報告をします。時間調整をさせてもらう利用者に負担がないように注意を払うことが必要です。振り替えをするときには、特に月初め、月末は注意が必要です。月をまたいで振り替えて、限度額をオーバーすることがあるので注意が必要です。

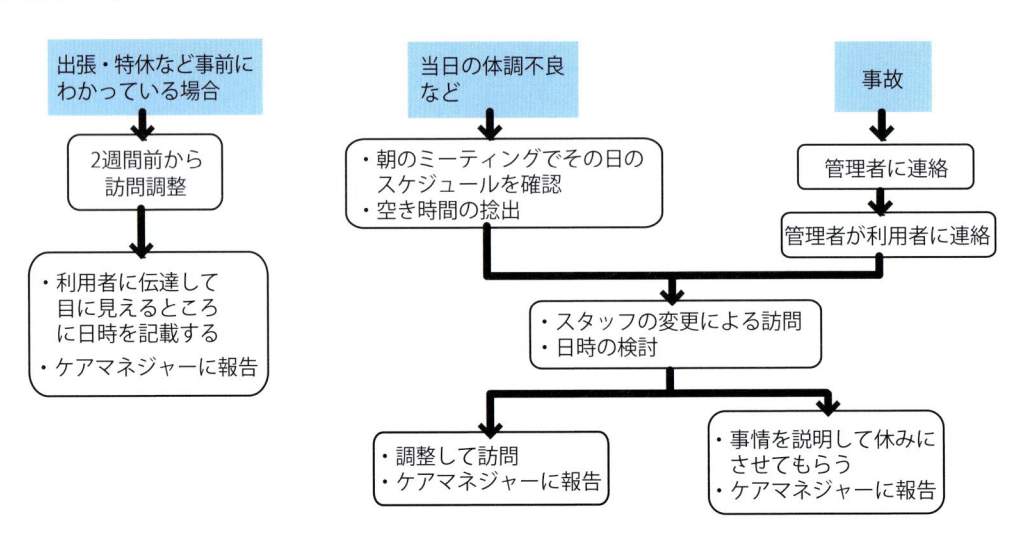

出張・特休など事前にわかっている場合
→ 2週間前から訪問調整
→ ・利用者に伝達して目に見えるところに日時を記載する
・ケアマネジャーに報告

当日の体調不良など
→ ・朝のミーティングでその日のスケジュールを確認
・空き時間の捻出
→ ・スタッフの変更による訪問
・日時の検討
→ ・調整して訪問
・ケアマネジャーに報告

事故
→ 管理者に連絡
→ 管理者が利用者に連絡
→ ・スタッフの変更による訪問
・日時の検討
→ ・事情を説明して休みにさせてもらう
・ケアマネジャーに報告

質と効率を上げるために

　訪問は思いがけないことも起こって遅れそうになることもあります。時間に追われがちなので、事故のリスクを減らすため、また経費削減のために効率的な移動ができるよう適宜検討します。難渋しているケースには、同行して一緒にかかわり方を検討するなどして、スタッフに孤立感を持たせないようにすることが必要です。初回の契約書などを交わすときに、他のスタッフの同行や、複数で訪問することを伝えておくようにします。一人の利用者を複数のスタッフが把握することで、リハの内容の相談や検討、フォロー体制がつくりやすくなります。

訪問のパターン

　担当制、複数担当制、チーム制といくつかパターンがあります。事業所としてのメリット、デメリットを表1に示します。当事業所では、担当制、複数担当制で行っています。週1回の利用者の場合は、主担当と管理者、または副担当に同行してもらい、週1回の利用者にも最低2人が関わっている状況をつくるようにしています。複数回利用の場合は複数で担当します。信頼関係をつくるのに時間を要する場合は、状況を見ながら同行できるように調整します。

表1　事業所としてのメリット・デメリット

	メリット	デメリット
担当制	・申し送りが必要がない ・利用者の状況把握がしやすい ・信頼関係が築きやすい	・フォロー体制がつくりづらい ・スタッフ個々の訪問件数に偏りが生じることがある ・問題点を共有しづらい ・独りよがりのかかわりになりやすい（個人商店になりやすい） ・プライベートでも関係をつくる危険がある ・強固な信頼関係ができていると、次に介入しづらい
複数担当制	・申し送りが必要で、他のスタッフに伝える力を養える ・他のスタッフからの視点が得られることで、アプローチの検討がしやすい ・他のスタッフのことを考え、バランスをとりながら信頼をとる方法を身につけることができる ・フォロー体制がつくりやすい ・担当それぞれで役割を担える	・毎回行ってきたことと、次回の課題など確実に申し送りをすることが必要である ・他のスタッフと介入方法や伝える内容など意思統一を図るようにしなければ、利用者を混乱させる
チーム制	・申し送りが必要で、他のスタッフに伝える力を養える ・他のスタッフからの視点が得られることでアプローチの検討がしやすい ・他のスタッフのことを考え、バランスをとりながら信頼をとる方法を身につけることができる ・フォロー体制がつくりやすい ・個々の訪問件数が偏りづらい ・担当それぞれで役割を担える ・チームの結束力は高まりやすい	・個々が収集した情報や状況は一元化し共有する必要がある ・チーム全体で介入方法や伝える内容など意思統一を図るようにしなければ、利用者を混乱させる ・毎回行ってきたことと、次回の課題など確実に申し送りをすることが必要 ・信頼関係を築くことに時間がかかる

第7章　訪問リハビリテーションの管理業務

訪問リハビリテーションの管理業務
スタッフ管理

事業所での教育

　スタッフ管理には、労務管理から研修教育まで幅広い領域になります。他の頁と重複する部分もありますので、ここでは主にスタッフの教育について説明します。新人や現職者への教育は、事業所ごとに様々な工夫がなされています。リハ室のように管理者や指導者の目が届く範囲での指導が、訪問リハでは十分できません。また設立母体が大きく、多面的に事業展開しているところでは、通所や病院、施設などで、事前に十分な研修を積み訪問に従事する方法がとれます。しかし単独型の事業所ではなかなか難しいところがあります。当事業所は、法人組織が比較的大きな組織で、教育環境は整えやすいとはいうものの、多数の若いスタッフを抱え、教育にはやはり苦慮しています。以下に当事業所の概要と教育体制の一部を紹介します。

　当事業所の業務は13種類のマニュアルと手順

図1　自己チェック表のフェイスシート

領域	IV　清雅苑 リハビリテーション部（訪問）
領域	項目
IV訪	訪問リハに必要な物品の点検、準備ができる
IV訪	訪問リハに必要な書類が自分で準備できる
IV訪	利用者宅の場所の確認が適切にできる
IV訪	公用車の確保と点検が自分でできる
IV訪	公用車の駐車スペースを理解し、交通ルール、交通マナーを守れる
IV訪	利用者への連絡が適切にできる
IV訪	交通事故が発生した場合の対処法を理解し、対処ができる
IV訪	訪問時の事故発生に対する対応を理解し、対応できる
IV訪	介護予防訪問リハ、訪問リハの内容に関する説明が適切にできる
IV訪	介護予防訪問リハ、訪問リハに関する制度、料金に関する説明が適切にできる
IV訪	契約書・同意書に関する説明が適切にできる
IV訪	利用者個人票の記入が適切にできる
IV訪	サービス利用表・利用票別表・提供表・提供票別表を理解している
IV訪	料金の銀行振込に関する説明が適切にできる
IV訪	計画書の入力・出力ができ、提出日を理解している
IV訪	報告書の入力・出力ができ、提出日を理解している
IV訪	他事業所への実績報告ができる
IV訪	指示書の提出、内容、指示期間の確認ができる
IV訪	訪問リハの目的を理解できる
IV訪	評価から問題点の把握ができる
IV訪	問題点に対する訪問リハプログラムの立案ができる
IV訪	訪問リハプログラムの説明が本人・家族にできる
IV訪	訪問リハプログラムの説明がケアマネにでき、ケアプランとの整合性が図れる
IV訪	訪問リハプログラムの説明が主治医にできて、指示書との整合性が図れる
IV訪	訪問リハを実施するうえでのリスクを理解している
IV訪	訪問リハ指示書に記載された薬について理解している
IV訪	訪問リハ対象者が介入戦略のどの時期にあるか理解できる
IV訪	在宅での生活障害が評価でき、生活活動度計の計測が適切にできる
IV訪	住環境の評価が適切にでき、住宅改修に関する説明、指導ができる
IV訪	福祉用具の評価が適切にでき、適合、調整、指導が適切にできる
IV訪	在宅でのADL（FIM）評価・指導が適切にできる
IV訪	在宅でのIADL評価・指導が適切にできる
IV訪	在宅での廃用予防が適切にできる
IV訪	閉じこもり症候群の理解と対応ができる
IV訪	家族への介護指導が適切にできる
IV訪	本人・家族への心理的状態の把握と対応が適切にできる
IV訪	必要時に他のサービスに関する紹介・説明ができる
IV訪	QOLの評価（SF-36）・向上に関する支援ができる
IV訪	サービス担当者会議でサービス提供者の立場から説明、意見ができる
IV訪	利用者家族・ケアマネ・主治医・サービス提供者からの苦情の対応が1人でできる

図2　自己チェック表の訪問リハの項目

書で管理しています。また教育内容は訪問リハ直接業務、間接業務に加え、法人組織の総合リハセンターの一員としての教育を受けます。習熟の程度は、自己チェック表で確認し管理者が面接でチェックします。自己チェック表は4〜5相で構成され、共通項目と配属先による選択項目があります（図1）。共通項目は接遇や医療、リハに関する基礎知識で構成され、さらに在宅チーム（訪問、入所、通所）の共通事項として制度や連携に関わる事項があります。訪問の内容は、新規受付から終了するまでの業務の流れに沿って、評価・計画・リハ技術、コミュニケーション、リスク管理、クレーム対応、必要書類、物品、新規相談、運転業務に関わることなど約40のチェック項目があります（図2）。

当事業所ではマニュアルや研修システムにのっとった教育のほか、教育のための独自の工夫を取り入れています。その中の一部を以下に紹介します。

1）グッドアイデアグランプリ（通称ジップ：GIP）

新人の保険制度の理解と臨床での観察力や発想のトレーニングの一環として、アイデア保険制度とグッドアイデアグランプリと称するコンテストを2002年から実施しています。利用者のために工夫して作製した福祉用具や環境設定が失敗に終わった際に、自腹を切らずに保険申請すると製作費の支給がアイデア保険から受けられます。またうまくいった作品は年に1回コンテストを実施して、上位3位まで商品が出ます。プレゼンされた作品は冊子にまとめ閲覧できるようになっています。スタッフの意識づけや問題解決能力向上の一助として機能しています。

グッドアイデアグランプリ（通称ジップ：GIP）

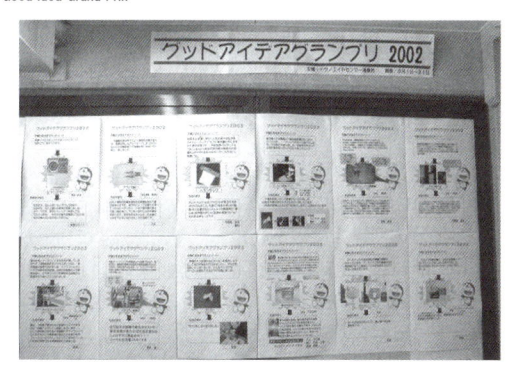

事前に掲示して審査をしてもらう

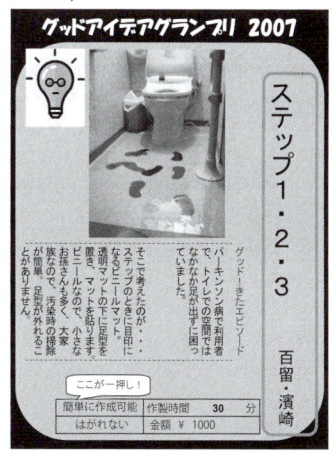

グッと！きたエピソードを紹介

グッドアイデアグランプリ発表の様子

表彰式の様子

第7章 訪問リハビリテーションの管理業務

2）実務者研修会

　熊本県理学療法士協会では、前述（第1章）したように1996（平成8）年に127頁の訪問リハマニュアル、2006（平成18）年には訪問理学療法ポケットマニュアル（写真1）を作成、研修会も2002（平成14）年から入門編、実践編、管理運営編の3ステップに分かれた研修会を開催していました。2009（平成21）年の介護報酬改定で単独の訪問リハ事業所の期待が高まり、2008（平成20）年度には各士会で様々な対策が検討されていました。熊本県理学療法士協会も訪問リハ特別委員会を立ち上げ、起業の支援、研修教育、専門性強化、調査研究を柱に活動を開始しました。その中で研修教育に関しては熊本県の訪問リハに関わるPT、OT、STの一定の質の担保ができるよう、ミニマムスタンダードの教育は一緒にやろうという提案が各会にされました。

　2009（平成21）年6月に熊本県理学療法士協会、熊本県作業療法士会、熊本県言語聴覚士会、くまもと訪問リハ研究会の4団体で熊本訪問リハビリテーション研修協議会を設立し、各会の会長と理事クラスを代表に準備を始めました。研修内容は、当面30時間程度の内容を5〜6日間かけて実施できる程度として、全国訪問リハビリテーション研究会の実践テキストの項目から重要な項目を抜粋し組み立てました（図3）。講師の選定は、訪問リハの直接サービスに関わる項目は訪問リハの実務経験があり、担当項目に関連する内容で講義やシンポジストなどの経験あるセラピストで構成しました。2010（平成22）年5月から実務者研修会をスタートさせ、これまでに398名の参加があり、125名に修了証書を発行しています。

　熊本県理学療法士協会では新人教育プログラムの地域リハビリテーションの単位として、熊本県作業療法士協会では、日本作業療法士協会の作業療法5・5計画とリンクして、2008（平成20）年以降の熊本県作業療法士会の入会者は実務者研修会の総論とADLは必須項目となり、生涯教育手帳のポイントとなります。2012（平成24）年度も5月から開始していますが、他府県からの申し込みもいただいています。

　また2010（平成22）年度から排痰・吸引に関する実技の研修会を訪問リハ従事者およびこれから始める方に特化して、熊本県理学療法士協会の呼吸小委員会のメンバーと熊本保健科学大学の看護学科の協力で実施しています。

　各会の訪問リハへの取り組みと熊本訪問リハビリテーション研修協議会の役割分担は、実務者研修会が訪問リハのミニマムスタンダードを担当し、各専門職の団体がそれをベースにした専門的技術の研修会、くまもと訪問リハ研究会が全国の先駆的な事例や最近のトピックスを取り上げた研修会を担っています（図4）。

図3　訪問リハビリテーション実務者研修会30時間のカリキュラム

図4　訪問リハビリテーションに関わる各会の研修会と役割分担

訪問リハビリテーションの管理業務
営業

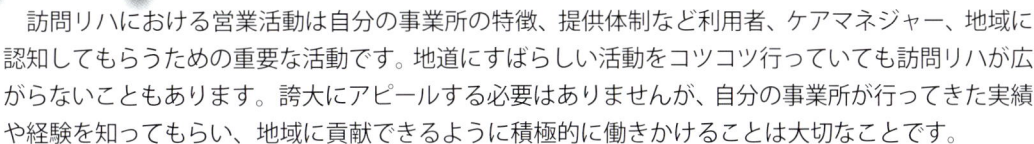

　訪問リハにおける営業活動は自分の事業所の特徴、提供体制など利用者、ケアマネジャー、地域に認知してもらうための重要な活動です。地道にすばらしい活動をコツコツ行っていても訪問リハが広がらないこともあります。誇大にアピールする必要はありませんが、自分の事業所が行ってきた実績や経験を知ってもらい、地域に貢献できるように積極的に働きかけることは大切なことです。

訪問リハにおける営業

❶利用者の口コミになるように訪問リハの効果を上げる
　訪問リハを実施してよかったという口コミの広がりが一番の宣伝です。
❷ホームページの活用
　内容をタイムリーに更新することで新しい情報を発信しています。
❸訪問車による走行
　事業所のロゴマークのついた車でマナーを守って地域を走行することで地域に認知されます。
❹かかりつけ医・ケアマネジャーへの面会
　訪問リハ開始時の面会や継続中の連絡調整を丁寧に行うことで信頼関係が増し、サービス提供量が増えます。
❺連携している事業所に空き状況を通知する。
　夏や冬は入院や入所が増え、訪問リハの利用者が減少します。減少することが予測される場合は早めに空き情報を通知します。
❻サービス担当者会議、退院時カンファレンスへの積極的な参加
　ケアプランの作成に積極的に参加します。そのため基本的に担当スタッフが参加できるように調整しています。
❼学会や研修会への積極的な参加
　当事業所の効果や先駆的な取り組みをまとめて発表し、当事業所に興味を持っていただくことは宣伝につながります。
❽懇親の場への積極的な参加
　他事業所・多職種で行われる定期的な懇親の場が地域によってあります。積極的に参加して交流を深めています。

コラム

ケアマネジャーに対する営業のコツ
　初めてやりとりを行うケアマネジャーとは営業の意識をより強く持って接する必要があります。業務的に受け入れ可否や時間、コストの調整にとどまることなく、現在マネジメントしている内容についても真摯に耳を傾け、援助の方向性を一緒に考えていく姿勢が大切です。その中で自分の事業所の実績や経験をもとにアプローチをかけていきます。私たちの経験では1ケースケアマネジャーが訪問リハを導入し、利用者の生活課題が解決されたと感じると次々に新規の依頼がくることを経験しています。

第8章
訪問リハビリテーションの事例

脳卒中例（1）：コミュニケーションへの支援……………… 176
脳卒中例（2）：職場までの移動手段の支援……………… 186
脊髄性小児麻痺：廃用症候群への支援……………………… 190
パーキンソン病：Wearing ON-OFF が著明な利用者への
　生活支援……………………………………………………… 194
脊髄性小児麻痺：生活圏の拡大支援………………………… 200
多発性骨端部異形成症：独居生活への支援………………… 204
進行性胃がん：ターミナル期の支援………………………… 211

訪問リハビリテーションの事例
脳卒中例（1）：コミュニケーションへの支援

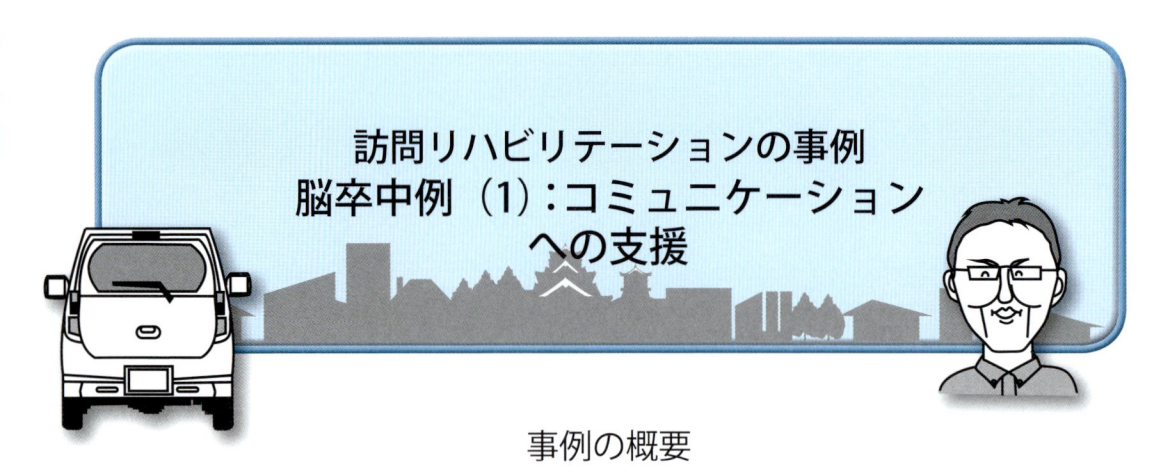

事例の概要

　心原性脳塞栓症発症後、急性期・回復期でのリハ実施、住環境整備ののち、T杖移動レベルにて自宅退院。本人は在宅復帰後も心身機能向上を期待し、「またゴルフに行きたい」と訪問リハ導入となりましたが、改善しないことに本人は落ち込むようになり、また麻痺側下肢の痛みの訴えが続きました。失語のため、自分の思いを伝えられないことが重なり、精神的に不安定な時期が続きました。そこでコミュニケーション手段の確立に介入、家族などとの会話の機会の増加、通所など社会資源利用の増加、本人の精神的安定が得られ、痛みの訴えも少なくなり、現状に即した2次、3次活動獲得に対する意欲がみられるようになった事例です。

訪問リハ導入の契機

　事例は江藤さん84歳の男性です。7月25日11時半頃、ベッドの下で失禁している状態を家族が発見し、急性期病院へ搬送。搬入時意識障害・右片麻痺・全失語を認めました。8月14日、リハ継続目的にて回復期病院に転院。リハサービス提供体制、環境整備が整ったため、11月28日自宅へ退院。退院時、右片麻痺は軽度残存したものの言語障害は残存したため、12月1日よりSTによるSet upおよび言語練習開始。自宅退院より3カ月後、活動性の低下や転倒のリスクなどが問題となり、PTによる訪問リハに移行になりました。

週間スケジュール

	月	火	水	木	金	土	日
午前	通所リハ		通所リハ		通所リハ		
午後	通所リハ	訪問リハ	通所リハ		通所リハ		

※通所リハは午前と午後を合わせて6〜8時間

1日の生活の流れ

　主体的3次活動と2次活動時間が少なく、テレビ鑑賞などの消極的3次活動が多い生活をされていました。家族といる時間が少なく、コミュニケーションの時間が少ない状態でした。

6	7	8	9	10	11	12	13	14	15	16	17	18	19	20	21	22	23
起床・排泄	新聞	朝食	洗面	テレビ鑑賞	自主トレ	テレビ鑑賞	昼食	後片づけ	排泄	テレビ鑑賞	排泄	テレビ鑑賞	排泄	夕食	排泄	テレビ鑑賞	洗面	排泄	就寝

初期評価

〈レベルイメージ〉
杖軽介助レベル

〈健康状態〉
高血圧
発作性心房細動
脊柱管狭窄症
両側難聴
狭心症
緑内障

〈生活構造〉
■ 3次活動（余暇活動）
▨ 2次活動（役割活動）
■ 1次活動（セルフケア）

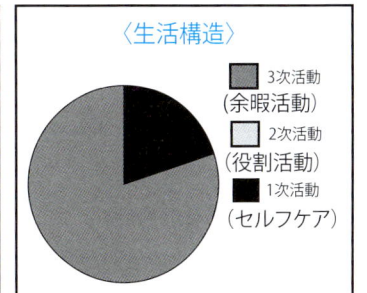

〈心身機能・身体構造〉
見当識・知的機能は良好
記憶機能は良好

〈機能障害〉
話ことば・書きことばの表出が困難
片麻痺歩行
関節の痛み
筋のこわばりの感覚
右下肢随意運動の制御困難
視野狭窄あり
難聴あり

〈活動〉
日課の管理、達成、自分の活動レベルの管理可能
話しことばの理解は良好
歩行可能
ADLは入浴以外自立

〈活動制限〉
話すことが困難
書きことばによるメッセージの表出困難
非言語的メッセージの表出困難
様々な場所での移動困難（LSA：14/120）

〈参加〉
ゴルフを趣味にしている
家庭における意思決定権あり
基本的な対人関係良好
社交を好む
経済的自給可能
非公式の教育（孫へのゴルフ指導）可能

〈参加制約〉
社交制約あり
ゴルフ制約あり
家族との会話困難

〈環境因子〉
生産品と用具：据置型手すりレンタル
コミュニケーション用ノート
支援と関係：訪問リハ週1回／通所リハ週3回

ゴルフ関係の友人が多い
隣に妻の妹夫婦在住
娘はパーキンソン病（Yahr 2）
同居家族との共有時間が少ない

〈家族構成〉

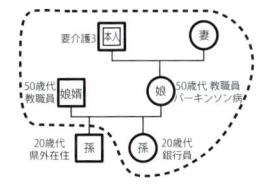

本人は要介護3。娘家族と同居。
キーパーソンである娘はパーキンソン病による歩行障害があるが、教職員の仕事と家事は現在のところ可能。娘婿は、本人の排泄の世話や環境整備などに介入。平日の日中はほぼ独居。休日家族で出かける機会はほとんどありませんが、県外に住む孫の訪問を楽しみにしている。

〈個人因子〉
温和な性格だが時に頑固
お話好き
時間・コスト意識が強い
さびしがり屋
向上心が強い

〈家屋環境〉

木造2階建。日中は居室椅子に座ってテレビをみていることが多い。活動範囲はトイレ、つくり置きの昼食が置いてある台所へ移動される程度。トイレ付近で転倒あり。玄関には靴の脱着用に椅子が置いてある。

夏は風通しのよい洋室、冬は断熱性の高い和室へ寝室を移動。入浴・台所・食堂は2世帯兼用である。

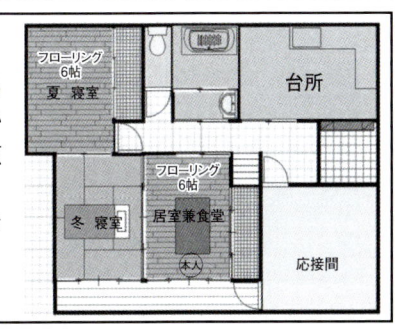

経過

平成X年	経過	状態・支援内容
2月23日	ST（前担当）の訪問に同行。引継ぎを受ける。ケアマネジャーも同伴され、今後のリハについて説明を行う。	STのリハプログラムに対し、方法論に関する質問を行う。ケアマネジャーを介して本人の今後の希望を確認する。
3月2日	本日よりPTによる訪問リハ開始。	リハ評価実施。今後のリハについて説明。本人の希望は「ゴルフに行きたい」。
3月16日	機能維持改善の一環としてゴルフのパッティングを実施。訪問時に宅急便があり、対応される。	パッティングはすでに動作習得されておりスキルは高い。玄関動作は靴を履く動作に時間がかかり、玄関椅子からの立ち上がりが不安定。動作指導実施。玄関の手すりを本人に提案するが、拒否。
3月23日	右下肢の痛みの訴えあり。	膝・股関節などの炎症所見なし。本人所持の膝サポーターの使用方法の指導と体操指導を実施。
4月21日	ケアマネジャーより右下肢の痛みについて意見を求められる。	下肢の炎症は特にないため、負担のかからない動作指導と、柔軟性向上のためのストレッチを実施していくことを回答。
5月11日	ケアマネジャーがモニタリングした結果、本人はもっと話がしたいと言っていると報告を受ける。	次回訪問より言語練習を取り入れると回答。
5月24日	サービス担当者会議（要介護1）	訪問リハにて言語練習を積極的に取り入れることになる。
5月25日	言語練習開始。	音読や発声練習、書字練習など言語機能向上のためのプログラムを実施。意欲的に取り組まれるが、失敗が多く落ち込まれる。
6月8日	右下肢の痛みが続いている。好きなパットの練習もしたくないと言われる。	ストレッチ、マッサージなどで痛みの緩和を図る。実施後、やや改善。
7月6日	自宅での歩行は痛みがあり、かつ何度もつまずく様子。	歩行の指導を実施。
8月10日	歩行不安定。リハ中も何度もバランスをくずす。	本人は不安な表情。非麻痺側の筋力エクササイズの指導後、やや安心感を得られる。
8月24日	ケアマネジャーが同伴しての訪問。	歩行がなかなかうまくならない、言葉が出づらいとしきりに訴えられる。
9月1日	気分転換と生活圏拡大のための屋外歩行練習を開始。	外に出て、本人満足げ。痛みの訴えはなし。
9月28日	週末に家族とゴルフの打ちっぱなしの見学に行かれたとの報告あり。ケアマネジャーが同伴され、会話の機会提供の増加と、買い物の同伴などにヘルパーを導入してはどうかと本人に提案。	短距離ではあるが、外を歩いたとのこと。痛みはなかった様子。屋外歩行の継続を提案すると本人はうなずかれる。ヘルパーの導入に関しては本人「いいね…」の反応あり。
10月7日	サービス担当者会議（ヘルパー導入に際して）	会話の機会提供の増加と、買い物の同伴などの目的でのヘルパー導入に、本人・家族が同意。
10月12日	過日、トイレまでの移動中に転倒。	転倒から2日たっているがなんとか基本動作は可能。臥位・座位のクッションを用いたポジショニングおよび動作指導を実施。自主トレは行わず、ベッド上背臥位での運動のみ行うよう指導。
10月19日	基本動作時の痛み残存。	コルセット着用の指導を実施する。
10月26日	基本動作時の痛み残存。	電動ベッドの導入を勧めるが、拒否。
11月9日	屋外歩行練習を再開。	トイレまでの導線に手すりの設置を提案する。
12月21日	屋外歩行は継続できているが、長距離の歩行にて引きずりが多くなり、いらいらされる。	足関節の装具（UDフレックス）を装着すると、歩行状態が改善するが、導入はしたくないとのこと。
X+1年 3月22日	ヘルパーより屋外歩行練習中の引きずりがあり、介助しづらいと報告あり。	歩行介助方法をノートに記載して指導。

脳卒中例（1）：コミュニケーションへの支援

平成 X+1 年	経過	状態・支援内容
4月1日	ケアマネジャーから報告あり、通所リハが週3回→2回になる。	娘より通所に週3回行くのはきついと本人が言っているとのこと。
4月12日	ヘルパーにも右下肢の痛みについて訴えている様子。	下肢のセルフストレッチをノートでヘルパーに指導。
5月18日	サービス担当者会議（要介護1）	サービスは現状のまま。医師より下肢の痛みに対して筋弛緩剤を処方、開始している。リハのやりすぎに注意と指示あり。
5月24日	下肢の痛み改善。	筋弛緩剤が効いているのではと本人に聞くとうなずかれる。
7月5日	歩行時の右下肢の重みをしきりに訴えられる。	短下肢装具（湯の児式装具）を使用する。歩行状態は改善するが、本人は要らないと言われる。
8月3日	家族より最近尿漏れが多いと相談を受けたとケアマネジャーより報告あり。	尿器とポータブルトイレを提案したが、本人はどちらも当面は要らないとのこと。
8月29日	ケアマネジャーより、夜間の排泄手段についての相談あり。	夜間トイレまでの移動は転倒のリスクが高いので、夜間の排尿のための福祉用具はあったほうがいいと回答。
9月6日	9/1より尿器使用開始になっている。使用状況を確認してほしいとヘルパーより打診あり。	尿器使用時の姿勢・手順について評価。評価時における使用状況は特に問題なしとヘルパーに回答。
9月22日	ケアマネジャーが10月の利用票の説明に行った際、訪問リハを中止して、会話ができるヘルパーを1回増やしたいとの希望があったと報告を受け、意見を求められる。	「これまで、下肢の痛みや歩行の改善を中心にリハを継続してきたが、本人は効果がないと思われたのでは」と回答。 「会話への介入も、リハ職の知識を使えばより効率よく行えると考えられるため、もう少し続けてほしいと本人に説明してほしい」とケアマネジャーにお願いする。
9月26日	ヘルパー、ケアマネジャーと3人でカンファレンス	ヘルパー：これまで本人との何気ない会話を続けてきた。会話の後はとてもスッキリした表情をされる。 リハスタッフ：言語練習では発声や音読の練習でうまくいかず、いら立つことも多かった。こちらも言語機能向上だけではなく、会話することに重点を置き、よりよい意思伝達の方法を模索したい。 ケアマネジャー：今後、トイレまでの導線上に手すりを設置したいと家族が希望していたし、会話に対してもリハが介入してもらえるのであれば、リハに抜けられては困る。本人に説明し、訪問リハの継続を提案する。
10月25日	本人との会話の中で家族ともっと話がしたいという訴えあり。	コミュニケーションノートを作成、利用方法の検討を行う。
11月21日	通所リハが追加される （週2回→週3回）	
11月28日	会話中涙ぐまれる（娘の病気を案じて）	会話では言葉にならなくてもノートの題材を使ったり、伝えたいものがある場所に行ったりした。本人は自分の思いが伝えるように一生懸命だった。
12月6日	通所リハ担当より、最近本人の調子がいいと情報提供を受ける。	「現在は言語練習の一環として会話を取り入れている。言語の機能訓練と同時に、自分の思いを伝えることを重要視して練習している」とこちらも情報提供。
12月20日	年賀状の作成を提案。	自分の思いを文章化するのは難しいが、既製の年賀状を模写することは可能のため、作成は可能であることを本人に説明する。
X+2年 1月17日	ゴルフに関する会話が弾み、自発的にドライバーを持って軽くスイングされる。	1月3日に孫となじみのゴルフ場に行き、仲のよい支配人に会ったことがとてもうれしかった様子。強く感情を動かされる出来事については、言語化できることが多いことに気がつきノートに記載する。
1月24日	居室出口で転倒。	転倒の危険性に対して手すりの提案を実施。受け入れ良好。
1月31日	住宅改修業者と手すり設置の打ち合わせ。	こちらが提示する案に本人はうなずかれている。打ち合わせはスムーズに進行する。

第 8 章　訪問リハビリテーションの事例

平成 X+2 年	経過	状態・支援内容
2月15日	通所送迎時に玄関先で転倒。	転倒前日に、娘婿が市販の段割をされていた。固定されておらず、動作も不安定だったので撤去をお願いする。
3月6日	もっと家族と話がしたいといわれる。	左記要望をコミュニケーションノートに記載する。
4月17日	最近、飲酒量が増えているとのこと。	転倒の注意喚起として、転倒した場合の骨折に関する情報提供を行う。
6月19日	床の上のものを拾おうとして転倒。	リーチャーの提案、使用方法の指導を実施し貸し出す。
8月7日	手すりの設置が完了。	生活動線上の移動の安定化が得られた。
9月4日	久しぶりに訪問した代行スタッフより、本人の自発語が聞き取りやすくなっていると報告を受ける。	
9月18日	最近、尿失禁が多いとのこと。	会話を通じて原因を調査。どうやらアルコールを摂りすぎた様子。食事時に家族が本人と会話することなくすぐに別室へ移動され、食堂に一人取り残されているとのこと。そのため、ついアルコールの量が増えてしまうとのこと。上記の件をコミュニケーションノートに記載。
10月9日	ベッドからの立ち上がり～歩き始めに不安定性を認める。	ベッドサイドにすべり止めマットを設置。
11月20日	水分摂取時にむせあり。	トロミ材の紹介を行う。

訪問リハプログラム

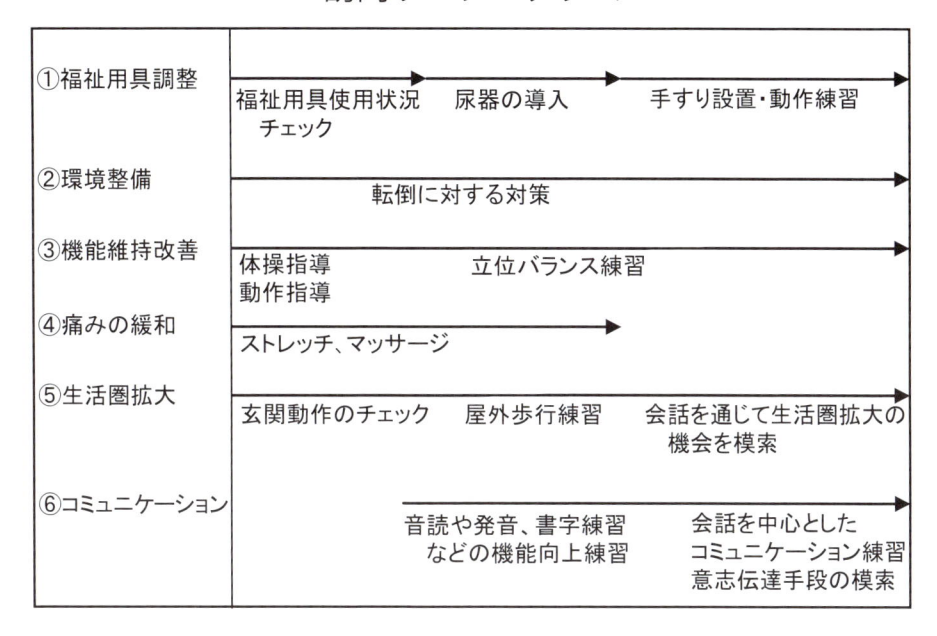

①福祉用具調整	福祉用具使用状況チェック	尿器の導入	手すり設置・動作練習
②環境整備		転倒に対する対策	
③機能維持改善	体操指導動作指導	立位バランス練習	
④痛みの緩和	ストレッチ、マッサージ		
⑤生活圏拡大	玄関動作のチェック	屋外歩行練習	会話を通じて生活圏拡大の機会を模索
⑥コミュニケーション		音読や発音、書字練習などの機能向上練習	会話を中心としたコミュニケーション練習意志伝達手段の模索

本事例の支援の特徴

　この時期のリハでは、ヘルパーとの連携があまりありませんでした。本人の「ゴルフに行きたい」「話がしたい」というニーズに沿ってプログラムを実施していましたが、実施内容が本人の機能障害に対するものに偏っていました。

　そのため、リハ時間中は本人はうまく課題が遂行できずに落ち込む様子が多く見受けられました。また本人は向上心が強いため、課題が失敗するとより負荷をかけようと頑張られることもありました。それが痛みを引き起こし、結局リハは本人の満足のいくものにならないという悪循環が生じていたと考えられました。本人の好きなゴルフのパターもしたくないと発言されるようになり、週3回利用中だった通所リハも2回に減りました。結果的には、この時期のリハ介入では、本人の目的を達成させることが困難な状況でした（図1）。

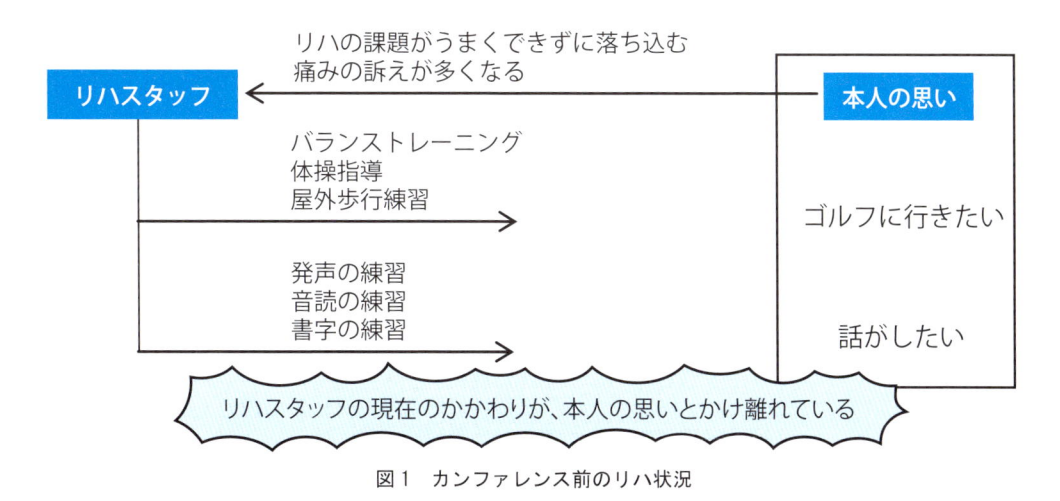

図1　カンファレンス前のリハ状況

第8章　訪問リハビリテーションの事例

　9月22日にケアマネジャーから訪問リハ中止のうかがいを受けて、本人のニーズの一つである「話がしたい」ことについて再考しました。入院中に担当だったSTや、通所リハで関わっているSTに相談し、意見をもらいました。その結果、喚語や構音機能など話をする能力を伸ばすだけではなく、どんな方法であれ、思いを伝えることに重きを置くことにしました。そこで図2のようなコミュニケーションに関する介入を実施することにしました。

　ケアマネジャー、ヘルパーとのカンファレンスによって、まずは「話がしたい」というニーズに対応するために訪問リハスタッフが本人と会話する時間を設けることになりました。以下のような手順で実施しました。

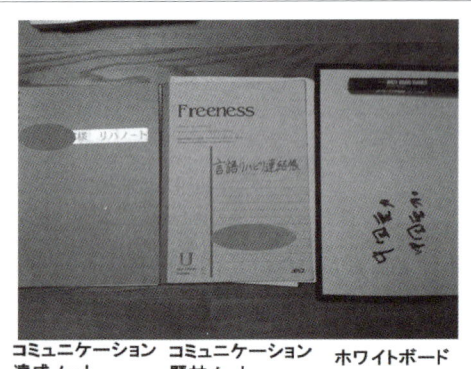

STEP 1：話題をヘルパーの記録やニュース、新聞などから決めました。

STEP 2：喚語が困難になった場合に、コミュニケーション題材ノートを開き、伝えたい内容を指してもらいました

STEP 3：伝えたい内容が、コミュニケーション題材ノートにない場合は、ホワイトボードを使用し、図示してもらいました。書字は困難ですが、思い入れが強い言葉は時折可能なことがありました。書字ができたときには賞賛の言葉をかけました。

STEP 4：訪問時間内に一つの事項を伝えることを目標としました。目標が達成できたら喜びを共有しました。

コミュニケーション達成ノート
訪問時間に話ができた内容を記載するノート。

コミュニケーション題材ノート
本人・家族の基本情報や生活歴、親しい友人など、話題にしやすい内容が記載してある。

ホワイトボード
主に伝えたい内容を図示してもらう役割。

図2　コミュニケーションへの介入

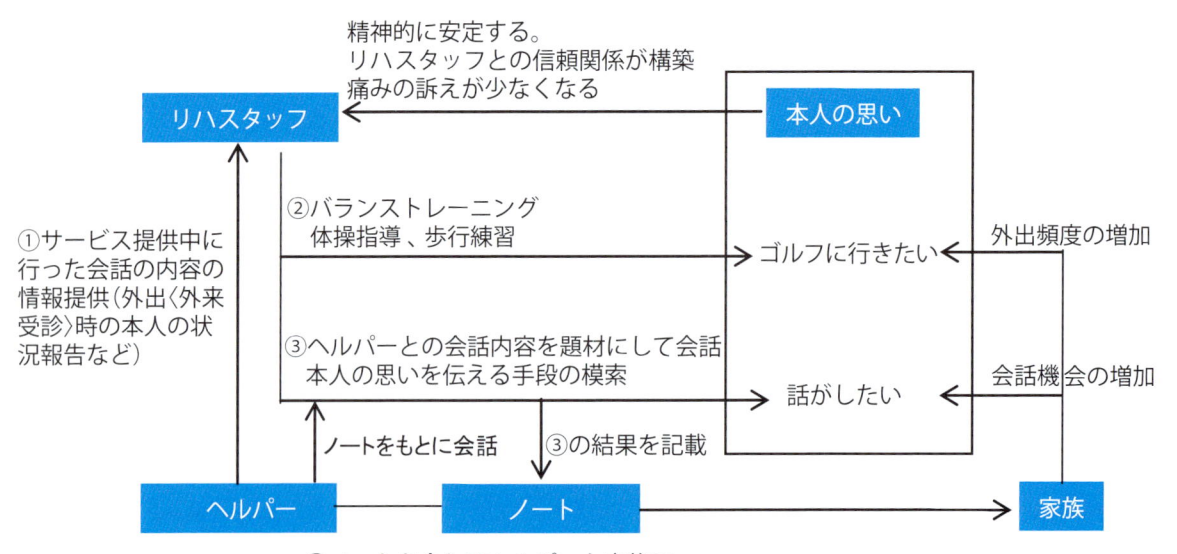

図3　コミュニケーションへの介入結果

図2に示すノートの活用は大きく2つの効果がありました。1つ目はヘルパー・家族と本人の会話における話題提供になったという点です。会話を開始するきっかけづくりに有用のほか、本人が話した内容を各人が知ることで、本人に関する情報量が大幅に増加したようでした。2つ目はうまくいったコミュニケーションの方法を家族やヘルパーに伝達することで、それぞれが本人の思いを理解しやすい環境に近づきました。結果として、精神的な安定を得ることができ、リハスタッフと本人との信頼関係も構築することができたと思われます。またなんとか本人も自分の思いを伝えようと、家族とのコミュニケーションの機会が増える傾向にあります。「話がしたい」というニーズは目標達成に近づいています（図3）。

本事例に関わる情報・基本知識の紹介

表1　失語症のタイプと責任病巣

失語症のタイプ	責任病巣	機能障害
換語困難	下前頭回後方領域（ブローカー領域） 中前頭回前方領域 上側頭回前方、中側頭回、下側頭回後方	思ったことを言葉に変換することができない（話しことば・書きことばの両方とも表出が難しくなる）
単語の意味理解障害	上側頭回後方領域（ウェルニッケ領域） 中前頭回中央部 中・下側頭回後方・上側頭溝	単語の意味が理解できない。 （聞き取りの障害）
音韻性錯語	縁上回 中心後回中・下部	音の入れ替わる誤り 例：「ステッキ」➡ 　　「スケッテ」「スケッツ」
失構音	中心前回下部	正しい音をつくるためにタイミングよく口腔器官を動かすことができない。 音が歪み、単語の連結が悪い。 例「ステッキ」➡スィセィツィ

（平山和美：言語の解剖と生理. Clin Neurosci 29：140-141, 2011）

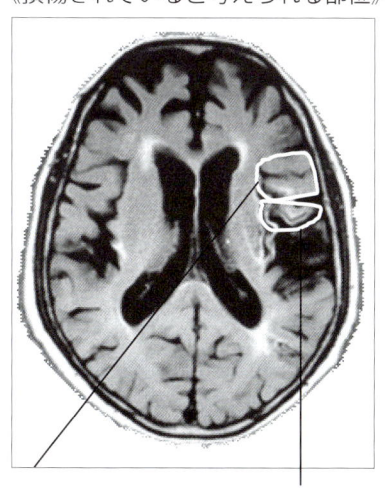

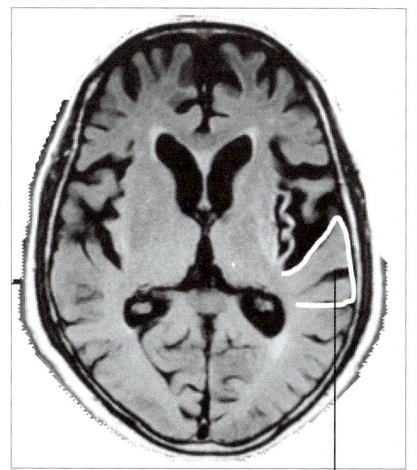

《損傷されていると考えられる部位》　　《損傷を免れていると考えられる部位》

下前頭回後方領域　　　　中心前回下部　　　　　　　　　　　　上側頭回後方領域
（喚語困難の責任病巣の一つ）　（失構音の責任病巣の一つ）　　　　（単語の意味理解困難
　　　　　　　　　　　　　　　　　　　　　　　　　　　　　　　の責任病巣の一つ）

図4　MRI画像を用いた失語のタイプの評価

本事例のまとめ

- この事例では下前頭回後方領域と中心前回下部に損傷を認めましたが、上側頭回後方領域は特に問題なく、文字の認識も可能でした。つまり言語による表出は、話しことば・書きことばがともに困難でしたが理解は良好でした（表1、図4）。また事例は難聴があるため、複雑な内容の理解を求める際は、リハスタッフがホワイトボードに記載して説明するようにしました。
- 思ったことをホワイトボードに書いてもらう書字課題や文字盤の利用は難しく、事例へのストレスを感じさせることが多かったです。この点は、ヘルパーや家族に十分注意を促しました。
- 事例は失認がなく読字も可能だったため、訴えたい内容の喚語が困難になった場合は、内容の答えとなりそうな場所へ移動したり、記事などを提示して指さしてもらうなどしました。
- 事例は文字の認識は可能のため、自分の思ったことは書くことができませんでしたが、模写は可能でした。そのため、サンプルの模写による年賀状作成が可能でした。

変化

（○：向上／●：今後の課題）

〈心身機能・身体構造〉
- ○麻痺の程度は変化なし。
- ○下肢の痛みの訴えに関しては少なくなっている印象。
- ●最近、ムセがよくみられるようになっている。

〈活動〉
- ○喚語ができなくてもすぐに他の方法で思いを伝えるようになり、コミュニケーション能力が向上。
- ●屋外への移動は耐久性・安定性ともに向上しておらず、いまだ生活圏は以前の状態にとどまっている。

〈参加〉
- ○コミュニケーション達成ノートを作成したことによって、家族・ヘルパーと本人との話題が増え、会話の機会・時間が増加傾向。

〈環境因子〉
- ○訪問リハスタッフは練習を通じて本人の思いを受け取る介入を続けたためか、訪問リハスタッフと本人との関係が良好になる。
- ○自宅に手すりが設置され、移動が安定した。
- ○本人が何を話したかをヘルパー・家族と共有することで、支援関係が強まった。

〈健康状態〉
- ○病状の悪化や新しい疾病などは特になし。
- ●ムセがみられるようになったため、肺炎などのリスクに配慮が必要になった。
- ●転倒の頻度は減少していない。今後も継続した配慮が必要。

〈個人因子〉
- ○プライドが高く、スタッフの提案に抵抗を示すことが多かったが、訪問リハスタッフやヘルパーを信用して提案に応じるようになる。
- ●飲酒や喫煙を好み、現在、希望していることが会話をしているうちに判明。

本事例で学んだこと

　本事例は脳梗塞発症後、右片麻痺とコミュニケーションの問題を有し在宅復帰され、介入したものです。当初は歩行能力の向上を中心にプログラムを実施していましたが、高齢の影響と麻痺側下肢の痛みがあり、生活圏が拡大するだけの歩行能力の獲得は困難でした。本人は向上心が強いため、リハ時はいら立ったり、落ち込むことが多くありました。

　自宅での生活では、家族が集まる時間は食事の時間のみで、家族間での会話がほとんどない状況でした。このことから、本人は思いを話す相手がおらず、ストレスを一人で抱えていた状況が予測されました。そこでケアマネジャーが日常会話の確保のためにヘルパーを導入してから、本人の状況が一変しました。ヘルパーとの会話が本人にとって満足感が得られていることが娘からの報告でわかったのです。それをきっかけに訪問リハでは、コミュニケーションを重要視して実施しました。

　コミュニケーションへのアプローチは音読や発音など失敗を修正する練習も大切ですが、コミュニケーションノートの作成・活用などで、本人の思いを伝えるための援助を積極的に行うことが重要であることを痛感しました。さらに、本人から得た情報を確実に家族・ヘルパーに伝えることは、本人との会話における話題提供になり、コミュニケーション頻度・効率の向上につながったと考えられました。今回の事例で、コミュニケーションの障害に対する援助の方法が一つ身についたと思います。

　今後の課題は、キーパーソンである娘の病状が悪化した場合の生活を今のうちから想定しておくことです。現在のところ、日中の生活は本人も娘も自立していますが、どちらか一方の状況が変化すると、生活も急激に変化することが予想されます。すでに転倒や食事時のムセなど本人の健康状態を脅かすエピソードも出てきています。これまで構築してきた本人とのコミュニケーション手段を有効に活用し、今後の生活構築へのアプローチを続けたいと思います。

第8章　訪問リハビリテーションの事例

訪問リハビリテーションの事例
脳卒中例（2）：職場までの移動手段の支援

事例の概要

　某会社の開発部課長として営業をされていました。脳梗塞を発症され、麻痺は残存しましたが、通所リハを利用しながら在宅生活を送られていました。会社から復職を提示され、職場までの移動手段を検討・練習することで、バスで職場まで一人で行くことができるようになり復職された事例です。

訪問リハ導入の契機

　事例は園村さん43歳の男性です。妻、娘、息子との4人暮らしです。X年7月、脳幹梗塞発症。急性期病院、回復期病院を経てX+1年1月、自宅退院となっています。退院時は四点杖で軽介助レベルでしたが、通所リハなどでリハを継続し、一本杖自立レベルまで改善されています。今回、復職が決定し職場までの移動手段を検討してほしいとのことで、訪問リハが開始となっています。

週間スケジュール

	月	火	水	木	金	土	日
午前	通所リハ	訪問リハ	通所リハ		通所リハ		
午後	通所リハ		通所リハ		通所リハ		

訪問リハプログラム

- ●屋外歩行練習（雨天時も）　●様々な通勤手段の検討　●装具の調整　●靴の指導
- ●バス乗車練習（図1）　●パソコン練習（通所リハと連携、図2）　●福祉用具の紹介

初期評価

〈レベルイメージ〉
杖レベル

〈健康状態〉
脳幹梗塞

〈環境因子〉
生産品と用具：玄関外の階段に手すり。屋内はバリアフリー。
支援と関係：日中、妻は仕事で不在。子どもは学校に行っている。

〈心身機能・身体構造〉
視覚機能：視力正常
聴覚機能：良好

〈機能障害〉
運動機能：Br. stage 上肢、手指、下肢ともにIIIレベル。
感覚機能と痛み：深部感覚軽度鈍麻。
音声と発話の機能：運動性構音障害。
筋の機能：上下肢ともに筋緊張亢進、軽度の運動失調あり。
全般的精神機能：全般性注意障害。

〈個人因子〉
社交的、仕事熱心

〈活動〉
セルフケア：ADLは入浴以外自立。
運動・移動：屋内は金属支柱付き短下肢装具で伝い歩き自立。

〈活動制限〉
運動・移動：屋外は一本杖で軽介助。

〈参加〉
交通機関や手段を利用しての移動：時々妻と買い物などに行かれることあり。

脳卒中例（2）：職場までの移動手段の支援

図1　バス乗車練習

図2　パソコン練習

変化

- 屋外歩行　軽介助→自立
- 金属支柱付き短下肢装具→プラスチック装具
- 復職

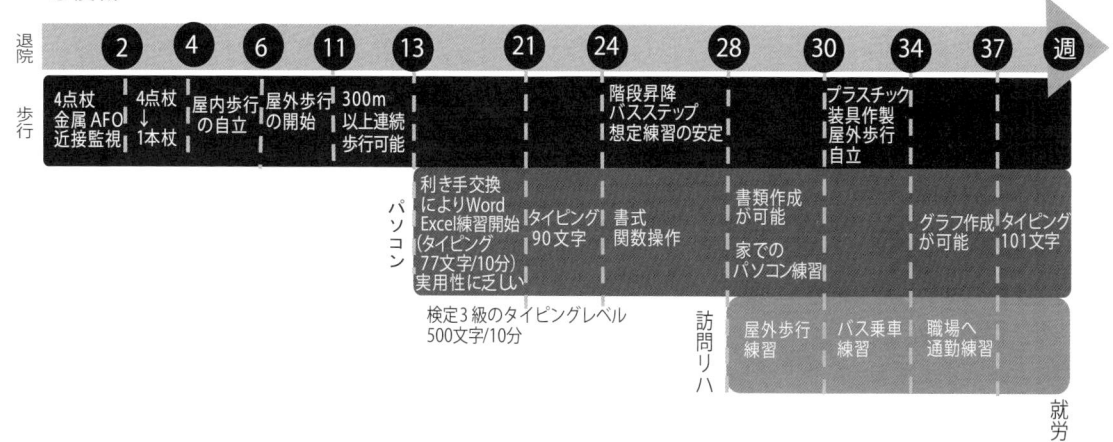

退院 → 2 / 4 / 6 / 11 / 13 / 21 / 24 / 28 / 30 / 34 / 37 / 週 → 就労

歩行
- 2週：4点杖　金属AFO　近接監視
- 4週：4点杖→1本杖
- 6週：屋内歩行の自立
- 11週：屋外歩行の開始
- 13週：300m以上連続歩行可能
- 24週：階段昇降　バスステップ想定練習の安定
- 34週：プラスチック装具作製　屋外歩行自立

パソコン
- 13週：利き手交換によりWord Excel練習開始（タイピング77文字/10分）実用性に乏しい
- 21週：タイピング90文字　検定3級のタイピングレベル500文字/10分
- 24週：書式　関数操作
- 28週：書類作成が可能　家でのパソコン練習
- 34週：グラフ作成が可能
- 37週：タイピング101文字

訪問リハ
- 28週：屋外歩行練習
- 30週：バス乗車練習
- 34週：職場へ通勤練習

187

経過

平成X年	経過	状態・支援内容
8月3日	通勤手段検討のため訪問リハ開始。	生活機能の評価
8月17日	700m程度の距離を21分かかる。疲労あり。信号のある横断歩道は渡ることが可能。	屋外歩行練習。金属支柱付き短下肢装具であったため、見た目の問題があり、プラスチック装具の提案を行う。
8月24日	家からバス停まで片道13分かかる。時々、つまづきがあるが自制内で監視で可能。	装具の件を主治医と検討。
8月31日	信号のない横断歩行も渡ることが可能。	デモの湯の児装具を装着し歩行練習開始。通勤用の靴を検討する。職場よりパソコンをレンタルしパソコン練習開始。パソコン練習は通所リハと連携。
9月7日	傘をさすことは困難。雨天時でも滑ることなくバス停までの往復可能。	雨天時の屋外歩行練習実施。肩に巻きつけることができる傘の情報提供を行う（実際には使用せず）。
9月21日	バスの段差昇降は手すりを把持可能。整理券の位置が麻痺側であったため、介助が必要。乗車時のバランスは、手すりを持っての立位、座位ともに安定。お金を出す際に時間がかかる。	近距離のバス乗車練習実施。整理券を取る際の立ち位置を指導。お金の支払いはバスカードでの支払いを指導（障害者手帳による割引の情報提供も行う）。主治医に装具作成への情報提供を行う。
9月28日	駅までの時間は片道15分。歩行の安定性も向上し、屋外歩行は自立レベル。	電車での通勤も検討し、駅までの歩行練習を実施する。駅には階段とスロープがあり、階段には手すりがないためスロープを使用するよう指導する。
10月5日	職場まで大きな問題なく行くことが可能であった。	職場までの通勤練習を実施。職場の方とお会いし、注意点などの情報提供を行う。

※復職後はバスを降りてすぐのところで一度転倒されたとのことですが、現在は転倒もなく杖なしで通勤されているとのことです。

事例から考えるその他のバス乗車訓練時の注意点

(事例) 左被殻出血：運動性失語著明、Stage II-II-IV

- バス乗車の際はバスが来るのが気になり、しきりにバスが来る方向を見ていた。
- 乗る際は杖に紐がついておらずいったん杖を預かる必要があり、紐付きの杖の導入が必要と感じた。
- 降りる際に、どこで降りれば職場への最短ルートなのか覚えていない様子で介助を要した。
- バスから降りる際に、下肢の緊張が高まり下腿三頭筋の伸張反射が著明であった。
- 帰りのバスに乗車する際に、満員のバスであるにもかかわらず乗車した。
- 帰りのバスは、満員のため立位での姿勢保持であったが、特に椅子の端などを把持することで問題なく経過、途中、席を譲ってもらったが意図の理解に時間を要した。
- 注意機能の問題が今回のバス乗車練習の中で影響があった。

最後に、当事業所で独自に作成したバス乗車評価表を実際の使用例とともに紹介します。

自宅〜バス停	9/21	10/5	備考
① 時計の時間が正確にわかる	○	○	
② バス停の位置がわかる	○	○	
③ 目的地（バス停）まで安全に移動（歩行）できる	○	○	
④ 荷物を持っても安全に歩行できる（片方）	×	×	肩にかけるバックで対応
（両方）	×	×	
⑤ 雨の日、傘をさしても安全に歩行できる	×	×	雨天時は妻にバス停まで送ってもらう。
⑥ 目的地までの歩行の耐久性がある	○	○	
⑦ 車、自転車の往来に注意でき、避けることができる	○	○	
⑧ 信号が理解できる	○	○	
⑨ 信号の時間内に安全に道路を横断できる	○	○	
⑩ 信号のない場所での道路横断が安全にできる	○	○	
⑪ 信号を正確に判断し、時間に無理のない横断ができる	○	○	
⑫ 砂利道などの不整地を安全に歩行できる	○	○	
バスに乗る			
① バスの時刻が理解できる	○	○	
② 目的地と時間に合った適切なバスを選択できる	○	○	
③ 段差を上がることができる	○	○	
④ 整理券を取ることができる	×	○	整理券が右側にしかなかったため、立つ位置を指導
⑤ バスカードの場合、機械に通すことができる（左から乗る場合）	非実施	非実施	
（右から乗る場合）	非実施	非実施	
⑥ 安全に席に座ることができる	○	○	
⑦ 雨でバスの床が濡れている場合でも安全に③〜⑥ができるか	非実施	非実施	
バスに乗って目的地まで移動する			
① 安全に席に座っていられる	○	○	
② 満員である場合、立って乗ることができるか	△	△	
③ バス酔いをしないか	○	○	
④ 気分が悪い場合など、人に助けを呼べる	非実施	非実施	
バスを降りる			
① 適切な場所で降りることができる	○	○	
② 降車ボタンを押すことができる（座席に座ったまま）	○	○	
③ 降車ボタンを押すことができる（立ったまま）	○	○	
④ 荷物の置き忘れはないか	○	○	
⑤ 両替ができる	非実施	非実施	
⑥ 適切な額の料金が支払える	△	○	お金を出すのに時間がかかる
⑦ バスカードの場合、機械に通すことができる	非実施	非実施	
⑧ 段差を降りることができる	○	○	
⑨ バスから降りる際、自転車やバイク、歩行者がいないか確認して降りることができる	×	○	
職場までの移動			
① 人ごみの中でも安全に歩行できる	非実施	○	
② 目的地まで適切なルートを選択できる	非実施	○	
③ 耐久性は十分か	非実施	○	
④ 途中、体調不良や事故などにあったときなど緊急時、助けを呼んだり、連絡ができる	非実施	非実施	
⑤ 携帯電話の操作	非実施	○	
⑥ 人ごみの中、横断歩道を時間内に安全に渡ることができる	非実施	○	
⑦ 歩道橋を安全に渡ることができる	非実施	○	

訪問リハビリテーションの事例
脊髄性小児麻痺：廃用症候群への支援

事例の概要

生後まもなく小児麻痺となるも、70歳後半まで仕事をされていた方です。廃用による生活範囲の狭小化がありましたが、身体機能の向上と福祉用具など環境面の改善により、自立度の向上と介助量の軽減が図れた事例です。

訪問リハ導入の契機

事例は山田さん91歳の男性です。妻と娘の3人暮らしです。X年4月に浴槽から一人で立ち上がれなくなったのを機にデイサービスの利用を開始されていました。その後、電動ベッドのレンタルを開始されましたが、徐々に筋力や体力の低下があり、自宅での介助量が増大していました。心配した家族の希望により、起居動作の介助方法の指導、移動手段の検討、玄関の出入り方法の検討を目的として、X年7月より訪問リハが開始となりました。

週間スケジュール

	月	火	水	木	金	土	日
午前	通所リハ		訪問リハ	通所リハ		通所リハ	
午後	通所リハ			通所リハ		通所リハ	

1日の生活の流れ

8	9	10	11	12	13	14	15	16	17	18	19	20	21
起床	整容・朝食		訪問リハ	トイレ・昼食			テレビ鑑賞や昼寝		トイレ	夕食	テレビ鑑賞	トイレ・整容	就寝

※通所リハ利用日は通所内プログラム

> これまで転倒などによる大きなけががなかったため、90歳という高齢となってもなんとか生活のレベルが保たれていた事例なのでしょう。もともと小児麻痺があって、基礎体力も少ない方と思われ、少し寝込んだりしただけでもこれまでできていたことができなくなって、一気にご家族による介護の量が増えたのではないかな。問題点が生活全体に散在していそうだけど、一つひとつ解決していきましょう。

初期評価

〈レベルイメージ〉
歩行車のレベル

〈健康状態〉
脊髄性小児麻痺

〈生活構造〉
- 3次活動（余暇活動）
- 2次活動（役割活動）
- 1次活動（セルフケア）

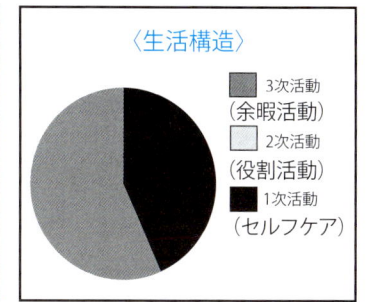

〈心身機能・身体構造〉
視覚機能：視力良好
聴覚機能：良好
全般的精神機能：良好
音声と発話の機能：良好
摂食機能：嚥下機能低下

〈機能障害〉
感覚機能と痛み：膝痛
筋の機能：MMT 2〜3
運動機能：上下肢麻痺
　　　　　（右＞左）
関節可動域制限（両肩、股、足関節）

〈活動〉
学習と知識の応用：新聞やテレビ観賞
コミュニケーション：家族との会話を嗜む
運動・移動：歩行で移動している

〈活動制限〉
姿勢の変換と保持：起居動作要介助
セルフケア：ADL全般要介助
運動・移動：長距離移動困難（屋内のみキャスター付き椅子を使用。要介助）

〈参加〉
コミュニティライフ：自宅に在職中の資料あり。
レクリエーションとレジャー：以前は多趣味。

〈参加制約〉
コミュニティライフ：在職中の資料が未整理
交通機関や手段を利用しての移動：受診・通院を好まれない、移動手段なし。

〈環境因子〉
生産品と用具：ベッド
サービス・制度・政策：週3回デイサービス
支援と関係：娘同居中

〈阻害因子〉
支援と関係：妻は要介護者
生産品と用具：玄関の段差未改修

〈家族構成〉
本人―妻
娘婿―娘　娘

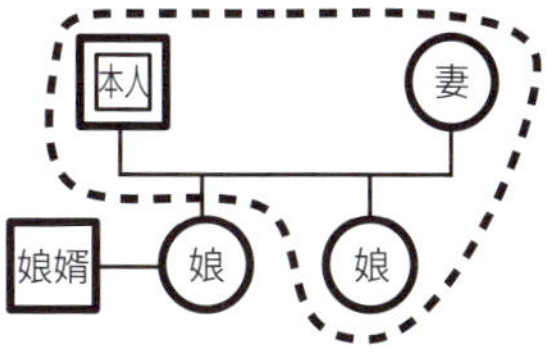

〈個人因子〉
元薬剤師
おだやか
頑固
知識欲が高い

〈家屋環境〉
木造平屋。
日中は居室椅子に座って過ごされていることが多い。介助者である娘さんが常に一緒に過ごされている。

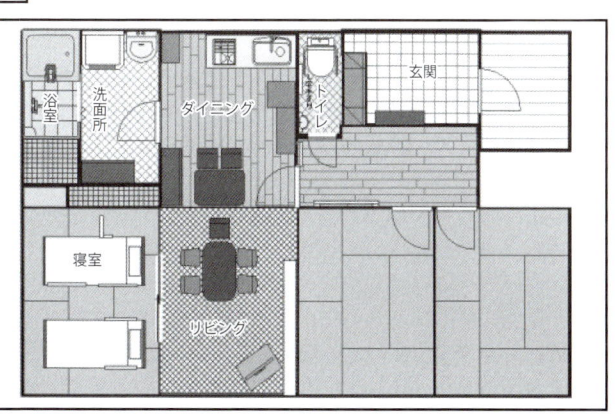

第8章　訪問リハビリテーションの事例

訪問リハプログラム

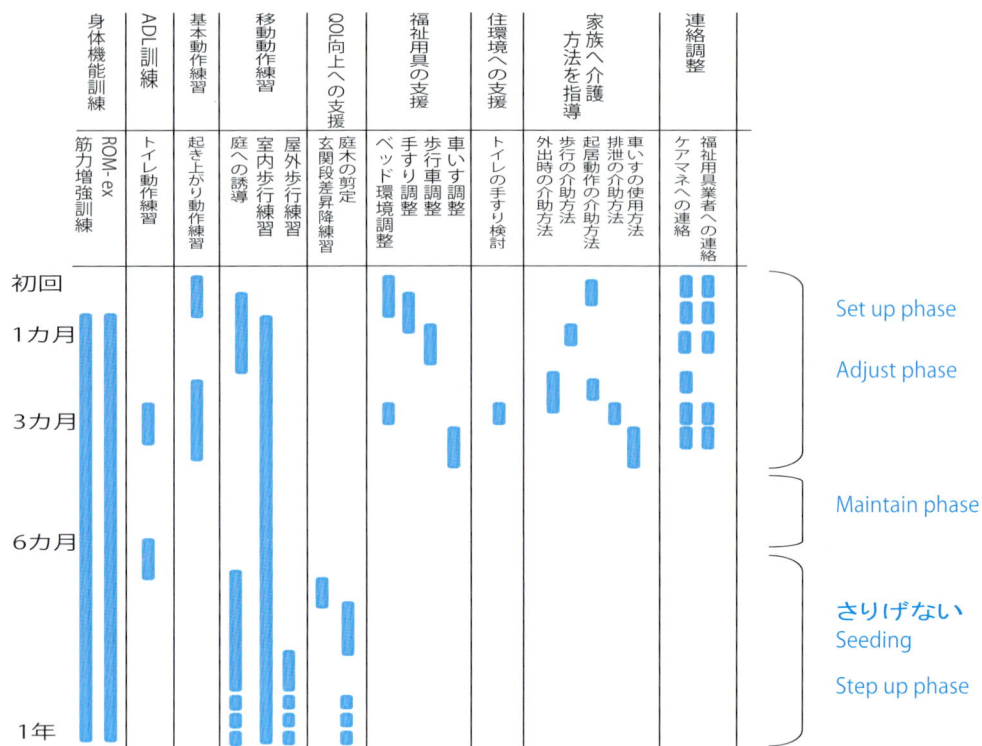

	身体機能訓練	ADL訓練	基本動作練習	移動動作練習	QOL向上への支援	福祉用具の支援	住環境への支援	家族へ介護方法を指導	連絡調整
	筋力増強訓練 / ROM-ex	トイレ動作練習	起き上がり動作練習	庭への誘導 / 室内歩行練習 / 屋外歩行練習 / 玄関段差昇降練習	庭木の剪定	ベッド環境調整 / 手すり調整 / 歩行車調整 / 車いす調整	トイレの手すり検討	外出時の介助方法 / 歩行の介助方法 / 起居動作の介助方法 / 排泄の介助方法 / 車いすの使用方法	ケアマネへの連絡 / 福祉用具業者への連絡

時期：初回 / 1カ月 / 3カ月 / 6カ月 / 1年

- Set up phase
- Adjust phase
- Maintain phase
- さりげない Seeding
- Step up phase

福祉用具導入および改修の一例

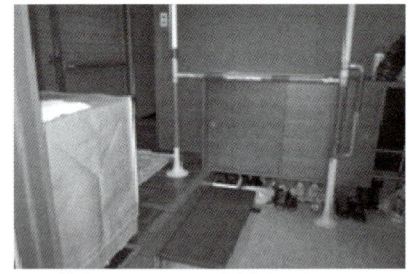

外出のストレスを軽減するために玄関に手すりの設置

介助者が介助しやすいよう、ご本人の動きを統一するための手すりの設置

かかわりの変化

Set up phase / Adjust phase	ご本人、家族のニーズであった①起居動作の自立、②玄関の段差昇降、③移動手段の確立に対して環境調整や福祉用具の検討、動作指導、介助方法の指導を行いました。課題の解決に伴い、新たな課題として④外出時の車までの移動および乗降、⑤トイレの出入りに対しても調整を行いました。
Maintain phase	課題解決のあとも適宜、動作内容や介助場面を確認し、継続して行えているかの確認を行いました。
さりげない Seeding / Step up phase	継続した介入の中で、山田さんの趣味や興味ある話を探り、会話の中から庭の果樹の手入れ方法などの話が聞かれました。そこから庭木の剪定を提案し、屋外へ出るきっかけとしました。屋外に出る機会が増えてからは徐々に自信をつけられたのか、自らやりたいことを話される機会も増えました。

変化

〈心身機能・身体構造〉
視覚機能：視力良好
聴覚機能：良好
全般的精神機能：良好
音声と発話の機能：良好
摂食機能：嚥下機能低下
〈機能障害〉
変化なし

〈活動〉
学習と知識の応用：新聞やテレビ観賞は維持
運動と移動：歩行車を使用し移動見守り（一部自立）
コミュニケーション：話題の増加（お庭のこと、昔の仕事のこと）歩行で移動している（キャスター付き椅子を使用し、介助あり）
〈活動制限〉
変化なし

〈参加〉
レクリエーションとレジャー：在職中の資料整理。庭木への介入。
交通機関や手段を利用しての移動：定期的な受診

〈環境因子〉
サービス・制度・政策：週3回デイサービス・週1回訪問リハ
生産品と用具：玄関・トイレへ手すり設置、歩行車・屋外用車いすレンタル

〈生活構造〉
- 3次活動（余暇活動）
- 2次活動（役割活動）
- 1次活動（セルフケア）

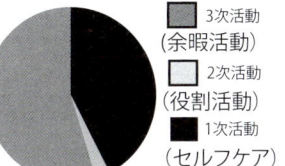

〈個人因子〉
元薬剤師
おだやか
頑固
知識欲高い

〈家屋環境〉
- 外出用に車いすのレンタル
- ベストポジションバーの設置
- トイレ内縦手すりの設置
- 歩行車のレンタル
- ベッドを移動し、降りる側のスペース確保と滑り止めマットの追加

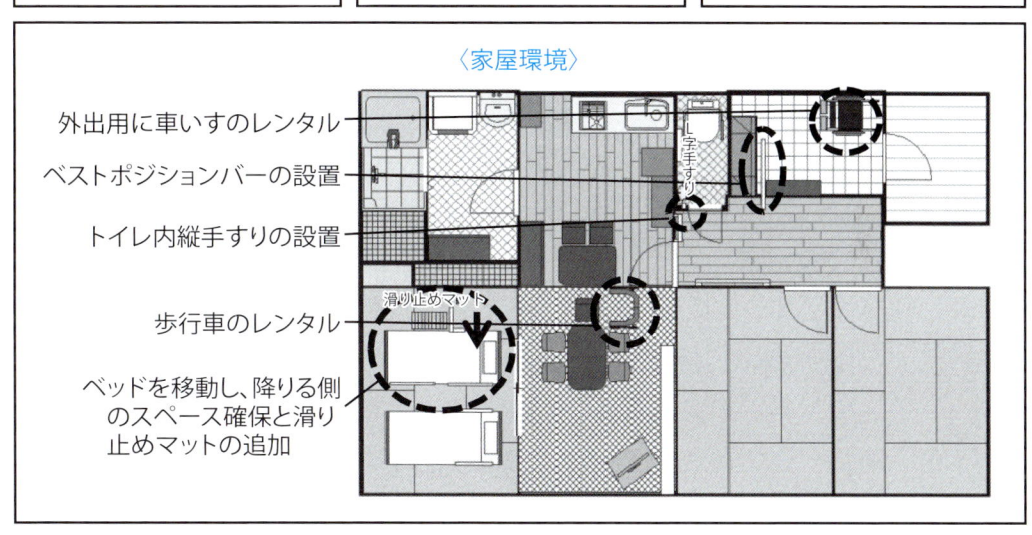

本事例で学んだこと

　既往に脊髄性小児麻痺がありながら、長年自宅でご家族と生活されてきた方です。高齢であり、徐々に身体機能が低下し、不活動状態が続いたことによる廃用症候群の状態でした。Set up では、これまで利用する機会のなかった福祉用具を紹介し、Adjust、Maintain と経過の中で動作指導・動作確認を行っていくことで、生活場面での「できる能力」は向上していきました。

　ただ、あまり活動的ではなかった方で、基本動作や ADL の拡大だけでは山田さん自身の活動性の向上には結びついていない印象がありました。ご家族の協力もあり、Step up ではもともと手入れが好きだった庭へ活動の場が変化していきました。徐々にご本人の意欲も高まり、これまでよりも活動の幅が広がることで自信もつけられ、ご自分からやりたいことを話されるようになりました。

第8章　訪問リハビリテーションの事例

訪問リハビリテーションの事例
パーキンソン病：Wearing ON-OFF が著明な利用者への生活支援

事例の概要

パーキンソン病の診断後も、他県にわたり長期間仕事をされ、自立した生活を送っていた事例です。退職後に、病状が悪化し、病院へ入院となりました。退院後より、訪問リハ・通所リハ・訪問看護が介入しています。連携した支援により執筆活動の再開や詩吟など3次活動の導入、旅行への参加など生活範囲が拡大した事例です。

訪問リハ導入の契機

事例は上田さん78歳の男性です。妻と娘の3人暮らしです。X-17年頃よりパーキンソン病を発症されました。X-14年より併設病院へ通院し、薬物療法を開始されました。X-1年12月に嚥下障害、起立時のふらつき、唾液量が増加し、内服調整、リハ目的で12月17日併設病院入院となりました。今回の入院中、特定疾患と介護保険の申請を行っています。住環境整備・在宅サービス調整を行い自宅退院となりました。X年5月31日より在宅で安定した生活を送ることを目的に訪問リハが開始となりました。

> 訪問リハ開始時の1日の生活は、セルフケアへ費やす時間が長く、その他の時間はテレビ観賞など消極的趣味活動で過ごされていました。

週間スケジュール

	月	火	水	木	金	土	日
午前	外来受診（月/1回）	通所リハ		通所リハ		通所リハ	
午後		通所リハ	訪問リハ	通所リハ	訪問看護（隔週）	通所リハ	

1日の生活の流れ

※通所リハ利用日は通所内プログラム

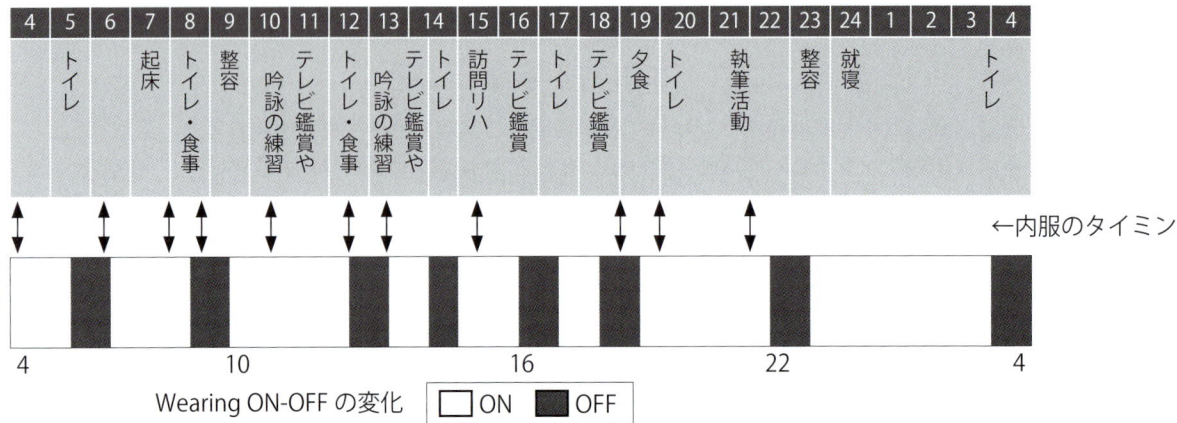

時刻	内容
4	
5	トイレ
6	
7	起床
8	トイレ・食事
9	整容
10	吟詠の練習や
11	テレビ鑑賞や
12	トイレ・食事
13	吟詠の練習や
14	テレビ鑑賞
15	訪問リハ
16	テレビ鑑賞
17	トイレ
18	テレビ鑑賞
19	夕食
20	トイレ
21	執筆活動
22	
23	整容
24	就寝
1	
2	
3	
4	トイレ

←内服のタイミン[グ]

Wearing ON-OFF の変化　□ON ■OFF

初期評価

〈レベルイメージ〉
杖 or 歩行器レベル

〈健康状態〉
パーキンソン病（Yahr stage Ⅲ〜Ⅳ）

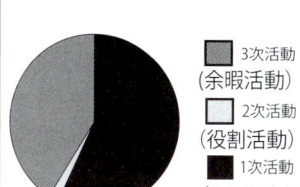

〈生活構造〉
- 3次活動（余暇活動）
- 2次活動（役割活動）
- 1次活動（セルフケア）

〈心身機能・身体構造〉
視覚機能：視力は眼鏡使用で良好
聴覚機能：良好
全般的精神機能：良好
音声と発話の機能：良好

〈機能障害〉
感覚機能と痛み：腰痛
筋の機能：筋固縮、無動
運動機能：すくみ足、姿勢保持障害
摂食機能：嚥下機能低下

〈活動〉
学習と知識の応用：PCにて、論文作成作業可能。
運動・移動：ON時は伝い歩きで自立。

〈活動制限〉
セルフケア：夜間排泄は立位にて尿器使用、OFF時は要介助。
運動・移動：OFF時は杖や伝い歩きで、要介助。
姿勢の変換と保持：OFF時
スケール評価
　FIM：73点（OFF時）
　UPDRSの日常生活動作
　　ON時：42点
　　OFF時：39点

〈参加〉
交通機関や手段を利用しての移動：妻とタクシーを利用して、病院を受診（1回／月）
屋外の移動：ON時には、歩行器にて近隣の散歩が可能。

〈参加制約〉
交通機関や手段を利用しての移動：近隣にバスが通っているが、OFF時は利用困難。また車の運転は急激な眠気をもよおす可能性があり、医師にとめられている。

〈環境因子〉
促進因子
　生産品と用具：経済的余裕あり
　自宅内手すり設置済み
　治療　薬物療法
　生産品と用具（薬）：抗PD薬　メネシット®6T、ビ・シフロール®3T
　エフピー®2T
　支援と関係：娘も同居中
　サービス・制度・政策：特定疾患医療受給者、要介護度1、通所リハ利用

阻害因子
　支援と関係：日中、娘は仕事で不在。妻は介護疲れあり

〈個人因子〉
78歳　男性
おだやかで他者との交流を好まれる。
知識欲旺盛
協力的
定年後も大学で勤務

〈家族構成〉

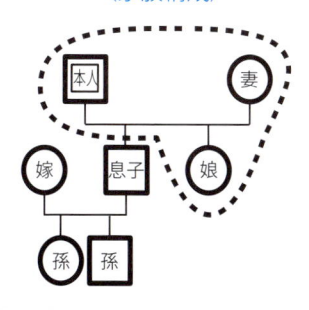

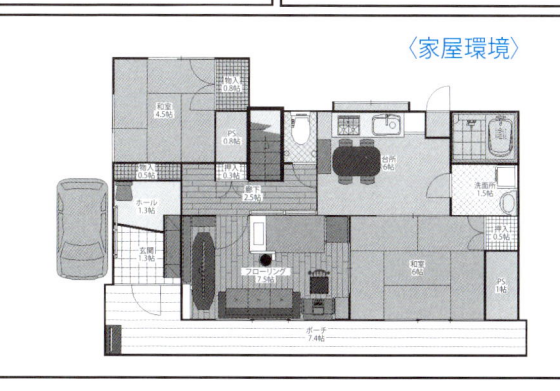

〈家屋環境〉

第 8 章　訪問リハビリテーションの事例

経過

平成 X-1 年	経過	状態・支援内容
X-1 年 12 月	嚥下障害、起立時のふらつきあり、内服調整、リハ目的にて併設病院入院となる。	
X 年 5 月 31 日	退院後のご利用開始（2 人のスタッフにて訪問）	杖とウォーキーで移動されている。退院後の環境下での動作確認を行う。
6 月 21 日	室内移動がしにくいとの要望あり。	室内移動の補助でベストポジションバーや転ばぬ杖を紹介。トイレ内でスリッパを履かないでもいいようトイレマットの紹介。
7 月 21 日	パソコンを利用して、論文作成などを行っており、継続できるよう調整が必要。	パソコン台の高さ調整（キャスター除去）の支援実施。
8 月 2 日	左側臥位からの起き上がりが困難と相談される。	9 日に起き上がりの補助として、高反発マットを紹介するも、骨突起部に疼痛あり返却される。
8 月 30 日	排泄についての相談をいただく。また右大転子部に発赤がみられている。	ソフトナースを変更し、メディマットの仮導入依頼を行う。
9 月 6 日	右大転子部の発赤の改善がみられる。	13 日にメディマットの正式な導入が決定。
9 月 22 日	起き上がりに介助を要するようになり、夜間は奥様へ依頼されるようになる。	力紐を設置し動作手順の指導を行うも、解決までには至らず。
10 月 6 日	夜間の起き上がりについて議論が続いている。2：30 の内服が切れる頃に介助を依頼している。	主治医からは、オムツの使用が勧められる。起き上がりやすいよう座る位置へマーキングを実施。
11 月 15 日	排泄がうまくいかない際に移動が大変と相談される。	ケアマネジャーも同行しており、車いすの導入について話が及んだ。また夜間排泄について自動採尿器を紹介。
11 月 29 日	起き上がりへの工夫をされ始める。本人からは、「湯上がったエビ」のような状態で、起き上がり時に反動をつけることで、奥様を呼ぶ回数が減少。	反動をつけることのメリット・デメリットを説明する。
12 月 6 日	起き上がりの工夫について、OFF 状態では困難であるとの報告を受ける。	車いすを導入し室内駆動練習、介護者に車への車いす搬入の動作指導を実施。
X+1 年 1 月 31 日	起き上がった後の姿勢保持に不安感があると報告される。	足元側へ短い手すりを設置する案をケアマネジャーへ報告する。2 月から正式に利用される。
5 月 30 日	光センサー式発声装置について、覚醒の違いなどで必要な刺激が違うとの感想をいただく。	起き上がりの補助に、光センサー式発声装置を作成し試行していただく。
7 月 25 日	光センサー式発声装置の利用結果について報告をされる。OFF 時には、手をかざすことも困難で、光センサーを利用するに至らない。覚醒中、目的意識を持った行動時は有効と考えておられる。	引き続き、光センサー式発声装置の使用感のフィードバックを依頼。
12 月 14 日	本日も近所の 100 均まで歩行練習をしたいとの要望あり。	店からの帰宅中、ポールを避けようとされポールにつまづき転倒。膝を強打される。
X+2 年 1 月 11 日	膝痛は消失したと報告される。夜間の起き上がりは、奥様から介助量が増大しており 5 回は起床されていると報告を受ける。	
1 月 23 日		主治医により、ミラペックス® を 1 錠内服追加。
2 月 1 日	内服変更後、ADL 上の動きやすさの低下や OFF へ移行するスピードが早くなったと感じている。	生活リズムのくずれがあり、睡眠不足の解消など生活リズム再構築の支援実施。
2 月 20 日		主治医により、ミラペックス® を 2 錠に内服追加。
2 月 29 日	内服変更後、夜間の動きもよくなったと報告あり、奥様からも介助量の軽減について報告あり。	車いす座位で臀部痛あり、ロホクッションを導入する。
4 月 11 日	PC 操作時、ジスキネジアが入力の阻害になると相談される。	
4 月 25 日	夜間の起き上がりの成功率が 30％程度まで改善したと話される。	起き上がり時に使用する力紐の利用方法を確認する（足でたぐりよせる）。

パーキンソン病：Wearing ON-OFF が著明な利用者への生活支援

6月13日	論文作成をしやすい環境にしたいとの要望あり。	倉庫に眠っている本を室内へ移動させる。またパソコン環境の整備について協議する。
6月20日	論文執筆がしやすくなったと報告される。	引き続き、本の整理と本設置のための工夫について提案する。
6月27日	最近、本の整理などに時間を費やし、生活に張りが戻ったと喜ばれる。また夜間の睡眠も深くなっておられる。	根をつめて行いすぎないよう指導する。
8月6日		主治医より、ジスキネジアコントロールのため、朝のメネシット®を1錠減らしたと報告を受ける。
8月15日	メネシット®を減らして、ジスキネジアがコントロールしやすくなったと報告される。	

訪問リハプログラム

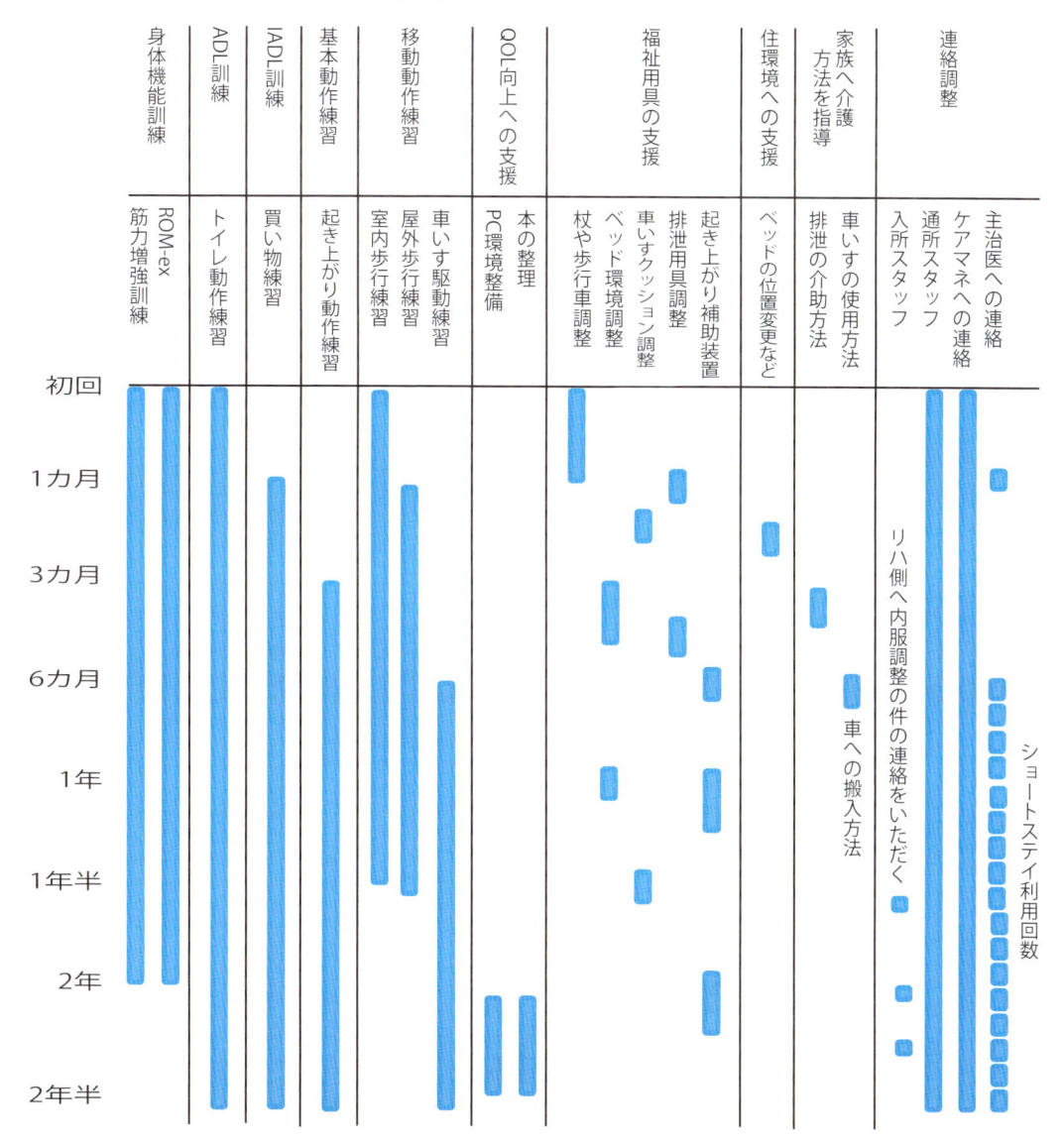

身体機能訓練	ROM-ex、筋力増強訓練
ADL訓練	トイレ動作練習
IADL訓練	買い物練習
基本動作練習	起き上がり動作練習
移動動作練習	室内歩行練習、屋外歩行練習、車いす駆動練習
QOL向上への支援	PC環境整備、本の整理
福祉用具の支援	杖や歩行車調整、車いすクッション調整、ベッド環境調整、排泄用具調整、起き上がり補助装置
住環境への支援	ベッドの位置変更など
家族へ介護方法を指導	車いすの使用方法、排泄の介助方法
連絡調整	入所スタッフ、通所スタッフ、ケアマネへの連絡、主治医への連絡（リハ側へ内服調整の件の連絡をいただく／車への搬入方法／ショートステイ利用回数）

期間軸：初回、1カ月、3カ月、6カ月、1年、1年半、2年、2年半

第8章　訪問リハビリテーションの事例

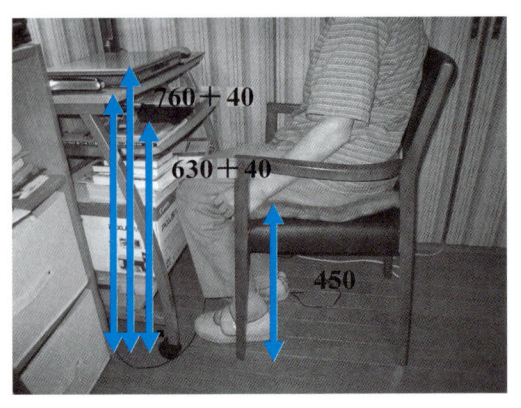

760＋40
630＋40
450

パソコン作業における機能的な高さやレイアウトを変更するため、車輪の除去などを実施。

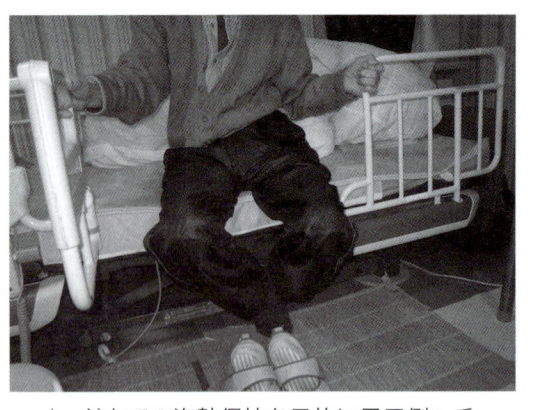

ベッド上での姿勢保持を目的に足元側へ手すり追加

パソコンを利用しやすいように居室環境の調整

フローリング 7.5帖

ソファの撤去

調整前

ベッド幅を狭いタイプへ変更

フローリング 7.5帖

車いすを利用しやすいよう椅子の撤去

資料を整理できる棚の導入

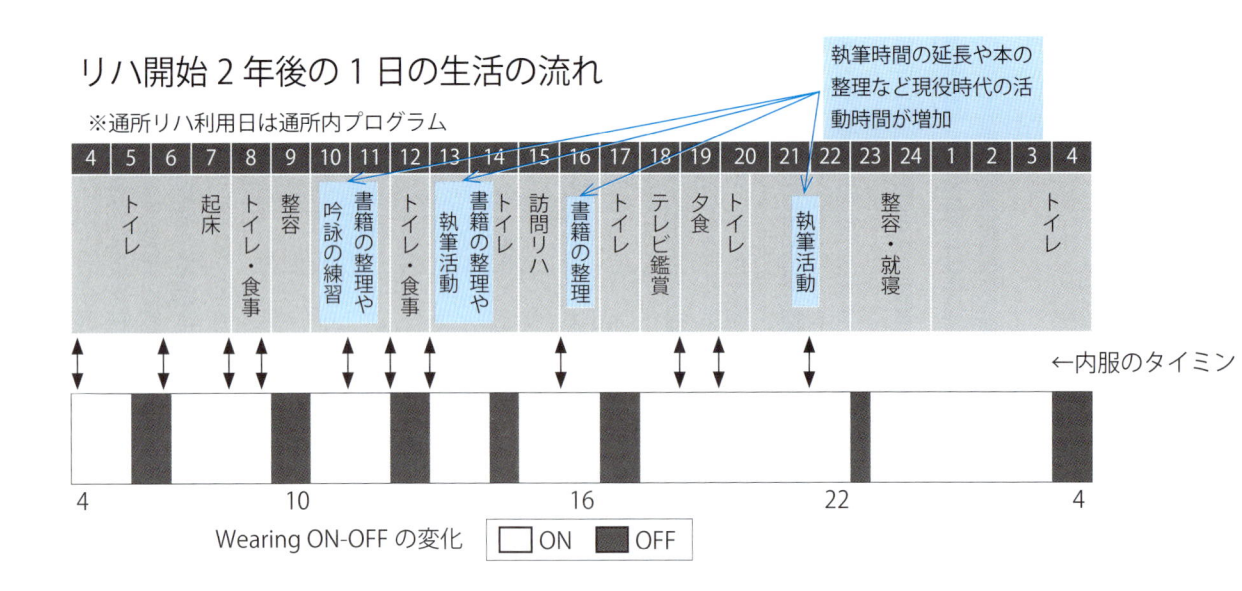

調整後

リハ開始2年後の1日の生活の流れ

※通所リハ利用日は通所内プログラム

執筆時間の延長や本の整理など現役時代の活動時間が増加

4	5	6	7	8	9	10	11	12	13	14	15	16	17	18	19	20	21	22	23	24	1	2	3	4
トイレ		起床		トイレ・食事	整容	吟詠の練習	書籍の整理や執筆活動	トイレ・食事	書籍の整理や執筆活動		訪問リハ	書籍の整理		テレビ鑑賞	夕食	トイレ	執筆活動		整容・就寝		トイレ		

←内服のタイミン

Wearing ON-OFF の変化　☐ON　■OFF

パーキンソン病：Wearing ON-OFF が著明な利用者への生活支援

夜間の起き上がりに対して、外部刺激（聴覚）を利用できるよう光センサー式発声器を作成しました。本体が壊れないようケースへ入れ、滑り止めを設置して試行しました。昼間の立ち上がりには効果を期待でき、夜間の起き上がりには効果が出にくかったようです。

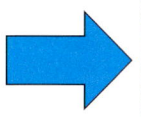

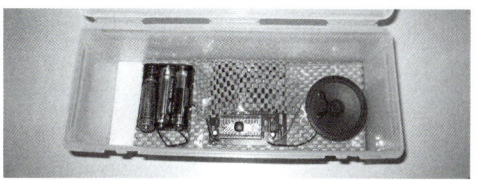

変化

〈レベルイメージ〉
車いすレベル

〈健康状態〉
パーキンソン病
（Yahr stage IV）

〈訪問リハ開始から2年後の生活構造〉
- 3次活動（余暇活動）
- 2次活動（役割活動）
- 1次活動（セルフケア）

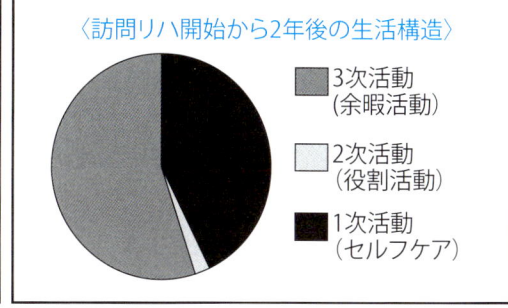

〈心身機能・身体構造〉
筋の機能：OFF時でも、下肢の運動が以前よりも容易

〈機能障害〉
運動機能：ジスキネジアが以前より強い

〈活動〉
学習と知識の応用：パソコンでの、論文作成が継続可能。
姿勢の変換と保持：OFF時は起き上がり時の介助回数減少。
運動・移動：ON時は移動は車いすにて自立。
家庭生活：自分でパソコン周辺の環境整備や本の整理可能。

〈活動制限〉
運動・移動：OFF時は車いす移動に要介助
スケール評価：
FIM：88点（OFF時）
UPDRSの日常生活動作
　ON時：20点
　OFF時：17点

〈参加〉
交通機関や手段を利用しての移動：他県へ飛行機利用し旅行へ行かれる。
月1回程度、娘が本屋へ同行してくれる（娘の車利用）
対人関係：書道で手紙を書いて、他人を励ましている。
屋外移動：近隣は屋外用車いすを利用し、介助にて移動可能。

〈参加制約〉
変化なし

〈環境因子〉
促進因子
　生産品と用具：経済的余裕あり。
　生産品と用具（薬）：内服にミラペックス錠が追加となった。
　サービス・制度・政策：要介護度4認定、訪問看護や短期入所療養介護も利用中。

〈個人因子〉
78歳　男性
他者との交流を好まれる。
おだやか
知識欲旺盛
協力的

本事例で学んだこと

　進行性疾患（パーキンソン病）であるため、変化していく身体機能に合わせて介入しました。Set up から Step up まで2年以上の経過で、進行性疾患のため不安定になる時期もあり、再度 Set up から組み立てていく必要がありました。事例を通し、身体機能面のリハだけでは限界があり、ICFの視点で欠けている部分への支援とチーム連携が重要でした。またご本人の協力も得て、外部刺激装置などの新しい取り組みにも挑戦させていただきました。

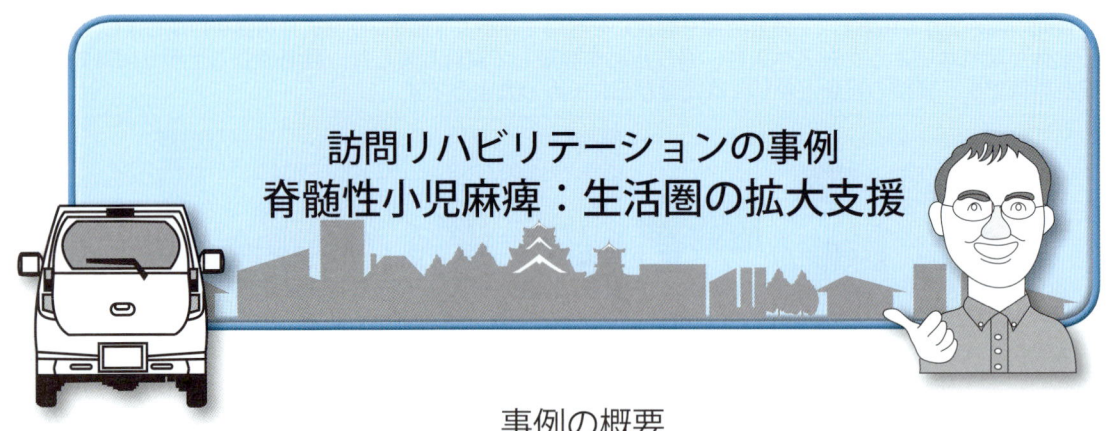

訪問リハビリテーションの事例
脊髄性小児麻痺：生活圏の拡大支援

事例の概要

病院退院後（両側全人工膝関節置換術後）ベッドから車いすへの移乗ができなくなり、訪問介護から身体介護・生活援助を受けてベッド上中心の生活をしていました。しかし、「自分の好きな時間に自分でベッドから移乗して活動的な生活をしたい」という強い本人の希望があり、移乗の自立を目的にリハ訪問が開始になりました。これまで訪問介護で受けていた立位での介助の方法からスライディングシートを用いた座位の方法を練習しました。結果、移乗が自立しました。移乗が自立したことにより、電動車いすで買い物にも行けるようになり、生活援助の回数を減らすことができました。また郵便局に行き金銭の管理もできるようになりました。公共交通機関（低床電車・ノンステップバス）も利用できるようになり趣味の活動（カラオケ）も再開することができました。

訪問リハ導入の契機

事例は50代、女性で1人暮らしです。幼少期にポリオに罹患し徐々に歩行能力が低下してきました。両松葉杖歩行で生活していましたが、両膝の痛みが出現してきました。そのため両膝人工膝関節の手術を受けることになりました。手術後、自宅に退院したものの、車いすへの移乗ができずベッド上で1日中過ごしていました（身の回りのことは訪問介護で対応）。そこで自分でベッドから車いすに好きな時間に移乗したいという生活課題に対して、訪問リハの導入になりました。

週間スケジュール

週間スケジュールを示します。毎日、訪問介護を受けています。ベッド上で食事・排泄・身の回りのケアを朝・昼・夕の3回、訪問介護を受けて生活を送っていました。ほとんどケアスタッフに合わせた時間で、自分の自由な時間に日常生活を送ることはできていませんでした。そこで訪問リハを週1回利用することになりました。

	月	火	水	木	金	土	日
午前	訪問介護	訪問介護	訪問介護・訪問リハ	訪問介護	訪問介護	訪問介護	訪問介護
午後	訪問介護	訪問介護	訪問介護	訪問介護	訪問介護	訪問介護	訪問介護

1日の生活の構成

1日の起きている時間の40%を身の回りのことに費やしていました。またそれ以外の時間はベッド上でテレビを見て過ごすなど閉じ込もりで不活発な生活構造になっていました。

起床～就寝までの時間―1週間の総和に対する各生活行為の占める時間比

項目	比率	姿勢	項目	比率	姿勢
食事の比率	11%	座位	洗濯比率	0%	
日中のトイレ比率	18%	座位	買い物比率	0%	
夜間のトイレ比率	4%	座位	掃除比率	0%	
入浴の比率	1%	座位	余暇1の比率	21%	座位
更衣の比率	2%	座位	余暇2の比率	0%	
歯みがきの比率	2%	座位	余暇3の比率	0%	
洗面比率	2%	座位	余暇4の比率	0%	
調理比率	0%				

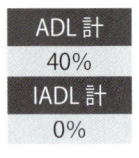

ADL計 40%
IADL計 0%

初期評価

〈健康状態〉
脊髄性小児麻痺

〈心身機能・身体構造〉
〈機能障害〉
感覚機能と痛み：両肘の痛み
筋の機能：筋力低下
運動機能：両下肢運動麻痺
姿勢保持障害：座位バランス能力低下

〈活動〉
〈活動制限〉
セルフケア：ベッド上で過ごし全面的に介助を受けている。
姿勢の変換と保持：移乗は全介助

〈参加〉
〈参加制約〉
交通機関や手段を利用しての移動。近隣に電車バスが通っているが利用困難。

〈環境因子〉
生産品と用具：ベッド・Pトイレ・電動車いす
支援と関係：近所に母親が居住
サービス・制度・政策：訪問リハ週1回、訪問介護週7回、身体障害者手帳、要介護4

〈個人因子〉
他者との交流を好まれる。
生活に対する自分の意見をしっかり持っている。

〈家族構成〉
一人暮らし
父　母
本人

〈家屋環境〉
県立アパートの1階。身障住宅で段差はなくスロープで出入り可能。
風呂／台所／トイレ／ベット／Pトイレ／スロープ

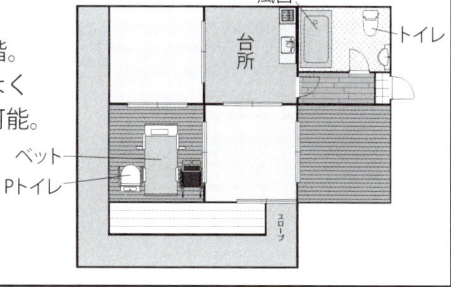

　家屋環境・個人因子からもわかるように車いすに乗ってしまえば屋外に出る環境も整っており、屋外で積極的に活動したいという気持ちもありました。セルフケアもベッド上、またはベッド周囲で実施され、生活空間が狭小化されていました。移乗が自立できれば食事の場所や洗面の場所も、食卓や洗面所に変更することが十分に可能な状態でした。移乗の状況は両下肢に力が入らないにもかかわらず、足が浮いたような状態でヘルパーが1人で介助していました。

　本人も痛みやヘルパーとともに一緒に転倒するのではないかという思いもあり、またヘルパーからは腰痛の職員も出てきている状態でした。これらのことより移乗の自立が生活空間の広がり、閉じ込もりの解消、QOLの向上に大きく影響することが考えられました。そのためには、移乗方法の根本的な見直しが必要であることが考えられました。

経過

開始時は、リフト・プッシュアップ台・スライディングシートの利用を検討しました。事例の特徴として対麻痺、上肢の発達不全があり、上肢長が左右ともに短い状況でした。そのためリフトのシートを敷きこむ、プッシュアップ台を利用してのベッド上移動ができませんでした。かろうじて上半身を左右に重心を移動させることにより後方に移動することができました。そのため移乗は車いすをベッドに対して直角につけ、脊髄損傷者が用いる前方トランスファーの方法を選択し練習しました。その際、ベッド上の移動を容易にするためにスライディングシートを利用しました。訪問開始後1カ月後には移乗は自立しました。

事例はJWシリーズのユニットを車いすに装着した電動車いすを持っていました。移乗が自立したことにより、これまでは訪問介護で食事の準備をしていましたが、近くの弁当店に行って食べ物を確保したいという希望が出てきました。そのため、弁当店に訪問リハで出かけ買い物ができるように店主の方に入り口にスロープの設置を交渉しました（図1）。

食べ物を自分で確保できるようになったことにより訪問介護の回数を減らすことができました。その後は、金銭の管理を自分で行うため郵便局に行きたいという希望が出てきました。郵便局に行く道中には段があり前輪と転倒防止バーが路面を支持し、後輪が空転するという現象がみられました。そのような場合、段に対して斜めに進入するように取り決め空転を防ぎました（図2）。

また近所のスーパーにも行きたいといわれましたが、その道中には踏み切り（線路）がありました。前輪が線路にはまると大事故につながるため、前輪を大きなキャスターに変更し、電車の通過時間を調べ、通過前後の進入は避けるようにしました（図3）。

半年後には友だちと趣味のカラオケに熊本市の中心街に出かけたいという相談を受け、低床電車・ノンステップバスに一緒に乗降し、自分でできる部分、援助を必要とする部分を確認しました（図4）。

図1　弁当店へスロープの設置交渉

図2　郵便局方面へ行くときの段

図3　近所の店に行く途中の踏み切り

図4　低床電車への乗車（友人とカラオケや食事会に行くために利用）

変化

　訪問リハ開始1年後の生活評価（表1）と生活空間の評価（図5）を示します。生活評価ではADLにかける合計時間に変化はみられていません。しかし、新たに役割の活動の時間が生まれました。また余暇時間は減少しましたが、開始時はベッド上でのテレビの時間などの消極的な活動内容だったのに対し、1年後はカラオケや園芸、買い物など積極的な活動の内容に変化しました。そのため身体的な障害の改善はなくても、精神的に充実した毎日を送ることができるようになりました。

表1　1年後の生活評価

項目	比率	姿勢	項目	比率	姿勢
食事の比率	11%	座位	洗濯比率	0%	
日中のトイレ比率	18%	座位	買い物比率	4%	座位
夜間のトイレ比率	4%	座位	掃除比率	0%	
入浴の比率	1%	座位	余暇1の比率	3%	座位
更衣の比率	5%	座位	余暇2の比率	7%	座位
歯みがきの比率	2%	座位	余暇3の比率	0%	
洗面比率	2%	座位	余暇4の比率	0%	
調理比率	0%				

ADL計　43%
IADL計　4%

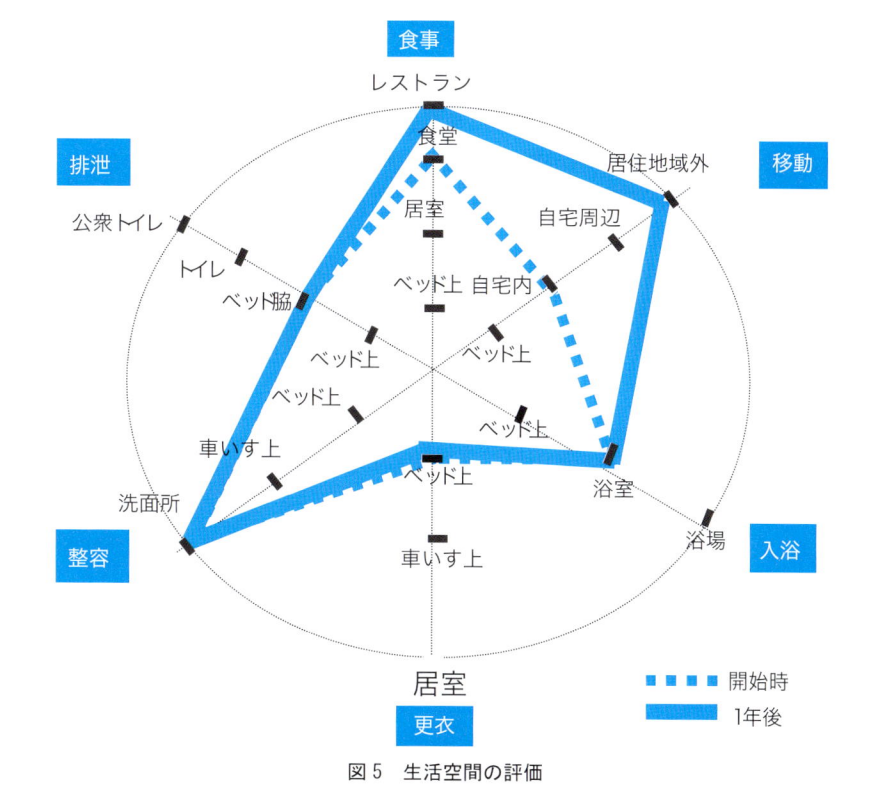

起床〜就寝までの時間—1週間の総和に対する各生活行為の占める時間比

図5　生活空間の評価

本事例で学んだこと

　当初、ベッドからの移乗を自立したいという訪問リハの依頼がありましたが、移乗が自立すると生活意欲がどんどん向上し、生活するうえで必要な空間への移動の支援がどんどん変化していきました。結果的に生活が活発になり、介護予防・生活の質の向上につながったものと考えられます。

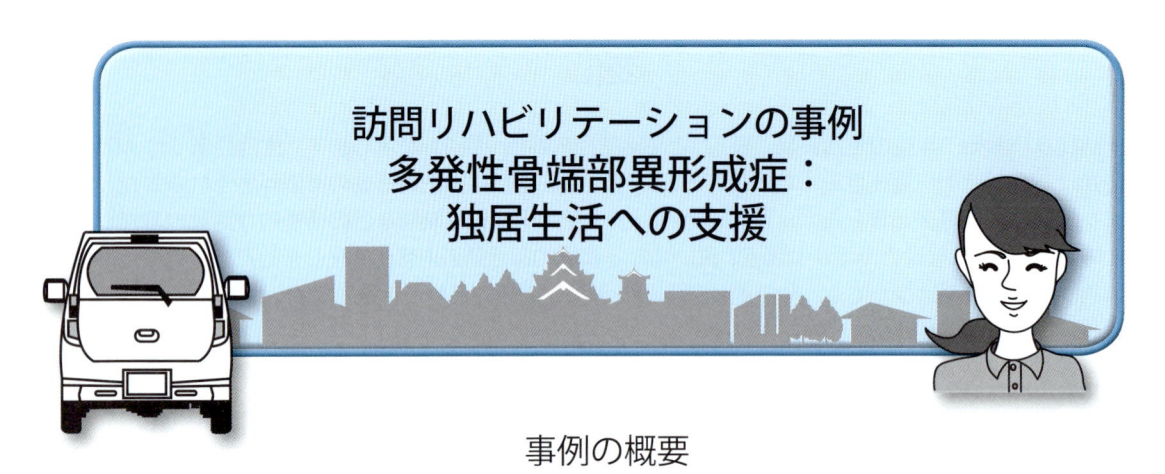

訪問リハビリテーションの事例
多発性骨端部異形成症：
独居生活への支援

事例の概要

　変形性股関節症のため、左股関節の人工骨頭置換術を受けられ、自宅退院後から訪問リハを開始し、四肢のトレーニングや動作確認、環境調整を行いながら在宅生活を継続してきました。概ね生活が落ち着いた頃、ご本人から一人暮らしがしたいとのご希望がありました。転居時の環境調整から関わり、ADL、IADLともに自立した生活を送れるように工夫し、独居を支えている事例です。

訪問リハ導入の契機

　事例は吉田さん46歳の女性です。先天的に多発性骨端部異形成症があり、身長は113cmです。幼少期はA県の障害者施設に入所されており、高校卒業後、施設を退所し一人暮らしを始められました。その後、B県に転居し会社（事務職）に勤務されていました。

　30歳で頸椎固定術を受けられ、その後から不全四肢麻痺が出現しています。ご自分で工夫しながら一人暮らしを続けておられましたが、40歳頃より徐々に変形性股関節症による股関節痛が増強し、両親の住むC県の病院にて左股関節の人工骨頭置換術を受けられました。

　リハ・加療され、実用的な移動は車いす、短距離であれば伝い歩き可能となり退院。両親と同居されました。退院直後より、自宅内の動作確認・指導、環境整備、リハの継続を目的に、週に2回の訪問リハが開始となりました。

1日の生活の流れ

　訪問リハ開始時の1日の生活の流れは、下記のようになります。自分でできることはできるだけ行っておられました。トイレ動作に15分、整容・整髪に20分、更衣に40分と時間をかけながら行っていました。

8	9	10	11	12	13	14	15	16	17	18	19	20	21	22	23	24	1	2	3
睡眠	起床	更衣	整容・整髪	トイレ	入浴（週2回）訪問リハ（週3回）	昼食	トイレ	読書など	トイレ		トイレ	夕食			洗顔・歯みがき	更衣	読書など	トイレ・内服	就寝	睡眠

初期評価

〈レベルイメージ〉	〈健康状態〉	〈生活構造〉(訪問リハ開始時)
車いす自立〜伝い歩きレベル	多発性骨端部異形成症 頸椎固定術後 （痙性不全麻痺・痙性） 両変形性股関節症 （左人工骨頭置換術）	3次活動（余暇活動） 2次活動（役割活動） 1次活動（セルフケア）

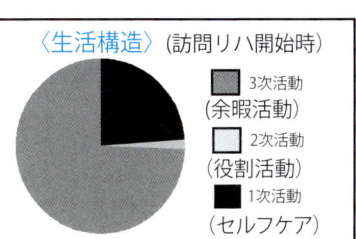

〈心身機能・身体構造〉	〈活動〉	〈参加〉
知的機能：良好 〈機能障害〉 筋の機能：四肢体幹の筋力低下・痙性麻痺 感覚機能と痛み：右股関節痛、坐骨部痛、感覚障害 心血管の機能：両足部に浮腫あり	セルフケア：入浴・更衣以外のADLは自立。 〈活動制限〉 セルフケア：入浴要介助、更衣は要時間〜要介助 家庭生活：家事はほとんど母親が行う。	コミュニティライフ・社会生活・市民生活：インターネットにより情報収集や買い物などが行える。 〈参加制約〉 主要な生活領域：母親の支援により外出していたが、退院後は未経験。外出機会が少ない。

〈環境因子〉	〈家族構成〉	〈個人因子〉
促進因子 　生産品と用具：家庭内バリアフリー、特殊寝台、浴槽台、シャワーチェアー購入済み 　支援と関係：両親と同居 阻害因子 　生産品と用具：経済的には、将来の貯蓄のためあまり余裕がない。	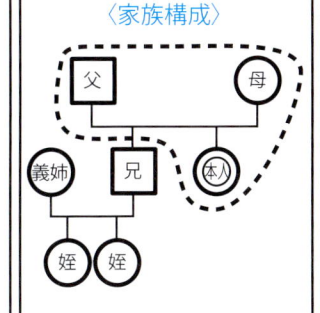 父－母 義姉－兄－本人 姪　姪	46歳　女性 おだやか 几帳面 先天的に障害があり、障害に対して前向きに向き合っている。

　初期評価時はご両親と同居でした。身体機能としては、術後安静による股関節周囲筋の筋力低下がみられ、非術側である右股関節は痛みもありました。移動は短距離は伝い歩きが可能でしたが、頸椎固定術後からの痙性麻痺の影響で尖足歩行となっていました。座位時間が長く、坐骨部の痛みや両足部の浮腫がありました。

　ADLは入浴と更衣以外は、リーチャーなどの自助具を利用してほぼ自立されていました。入浴は母親による介助、更衣は時間がかかる場合は介助でした。トイレ動作は自立されていますが、電灯スイッチの位置が高く、操作時に車いすから立ち上がる手間がありました。家事はほとんど母親が行っていました。外出は入院前から外来受診や買い物など、母親と出かけておられました。退院後はまだ外出されたことがなく、動作に不安を感じておられました。

経過

平成X年	経過	状態・支援内容
5月31日	同年3月22日、左股関節人工骨頭置換術施行。リハ・加療され自宅退院（両親と同居）。	特殊寝台、浴槽台、シャワーチェアーの購入あり。
6月4日	リハの継続を希望され、訪問リハ開始（週2回）。	●自宅内は伝い歩き～車いすで移動。 ●座位時間が長く坐骨部に痛みあり、椅子を検討。 ●本人の希望は、歩行の安定と正座ができること。 ●右股関節の痛みに合わせて筋力増強運動を実施。
6月13日	移動・ADL動作の確認を実施。	ソックスエイドやリーチャーなど上手に使用されている。
6月18日	トイレの電灯スイッチに手が届かないため、改善策の相談あり。	センサー付きライトの紹介を行う。
6月20日	入浴の動作確認を行う。	シャワーチェアーやバスボードを使用し安全に行われる。
6月27日	外出の動作確認を行う。	靴の着脱は自助具を使用されるが、足部に浮腫があり要介助。屋外歩行はロフストランド杖を使用し、10m程度介助にて実施するも、右股関節の痛みが出現。
7月2日	トイレのセンサー付きライト設置。	車いすから立ち上がりスイッチを操作する手間が省け、股関節の負担軽減や転倒防止につながった。
11月5日	一人暮らしの希望があり情報収集されている。	
平成X+1年 2月21日	一人暮らしの物件の見学に行かれる。	
3月1日	一人暮らし用に便利グッズを収集されている。	家具の高さは伝い歩きの場合65～70cmが適当だった。
3月4日	物件の入居許可が出る。	転居先では、後で復元できれば住宅改修可能。
3月15日	本人、ケアマネジャーと同行し、転居先の事前調査を行う。	●玄関、居室間の段差にスロープを検討。 ●玄関、トイレ内、浴室出入り口に手すりを検討。 ●台所前には本人の身長に合わせ踏み台が必要。 ●蛇口はひねり動作がしやすいよう自助具を検討。
3月19日	住宅改修案をご本人に提示。	●段差昇降時の手すりの高さを検討。 ●手すりの大きさや形状は、業者に確認後提案。
3月22日	手すりの設置場所とスロープの高さを検討。	●手すりは玄関と浴室前の段差昇降用、トイレの立ち座り用に取り付けることとなる。 ●トイレのフラッシュに紐を取り付け、便器に座った状態で流せるようにすることとした。 ●居室間の敷居にミニスロープを検討。3cmの乗り越えは要努力であり、2.5cmを使用することとした。
3月24日	台所の踏み台は14cmのものを使用し、その下にすのこを敷く予定とのこと。	●シュミレーションとして、キッチンを伝った横歩きと、立位バランスの安定性を確認。
4月5日	自力での入浴は2時間程度かかるとのこと。更衣動作も要時間。ズボンよりもスカートを履くことで動作が簡便になる。	訪問介護による入浴介助を勧める。本人は、まずは自分のペースで入ってみて、難しい場合に介助を頼みたいとのこと。
4月12日	リーチャーを持ち運ぶ手間を省くため、ベッドサイド、浴室・トイレ前、台所周辺にそれぞれほしいとのこと。 4月中に引越し、訪問介護の利用は5月からと考えておられる。	リーチャーを作成する。
4月17日	転居先へ手すりの設置。	
4月21日	新居へ引越し。環境整備と動作確認を行う。	●居室間の敷居にミニスロープを設置し、スムーズに乗り越えられる。 ●車いすでの小回りや、手すり把持での段差昇降は安定して行われる。 ●トイレのフラッシュに紐と滑車を取り付ける（図1）。 ●リーチャーをベッドサイド、トイレ前、台所に設置。
4月23日	歩行や段差昇降の機会が増え、四肢の疲労感やこわばりが出る。	四肢のリラクゼーションを行う。
4月24日	母親が訪問中に、一人で入浴してみる。	●浴室内移動は浴室が狭く伝い歩きで行える。 ●洗髪は浴槽の縁で上肢を固定して行える。
5月7日	玄関の鍵の開閉は、土間に浴槽台を置いて靴下のまま乗るようにされている。	動作確認を行い、スムーズに行われている。

多発性骨端部異形成症：独居生活への支援

X+1年	経過	状態・支援内容
5月9日	掃除と調理のため、ヘルパー利用開始。	清潔や栄養面の確保が可能となる。
5月10日	右股関節痛が増強する。調理など立位での作業が増えている。	●休憩用のベンチの設置を提案する。 ●市販のものでは適当なサイズがなかったため、訪問リハにてベンチを作成し設置する（図2）。
5月29日	右股関節痛は自制内に落ちつかれる。	気分転換に屋外歩行を行う。
6月21日	大雨のためか、一時停電する。	非常用の灯りを準備する。ベッドサイドやトイレに電池式の電灯を置かれている。
6月25日	体格が小さく便座に殿部がはまり込むため、補高便座にて便座径を小さくしたいとのこと。	補高便座の適合を確認する。便座の高さが上がったため、座位時に足底が床に接地しなかった。
7月5日	立位で洗濯物干し時、転倒しそうになる。	転倒時のために、床上立ち上がりの練習を脱臼肢位に注意しながら行う。
7月30日	トイレ着座時の足底接地のため、トイレ前の段差解消も兼ねてトイレの床のかさ上げを提案。	福祉用具業者にもかさ上げの床材を相談する。本人より、予算は5,000円以内とのこと。
8月9日	新しいパソコンを購入される。	インターネット接続をセラピストと一緒に行う。
8月22日	トイレの床のかさ上げを行う。	床材は、価格と安定性を考えて入浴用の厚手のマット（発泡スチロール製）を使用。便器の形に合わせて型取りし設置。立ち座りやドアの開閉がスムーズになった（図3）。
9月6日	花の水やりが日課に。鉢の高さが低く、水やりの際、立位バランスが不安定になる。	鉢の高さの調整を提案。
10月22日	入浴時に洗体ブラシなどを床に落とすことがあり、拾うのが大変とのこと。	浴室用のリーチャーを作成。ブラシにもゴムの輪を取り付け、リーチャーで引っかけられるようにした。
10月31日	寒くなってきたため、電気毛布を準備されていた。暖房をつけて、この時点では居室内は適温に調整可能。	玄関に近づくと寒いため、冬場に向けて台所と居室間にカーテンなどの設置が必要と思われた。
11月7日	花の水やりのため、鉢の下に台を設置。	体を屈めずに水やりができ、立位バランスが安定。
12月3日	寒さ対策として、居室と台所の間にシャワーカーテンを設置（図4）。	玄関からの冷気が居室内に入り込まず、室温を快適に保てるようになった。
平成X+2年 1月7日	両足部の冷感と浮腫が強い。	足湯とマッサージを行うと浮腫が少し軽減される。
1月28日	ハイソックスを履こうとしてソックスエイドが破損。	新しいソックスエイドを作成する（図5）。
2月18日	主治医より、足部の浮腫に対してメドマーや弾性ストッキングの勧めがある	訪問リハ時にメドマーを行う。メドマー後は、浮腫や冷感が少なくなり、動きもよくなる。
3月25日	外出訓練として、お花見を提案、実施。	お花見は気分転換になられたとのこと。車いすを使用して一人での外出が難しいため、玄関の段差にスロープの設置を考えておられる。

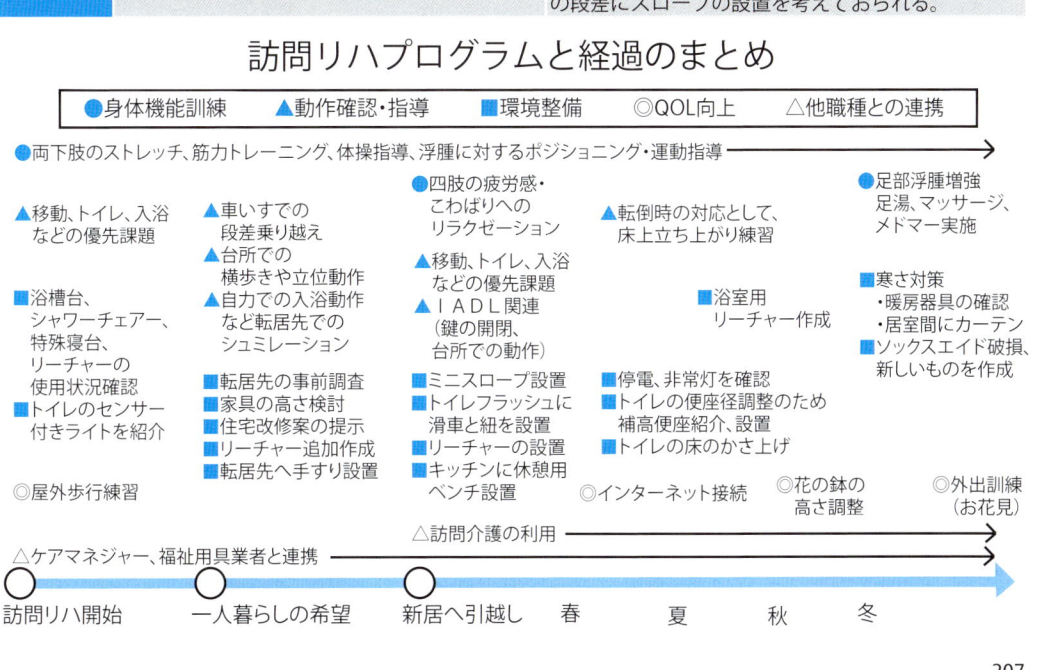

訪問リハプログラムと経過のまとめ

第8章 訪問リハビリテーションの事例

　今回の事例は以前から行っていた一人暮らしがしたいとの希望があり、いかに生活しやすく環境を整えるかがポイントでした。体格が小さく、既存の設備や市販のものでは身体に合わないことが多かったです。また経済的な余裕もあまりなかったことから、訪問リハスタッフにより作成することが多くありました。痙性麻痺の影響で四肢の筋力が十分に発揮できないため、作成時には角度や重さ、太さ、重心の位置など、微妙な違いで使いやすさが変わり、細やかな部分まで配慮が必要でした。また汚れたり劣化しにくい素材など、メンテナンスのしやすさも考慮しました。

　引っ越し前には十分なシュミレーションのうえで、家具や福祉用具の選定を行いました。独居への支援ということで、調理や戸締りなどのIADL、停電など緊急時の対応、季節の変化への対応などが必要でした。

図1　トイレフラッシュ
便器に座ったままフラッシュができるよう、天井に滑車を取り付け、紐で吊り上げるようにした。

図2　台所の踏み台、休憩用ベンチ

図3　トイレ床のかさ上げ
厚手の入浴用マットを、床の形に合わせて型取りした。発砲スチロールの利点は、軽いため時々外して掃除がしやすいことと、保温性があるため冬場は足が冷えにくい。

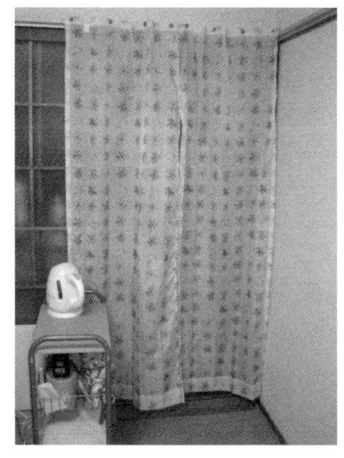

図4　居室間のカーテン
玄関からの冷気が居室に入らないようにする。中央にはスリットが入っており、カーテンを閉めたまま出入りできる。

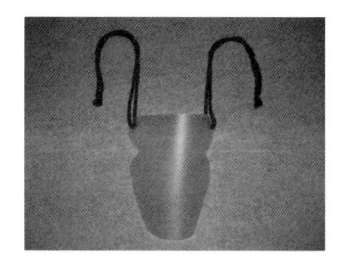

図5　ソックスエイド
市販のソックスエイドではプラスチック部分がかたくて丸めることが大変であった。また皮膚との摩擦が大きく、足に装着後、抜き取ることが困難であった。そこでやわらかいクリアファイルの表紙を使用し、紐は太めのものを用いて、指を引っかけられるよう途中で結び目をつくった。

多発性骨端部異形成症：独居生活への支援

以下に、住環境整備の工夫をまとめました。

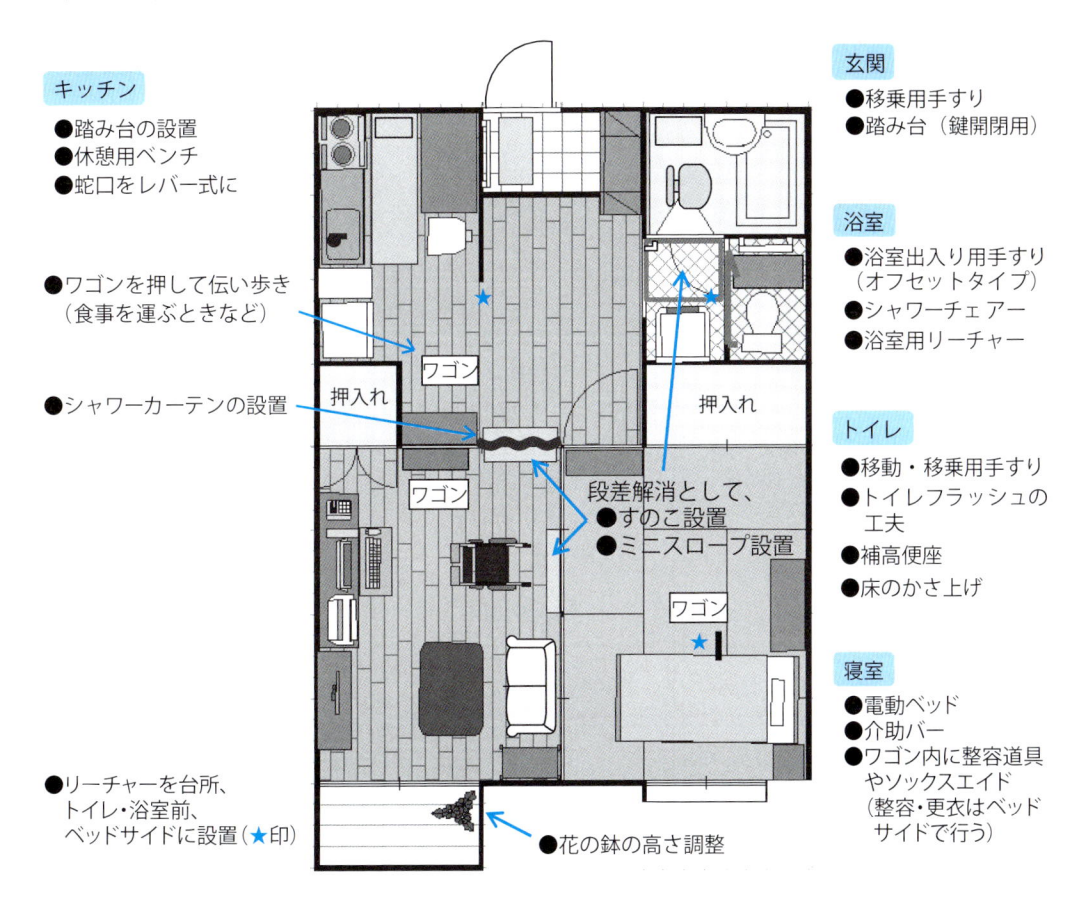

キッチン
- 踏み台の設置
- 休憩用ベンチ
- 蛇口をレバー式に

- ワゴンを押して伝い歩き（食事を運ぶときなど）
- シャワーカーテンの設置

- リーチャーを台所、トイレ・浴室前、ベッドサイドに設置（★印）

玄関
- 移乗用手すり
- 踏み台（鍵開閉用）

浴室
- 浴室出入り用手すり（オフセットタイプ）
- シャワーチェアー
- 浴室用リーチャー

段差解消として、
- すのこ設置
- ミニスロープ設置

トイレ
- 移動・移乗用手すり
- トイレフラッシュの工夫
- 補高便座
- 床のかさ上げ

寝室
- 電動ベッド
- 介助バー
- ワゴン内に整容道具やソックスエイド（整容・更衣はベッドサイドで行う）

- 花の鉢の高さ調整

1日の生活スケジュールは入浴を1人で行うため約90分の時間を要し、ADLの時間が長くなっています。生活を維持していくためIADLの時間が増えました。本人なりの生活リズムの中で、読書やインターネット、花の世話など楽しみの時間がつくられています。

1日の生活の流れ（転居後）

時間	内容
8	睡眠
9	起床
	更衣
10	布団たたみ（夏15分、冬30分）カーテン開け
	トイレ
	花の水やり、洗顔
11	ポットの水入れ
12	整容・整髪
13	読書、休憩
14	昼食
15	トイレ
16-17	●読書、パソコン ●介護保険サービス（訪問リハ・訪問介護各週2回） ●入浴（11:00～13:30、週2回）など
18	トイレ
19	夕食準備
20	夕食
21-22	トイレ
23	洗顔・歯みがき 食器洗い
24	更衣
1	就寝 トイレ・内服
2-3	睡眠

変化

初期評価と変化があった項目は◎で示す。

〈レベルイメージ〉	〈健康状態〉	〈生活構造〉
車いす自立〜伝い歩きレベル	多発性骨端部異形成症 頸椎固定術後 （不全四肢麻痺、痙性麻痺） 両変形性股関節症 （左人工骨頭置換術）	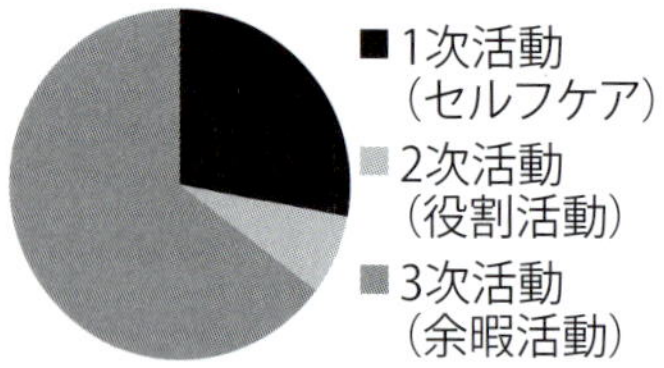 ■ 1次活動（セルフケア） ▨ 2次活動（役割活動） ▨ 3次活動（余暇活動）

〈心身機能・身体構造〉	〈活動〉	〈参加〉
知的機能：良好 ◎筋の機能：四肢体幹の筋力向上 ◎感覚機能と痛み：右股関節痛自制内 〈機能障害〉 筋の機能：四肢体幹の痙性麻痺 感覚機能と痛み：四肢の感覚障害 心血管系の機能：両足部に浮腫あり	◎セルフケア：時間をかけながら、ADLはすべて自立。 ◎家庭生活：訪問介護と協力しながら調理・洗濯・掃除が行える 〈活動制限〉 ◎セルフケア：入浴・更衣要時間	コミュニティライフ：インターネットにより情報収集や買い物などが行える ◎主要な生活領域：母親の支援により外出できる ◎レクリエーションとレジャー：花の世話が日課 〈参加制約〉 主要な生活領域：外出機会が少ない。

〈環境因子〉	〈家族構成〉	〈個人因子〉
促進因子 　◎生産品と用具：一人暮らし。一般のアパートで段差があるが、福祉用具などで対応中。 　◎支援と関係：週に一度、キーパーソンである母親が訪問。訪問リハビリ利用（週2回） 　◎訪問介護利用（週2回） 阻害因子 　生産品と用具：経済的には、将来の貯蓄のためあまり余裕がない。	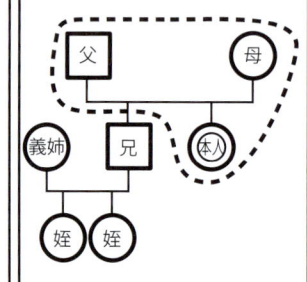 父─母 義姉─兄─本人 姪　姪	46歳　女性 おだやか 几帳面 先天的に障害があり、障害に対して前向きに向き合っている。

本事例で学んだこと

　一人暮らしをすることで、ADL、IADLに以前より時間をかけることが多くなりましたが、本人のペースで生活リズムをつくり、楽しみのある生活を送られています。一般的にADLにかかる時間は少ないほうがよいといわれます。しかしその前に、その人らしい生活スタイルが保たれているかということが大切だと感じました。

　独居を支える事例では、できない部分を補う介助者が少ないため、1日、1週間、1年の生活が一人でもスムーズに行えるよう、包括的にアプローチする大切さを学びました。自助具の作成や環境整備は、吉田さんからも様々なアイデアを出してくださり、毎日使用するものはできるだけシンプルな手順で行うほうがよいこと、少しの調整で使いやすさに違いが出ることなど、多くのことを教えていただきました。

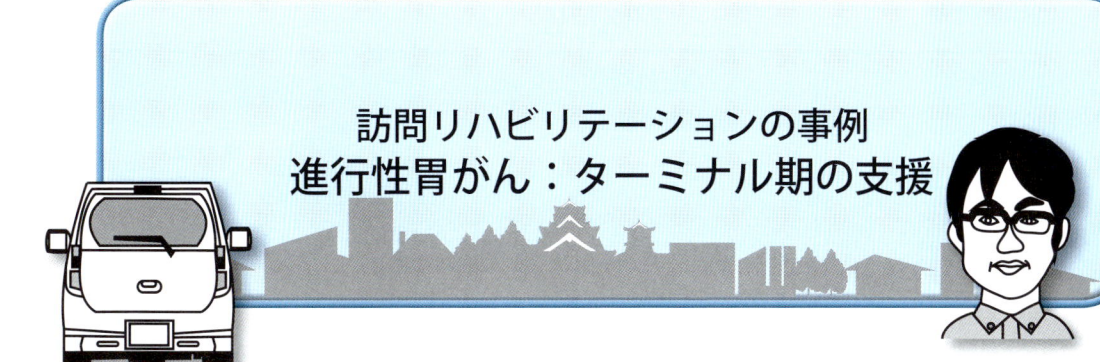

訪問リハビリテーションの事例
進行性胃がん：ターミナル期の支援

事例の概要

胃食道摘出術後、主治医から予後告知を受けられ、抗がん剤治療を継続しながら在宅生活を送られていました。徐々に体力や筋力の低下がみられ、術前の趣味であった、油絵、美術館への外出、自宅近隣での散歩が困難な状況でした。訪問リハの介入により、体力の維持向上を図りながら趣味活動を再獲得し他界された事例です。

訪問リハ導入の契機

事例は木村さんは年齢は60歳代の男性です。妻と息子の3人暮らし、主介護者は妻です。平成X-1年に食事が喉を通らなくなり、平成X年に大学病院にて胃と食道の摘出手術を受けられました。術後に予後告知も受けられ、抗がん剤治療を行いながら自宅にて生活していました。徐々に体力や筋力が低下し、安定した歩行や家事活動、趣味活動が行えなくなり、自宅で閉じ込もることが多くなっていました。

本人と家族からは、最後まで自宅で生活できるよう、身の回りのことは自分で行え、生活上必要な体力は維持したいとの希望が聞かれていました。今回、主治医より体力の維持向上、閉じ込もりの解消、療養環境のチェックが目的で訪問リハへ指示があり、週2回の訪問リハが開始となりました。

週間スケジュール

1週間のスケジュールは、不定期で抗がん剤治療や定期受診の予定があるときに医療機関へ出かけられています。医療機関からの帰宅のついでに妻の買い物に付き添われることがあります。水、金曜日で訪問リハを利用することになりました。

	月	火	水	木	金	土	日
午前	医療機関受診 買い物（不定期）	医療機関受診 買い物（不定期）	医療機関受診 買い物（不定期） 訪問リハ	医療機関受診 買い物（不定期）	医療機関受診 買い物（不定期） 訪問リハ	医療機関受診 買い物（不定期）	予定なし
午後	予定なし	予定なし	予定なし	予定なし	予定なし	予定なし	予定なし

1日の生活の流れ

1日の予定では、家事などの2次活動や積極的な3次活動は行われておらず、寝室で横になって過ごすことが多くなっています。

7	8	9	10	11	12	13	14	15	16	17	18	19	20	21	22	23
起床	朝食・身支度	臥床	臥床	臥床	昼食	臥床	臥床	臥床	臥床	入浴	夕食	臥床	臥床	臥床	臥床	就寝

初期評価

〈レベルイメージ〉
臥床レベル
ほとんど臥床

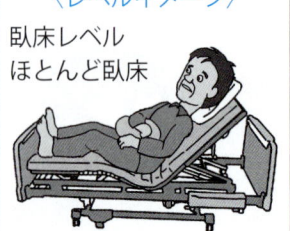

〈健康状態〉
胃がん摘出後障害
廃用症候群

〈生活構造〉
- 1次活動（セルフケア）
- 2次活動（役割活動）
- 3次活動（余暇活動）

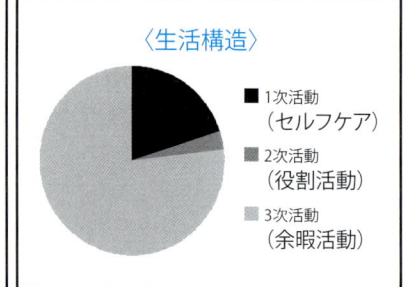

〈心身機能・身体構造〉
認知機能は良好
視力・聴覚は良好

〈機能障害〉
抗がん剤治療に伴う全身の倦怠感
全身的な筋力の低下
耐久性の低下

〈活動〉
セルフケアは自力にて可能

〈活動制限〉
自家用車の洗車や庭の掃き掃除、ゴミ出しが行えなくなっている。

〈参加〉
医療機関からの帰宅のついでに妻の買い物に付き添う。

〈参加制約〉
通院や買い物以外の外出は行っていない。
座位の耐久性低下により絵画活動が行えない。
絵画グループの活動への参加が困難。

〈環境因子〉
促進因子
　妻は現在、無職であり24時間の介護が可能
　自宅は持ち家である。
阻害因子
　自宅のアプローチに設置してある飛び石による転倒のリスクあり。

〈個人因子〉
60歳代
男性
性格は穏和
趣味は絵画活動で、以前は絵画グループのメンバーと作品展や旅行先での絵画創作活動などをされていた。

〈家族構成〉
妻と長男の3人暮らし、医療機関への送迎は妻が行っている。

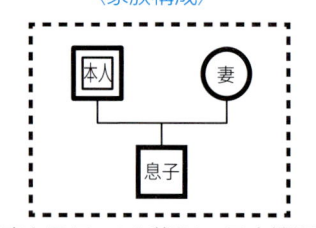

〈家屋環境〉
寝室に布団を敷いて日中も横になっていることが多い。

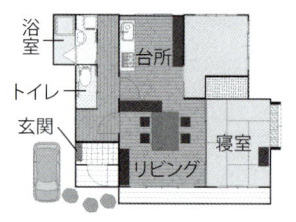

経過

平成 X 年	経過	状態・支援内容
6月18日	自宅で生活が送れるように、体力の維持向上を目的に訪問リハが開始。	食欲がなく常に疲れを感じやすいとのこと。身体状況や環境などの初期評価を行い、自主エクササイズを指導。
6月20日	屋内での歩行状態は安定、屋外での移動に対しては自信がない様子。	座位時間が短く、身の回りのことをすませるとすぐにベッドに横になることが多い状況。座位時間の延長を目的に、身近な日用品のデッサンを導入。
6月25日	先日伝えた自主エクササイズをチェック。本人は「体力をつけたい」と意欲的。	自主エクササイズの内容やポイントは覚えられていたため、負荷量は体調に合わせて適宜変更していただくよう指導。
6月27日	屋外歩行では、未整備路面や坂道でのふらつきやバランスのくずれもない。写真撮影は適宜アングルに注意しながら行っておられた。	絵画の技法など詳しく説明されるなど、絵画の話題では生き生きとされていた。絵画の題材収集を兼ねてカメラを持参し、自宅近隣の短距離から屋外歩行練習を開始。
7月4日	前回、屋外で撮影した風景の写真をもとに、簡単なデッサンを描かれる。	セラピストも一緒にデッサンを行い、教えていただく姿勢で関わる。体調に合わせてベットより離床し、デッサンを継続していただくよう促す。
7月18日	写真撮影では、被写体に対してアングルにこだわり撮影される。	食事量が少なく体重も減少、倦怠感も強い状態。次回、近隣の公園（以前はよく行かれていた場所）まで散歩の約束。
8月1日	散歩先が公園であったため、適宜休憩する環境もあり、通常の歩行距離以上に移動できた。疲労感も少ない様子。	近隣の公園までの散歩を妻同伴で実施。
8月8日	左肩関節挙上時に疼痛。屋外では絵画の題材収集を目的に写真撮影を行う。被写体を意欲的に探される。	左肩関節のリラクゼーションと屋外歩行練習を実施。実施後は疼痛も軽減し、表情もおだやか。
8月13日	昨日、体がふらふらするとのことで、救急車でかかりつけの医療機関に搬送され、数日後、同医療機関に入院。	日常会話を交えながら、軽い関節可動域練習のみ実施。
9月26日	訪問リハを再開。食欲も改善し、体重も入院前より5kgほど増加したため、やや顔つきもふっくらされていた。	身の回りのことは行える状況だが、入院による全身的な筋力低下がみられる。自主エクササイズを再指導。当施設での文化祭開催に関する情報提供を行い、創作意欲の向上を目的に絵画作品の出展を促す。
10月17	文化祭へ出展する絵画を選ぶ。	作品（以前作成した作品も含め）を預かり、展示ブースを準備。展示ブースを見学する目的で、屋外歩行練習の距離の延長を図る。
11月7日	熊本城へ妻と外出。妻との外出は、医療機関の受診や治療を目的としたものが多いため、久しぶりの行楽地への外出を楽しまれる。	妻との外出の機会を提供し、より遠方での外出練習を行う。抗がん剤治療による易感染性があるため、マスクの着用を促す。
11月21日	先日、外出練習時に撮影していた写真をもとにデッサンされる。自宅周辺を本人お一人で散歩することも多くなる。	熊本市の広報誌「市政だより」の表紙が熊本城を題材として一般応募している情報を提供。熊本城のデッサンをもとに絵画作品の出展を勧める。
12月12日	自家用車の洗車や庭の掃き掃除などの家事動作も行われるようになる。数日後、抗がん剤治療のため入院される。	家事動作のチェックを行いながら転倒予防に努めた。近隣の公園でのスケッチ活動を開始。

第8章 訪問リハビリテーションの事例

平成X+1年	経過	状態・支援内容
1月7日	退院後の訪問リハ再開。体調に合わせて適宜、屋外歩行はされていた。本格的に熊本市の広報誌「市政だより」の表紙に応募する熊本城の油絵活動を開始。	体調に合わせて、油絵活動をされるようになる。活動時の座位姿勢などを評価し、体調に合わせて活動が行えるよう環境調整を適宜行う。
1月14日	全身の倦怠感が強くなる場面も増え、活動性も低下、自主エクササイズも行えなくなることもあり、飲水時にムセがみられるようになる。数日後、抗がん剤治療のため入院。	嚥下機能の維持を目的とした舌骨筋群の自主エクササイズを指導。体力の低下がみられるが、絵画に関する技法の説明など熱心に行われる。
1月28日	自宅での自主エクササイズが定着していないとの発言あり。	自主エクササイズの冊子、実施チェック表を作成。
2月6日	発音量が低下、聞き取りづらい場面もあり。外出前は表情も暗く活気もみられない。美術館に行きたいとの発言もあり。	屋外でスケッチ活動を行うことにより表情もおだやかとなり、意欲的に絵画の技法について教示される。
2月13日	次週、美術館へ外出する予定を立てるも、腹部の痛みと違和感の出現により緊急入院。	
2月25日	退院後で体力の低下あり。美術館への外出を強く希望。	
2月27日	妻の同伴で美術館へ絵画の鑑賞に出かける。	胸部の狭窄感あり。適宜、休憩を入れながら絵画の鑑賞を行う。久しぶりの長時間にわたる外出、笑顔もみられ楽しまれていた。
3月6日	広報誌に応募する熊本城の油絵が完成し、市の広報部に作品の写真を郵送。	妻に市の広報部宛ての手紙を記入してもらい、夫婦での共同作業の場を提案。
3月27日	抗がん剤治療による入退院が続く。屋外でのスケッチ活動は本格化し、新たな油絵の作品が完成するなど絵画の活動は活発化。	外出先での体調不良に対して、緊急時の連絡先や連絡方法などを確認。
5月13日	体力がさらに低下、ベッドで過ごすことが多くなる。臀部の表皮剥離を確認。	ポジショニングと寝返りの方法を指導し、電動ベッドおよびマットレスの選定・導入、ポータブルトイレの選定・導入を行う。
5月22日	ふらつきが強くなり、自宅にて身の回りの動作を行う際に、転倒の危険性が高まる。	トイレのドアの開閉用の手すり、トイレ内の手すり、浴室内の手すりなど、転倒の危険性が高い箇所の住宅改修案を提案。脱衣所では椅子を使用して衣服の着脱を行うよう指導。
6月3日	体調不良も続いており、便秘が続いている状況。医療的な管理が必要となってきたため、往診が対応できる主治医への変更と訪問看護が新たに導入される。	胸背部の安静時痛や円背も増強していたため、胸郭の自主エクササイズを指導。環境が変更となった部分の動作確認および練習。
6月12日	排便も落ち着き食欲も改善。体力は低下、デッサンは意欲的に行われ、美術館への外出の希望も聞かれる。	デッサンを継続して行えるように、座位姿勢の評価を行う。
7月16日	車いすを使用して美術館での絵画鑑賞。	長時間の座位姿勢でも、大きな体調のくずれもみられず疲労感の訴えもなし。
8月27日	訪問時、呼吸苦があり会話もままならない状況。翌日より緩和ケア病棟へ入院、数日後、家族が見守る中他界。	安楽な姿勢がとれるようポジショニングの指導を行い、自宅から介護タクシーまでの動線の検討を行う。訪問リハ終了時に、今までご本人が撮影した絵画の題材のスナップ写真や、外出時に撮影したお二人の写真などをアルバムにまとめて妻へ渡す。

訪問リハプログラム

初期	中期	後期
・自主エクササイズの指導および実施状況の確認 ・身近にある物品のデッサンの導入、実施 ・カメラを持参し、絵画の題材収集を目的とした屋外歩行練習 ・入院による筋力低下改善に対する自主エクササイズの再指導 ・当施設による文化祭開催に関する情報提供および作品出展の促し ・妻同伴で熊本城まで外出練習を実施 ・市政だよりの絵画作品一般応募の情報提供 ・家事動作の確認および動作練習 ・屋外でのスケッチ活動を開始	・油絵活動を安定して行えるよう、座位姿勢の評価および環境調整を実施 ・嚥下機能の維持を目的とした自主エクササイズの指導 ・自主エクササイズの冊子、実施チェック表の提案および作成 ・美術館や絵画の題材収集を目的とした外出練習 ・市政だよりへの作品応募の促し	・緊急時の連絡先および方法の確認 ・ポジショニング指導、起居動作練習、電動ベッドおよびマットレスの選定・導入、ポータブルトイレの選定・導入 ・トイレおよび浴室に対する改修案などの環境調整、改修後の動作練習 ・疼痛緩和を目的とした自主エクササイズの指導、安楽姿勢の検討 ・住宅改修後の動作確認 ・最後の美術館への外出練習 ・家族に対するグリーフケア

本事例の支援の特徴

【初期】

訪問リハ開始時は、PTとOTがそれぞれ役割分担をして生活支援を行いました。理学療法では、自主エクササイズの指導や生活動作練習を中心に身体機能への介入、作業療法では絵画活動を通じて活動性の向上、外出支援を中心に支援を開始しました。

開始当初より、事例本人から「体力をつけたい」との希望があったため、理学療法では運動がもたらす身体への効果を伝えながら、自主エクササイズを指導しました。気分がよいときや、治療の影響による倦怠感など体調の変動もありましたが、実施状況を確認しながら、能力の向上がみられる身体機能を適宜、フィードバックしたことにより、精神的な安定も得られ、訪問リハ利用開始から1カ月程度で、自主エクササイズは定着しました。

作業療法では座位時間の延長を目的に、短時間で行える湯飲みなどの身近な日用品のデッサンから絵画活動を導入し、カメラを持参して題材収集を目的とした屋外歩行練習から外出支援を開始しました。もともと趣味として絵画活動を行われていたため、受け入れもスムーズで、デッサンの内容も屋外歩行練習時に撮影した題材を使用し、絵画活動の時間の延長を図っていきました。活動中は筆者も一緒にデッサンを行い、教えていただく姿勢で関わりました（図1）。当施設で開催していた文化祭への絵画の出展を促したことにより、社会参加にもつながり、文化祭を見学する目的で外出することにより、歩行耐久性の向上に役立ちました（図2）。

図1　本人に指導していただき筆者が書き上げたデッサン

図2　文化祭への絵画の出展

第8章　訪問リハビリテーションの事例

　妻との外出はそれまで医療機関へ出かけるのみでしたが、熊本城への夫婦での外出を支援したことにより、お互いの精神的な安定も図れました（図3）。体調に合わせてお一人で散歩に出かけて写真撮影をしたり、屋外でのスケッチ活動も行うなど、絵画に対する創作意欲も高まっていました。

図3　夫婦そろっての外出練習　　　　図4　自主エクササイズの冊子、実施チェック表

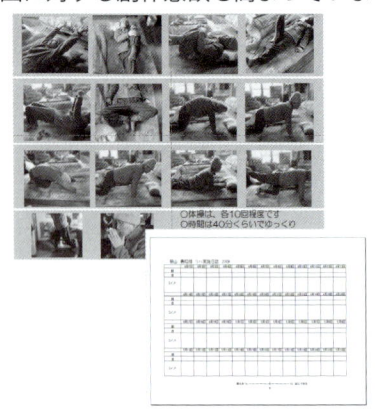

【中期】

　抗がん剤治療を目的とした入院のほか、症状の進行による体調の変動により、訪問リハの利用が一時中止になることがたびたびありました。訪問リハ再開後も、全身の倦怠感が強い場面も多くありましたが、日々の体調に応じて自主エクササイズの指導や絵画活動、外出支援を行いました。

　短時間での座位活動に対する疲労感もみられたため、通常使用している木製の椅子の背もたれに、市販のクッションをくくりつけ、休憩時にもたれかかっても痛みがないよう環境調整を行いました。調整後は座位活動の時間も延長し、熊本市の広報誌「市政だより」の表紙に応募する熊本城の油絵活動も開始されました。同時に症状の進行に伴う精神的な落ち込みもあり、自宅での運動の継続が困難になっていました。実際の運動時の写真を使用した冊子と、実施した際に記載するチェック表を作成し、本人に行っていただくよう促しました。導入後は体調に合わせて運動を行われていました（図4）。

　美術館や絵画の題材収集を目的とした外出練習では、絵画に関して教示していただく場面も多く、体調に合わせて活動も意欲的に行われていました。「市政だより」の表紙への応募に対する、夫婦での共同作業は、お互いの精神的な安定につながり、本人からも「たぶん（当選は）無理だろうけど、やることに意味があるもんな」などの前向きな発言も聞かれました。

【後期】

　体力もさらに低下し、臥床時間の延長に伴うスキントラブルに対して、電動ベットやマットレスの選定・導入を行いました。ベットサイド環境を整備することにより、寝たきりによる廃用を予防することができ、絵画活動の継続を支援することができました。

　本人、家族は最後まで自宅での生活を希望されていたため、生活上で必要となる環境に、手すりの提案および設置、設置後の動作練習を行いました。可能な動作を的確に評価し、本人の残された機能を最大限に生かせるよう環境調整を行った結果、転倒もなく安全に在宅生活を継続することができました。

　数日間、便秘が続き腹部の違和感が強くなるなど、医療的な管理も必要となったため、往診医および訪問看護があらたに導入されました。

　最後となった美術館への外出練習では、実施前に美術館の下見を行い、体調の変動などに対する緊急時の対応などを確認しておきました。当日に使用する車いすの選定を行い、安楽な姿勢で絵画の鑑賞ができるよう配慮しました。美術館では、大きな体調のくずれもなく、展示されている一つひとつの作品をゆっくり鑑賞されていました。作品の技法をはじめ、作品が表現している作者の想いについてなど、作品に対して熱心に説明をいただくこともありました。訪問リハ終了時には、妻へ生前の外出時に絵画の題材として収めた写真や、夫婦二人で出かけた外出の模様を撮影した写真などを整理して、アルバムにして贈呈しました。

進行性胃がん：ターミナル期の支援

変化

〈レベルイメージ〉

〈健康状態〉
胃がん摘出後障害
廃用症候群

〈生活構造〉
- 1次活動（セルフケア）
- 2次活動（役割活動）
- 3次活動（余暇活動）

〈心身機能・身体構造〉
認知機能は良好
視力・聴覚は良好

〈機能障害〉
抗がん剤治療に伴う全身の倦怠感

〈活動〉
体調に応じてセルフケアは自力にて可能
体調に応じて自家用車の洗車や庭の掃き掃除、ゴミ出しを行っている。

〈活動制限〉
全身の倦怠感が強い状況では、セルフケアに介助を要する。
全身の倦怠感が強い状況では、家事動作は行えない。

〈参加〉
医療機関からの帰宅のついでに妻の買い物に付き添う。
体調に応じて散歩をしながらスケッチを行っている。
絵画活動を通じて「市政だより」への絵画の応募を行った。

〈参加制約〉
絵画グループの活動への参加が困難。

〈環境因子〉
促進因子
　妻は現在、無職であり24時間の介護が可能
　自宅は持ち家である。
阻害因子
　自宅のアプローチに設置してある飛び石による
　　転倒のリスクあり。

〈個人因子〉
60歳代
男性
性格は穏和
趣味は絵画活動で、以前は絵画グループのメンバーと作品展や旅行先での絵画創作活動などをされていた

〈家族構成〉

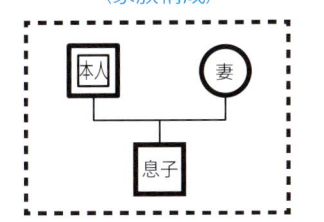

妻と長男の3人暮らし、医療機関への送迎は妻が行っている。

〈家屋環境〉

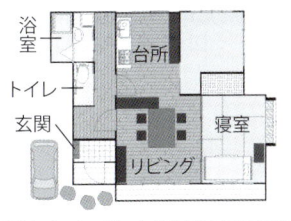

新たにトイレと浴室に手すりが設置され、寝室には電動ベットを配置。

217

事例のエピソード

　訪問リハ導入前は、体力の低下に不安があり、趣味としていた絵画活動も行えていない状況でした。導入後、体力の維持向上を図りながら、絵画活動を段階的に提案したことにより、絵画の楽しさを取り戻し社会参加につながりました。

　アルバムを贈呈した際に訪問リハで行ったデッサンの時間が夫婦双方にとって、病気を忘れ、安らげる時間であったと妻から当時の木村さんのお気持ちを聞かせていただくこともありました（図5）。また外出支援で訪れた美術館などでは、自宅では見ることができないほど生き生きと、絵画に関する説明をされていました（図6）。

　熊本市の広報誌「市政だより」の応募は惜しくも採用されませんでしたが、初期に行った妻との外出の際に撮影した熊本城の写真を使用しており、作品に対する思い入れが深かったこともうかがえます（図7）。弔問をした際には祭壇に、応募作品である熊本城の絵画が飾られていました。他界した当初は、「まだ何かできたのではないか」「もっとあのときに、こうしていれば」など、様々な感情に立たされることがありましたが、飾られている絵画を目にしてなんとなく救われる気持ちにもなった事例でした。

図5　贈呈したアルバム

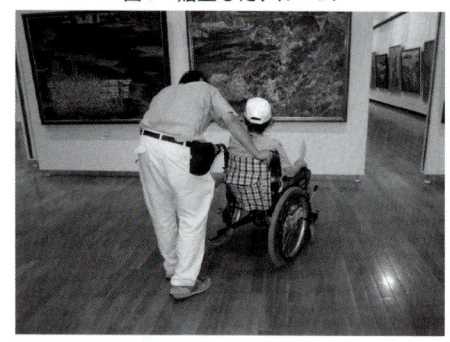

図6　美術館への外出練習

図7　熊本の広報誌「市政だより」に応募した絵画作品

本事例で学んだこと

　健康なときにできていた活動が、疾病により行えなくなる不安に対して、気持ちに寄り添い、どのような手段をとれば活動が再開、継続できるのかなど本人、家族と共に考えていく支援の重要性を学ばせていただきました。

　全身の倦怠感が強い場面では、絵画活動を行える体調のときには聞かれないような悲観的な発言などもあり、自分には適切な支援が行えるのか、支援者自身消極的になることもありました。しかし、本人の絵画活動に取り組まれる姿勢や態度、妻から「少しでも元気な姿を見ていたい」といった気持ちを聞いているうちに、今の自分にできることは何であるかを考えるようになりました。

　今回、本人、妻のニーズを聴取しながら、専門職としてニーズを達成するために必要となる項目を細かく評価・実施し、効果や改善点を適宜伝えたことが、症状に関する不安を軽減することができたのではないかと思います。

索　引

【欧文】

2プロセスモデル　39
ADL指導　126
BI　125
ESBL（基質特異性拡張型β-ラクタマーゼ）産生菌　27
ESS（epworth sleepiness scale）　39
FIM　118, 126
Fugl-Meyer Assessment（FMA）　128
IADL　82
LSA（Life Space Assessment）　94, 95, 120
NPO全国在宅リハビリテーションを考える会　4
OSA-MA評価表　39
PalmQ®　44
SAM理論　124
SF-36（MOS 36-item Short From Health Survey）　122, 129
VAS（visual analog scale）　39
VRE（バンコマイシン耐性腸球菌）　27

【和文】

【あ】

アライメントの評価　44

【い】

胃がん摘出後障害　212
維持期　9
1次活動　19, 119
一般社団法人日本訪問リハビリテーション協会　2, 5
移動リスク　160
医療情報　24
医療保険　136

【う】

運動機能　34
運動機能の評価・アプローチ　34

【え】

エコレース　155

【お】

重さ　35
オレキシン神経系　42, 45
音韻性錯語　183

【か】

介護保険　134
介護予防訪問リハビリテーション　9
介護老人保健施設　3
外出　94
外出支援　130
介入項目　118
買い物　92
化学雑巾モップ　89
かかりつけ医　113
火気　83
確立期　4
加算　136
活動　120, 127
環境因子　127
環境整備　210
関係の廃用　32
換語困難　183
間接業務　125
感染経路別予防策　26
感染情報　24
感染対策　26
カンファレンス　148

【き】

技術向上のための支援（Skill up）　33
起床時眠気　39

機能性尿失禁　44
金銭の管理　202

【く】

空気感染対策　27

【け】

計画書　148
形成期　3
軽度認知障害　37
言語聴覚士の訪問　6

【こ】

効果　118, 127
交通手段　92
後方連携　112
高齢者保健福祉推進10か年戦略（ゴールドプラン）　6
高齢者リハビリテーション研究会　6
高齢者リハビリテーション研究会報告書　7
誤嚥　55
ゴールドプラン　7
ゴールドプラン21　7
国際障害分類　13
国際生活機能分類（ICF）　10, 12
個人因子　127
コスト管理　152
固定費　154
コミュニケーションノート　179, 180
衣替え　73
コンチネンス　65

【さ】

サービス担当者会議　112
サービス提供体制強化加算　137
さりげない提案（Seeding）　33
参加　120, 127
参加（Participation）　33
3次活動　19, 119

219

【し】

支援方法　128
事業所経営　152
事業所の経営管理　154
事業所の支出　154
視交叉上核（SCN）　38
指示書　135, 148
自主練習　34
自助具　83, 91, 210
失構音　183
実績　148
実地指導　166
社会生活基本調査　19
住環境整備　126
収納先　90
周辺症状　45
主体的趣味活動　131
小児麻痺　190
初回加算　137
食事姿勢　50
新規受付　148
進行性疾患　199
新ゴールドプラン　7
新全老健ケアマネジメント方式R4システム　14
深部体温　40
診療情報提供書　135

【す】

遂行機能障害　130
睡眠　38
睡眠維持　39
睡眠時間　39
睡眠時無呼吸症候群　45
睡眠負債　38
スライディングシート　200, 202
スロープ　202

【せ】

生活活動度計（A-MES）　120, 124
生活期　9
生活空間アセスメント（LSA）　94, 95
生活継続期（Maintain phase）　33
生活圏拡大　120
生活構造　125, 127

生活時間　125
生活立ち上げ期（Set up phase）　33
生活調整期（Adjust phase）　33
生活の質向上期（Step up phase）　33
生活評価表　119
請求もれ　153
制度　134
咳エチケット　26
摂食嚥下　51
接触感染対策　27
全国訪問リハビリテーション研究会　2, 4, 5
全国訪問リハビリテーション振興会　5
洗濯　90
選択（Select）　33
洗濯機周辺　90
前方連携　112

【そ】

掃除　89
総務省統計局社会生活基本調査　119
側方連携　112
ソックスエイド　74, 208
損益分岐点の求め方　155
尊厳の確保　56

【た】

ターミナル期の支援　211
退院時共同指導加算　137
体験（Experience）　33
体内時計　38
脱水　24
達成度　125
単語の意味理解障害　183
担当制　169

【ち】

地域包括ケア研究会　9
地域包括ケア研究会報告書　6, 7
地域包括ケアシステム　6
チーム制　169
着衣失行　75
中止基準　25

中途覚醒　43
徴収もれ　153
調理　83
直接業務　142

【つ】

通勤　186
通所系サービス　122

【て】

低床電車　202
電動車いす　202
転倒予防　129

【と】

トイレフラッシュ　208
同居　122
独居　122, 204

【な】

長さ　35

【に】

2次活動　19, 119
日本リハビリテーション病院・施設協会　8
入眠困難　39
入眠　39
入浴　76
認知機能　36
認知症自立度判定基準　37

【ね】

寝返り　44
寝心地　44

【の】

脳血管障害　126
脳卒中患者の生活構造　20
脳卒中モデル　8
ノーマライゼーション　31
ノンステップバス　202
ノンレム睡眠　42

【は】

パーキンソン病　129, 194
排泄　56
廃用症候群　127, 212
廃用症候群モデル　8, 127
派出看護　5
バス乗車練習　186
バス利用評価表　95
発展期　5
刃物　83

【ひ】

光センサー式発声器　199
ピッツバーグ睡眠質問票（PSQI）　39
一人暮らし　204
飛沫感染対策　27
ヒヤリハット　156
ヒャレンダー　159, 162
標準予防策　26
疲労回復　39

【ふ】

福祉用具　128
復職　186
複数担当制　169
プレディア®　44

【へ】

勉強会　148
変動費　154

【ほ】

萌芽期　3
報告書　148
報酬改定　153

報酬単価　153
訪問看護　6
訪問看護7の50％規制　6
訪問件数　153
訪問指導事業　3
訪問時リスク　161
訪問のパターン　169
訪問リハ計画立案　124
訪問リハ実務者研修会　5
訪問リハステーション　5
訪問リハ単独事業所　4
訪問リハのゴール　11
訪問リハの収入　152
訪問リハビリテーション　2
訪問リハビリテーション振興委員会　5
訪問リハビリテーションの歴史　2
保険者　166
干し場　90

【ま】

満足度　123

【み】

みなし指定　135

【め】

メディカルチェック　24
メラトニン　38, 40
面会　114
面会場所　114

【も】

目的地　93

【や】

役割活動　130

【ゆ】

夢み　39

【よ】

要介護度　130
予定外　168
予防的昼寝　41

【り】

リスク　124
リハ前置主義　126
療養費　138

【れ】

レム睡眠　42
レム睡眠行動異常　45
連携　112
連携7か条　115
連携フローチャート　113
連携窓口　114

【ろ】

老人訪問看護ステーション　3, 6
老人訪問看護制度　6
老人訪問理学療法指導管理料　3
老人保健法　2, 3, 7

図説　訪問リハビリテーション
生活再建とQOL向上

発　　行	2013年6月15日　第1版第1刷©
編　　著	訪問リハビリテーションセンター清雅苑（せいがえん）
発行者	青山　智
発行所	株式会社　三輪書店
	〒113-0033　東京都文京区本郷6-17-9　本郷綱ビル
	☎03-3816-7796　FAX 03-3816-7756
	http://www.miwapubl.com
印刷所	三報社印刷　株式会社

本書の内容の無断複写・複製・転載は，著作権・出版権の侵害となることがありますのでご注意ください．
ISBN978-4-89590-440-7 C3047

JCOPY 〈（社）出版者著作権管理機構　委託出版物〉
本書の無断複写は著作権法上での例外を除き禁じられています．複写される場合は，
そのつど事前に，（社）出版者著作権管理機構（電話 03-3513-6969,FAX 03-3513-6979,
e-mail:info@jcopy.or.jp）の許諾を得てください．

■ **あんなこんな失敗が盛りだくさん！本邦初の失敗事例集**

失敗に学ぶ
訪問リハ㊙御法度！

好評

編著　宇田　薫（大浜第一病院）
著　　沖縄訪問リハビリテーション研究会ふかあっちゃ～

　年々、訪問リハに関わるセラピストの数は増加しているが、その多数を占めるのは、勤続3年未満で訪問リハの経験もない若手セラピストたちである。訪問時は一人という場合も多く、不安を抱えながら訪問をしているというのが現状であろう。一方では、利用者に選ばれる事業所になるために、サービスを提供するセラピスト一人ひとりの力量が問われている。
　本書では、現場で起こりやすい失敗について実際の事例を取り上げ、「内容」「原因」「対応」「結果」「解説」の項目に分けて記載した。「内容」で失敗事例を提示し、「原因」では失敗が起きた理由や背景、「対応」では個人や事業所での具体的な対応、「結果」では対応による改善をまとめた。また、「解説」では今後に生かしたい教訓などについても考察した。失敗を予防するために、起きてしまった失敗を振り返るために、または仲間へのアドバイスのために。一人でも大勢でも活用してほしい1冊！

■ **主な内容** ■

第1章 訪問リハビリに必要な心構え
第2章 失敗に学ぶ実践
　接遇編
　　1 訪問リハビリ終了後に頂くお茶を断ったために関係がギクシャク!?
　　2 やっぱり見た目も大事です！
　　3 大雨の中の訪問で失敗！
　　4 コミュニケーション不足で失敗！
　　5 あれ、前にも払ったはずだけど？？
　一般常識編
　　1 クラクションを鳴らした相手は、利用者のご家族が運転する車だった
　　2 あえて伝えなかったことで失敗！
　　3 サービス担当者会議への参加をすっかり失念！
　　4 パニック！真夏の恐怖体験
　　5 ダブルブッキングしてしまった…
　　6 家はプライベートな空間です！
　　7 夏は暑いのは当たり前だが…利用者宅の畳に落ちる汗
　連携編
　　1 訪問リハビリ開始までのタイムラグで失敗
　　2 勝手な解釈で失敗！
　　3 曜日変更しただけなのに、限度額（給付額）オーバー！
　　4 耳を傾けなければ、隠れた問題点に気づけない！
　　5 確認作業を怠り訪問リハビリに大遅刻！
　　6 ボケ老人扱いされたと激怒！
　　7 マットの種類を確認せず、褥瘡が再発！
　　8 防げたはずの脱水症！
　プログラム編
　　1 プログラムの移行に失敗！
　　2 ご本人の希望を知ったのは1年後でした
　　3 導入のタイミングを逃してしまった！
　　4 症状が悪化したりリハビリ終了に
　　5 訴えに対する配慮不足で失敗！

　訪問リハビリテクニック編
　　1 訪問リハビリを終了させたいケアマネジャー、終了したくない利用者
　　2 歩行練習とご理解頂けず…
　　3 通所系サービス継続の鍵は
　　4 介助者の負担軽減のつもりが失敗！
　　5 利用者を理解できておらず失敗
　　6 手すり取り付けちゃった!?
　　7 キーパーソンとの関係をおろそかにして失敗！
　　8 訪問リハビリに乗り気でない方へのテクニック不足!?
　リスク管理編
　　1 夜間の内服コントロール不十分により再転倒！
　　2 まさか！滑り落ちるなんて…
　　3 環境因子としての主介護者
　　4 福祉用具を利用者の使い勝手に合わせて改造した結果、バランスが不安定に！
　　5 利用者の急変に気づき、緊急時の連絡先に連絡を入れようとカルテを開いたが、連絡先の記入がない！
　　6 心の隙が事故につながった…
　　7 福祉用具レンタルのベッド導入で失敗！
　　8 事の重大さに気づくことができなかった…
　　9 利用者の体温計を持ち帰り失敗
　　10 ご家族のリスク管理とセラピストのリスク管理の違いに気づかず失敗！
　　11 栄養面の管理までできず体調崩し入院へ
　知識不足編
　　1 コミュニケーション機器を導入するタイミングが遅れた！
　　2 ムセに気づいていたのに、何もできなかった私…
　　3 えっ！身障手帳を持ってたの？
　　4 キーパーソン＝主介護者と思い込んで失敗！
　　5 退院は完治ではない―再発への配慮が足りなかった！
　　6 気づかなかったのは医療人である訪問リハビリスタッフのほうだったのです

第3章 座談会
　　伊藤 隆夫・中村 春基・宇田 薫

● 定価 1,890円（本体 1,800円+税5%） A5 頁136 2011年 ISBN 978-4-89590-381-3

お求めの三輪書店の出版物が小売書店にない場合は、その書店にご注文ください。お急ぎの場合は直接小社まで。

〒113-0033
東京都文京区本郷6-17-9 本郷綱ビル

三輪書店

編集　03-3816-7796　FAX 03-3816-7756
販売　03-6801-8357　FAX 03-3816-8762
ホームページ：http://www.miwapubl.com